게오르그 빌헬름 프리드리히

헤겔

GEORG WILHELM FRIEDRICH

HEGEL

게오르그 빌헬름 프리드리히

헤겔

생애와 사상

한스 프리드리히 풀다H. F. Fulda 지음

남기호KiHo Nahm 옮김

용의 숲

옮긴이의 말

이 책은 한스 프리드리히 풀다(Hans Friedrich Fulda)의 *Georg Wilhelm Friedrich Hegel*을 완역한 것이다. "생애와 사상"이라는 부제는 역자가 덧붙인 것이다. 풀다의 이 저서는 2003년 독일 벡크 출판사(Verlag C. H. Beck)의 사상가 시리즈(Beck'sche Reihe : Denker)로 출판된 것이며, 따라서 헤겔 철학 전반에 대한 연구 및 입문서로는 비교적 최근의 것이라 할 수 있다. 최근 저서인 만큼 이 책은 헤겔에 대해 그동안 국내에 잘 알려지지 않았던 많은 연구 성과와 새로운 사실들을 포함하고 있다. 특히 저자가 서문에서 밝히고 있듯이 이 책은 저명한 헤겔 연구자의 20년 이상의 연구와 성찰 끝에 나온 저서이기에 더욱더 주목할 만한 가치가 있다.

풀다는 디이터 헨리히, 부르크하르트 투쉬링, 클라우스 뒤징 등과 함께 제2차 세계대전 이후의 헤겔 연구를 대표하는 독일의 저명한 철학자이다. 그럼에도 국내에는 그동안 그의 논문 몇 편이 번역되어 소개되었을 뿐 그의 저서가 완역되지는 못했다.

풀다는 1930년 헤겔과 같은 고향 슈투트가르트에서 헤겔과 같은 8월에 출생했다. 1950년부터 그는 하이델베르그 대학과 프랑크푸르트 대학에서 수학했으며, 1961년에 하이델베르그 대학에서 박사학위를 받았고, 1969년에 교수 자격 심사를 마쳤다. 그는 1974년부터 빌레펠트 대학에서, 그리고 1981년부터는 하이델베르그 대학에서 정교수로 활동했으며, 1987년부터 1996년까지 국제 헤겔 협회(Internationale Hegel-Vereinigung)의 의장을 지낸 바 있다. 1995년 은퇴 후 그는 지금까지 왕성한 저술 및 강연 활동을 해오고 있다. 그 덕분에 역자는 독일 보쿰(Bochum) 대학 유학 시절, 헤겔 전집 표준판을 편집하는 이 대학 소재 헤겔 아키브(Hegel Archiv)의 대학원 세미나에서 그의 강연을 접할 기회가 있었고, 이 책과 관련된 몇몇 논쟁점들, 이를테면 관념론으로서의 헤겔 철학의 규정 근거나 주체 및 절대정신의 의미 등에 관한 논쟁들을 생생하게 목격할 수 있었다. 그러나 여기서 당시의 논쟁점들을 소개하고 역자의 평가를 덧붙일 수는 없다. 모든 평가의 주인은 독자여야 하겠기 때문이다.

저자도 본문에서 밝히고 있듯이 헤겔에 대한 문헌적 · 역사적 · 철학적 연구는 전후 1950년대에 이르러서야 비로소 본격적으로 추진될 수 있었다. 그 이전의 헤겔 연구는 공평한 객관적 시각에서보다는 오히려 정치 이데올로기적 · 세계관적 · 종교적 입장 등에 따라 매우 편향된 관점에서 이루어져 온 것이 사실이다. 이렇게 편향된 연구 성과들은 헤겔 철학 자체에 대한 일반적 평가로 고착되어왔으며 국내에서는 오늘날까지도 유효한 것으로 간주되고 있기도 하다. 이에 가장 대표적인 예로서 프로이센 국가철학자로서의 헤겔 상(像)이라든가 신(神)의 철학적 표현으로서의 절대이념, 절대지, 절대정신, 또는 유물론과 반대되는 의미에서의 관념론 철학 등을 들 수 있을 것이다. 이 책에서 풀다는 그 모든 오해들을 일소할 수 있는 그간 자신의 연구 성과와 다른 헤겔 연구자들의 성과를 논증적으로 박진감 있게 소개하고 있다. 아울러 인간 헤겔에 대해 그동안 분명치 않았거나 잘못 알려졌던 개인사적 사실들의 소개도 분명 이 책의 큰 장점이 되고 있다. 저자는 한 철학자의 삶을 통해 고유한 철학이 어떻게 탄생하는지를, 그리고 성숙한 그의 철학을 통해 삶이 어떻게 영위되는지를 가능한 한 긴밀하고 생동감 있게 전달하고자 한다. 이러한 저술 의도는 바로 헤겔 자신이 철학함의 목표로 삼았던 것과 직접 맞닿아 있다.

헤겔은 자신의 첫 대학 강의였던 "철학 입문" 수업에서 "철학의 참된 욕구"를 "철학으로부터 그리고 철학을 통해 사는 것을 배우는 것"이라 정의했다. 삶의 근거와 구조, 그리고 그 내용을 담아내지 못하는 철학은 헤겔의 우선적인 관심사가 아니었다. 그러나 삶에 대한 철학의 실천적 설명력은 무엇보다 삶을 내용으로 지니는 철학 자체 속에 직접 뛰어들어 그 철학과 함께 고민하고 대결하는 과정을 통해서만 마련될 수 있다. 이렇게 해서만 삶에 대한 새로운 전망 또는 새로운 철학이 가능해질 것이기 때문이다. 헤겔이 철학 입문 강의를 단 한 번만 하고 그 이후에는 학생들에게 오히려 자신의 삶의 문제로부터 철학 자체 속으로 직접 뛰어들기 바라면서 "진리를 향한 용기(Mut zur Wahrheit)"를 되풀이해 강조했던 이유도 여기에 있다. 그렇다면 헤겔 철학 속으로 직접 뛰어들기에 좋은 안내서가 바로 풀다의 이 책이라 할 수 있다. 무엇보다 사상을 소개하는 데 있어 풀다는 헤겔의 각 저서 또는 각 체계 부분의 도입부에 해당하는 텍스트를 기초 개념들의 명확한 설명과 함께 집중적으로 상론(詳論)하고 있다. 따라서 헤겔 철학 전반을 알고 싶은 독자에겐 이 책을 두루 통독하는 것이 도움이 되겠지만, 헤겔의 특정 저서 내지 체계 부분에 관심이 있는 독자라면 이 책의 해당 서술 내용을 헤겔 원전(原典) 앞부분과 비교해가며 읽어보는 것이 큰 도움이 될 것이다. 또한 헤겔 철학이 구체적으로 그의 어떤 삶의 고민으로부터 형성된 것인지를 음미해보고자 한다면 이 책 전반부와 후반부에 서술된 전기적(傳記的)인 내용을 먼저 읽는 것도 좋다. 특히 독일 왕정복고에 대한 순응주의, 당시 정치 권력화된 헤겔 철학, 젊은 시절의 탈선적 연애, 콜레라로 인한 급작스런 헤겔의 죽음 등 그동안 잘못 알려진 헤겔 상(像)에 익숙해진 독자에겐 이 내용을 먼저 읽어보길 권한다.

철학자 헤겔에 대한 일반적인 평가와는 아주 대조적으로 인간 헤겔의 개인사적 삶은 고뇌와 번민과 궁핍으로 가득 차 있었다. 말년에 그에게 찾아온 삶의 여유도 매우 제한적인 것이었으며 늘 시대의 고민과 함께하는 것이었다. 왕정복고 시기 선동자 축출이 한창이던 때에 헤겔은 인격적으로나 사상적 · 정치적으로 그의 동반자였던 니이트함머에게 이렇게 말한 적이 있다. "당신은 제가 한편으로는 근심 어린 인간이며 다른 한편으로는 평온을 사랑한다는 것을 아시지요. 매년 뇌우가 상승하는 것을 보는 것은 평안함을 주지 않습니다. 설령 내가 한바탕 내리는 그 비에 단지 몇 방울만 맞을 뿐이라 확신할 수 있다 해도 말입니다."(1921년 6월 9일 편지) 그러나 전쟁과 투쟁이 끊이지 않던 시대의 뇌우 아래 평온을 사랑하는 근심 어린 한 인간의 철학적 분투가 제대로 알려지기까지는 오랜 세월이 흘러야 했다. 시대의 뇌우는 정치 이데올로기적으로 그의 철학마저 삼켜버릴 정도로 빈번하고 거대한 것이었기 때문이다.

1961년에서야 본격적으로 출판된 『헤겔 연구지(*Hegel Studien*)』 첫 호에 명망 있는 칸트 연구자 하인츠 하임죄트(Heinz Heimsoeth)는 비로소 균형감 있는 철학 체계적 · 역사적 · 비판적 헤겔 연구의 필요성을 역설하고 있다. 비록 그 출발은 칸트 연구자의 격려와 지원으로부터였지만 그로부터 이제는 이미 세 번째 헤겔 연구자 세대를 맞이하고 있다. 전후 1세대 다음에 발터 예쉬케, 루드비히 짚, 헤르베르트 쉬네델바하 등의 2세대 연구자들이 상당한 객관성을 갖춘 풍부한 성과물들을 생산해주었다면, 오늘날 크리스토프 할비히, 토마스 쇠렌 호프만, 안톤 프리드리히 코흐 등을 중심으로 한 신세대 연구자들은 헤겔 연구의 외연을 타 지역, 타 철학과의 대화에까지 넓히고 있다. 이 모든 세대의 연구 성과를 집성한 헤겔 입문서로서 풀다의 이 저서는 발터 예쉬케의 최근 저서(*Hegel Handbuch*, 2003)와 함께 오랫동안 읽혀지고 음미되리라 여겨진다. 그렇기에 이 역서는 그 첫발을 내디딘 데 지나지 않는다.

이 책의 번역은 유학이 끝날 무렵 한국의 번역 실정을 잘 모르는 역자의 순전한 학문적 호기(浩氣)로부터 시작되었다. 그만큼 우여곡절이 많았음은 말할 것도 없다. 헤겔 철학에 입문하던 시절 많은 도움을 주셨던 분들이 이번에도 적지 않은 도움을 주셨다. 연효숙, 이정은, 김원식 선생님들께 깊이 감사드린다. 이분들은 직역된 초벌 번역을 장마다 나누어 검토해주시고 조언해주셨다. 유학 중임에도 시간을 쪼개어 독서해준 후배 조창오의 소중한 조언도 큰 도움이 되었다. 이분들의 지적으로 인해 원고 전체를 문장마다 다시 비교하고 다듬는 작업을 결심하게 되었다. 이 작업을 통해 되도록이면 복잡한 문장을 단문들로 나누거나 풀어서 번역하려 하였다. 단문이라 할지라도 저자 특유의 복잡한 의미가 축약된 문장일 경우엔 몇몇 문장으로 나누거나 의역해 옮겼다. 그러나 헤겔 원전이 인용된 곳은 가급적 의미를 살려 그대로 옮기는 것을 원칙으로 했다. 원전 인용문 중에 〔 〕안의 내용은 저자의 첨가이며, 〈 〉안의 내용은 역자의 첨가이다. 또한 개념이나 사실을 설명하는 본문 안의 모든 각주는 역자가 덧붙인 것이다.

그러는 사이 2년 남짓한 시간이 흘렀다. 늦게나마 이 역서가 빛을 보게 된 것은 무엇보다 어려운 출판 상황에도 불구하고 격려와 고언을 통해 인내심 있게 기다려주신 용의 숲 사장님의 지원 때문이다. 아울러 이 역서의 마무리는 세밀하게 교정 작업을 해주신 편집진의 노고에 크게 빚지고 있다. 그럼에도 있을지 모르는 오역과 오해는 전적으로 역자의 몫이다. 진리를 향한 용기로 이 책에 뛰어든 독자의 아낌없는 지적과 질정을 부탁드린다.

지은이의 말

헤겔은 가장 큰 영향을 끼친 가장 의미 있는 근대 철학자에 속한다. 그러나 그는 또한 중심 사상을 파악하기가 가장 어려운 철학자이기도 하다. 그를 평가하는 의견들은 너무나 폭넓게 나누어져 있다. 헤겔은 언젠가 이렇게 말했다고 한다. 자신의 제자들 중 한 명을 제외하곤 아무도 자신을 이해하지 못했으며, 그러나 그 한 명도 자신을 제대로 이해하진 못했다고. 독자들을 헤겔의 사유 속으로 안내하려는 저자라면 자신과 독자들이 이러한 운명을 모면하도록 하기 위해 무엇을 할 수 있을까? 이 물음은 20년 이상이나 나를 사로잡은 것이었다. 그로부터 지금의 이 책이 생겨난 것인데, 이 책의 서론에서 나는 이 물음에 핵심적으로 대답해보고자 했다. 그러나 여기에서 미리 이 물음에 대답할 수는 없다.

나는 먼저 내 작업에 도움을 주신 분들에게 감사드리고 싶다. 다행스럽게도 많은 분들이 도움을 주었다. 다만 유감스러운 것은 내가 모두 일일이 열거할 수 없을 정도로 많은 분들이라는 것이다. 우선 네 분의 대학 스승님. 이분들의 수업과 격려, 그리고 자극에 힘입어 나는 헤겔에 대한 관심과 최초의 이해를 갖게 되었다. 수많은 동료들. 이들은 저술과 토론을 통해 나에게 가르침을 주었고 논쟁하도록 자극했다. 그리고 셀 수 없이 많은 학생들. 강의 중 이들의 집요한 질문은 난해한 맥락을 언제나 다시금 새롭게, 철저히 생각하게 했다. 완벽한 비서. 그녀의 도움은 언제나 신뢰해도 되는 것이었다. 또한 무엇보다 특히 격려를 아끼지 않았던 친구들과, 따뜻한 유대감 속에 있는 나의 가족들. 내가 바랄 수 있는 것은 단지 이렇게 대략적으로 지칭한 사람들 모두에게 한꺼번에 보내는 이 감사를 부디 그분들이 내가 개인적으로 친히 보내는 인사로 여겨주었으면 하는 것뿐이다. 그리고 내가 이 책에서 부득이하게 언급하지 못한 많은 분들이 부디 내가 그들에게서 배운 모든 것에는 그들의 통찰이 들어 있음을 확인해주길 바랄 뿐이다. 내가 그들의 견해를 수용하지 않는 곳에서는 바라건대 나의 비판을 공정하게 여겨줬으면 한다.

두 배로 더 감사해야 할 분들이 둘 있다. 베크(C. H. Beck) 출판사와 편집진에겐, 이 책을 '사상가' 시리즈로 받아주었을 뿐만 아니라 1981년 4월부터 나의 작업을 인내심 있게 기다려준 것에 대해 감사드린다. 그리고 미리암 빌덴아우어(Miriam Wildenauer)에게도 깊이 감사드리고 싶다. 그녀는 나의 세미나에서 가장 강직한 토론자들 중 한 명이었을 뿐만 아니라 또한 내 원고의 마지막 부분을 타자로 정서(淨書)해주기까지 했다.

베르톨트 브레히트의 「난민들의 대화」에서 작중 인물 '지펠(Zippel)'은 자신이 언젠가 신경통으로 거동할 수 없었을 때 헤겔의 『논리학』을 읽었다고 말한다. 그때 지펠이 알아챈 것은 이 『논리학』 저자가 철학자들 가운데서도 가장 위대한 유머 작가들 중 한 사람이 될 만한 연장을 가지고 있다는 것이다. 왜냐하면 그는 이 연장을 갖고서 우리의 개념들을 종종 극도로 우스꽝스러운 비자발적인 개념 운동들 속에서 묘사하기 때문이라는 것이다. 내가 좌골 신경통으로 거의 마비된 채 헤겔의 생애와 후생(後生)에 대한 나의 회고를 마친 이후로 나는 지펠의 이런 판단을 실증할 수 있게 되었다. 그래서 내가 여러분이 독서하는 중에 헤겔이 초래할지 모르는 어려움들은 유머로써 넘겨보길 권한다 해도 괜찮을 것이다.

인용된 저술 약어들

인용되는 문헌의 어구와 참조 지면(紙面)들은 줄곧 텍스트 속에서 널리 행해지는 관례에 따라 표시된다. 한 저자의 저작 인용이 표시되는 경우 그 저작에 대한 (또는 저작 발행본에 대한) 약어에 뒤이어, 주어진 경우엔 (보통 로마숫자들로 된) 책의 권수(卷數)가 놓이며, 이어서 (아라비아숫자들로 된) 쪽수나 단락 수가 놓인다 (가령 어떤 서문의 로마숫자로 표시된 쪽수가 지시되어야 하는 경우가 아니라면 그렇다). 헤겔 저술들은 가능한 한 *Gesammelte Werke* (=GW) 발행본에 따라 널리 인용되거나 주어캄프 출판사의 *Theorie-Werkausgabe* (=TW)에 따라서 또는 약어로 진술된 저작에 따라서 인용된다. 다른 개별 저술들의 인용은 세간에 행해지듯이 단지 저술가 이름과 그의 저작 출판 연도에 의해서만 표시되는데, 이 저술들은 부록에 있는 문헌 목록에서 쉽게 찾아볼 수 있다. 이렇게 해서도 못 찾으면 하나 이상의 문헌을 찾아 그 제목 아래에 포함된 것인지 찾아보아야만 한다.

I, II, ...	앞에 인용 저작 약어가 없다면: I 권에서 IV/2권까지로 된 *Briefe von und an Hegel*. Hg. J. Hoffmeister. Hamburg 1952 이후.
A	단락수나 쪽수 다음에 놓이면: (헤겔에게선 대개 "삽입되어 있는") 주요 텍스트에 대한 주석(Anmerkung). 예) 7A=7쪽 각주.
Abs	쪽수나 단락수 다음에 오면: 절(Absatz). 예) 10Abs5=10쪽 5번째 절.
AEI	G. Achenwall, *Elementa Iuris Naturae*. Göttingen 1750. M. Stolleis의 신판에 따름. Frankfurt 1995.
BSchr	G. W. F. Hegel, *Berliner Schriften 1818-1831*. Hg. J. Hoffmeister. Hamburg 1956 (=*Sämtliche Werke. Neue kritische Ausgabe*. Bd.11).
Dok	*Dokumente zu Hegels Entwicklung*. J. Hoffmeister. Stuttgart 1936.

E *Encyclopädie der philosophischen Wissenschaften* ²1827, ³1830. 다른 아무것도 지정되지 않으면 셋째 발행본에 따라 인용된 것이다. 즉 $E=E^3$

E^1 위와 동일 저작이지만 1817년 초판 발행본.

FGA J. G. Fichte, *Gesamtausgabe der Bayerischen Akademie der Wissenschaften*. Hg. R. Lauth, H. Jacob 등등. Stuttgart-Bad Cannstatt 1964 이후.

GW G. W. F. Hegel, *Gesammelte Werke*. Hg. Rheinisch-Westfälische Akademie der Wissenschaften. Hamburg 1968 이후.

HZ *Hegel in Berichten seiner Zeitgenossen*. Hg. G. Nicolin Hamburg 1970.

HST *Hegel-Studien*. Bonn 1961 이후. 1998이후 (33권부터) Hamburg.

KAA I. Kant, *Gesammelte Schriften*, Akademie-Ausgabe. Berlin 1900 이후.

KKU I. Kant, *Critik der Urteilskraft*. Berlin 1790 (=KAA V, 165 이하).

KMR I. Kant, *Metaphysische Anfangsgründe der Rechtslehre*. Königsberg 1797 (=KAAVI, 203 이하).

KpV I. Kant, *Kritik der praktischen Vernunft*. 1788.

KrV I. Kant, *Kritik der reinen Vernunft*. A판(1781)과 B판(1787)에 따라 인용.

NGi G. W. F. Hegel, *Naturphilosophie. Die Vorlesung von 1819/20*. Hg. M. Gies. Neapel 1982.

R G. W. F. Hegel, *Rechtsphilosophie. Berlin 1821*. *Rechtsphilosophie*에 대한 (그리고 "객관정신" 에 대한) 장에서 단순히 단락만 언급한 것은 이 저작에 관한 것이며, 그 외에는 *Encyclopädie*에 관한 것이다.

RGr G. W. F. Hegel, *Vorlesungen über Rechtsphilosophie 1818-1831*. Hg. K.-H. Ilting. Stuttgart-Bad Cannstatt 1973 이후. Bd.IV. 그리스하임(Griesheim)의 필기본, 1824/5.

RHe G. W. F. Hegel, *Philosophie des Rechts. Die Vorlesung von 1919/20 in einer Nachschrift*. Hg. D. Henrich. Frankfurt 1983.

RHo G. W. F. Hegel, *Vorlesungen über Rechtsphilosophie 1818-1831*. Hg. K.-H. Ilting. Stuttgart-Bad Cannstatt 1973 이후. Bd. III. 호토(Hotho)의 필기본, 1822/23.

RWa G. W. F. Hegel, *Vorlesungen über Naturrecht und Staatswissenschaft. Heidelberg 1817/18 mit Nachträgen aus der Vorlesung1818/19*. 반넨만(P. Wannenmann)의 필기본. Hg. C. Becker 등등. Hamburg 1983.

ROC J. J. Rousseau, *Œuvres complètes*. Hg. B. Gagnebin, M. Raymond.

	Paris. Bibliothèque de la Pléiade. 1959 이후.
Ros	K. Rosenkranz, *Hegels Leben*. Berlin 1844.
SSW	F. W. J. Schelling, *Sämtliche Werke*, Hg. K. F. A. Schelling. Stuttgart u. Augsburg 1856–1861.
TW	G. W. F. Hegel, *Werke in zwanzig Bänden*. Hg. E. Moldenhauer u. K. M. Michel. Frankfurt 1971. "Theorie Werkausgabe."
Z	단락 숫자에 연이어서 : 편집자들의 "보충문." 예) R§4Z=법철학(*Rechtsphilosophie*) 4절 보충문.
"..."	인용들. 강조해서, 예를 들어 객관적 거리감을 갖고 사용한 표현들의 인용.
'...'	개념적 규정들의 인용이거나 분과들, 전공 영역들, 주제들의 부각.
『 』	(종종 축약된) 저작 제목들의 표시.
〔 〕	한 인용문 내에서 : 이 괄호 사이에 있는 것은 나의 보충이다.

차례

III. 철학과 생애 – 후반기

IV. 시선을 스치듯 잠시 살펴보는 후생(後生)

부록

01

서론

잘 알려져 있듯 헤겔은 독자들에게 읽기 편한 철학자가 아니다. 그러나 반대로 다음과 같은 말도 틀린 것은 아니다.

> 헤겔 철학이 과거에 대해서나 현재에 대해서 의미를 얻지 못했다는 것은 대체로 슬픈 사실이다. 만약 과거가 그렇게 서둘러 사람들을 헤겔 철학 속으로 쫓아 버리려 하지 않았더라면, 오히려 좀 더 현재하는 안정감을 갖고서 헤겔 철학을 전유하려 했더라면, 그리고 만약 현재가 그렇게 거침없는 영향력으로 헤겔 철학을 넘어서도록 사람들을 닦달하지 않았더라면, 헤겔 철학은 아마 의미 있는 것이 되었을 것이다.

키에르케고어의 『이것이냐 저것이냐』에서 간단히 "A"라고 불리는 심미가는 이렇게 판단한다. "A"라는 이름은 이 책의 편집자로서 허구적으로 명명된 빅토리아 에레미타가 붙인 것이다. A가 여기서 말하는 과거는 헤겔의 현재였다. 이 현재가 겨우 15년 정도 지났음에도 불구하고 키에르케고어에게 이 현재는 이미 과거완료형으로 말해질 수 있는 것이었다. 그 사이 지금까지 열 배 이상이나 많은 해가 흘렀다. 이 긴 세월이 그 "슬픈 사실"에 종지부를 찍었다고 말할 수 있을지 모른다. 그러나 지금도 그렇다 할 정도는 전혀 아닌 듯하다. 헤겔 철학을 넘어서도록 닦달하던 그 거침없는 노력은 단순히 망각으로 대체되어버렸다. 그럼에도 헤겔의 사상을 알고 싶어 하는 이라면 그가 이때 무엇을 문제 삼고 있는지를 숙고해야 할 것이다.

장애들

헤겔 철학은 단지 많은 문장의 모호함으로 인해서만 이해하기 어려운 것이 아니다. 하나의 철학이 거의 그러기 어려울 정도로 헤겔 철학은 세계관들의 투쟁 속에 말려들었다. 무엇보다도 그 철학에 관한 상투어들이 영향을 끼쳤다. 헤겔은 자신이 살던 국가를 신격화한 프로이센 철학자인가? 그는 인간 인식에 대한 칸트의 현명한 제한을 교정하려 한 것 아닌가? 그리고 세계라는 총체성이 인식 가능한 것이거나, 또는 오히려 헤겔 자신에 의해 짜맞춰진 포괄적인 철학 "체계" 안에 이미 인식되어 있다고 우리로 하여금 믿게 하려 한 것 아닌가? 그는 모든 것을 이성적이라고 설명하지 않았나? 그리고 그는 동시에 모순을 존재론화하려는 시도를, 그래서 모순을 단지 사물들에 대한 우리의 언급들에 귀속시킬 뿐만 아니라 사물들 자체에도 귀속시키려는 경악할 만한 시도를 한 것 아닌가? 그는 정신과 대립해 있는 자연에 대해 발전을 부인한 것 아닌가? 자연도 발전한다는 온갖 목격담이 있는데도 말이다. 여하튼 많은 사람들의 생각에 따르면, 그는 자신이 정신적 발전의 종점에 이르렀다 믿었고 미래를 부정했다고 한다.

이렇게 판에 박힌 말들로 콘크리트처럼 굳어진 상투적 표상들이 헤겔로의 진입을 막는 유일한 장벽을 이루는 것은 아니다. 철학사는 다른 장애들을 만들어냈다. 이 장애들에는 사상 발전의 직선적인 경로가 칸트로부터 피히테와 셸링을 거쳐 헤겔에까지 이어져 있다는 이해가 포함된다. 칸트 이후의 철학을 그렇게 단순화해서 표상하는 이는 헤겔이 자기 자신만의 사상에 이르는 여정 중에 남겨놓은 그만의 자취를 놓쳐버린다. 하지만 이러한 자취를 탐색하는 이라도 헤겔 사유에 관해 낡아빠진 의식을 갖게 될 위험이 있다. 역사적인 교양을 갖추지 못한 해석 시도도 마찬가지로 위험하다. 헤겔의 개념성은 철저히 생각거리가 될 만한 역사적인 소재로부터 형성된 것이다. 만약 누구와 견줄 수 없이 탁월하게 아리스토텔레스가 모범을 보인 철학함에 따라서만 헤겔의 개념성에 접근한다면 이 개념성은 열리지 않는다. 아리스토텔레스처럼 쉽게 알아볼 수 있는 생각들이 있으면 이 생각들이 붙잡고 있는 "현상들"을 주제로 삼고, 단지 사태의 직관과 상식에 따라 그 현상들을 가능한 한 직접 묘사하며, 이러한 묘사 속에 숨어 있거나 직접 활용 가능한 전문 지식으로 다듬을 수 있는 문제를 그 속에서 발견하는 것이 모범적인 철학함이라면 말이다. 헤겔은 이런 식으로 망설임 없이 현재의 시각에서 논의될 수 없다. "현상들을 구제해내려는" 그의 시도들은 철학적인 "이론들"과 개별 학문적인 "이론들"에서 그 실체적인 내용을 형성해내고 이 내용을 새로운 철학 기획에 합체해보려는 수십 년간의 노력으로 이루어진다. 새로운 철학 기획이란 자신의 시대에 무엇이 이성적인 것인지 하는 것을 개념에까지 분명히 이끌어가 보려는 것이다. 따라서 최소한 깨어 있는 역사적인 감각으로 그 발생의 관점을 견지하면서 이 새로운 철학 기획에 접근해볼 것이 요구된다. 이것을 기피하려고만 하고 현재의 시각으로 헤겔의 "비판적 갱신"이라든가 "상속"이라는 깃발만 달고 항해하려 했던 논의들은 얕은 하천만 맴돌다가 큰 바다로 떠나지도 못하고 말았다.

현재 시각만 갖춘 얄팍한 논의에 뜻을 두지 않는 사람이라도 어려움에 부딪히긴 한다. 지난 수십 년간 생겨난 철학을 공부할 필요는 없을 것이다. 그렇지만 철학을 공부하려 하면서 갖게 되는 우리의 기대는 이 최근 철학에 의해 각인된 것이기 마련이다. 이런 각인은 특히 헤겔 철학이 예전에 사회적인 삶이나 개인적인 삶에 대해 했다고 하는 역할을 보면 잘 드러난다. 이와 비교해보면 요즈음 철학은 훨씬 더 전문적인 일이 되어버려서 대학의 연구 차원에서나 자리를 차지하게 되었다. 그러나 철학은 현대적 학문들이 이루는 무성한 덤불 속에 작은 가지로만 있는 것이 아니다. 이런 형식으로 나타나는 철학은 지혜를 향한 개인적인 노력과 대조된다. 이 개인적인 노력은 종파주의로 타락하지 않는다 해도 "학설"이 되기를 스스로 거부한다. 전문적인 이론 작업 또는 이게 아니라면 학설이길 거부하는 개인적인 노력이라는 이런 대조가 자명하게 여겨지는 곳이라면 헤겔 철학과 같은 철학은 여전히 왜곡되어서만 알려질 우려가 있다. 헤겔의 사유를 이런 두 시각들 중 하나나 다른 한 시각으로 보고 있는지, 스스로 이런 시각에 친숙하게 느끼는지 낯설게 느끼는지, 이런 것은 아무래도 상관없다. 어떤 식이든 헤겔 철학이 왜곡되긴 마찬가지이다. 어떤 식이든 간에 헤겔이 회복하려 시도했던 철학과 학문 사이의, 또한 철학과 삶 사이의 연속성은 식별할 수 없게 된다.

예방책들

키에르케고어/에레미타의 A가 말한 슬픈 사실이 과거 일이 되도록 하려면, 교양 있는 세인들을 이해시켜야 하는 이 글은 어떤 기여를 해야 할까? 어떻게 하면 이 글은 마치 사냥하려고 풀어놓은 짐승을 쫓듯이 헤겔 철학을 넘어서라고 세인들을 닦달하는 짓을, 아니면 마치 닭을 몰아넣듯이 세인들을 이 헤겔 철학 속에 몰아넣는 짓을 피할 수 있을까? 이 글이 헤겔에 대한 모든 상투적인 생각들을 그 발생 지점까지 탐색하고 교정하지는 못할 것이다. 그러나 헤겔로부터 시작된 자극들로 인해 그런 생각들이 생겼다면 그 자극들을 적어도 "유산"으로는 간주해야 할 것이다. 그리고 헤겔 철학에 대해 지속적으로 왜곡된 인식이 **생기도록** 영향을 행사했던(bewirkt) 사람들에게 헤겔이 어떤 영향을 **끼쳤는지도**(gewirkt) 고려해야 할 것이다. 중요한 모든 인물이 그렇듯 헤겔도 사람들에게 자신을 잘 해석해보도록 압박

한다. 헤겔의 후생(後生)은 이러한 해석들에서 일련의 오해로 이루어져 있다. 사심 없고 호기심 가득한 침착함을 갖추어야만, 그리고 회의 어린 시선으로 참된 것을 탐구해야만 헤겔을 가장 잘 공부할 수 있다. 이러한 탐구만이 역사적 의미를 지니게 된 사상들에 바칠 만한 것이다.

헤겔이 걸어온 사유의 길도 이러한 공부 태도를 취하는 데 매우 적절한 것이었다. 따라서 나는 헤겔의 도야에 관해 이야기하는 것으로 첫 장(章)을 시작한다. 그러나 또한 역사적인 계몽과 현재적인 철학적 전문 관심을 결합시키는 것도 중요하겠다. 헤겔의 현재에 방향을 정해준 것은 다시금 칸트 철학이었기에, 또는 적어도 칸트 철학이 당시엔 새로이 해명해야 할 대상이 되었기에 그 결합은 어렵지 않다. 헤겔 철학은 말하자면 상당 부분 칸트의 문제들을 극복하고 이 문제들 속에 숨겨져 있던 새로운 사유의 맹아를 전개하려는 시도로 이해될 수 있다. 적어도 칸트와 구별되게 헤겔이 회의주의에 빠지지 않으면서도 회의주의에 운신의 폭을 남겨주는 방식으로 인해, 헤겔의 사유는 여전히 겸손해진 우리 시대의 철학적 관점에서도 생동감 있는 전문 관심을 받을 만하다.

생애와 저작?

우선 한 철학자의 인생사를 이야기하고 그 다음에 그의 저작, 생각, 이론을 서술하는 진행 방식은 고대 시기부터 행해진 관례이다. 그러나 주의해야 할 점이 있는데, 고대에는 사유하는 고찰에 전적으로 헌신하는 삶의 통일성을 위해 18세기 초보다 본질적으로 더 유리한 전제들이 존립했다는 것이다. 현대의 개인은 각고의 노력 끝에 얻은 올바른 삶의 이념 아래 자기 자신만의 가능한 통일을 발견하는 것에 예전보다 훨씬 더 의존한다. 마찬가지로 철학으로부터 삶을 이해하며 살아가고자 하는 어떤 삶에 대해 일반적으로 설명하려면 이제 철학과 삶의 연관에 대한 해석이 훨씬 더 긴박하게 필요해지며 이때 의존하게 되는 것은 철학적 사유 내용의 이해이다. 만약 외적인 삶의 이야기가 비철학적으로 보이지 않아야 한다면, 그 이야기는 가능한 한 이야기 주인공의 지성적인 발전과 밀접한 연관 속에서 고찰되어야 한다. 이야기되는 역사는 생성되는 철학이 파악되는 가운데 과제를 발견해야 되는데, 철학은 이 과제를 극복함으로써 마침내 구성되는 것이다.

"생애와 저작"이라는 도식이 암시하는 것은 또한, 어떤 철학이 그 창조자의 기념적인 작품일지라도 주춧돌 역할이 부여되는 것은 바로 창조자의 삶이라는 점이다. 작품으로 고양되어 온갖 주목을 받을 만한 것이라 할지라도 창조자의 기념물은 단지 저작에 지나지 않는다. 그의 삶은 이 기념물을 받쳐주는 주춧돌이다. 헤겔의 생애도 이렇게 한 시민의 성공담을 서술하는 문체로 이야기될 수 있다. 하지만 이렇게 이야기를 진행하는 것도 까다로운 일이다. 기념물이라면 붕괴되는 때도 있기 때문이다. 그러나 이것만이 아니다. 이런 식의 진행은 필수적인 것이라 알려진 저작을 통해 한 인생이 떠맡게 된, 그리고 아마 감당할 수도 없었던 부담들을 간과한다. 또한 영웅적인 긴장의 모습뿐 아니라 이 긴장을 드러내지 않는 영웅의 모습도 다르게 보이게 하고, 긴장 속에 담긴 영웅의 어두운 측면과 영웅 속에 작용하던 파괴적인 힘을 드러내지도 않는다. 그러나 이 모든 것이 철학과 생애의 연관에 대해 중요한 것은 아니다. 이 글은 훔쳐보려는 욕망을 만족시키려고 그런 것을 언급하지는 않을 것이다. 그러나 무엇보다 마치 한 기념물이 이것의 주춧돌에 의해 잘 받쳐지고 있듯이 철학의 한 기념적인 저작이 누군가의 삶의 의해 그처럼 잘 받쳐지고 있다는 생각은 잘못된 것이다. 여하튼 헤겔과 그의 저작에 더 잘 어울리는 비유는 짧은 시간 동안 창공을 들어 메고 있는 헤라클레스의 형상일 것이다. 영웅이라 할 수 없는 한 인간이 기지(奇智)도 그다지 없어서 속임수를 발휘해 그 짐을 곧바로 다시 거신(巨神) 아틀라스에게 넘겨주지 못하고 쩔쩔매고 있는 모습 말이다.[1)]

그렇기에 나는 설명해나가면서 전체적으로 헤겔의 삶의 궤적을 따라가 보고 싶다. 헤겔의 생애는 두 부분으로 나뉘므로 이것이 그리 어려운 일은 아니다. 즉, 그의 생애는 철학에 관한 그의 이념이 고유하게 형성되는 시기(1770~1800)와 대학에서 교수로 활동하는 시기(1801~1831)로 나뉜다. 이 후자의 시기는 또한 전쟁 때문에 교수 활동이 중단되어 다시 복귀하려는 모색의 시기이기도 하다. 물론 이 두 시기에서 삶과 사유의 상호적인 삼투가 상이한 특징을 지닌다는 점은 고려되어야 할 것이다. 우선은 지성적인 발전이 고찰의 중심에 놓여야 한다. 이에 반해 철학을 형성하는 이념이 발견되자마자 관건이 되는 것은 어떤 새로운 개념들이 그 이념 아래 발전될 수 있었는가 하는 점이다. 이에 상응해 무엇보다 먼저 풀어야 할 문제는 당연히 어떻게 그러한 개념들에 대한 작업이 저작으로 형성되었고 학술적인 이론 속에 침전되었는지 하는 것이다. 그런 다음에야 비로소 그의 지성적인 발전이 살아온 생애와 어떤 연관을 맺고 있었는지를 의미 있게 물을 수 있다.

그래서 여기 이 글은 두 번에 걸쳐, 그리고 그때마다 다른 방식으로 "전기적(傳記的)"인 내용을 담을 것이다. 처음에 이 글은 여전히 간신히 생성되고 있는 한 사유의 발전사 맥락과 통합되어 있는 전기적 내용을 담는다. 그러나 그 다음 헤겔의 가장 중요한 저술들을 소개하고 나서 전개되는 전기적인 내용은, 이 저술들이 그의 작품을 나타낸다면 이 작품은 어느 정도나 헤겔 삶의 맥락을 전제로 지니는지, 또한 어느 정도나 이 삶의 맥락을 밝혀줄 수 있는지 하는 물음에 우선적으로 관심을 갖는다. 그의 작품은 그의 삶의 맥락 속에 있기에 말이다.

1) 헤라클레스의 11번째 과업에 나오는 이야기이다. 헤라클레스는 아틀라스에게 그가 지고 있던 창공을 대신 지고 있을 테니 헤스페리데스의 황금 사과를 따다달라고 했다. 그러나 정작 황금 사과를 따온 아틀라스는 헤라클레스에게 자기가 직접 이 사과를 전해줄 테니 창공을 계속 지고 있으라고 했다. 순간 헤라클레스는 기지를 발휘하여 그러면 어깨받이를 덧대야 하겠으니 잠시 들어달라고 했다. 아틀라스가 창공을 다시 짊어지자마자 헤라클레스는 사과를 들고 가버렸다고 한다. 그러나 헤겔은 영웅도 아니면서 창공처럼 거대한 저작을 남에게 넘겨주지도 못하고 짊어지고 있다는 것이다.

주요 사안과 부차적 사안

이 책을 보면 가장 양이 많은 중반 부분은 전기적인 내용을 담고 있지 않다. 이 부분은 특별히 철학사적 관점 아래 체계적인 철학적 물음들을 가지고 우선 헤겔의 철학 구상을 보여주려 시도한다. 그리고 그 다음엔 헤겔의 주요한 네 저작을 이것들의 근본 특성에 따라 이해시키고자 한다. 헤겔의 저작들을 더 깊이 파고들려 하는 사람에게 이 부분이 도움이 되길 바란다.

헤겔 저작을 설명해보려는 다양한 욕구들과 이 욕구들을 만족시킬 만한 다채로운 가능성들을 적어도 표본적으로나마 보여주기 위해서 나는 주요 저작들 각각마다 다른 관점으로 주의를 기울인다. 즉, 나는 『정신현상학』에서는 이 저작의 이념과 특히 간과될 수 없는 전체 구조에(6.2.) 주목하는 반면, 여기서 매우 풍부하게 다듬어져 있는 경험 내용은 광범위하게 생략한 채로 남겨놓는다. 『논리학』에서 나를 흥미롭게 하는 것은 우선 발전사적으로 이것의 이념에 이르게 된 고민들이며(6.1.) 그 다음엔 특히 인식론의 근본 사상이다. 이 인식론은 『논리학』에 포함되어 있는 특수 철학적 인식에 관한 것이다(6.3.). 『철학적 학문들의 백과전서』에서는(7.) 전체 저작의 이념이(7.1.), 그리고 여기서 기획된 자연철학(7.2.) 및 정신철학이(7.3.) 주제가 된다. 이곳의 주요 의도는 심층 구조를 명료화하는 것이다. 이 외에도 내가 규명하여 안내하려는 『철학적 학문들의 백과전서』 부분들은 매우 압축된 텍스트로 된 도입절(導入節)들이다. 헤겔은 자연과 정신에 관한 체계적인 이론을 그때마다 도입절로 시작했고 여기서 자연에 대해(7.2.1~2.3.) 그리고 정신에 대해(7.3.2.~3.3.) 대략적으로 설명하려 했다. 정신 개념에 대한 헤겔의 상세한 설명은 아마 가장 어찌할 수 없는 사고뭉치 중 하나일 것이다. 독자들이 이것을 극복하기 위해서는 『철학적 학문들의 백과전서』의 실재철학적인 부문을 살펴보아야 할 것이다. 어느 부분에서 『법철학 개요』가 다루어지는지는 내용 색인에서 알 수 있을 것이다(7.3.5.). 『법철학 개요』에 대한 입문은 다른 작품을 묘사할 때보다도 더 세세히 이념사적인 문맥을 다룬 것이다. 『법철학 개요』에서 헤겔은 대부분 분명한 말도 없이 이 이념사적인 문맥에 관계하고 있다. 드넓은 미지의 땅이라 할 절대정신에 대한 헤겔의 일반적인 이론이(7.3.6.) 은폐되어서는 안 된다. 이에 반해 헤겔이 한 강의들은 아직은 다만 전적으로 외면적인 관점들로만 논의된다(8.). 마지막 부분(후생)은 본래 한 권의 책으로 따로 씌어야만 할 것이다. 이 책의 이 부분은 단지 단편적인 것일 뿐이다.

I. 생애 전반기

나, 게오르그 빌헬름 프리드리히, 때때로 또한 "프리더리히" 헤겔, 슈투트가르트 1770년 8월 27일생. 나의 부모님은 회계 조사 고문 게오르그 루드비히 헤겔과 출생명 크리스티네 루이제 프롬으로서 이분들을 개인 수업을 통해서뿐만 아니라 또한 슈투트가르트 김나지움의 공공 수업을 통해서 나의 학문적인 도야를 보살펴 주었다. 이 슈투트가르트 김나지움은 고대와 근대의 언어 및 학문의 시원 근거를 가르쳤다. 나는 18세에 튀빙엔 신학대학교에 받아들여졌다. 문헌학자 슈누러(Schnurrer), 철학자 플라트(Flatt)와 뵈크(Boeckh), 그리고 수학자 플라이더러(Pfleiderer) 밑에서 2년을 보낸 후에 나는 철학 마기스터(Magister)[2]를 취득했으며, 이어서 3년 동안 르브레(Lebret), 울란트(Uhland), 슈토어(Storr) 그리고 플라트 밑에서 신학을 공부해 슈투트가르트 종교국(宗敎局) 신학 시험에 합격했고 신학직 후보자 명단에 올랐다. 나는 부모님의 소망에 따라 목사직 지위를 획득했고 신학 공부를 고전 문헌과 철학과 결합시키기 위해 소질에 따라 신학 공부

2) 이 책 부록에 실린 "헤겔의 약력"에서 풀다의 설명에 따르면 헤겔이 취득한 마기스터(Magister) 자격은 당시 다른 대학에서 수여되는 박사학위와 동급이었기에 여기서는 원어로 옮긴다.

> 를 충실히 했다. 신학직 후보자 명단에 오른 후 나는 신학적 지위에 맞는 직업 종류들 중 〔…〕 목사직 업무에서는 벗어나 옛 문헌과 철학에 헌신할 수 있는 여가를 보증해주며 또한 다른 나라들과 이국적인 여건 속에서 살 수 있는 기회를 마련해줄 만한 그런 직업을 선택했다. 내가 베른과 프랑크푸르트에서 얻었던 가정교사직은 바로 그런 직업이었는데, 직업상 이 일은 나에게 내 삶의 사명으로 삼았던 학문의 궤적을 더불어 추적해볼 수 있는 시간을 충분히 할애해주었다. 교사직을 맡아 6년을 보내고 아버지가 돌아가신 후에 나는 전적으로 철학적 학문에만 헌신하기로 결심했다. 내가 나 자신을 위해 해왔던 것을 더욱 발전시킬 수 있고 또한 교수직을 모색할 수도 있는 기회를 얻을 만한 장소로 내가 어떤 다른 곳도 선택하지 못했던 것은 바로 예나의 명성 때문이었다(IV/Ⅰ, 88 이하).

이렇게 헤겔은 1804년 이력서 초안에서 자신의 성장 과정을 서술하고 있다. 3년간 예나 대학에서 시간 강사로 활동한 후 그는 이 이력서로 자신을 소개하면서 추밀 고문이었던 괴테의 "호의와 배려"를 받고자 했다(Ⅰ, 84). 그는 자신이 신학 공부를 할 때와 가정교사 일을 할 때 느꼈던 내면적인 거리감을 있는 그대로 보이고 있다. 그럼에도 그는 자신의 교육적 성장과 관련된 사회적이며 시대사적이고 지성적인, 그리고 개인 심리적인 조건들에 대해서는 아무것도 말하지 않는다. 그가 암시하려는 것은 자신이 "철학적인 학문에 전적으로 헌신하려" 결심하기 오래전에 일찍이 그의 삶은 이미 대학에서 철학을 연구하는 길로 들어서기 위해 움직여왔다는 것이다. 철학 분야에서 자신의 학술적 이론 전개 능력은 유리한 환경 속에서 잘 달성된 것으로 보인다는 것이다.

이력서의 이런 문체는 그의 삶이 실제보다 긴장감이 덜한 것처럼 보이게 만든다. 만약 그의 교육적 성장이 여기서 괴테나 예나 대학 "담당자들"에게 보여주려고 간략히 작성된 것처럼 그렇게 정말 아무 단절 없이 진행된 것이었다면, 그의 나이 서른다섯 살 정도였으니 그의 지성과 생활 방식으로 추정해보건대 그는 이미 자신의 재능을 휘황찬란하게 입증하는 학자가 되어 있었을 것이다. 그러나 사실 그는 전형적인 학자도 아니었고 유리하게 자신을 소개할 줄도 몰랐다. 그는 이미 의미 있는 철학자이긴 했다. 다만 그때까지는 이에 관해 거의 어느 것도 감지되지 않았을 뿐이다. 아무튼 예나의 철학 무대를 외부에서 관찰하는 자들에게 눈에 띌 만한 헤겔의 모습은 그때까지만 해도 그저 천재적인 셸링에게 심원하긴 해도 다소 굼뜨며 수사학적인 면에서는 미숙한 공동 작업자이자 호전적인 친구 정도였다. 셸링은 그보다 다섯 살이나 어린데도 불구하고 이미 수년 전부터 유명한 인물이었음에 반해서 말이다. 만약 헤겔의 성장에 관해 알아보려 한다면 그가 어떠한 상황들로 인해 신학을 공부하게 되었고 그 공부를 "충실히 유지했는지" 정확히 주시해보아야 한다. 유년기의 헤겔을 지성적 인물로 만드는 길에는 어떤 요인들이 더불어 작용했는가? 이 요인들은 어느 방향으로, 무슨 힘으로 그를 이끌었는가? 몇몇 요인이 있었다는 것은 의심할 여지가 없다. 그러니 이것들은 각각 그 자체로 확인되어야 한다. 이것들이 중립적인 것이었는지 아니면 서로를 보완해주는 것이었는지 하는 것부터 확인해야 할 것이다. 헤겔이 처음엔 오직 주위의 기대에 매우 잘 부응했으나 이 요인들로 인해 헤겔은 학업 중에 주변 사람들의 기대와 단절하게 된다는 것이 밝혀질 것이다. 처음에 그는 오로지 주위의 기대에 매우 잘 부응했던 반면에 말이다.

02

한 신학자가 어떻게 양성되는가

1. 슈투트가르트

아들 **빌헬름**을 "목사"로 키우려는 부모의 의도는 사회적 명망 획득이라는 소시민적 소망을 배후에 지니고 있었다. 헤겔은 그렇게 하도록 요구받았으며 가족들은 후에도 여전히 그를 목사라 불렀다. 헤겔의 아버지는 뷔르템베르그의 상급 재무청 공무원이었다. 하지만 그가 "회계 고문"으로, 다시 말해 이 관청의 열두 자리 중 한 자리를 차지할 정도로 출세한 것은 그가 작고하기 겨우 3년 전 일이었다. 이 열두 자리 위에 여전히 상관으로 있는 직책은 단지 정부 고문 한 명과 내각 대리 한 명, 그리고 청장뿐이었다. 그러나 그는 자신의 아이들이 태어나 막 성장할 무렵에는 단지 회계 **비서**일 뿐이었으며 이런 공직상의 위계를 보거나 그의 아내 집안과 비교해보아도 작은 등불에 지나지 않는 존재였다. 그의 첫아이에게서 일찌감치 풍부한 재능과 억제시키기 어려운 학습 열기가 나타났다. 이때부터 이 아이가 김나지움 교육을 받아 대학 공부를 할 수 있게 해주는 것이야말로 그에겐 당연지사가 되었다. 아이가 이런 방향으로 입신할 수 있도록 준비시키는 것이다. 다만 가족은 자신의 아들들 중 한 명만이 신학을 공부한다는 조건으

헤겔의 생가 에버하르트슈트라세 53번지

로 대학에 보낼 수 있었다. 말하자면 대공(大公)은 단지 신학 교육과정에 대해서만 오래전부터 그 나라의 가장 자질 있는 아이들에게 장학금을 주어 도우려 했던 것이다. 튀빙엔 "신학교"에서 장학금을 받으려면 누구나 열 살에 처음으로 전국적인 경쟁을 뚫고 자격을 입증해야만 했다. 헤겔은 1780년에 이러한 장애물을, 이른바 "국정 자격시험"을 성공적으로 치렀다. 슈투트가르트의 "카알 대학교(Hohe Karlsschule)"도 1781년부터 신학 교육과정을 제공하긴 했지만 그 명성은 점점 변변치 못한 것이 되었기에, 그 시험 합격 후 헤겔은 더 이상 카알 대학교에 들어갈 동기가 없어져버렸다.

장학금을 받을 때 중요시되었던 교육은 인문학과에서 배우는 고전적인 교육, 특히 라틴어, 그리스어, 그리고 히브리어 교육이었다. 그러므로 자신의 이력서에서 헤겔이 옛 언어들과 고전 문헌이 일찍부터 그에게 중요했음을 강조해 말한 것은 단지 그의 사적인 애호만을 표현한 것이 아니다. 그가 그것을 체득할 때 지녔던 생각을 숨기고 있다는 점은 특징적이다. 물론 그것은 독일 고전 문학이 기초를 놓은, 막 생성되고 있던 신인본주의적 견해는 아니었다. 그것은 바로 우직하고도 대중 철학적인 독일 **계몽주의**의 입장이었다. 이러한 견지에서 헤겔은 자신의 방향을 비로소 튀빙엔 쪽으로 잡아나갔던 것이다. 이 독일 계몽주의는 헤겔에게 사회적 입신출세자라는 계획된 역할을 달성하기에 적절한 이데올로기를 제공했기에, 헤겔이 튀빙엔을 향했다는 것은 흥미로운 사실이다. 말하자면 1760~1770년대 프랑스의 계몽주의와는 반대로 1770~1780년대 독일의 계몽주의는 반교회적일 만큼 급진적이지도 않았고 게다가 무신교적이지도 않았다. 사회 비판적이거나 유물론적이지도 않았다. **독일의** 계몽주의는 시민 세계에 속하지도 궁정 세계에 속하지도 못한다고 느꼈던 문필가 무리의 도발적인 저널 활동이 아니었다. 오히려 그것은 우선적으로 국가와 교회의 종사자들에 의해 추구된 민족 교육적인 계획이었다. 이 계획에 따라 독일 계몽주의는 광신과 열광, 선입견과 미신에 대항해 중용을 취하면서 논쟁적으로, 오성과 이성의 발전을 거쳐 인류의 복지를 향해 가는 지속적인 진보에 전념했다. 그리고 이때에 또한 세련된 취미를 획득해 이 취미를 모든 신분으로 확산시키려고 애썼다. 그러나 구체적인 문제들에 있어서는 첨예한 갈등이나 예리하기만 한 분석으로 치우치지 않고 오히려 교회와 국가의 제도를 점차 내부로부터 개혁하기 위해 이 제도들 중 최선의 것을 생각해보고자 했다. 이러한 계몽의 **철학**은 교양 있는 독서 대중의 건전한 인간 오성에 기쁨을 주고, 세상을 살아가는 데 모두가 필요로 하는 학술적인 지혜를 위해 합리주의적 형이상학의 잔여물을 경험주의적 표상 및 고전적 교양과 결합시킨 하나의 절충주의였다. 이런 세상 지혜를 소유한 자는 비천한 출신이라 해도 교양 없는 많은 대중 앞에서 자신을 부각시킬 수 있었고 필적할 만한 공을 쌓으면 더 높은 신분에 속하는 이들과 동등한 지위에 오르려고 시도해볼 수도 있었다. 만약 그가 신분적 오만함에서 충분히 벗어났다면 말이다. 그래서 소년 헤겔은 그의 부모가 생각해준 역할에 동의했던 만큼 확실히 그의 학교와 가정교사가 제안한 수업을 거부할 만한 이유가 없었다. 그는 오히려 수업을 기꺼운 마음으로 받았다.

이후의 사건들이 만들어놓은 거리감 때문에 사람들은 독일 계몽주의의 대중 철학을 비웃을 것이다. 무엇보다도 특히 머리를 무겁게 짓누르는 독일 계몽주의의 교육 정책으로 인해 그렇다. 헤겔도 후에 이 교육 정책을 경멸적으로 회고했다. 그러나 오인하지 말아야 할 점은 대중 철학이라 해도 당시에 뷔르템베르그 대공이었던 카알 오이겐(Karl Eugen)과 같이 교육적인 열정으로 가득 찬 군주가 사는 소도시에는 탁월하게 들어맞았다는 것이다. 또한 그 대중 철학이 자신의 명성만이 아니라 같은 시기에 계몽주의가 국제적으로 성취했던 아마도 가장 큰 폭의 성공을 공유하고 있었다는 점도 고려해야 한다. 단지 북아메리카의 인권선언과 미합중국 형성(1776년), 오스트리아 황제 요제프 2세 치하의 개혁(1781년), 또는 계명결사원들(Illuminaten)이 한때 남부 독일에서 획득했던 영향력만 생각해봐도 그렇다. 그러나 뷔르템베르그의 오래된 지방적 상황을 훑어보면 여전히 다른 무언가를 눈치챌 수 있다. 즉, 1770~1780년대 시기 동안엔 서유럽 계몽주의가 지성적인 힘을 상실했었다는 것이다. 이제 점차 계몽주의의 이념 체계를 꿰뚫는 단절이 생겼다. 계몽을 대변하는 지도자들 중 많은 사람들이 이 무렵에 사망했다. 예를 들어 엘베시우스(Helvétius)는 1771년에, 흄은 1776년에, 볼테르는 1778년에, 콩디야크는 1780년에, 레싱은 1781년에, 디드로는 1784년에 죽었다. 루소는 이미 여러 해 전부터 자신의 예전 친구들과의 논쟁으로 말미암아 계몽주의자들과 친교가 단절된 채였다. 그는 이제 자신이 친구들에 의해 추방당했다고 믿고 있었다. 1776년 2월 그는 『루소가 장자크를 심판하다』라는 대화편 원고를 친구들이 훼손하지 못하도록 노트르담 제단 위에 바쳤는데, 그렇게 하면 원고를 후세에 남길 수 있기 때문이었다. 그리고 그 역시 2년 반 후에 죽었다. 루소의 문화 비판적 저술들이 세계에 끼쳤던 영향에 상응하는 것으로 독일에서는 문학적 계발 운동, 즉 셰익스피어, 르네상스, 그리고 질풍노도의 시작(詩作), 즉 괴팅엔 수풀연맹(Göttinger Hainbund)[3]의 시작과 클로프슈토크(Klopstock)의 전(前)고전주의 등이었는데, 이것들은 그 당시까지만 해도 독일 계몽주의의 지배적인 경향과 두드러진 대조를 이루던 것들이었다. 그러나 1780년대에 무엇보다도 칸트가 인류 복지를 향한 계몽이 올바른 방식으로 추진될 수 있기 위해서는 그 이전에 가장 먼저 이성이 스스로 계몽되어야 한다는 것을 깨닫게 했다. 이때 그의 이성 비판은 단지 합리주의 형이상학의 인식 요구만이 아니라 "대중적인 윤리적 세상 지혜의" 인식 요구도, 즉 대중 철학적인 윤리학도 일단은 신용하지 않는 것이었다. 이와는 별도로 프리드리히 하인리히 야코비(Friedrich Heinrich Jacobi)는 소설과 편지, 그리고 에세이를 통해, 대중 철학의 평화 애호적인 낙천주의가 외양만 꾸미고 있던 냉혹한 대립들을 눈앞

---

3) 괴팅엔 수풀연맹으로 번역한 Göttinger Hainbund는 1772년 9월 12일에 계몽 합리주의에 대한 균형추로서 자연 예찬을 좌우명으로 삼아 요한 하인리히 포스(Johann Heinrich Voß), 루드비히 크리스토프 하인리히 횔티(Ludwig Christoph Heinrich Hölty) 등의 문예인들에 의해 창립된 문예 단체를 말한다. 이 단체의 문학적 전형은 클로프슈토크였으며 질풍노도의 문예 사조에 속하는지 하는 것에 대해서는 여기서 풀다가 동일시한 것과는 달리 학자마다 견해가 다르다.

에 펼쳐놓았다. 즉, 인류나 개개인의 복지에 유용한 것에 대한 오성 계몽과 윤리적 또는 종교적 통찰에 대한 더 심오한 욕망들 간의 대립, 인습적 규범의 도덕과 가장 내적인 양심의 요구가 지닌 무조건성 간의 대립, 계몽 절대주의에서 지속되던 독재 지배와 공적인 업무에 자유롭게 자기 규정적으로 참여하려는 시민들의 정당한 기대들 간의 대립, 그리고 급진적 계몽주의자들이 쾌락주의적이고 자연주의적인 윤리학을 선전함으로써 종교적 반계몽주의와 싸울 때 가졌던 선한 의도와 이로 인해 의도치 않게 절대주의적 전제정이 비호를 받게 되었던 사실 간의 대립 등을 말이다. 야코비는 레싱이 후기에 스피노자주의자였으며 그래서 널리 퍼져 있는 생각에 따른다면 무신론자이기도 했다는 폭로를 통해 세인의 주목을 끌었다(1785년). 이로써 야코비는 기독교 계시 신앙을 근대의 자연과학 및 합리주의적 자연철학과 매개시켰다 믿었던 독일 계몽 신학에 충격을 안겨주었다. 레싱의 친구로 남으려 했던 이들은 자신들이 양자택일을 해야 하는 상황에 놓여 있음을 보게 된다. 즉, 그들은 스피노자의 일관된 철학적 자연 경배를 유지하기 위해 창조신에 대한 자신들의 신앙을 내던져버리고 인간과 같은 모습의 모든 신 표상들을 포기하거나, 아니면 그와 함께, 즉 야코비와 함께 모든 철학적 논증을 뛰어넘어 이미 신앙과 의무 감정 내에 존립하는 직접적 확실성의 "비철학(非哲學)"을 통해 그때마다 철학을 넘어서거나 하는 양자택일의 상황에 놓인 것이다.

헤겔은 김나지움을 다니던 시기에 이미 이러한 출판물 가운데 많은 것에 관해 알고 있었다. 이 출판물들은 계몽의 "오성 문화"와 자신을 동일시하던 헤겔을 당황하게 만들진 않았다. 15~16세 시기에 쓴 일기장에서 알아볼 수 있는 그의 모습은 민활하지만 순응적인, 세계 개방적이지만 어떠한 청년기적 과잉도 없는, 좋은 학우이지만 실제로는 친구가 없는 그런 학생의 모습이었다. 그는 아마도 김나지움 졸업 시험 때까지 줄곧 수석을 차지할 정도로 야심 찬 학생이었던 것 같다(GW I, 3이하). 사춘기에 접어들어서도 그는 출세를 바라면서 부지런했으며, 끔찍할 정도로 조숙하고도 고루할 정도로 도덕적이었다. 결국 그의 목마른 지식 갈증은 마지막 학년에 엄청난 양의 지식을 삼킬 정도로 커져서 그의 내면적인 다른 욕망을 모두 질식시켜버릴 지경에까지 이르렀다. 그가 이 시기에 스승의 권위에 대해 거리감을 갖기 시작했으리라고 증언할 만한 것은 아무것도 없다. 왜일까? 그는 새로운 감수성으로 문명화를 비판하는 소식을 들어보지도, 대중 철학적인 세상 지혜가 야코비와 칸트를 통해 겪게 된 동요를 전혀 알아보지도 못했던 것일까? 그의 명민함이 번득이는 많은 양의 발췌문, 그의 독서량과 능숙하게 책을 다루는 그의 능력으로 미루어 보건대 아마도 그렇지는 않았을 것이다. 그러나 여기 이 물음을 답변 없이 내버려두지 않으려면 그의 외적인 삶의 자료들만이 아니라 그 이상의 것에 대해 과감한 물음을 던져야 한다. 그의 어두운 유년기 속에 감춰진 체험들을 밝혀주고 "헤겔이란 인물을 내면으로부터" 드러내줄 만한 추측을 해야 한다.

힌트를 줄 만한 것으로는 그가 열다섯 살 때 쓴 일기장이 있다. 그가 여기서 개인적인 감정을 털어놓은 적이 딱 두 번 있는데, 이 두 사건에서 그의 감정을 동요케 한 것은 모두 어떤 사람의 죽음 때문이었다고 한다. 한번은 몇 달 전 35세의 나이로 작고한 한 스승을 추모하는 내용이다. 그는 이 스승을 존경했으며 그 또한 이 스승에게 매우 중요한 학생이었을 것이다. 여덟 살 때 헤겔은 그에게서 셰익스피어의 독일어 최신판 18권을 선물 받았었기에 말이다! 그는 이제 자신의 추억을 영원히 마음속 깊이 간직하리라 맹세한다. 그러면서 그는 그 스승이 하급반 교사로서 "자신이 있어야 할 곳보다 훨씬 낮은 곳에서 일해야만 했다"고 한탄한다(GW Ⅰ, 8). 이런 어투는 마치 어른들의 말을 엿들은 것처럼 상투적이다. 그러나 이 어투 속에 솔직한 공감이 표현되고 있음은 부인할 수 없다. 또 다른 사건의 기록은 그의 개인적인 감정이 표현되어 있다는 특징이 있다. 이번에도 문학적이라 할 만한 전형(典型)을 전혀 취하지 않은 것은 아니라 해도 말이다. 이 일기에서 헤겔은 숭고한 감정을 꽉 움켜쥐려 한다. 그것은 저 멀리서 오는 정부 고위 관료의 장례 운구 행렬을 보았을 때 종교 재단의 커다란 교회 종이 둔중하게 울리면서 탑에서 들려오는 트럼본 합주의 "슬픈 울림"이 자신을 가득 채운 감격이었다(GW I , 10 이하). 감정을 글로 표현해보려는 그의 성향은 이런 슬픈 일에만 제한된 것이었다. 그 배후엔 숨겨진 것이 아무것도 없는 것일까?

다음과 같은 점을 숙고해보아야 한다. 이 일기를 쓴 것은 헤겔이 자신의 어머니를 질병으로 잃은 지(1783년 가을) 2년도 채 안 되는 때였다는 것이다. 헤겔 자신도 같은 질병에 거의 희생될 뻔했으며 같은 병을 앓으면서도 어머니는 그를 보살펴주었는데, 아마 그녀의 힘에 부칠 정도였던 모양이다. 헤겔은 그녀가 애지중지하던 아이였다. 그러나 이것은 그가 단지 첫째 아들이었기 때문만은 아니었으며, 또한 "〔그는〕 배우기도 잘했기 때문"이었다. 오빠를 평생토록 존경했던 헤겔 누이동생이 후에 증언하듯이 말이다(HZ 3이하). 그의 어머니는 법률 사무와 고등 재판을 담당하던 변호사의 딸이었다. 그러나 어머니의 아버지, 즉 헤겔의 외할아버지는 그녀가 결혼할 무렵엔 이미 고인이 되어 있었다. 같은 증언에 의하면 헤겔의 어머니는 그 당시 "교양 있는 부인"이었으며 "아들의 처음 학습에 많은 영향을 끼친" 어머니였다. 아마도 세 살 난 어린 헤겔이 독일어 학교에 들어가게 된 것은 무엇보다 그녀의 재촉 때문이었을 것이다. 그리고 다섯 살이 되어서는 라틴어 학교에 보내졌다. 헤겔은 어머니에게서 라틴어 단어를 처음 배웠다. 어머니가 자신의 결혼을 신분 하락으로 느꼈거나 불만족스러운 것으로 느꼈고, 똑똑한 아들에게서 자신의 교양이 끼친 영향을 확인하거나 자신이 결여한 다른 무언가를 보상받으려고 했다는 것은 상당히 그럴듯한 일이다. 그리고 실제로 그녀의 교양이 영향을 끼쳤다는 것을 다음에서 알아볼 수 있다.

> 그는 언제나 다섯 명씩 뽑힌 1등 중 한 명이었기 때문에 모든 학년에서 매년 상을 탔다. 그리고 10학년 때부터 그는 자신이 속한 김나지움 계열에서 1등이었다(HZ 3).

그러나 이제 그의 어머니는 세상을 떠났고, 어머니의 희망만을 충족시키려던 자신의 감정들과 함께 그는 홀로 남겨졌다. 헤겔은 자기 자신만을 위한 일을 하기에는 아마도 너무 적은 사랑을 받았을 것이다. 그의 어머니도 정감 어린 애정을 표현할 때 어떤 부분만큼은 그에게 베풀지 않았을 것이다. 이러한 점은 헤겔에게서 꼭꼭 숨겨진 채로 있게 된다. "재능 있는 아이의 드라마" 속에 꼬여 있는 매듭은 이 점과 꽉 엮여 있다. 고독감 때문에 그리고 본래의 자기 속에 들어찬 구제할 길 없는 공허한 의식으로 인해 의기소침해지곤 하는 위험에 대항해서 그가 할 수 있는 일이란 돌아가신 어머니에게 다 보여주지 못한 지식의 습득뿐이었다. 이 습득이 성공의 체험이 되는 한에서는 크게 신뢰할 만한 보호막을 제공해주었다. 이제 열 살인데도! 누이동생은 그녀의 아버지와 오빠들을 위해 가정부 역할을 떠맡았고 이로써 또한 어머니를 대리하게 되었다. 헤겔을 바라봐주던 어머니의 자리를 누이동생이 그에게 경탄을 보이면서 부분적으로나마 적어도 대신해줄 때에는 그 보호막이 더욱더 효과를 발휘하게 된다. 그러나 지식의 습득은 사춘기에 접어든 어린 헤겔의 감정을 고정시켜버렸다. 어머니의 죽음에서 비롯된 저 흐릿해진 감정이 늘 그 자신의 운명이 될 정도로 느껴지게 된 것이다. 어머니의 죽음에 대해 아마 그는 공동 책임을 느꼈을 것이다. 그러니 장차 어머니의 기대를 전부 충족시킴으로써 죽을 때까지 계속 어머니의 사랑에 보답하는 방법을 통해서가 아니라면, 어머니의 죽음이 자신 때문이라는 의혹을 어떻게 누그러뜨릴 수 있었겠는가? 그래서 그는 이 기대 충족에 방해가 될 만한 흥분이라면 어떻게 해서라도 전혀 표출되지 않도록 하는 방법을 터득해야 했다. 그것은 지식의 습득을 강화해줄 것이었다. 또한 그것은 그의 학업 성취를 바라는 모든 사람들로부터 훨씬 더 많은 인정을 얻게 해주었다. 이런 식으로 그는 다른 사람들에게 공부하는 이런 인상만 압도적으로 불러일으킴으로써 저 위협적인 의기소침을 막는 그의 방어벽을 안전하게 지켜냈다. 하지만 이로써 그는 이런 인상을 불러일으키는 것에 점점 더 의존적이게 되었다. 그는 특히 감정을 자연스럽게 표출하고 표현해야 할 필요가 있는 모든 일에서 불안정하고 억눌리게 되었다. 어려서부터 사교적이며 다른 사람들과 교제할 때 인기도 많았던 그는 이렇게 해서 "우직하고 목석 같은 헤겔"이 되어갔다. 후에 클레멘스 브렌타노(Clemens Brentano)가 그를 묘사했던 것처럼 말이다(HZ 103). 그는 "언제나 명랑한 감각"을 지닌(횔더린- I, 45와 비교), 외적으로 보기엔 "평온하고도 이지적인 인간"(HZ 33), 그렇지만 심혈을 기울여 쓴 자신의 사려 깊은 작품을 웅변적으로나 확고한 목소리로 결코 강연할 수도 없었던(Ros 18과 비교), 또한 "무용 선생이 보기엔 춤 솜씨가 전혀 없었던"(HZ 4) 그런 인간이 되어갔다.

물론 후에 헤겔이 보인 품행상의 특징이 여기서 추측한 유년기의 운명에서 비롯된 것이라고 확실히 주장할 수는 없다. 또한 그리 많지 않은 유년기 자료에서 그런 운명을 증언하는 다른 증거를 더 찾을 필요도 없다. 오히려 헤겔의 이후 삶이 지금 제시된 추측과 들어맞는지 자문해보는 편이 낫다. 그러나 여기서 가정해본 내면적인 이야기가 열여덟 살이 된 헤겔에게 여전히 각인되어 있었다면 그에 대해 아마 다음과 같이 말해도 될 것이다. 그렇게 된 사람이라면 그 사이 계몽의 자기의식을 변화시켰던 사건들을 그 자신이 밀도 있게 그려보기 전에 우선 다시금 동요를 겪어야만 한다. 그런 후에야 그는 이 사건들로부터 그 자신을 또한 밀도 있게 형성할 수 있다.

2. 튀빙엔

사정이 그러했다면 그의 신학 공부는 어떤 조짐을 보이고 있었는가? 자신을 잘 표현할 줄 모르는 수사학적인 핸디캡을 제외한다면 그는 새로운 삶의 시기에 잘 준비되어 있었다고 할 수 있다. 하지만 그가 1788년 가을 튀빙엔 대학으로 거처를 옮겼을 때 오래지 않아 새로운 충격이 그에게 닥쳤다. 이제 그에게 영향을 끼치게 된 요인들은 그를 곧 뷔르템베르그에서 정해졌던 목사직의 방향과는 다른 방향으로 내몰았다. 오래전에 그를 잡으려 설치되어 있던, 그러나 지금까진 적절한 거리를 두고 매복해 있던 올가미가 이제 그를 뒤에서 탁 휘감고 말았다. 그 자신뿐만 아니라 또한 그의 아버지까지 동여맨 올가미는 "신학직 이외에 어떤 다른 전문직을 위해서도 전념하지 않는다는" 그리고 "대공 전하께서 명령해" 그를 "임대하거나 파견하게 될 곳에서", 말하자면 "교회나 학교에서" 그를 "쓸 수 있게끔"(IV-I, 19) 허가 없이 어떤 다른 일에도 관여하지 않는다는 책무였다. 그는 서면으로 이 책무를 져야 했다. 부모의 집에서 근심 없이 살던 삶에서 튀빙엔 신학교의 억압적으로 규제된 답답한 삶으로의 전환은 그러한 책무의 예감이었다. 그러나 그의 균형감에도 이제 장애가 생겼다는 것을 덧붙여야 한다. 그는 처음으로 자신이 치열한 경쟁에 내맡겨졌음을, 그리고 가족이 보여준 경탄을 이제는 받을 수 없기에 이것이 더 이상 버팀목이 되지 못함을 깨닫게 되었고, 게다가 얼마 지나지 않아 자신의 슈투트가르트 동창생들 중 한 명보다 — 아마도 부당하게 — 뒤처진 것을 참아내야 했다(IV/I, 279와 비교; HZ 9, 11 이하).[4] 수사학적인 핸디캡이 계속되는 상황도 헤겔의 마음속에 그가 소명 받은 신학직에 대한 회의를 불러일으켰을 것이다. 어떻든 간에 헤겔은 2년간 철학 기초 수업을 받은 후에 법학으로 전공을 바꾸려 했다(HZ 17). 그러나 이에 대해 그는 아버지에게 동의를 얻진 못했다(HZ 12).

이러한 요인들 외에도 그에게 영향을 끼친 것으로는 확실히 그의 교육과정에 있어 긴장감 넘치는 다음과 같은 사정도 있었다. 튀빙엔 대학은 재학생이 대략 200명 정도일 뿐인 작은 대학이었다. 이 대학은 카알 대학교를 선호하던 대공이 소홀히 취급했고, 계속 쇠약해질 위협에 처해 위협받고 있었다. 신학과는 네 명의 교수들로 구성되었던 반면, 이 신학과에 입문한 학생들이 마기스터 학위 때까지 공부해야 했던 철학과에는 단지 두 명의

4) 헤겔의 대학 동창 로이트바인(Christian Philipp Friedrich Letwein)의 보고에 따르면 헤겔은 당시 튀빙엔 대학에 진학한 다섯 명의 — 원래는 네 명(Hegel, Märklin, Autenrieth, Faber)이었기에 잘못된 보고이다 — 슈투트가르트 김나지움 졸업생들 중 한 명이었다. 헤겔은 이들 중 메르클린(Jakob Jeremias Friedrich Märklin)보다 성적이 뒤처지게 된다. *Hegel in Berichten seiner Zeitgenossen*, 11, 565쪽.

철학 교수들만이 가르치고 있었다. 이들 중 한 명〔뵈크(A. F. Boeckh)〕은 대중

튀빙엔 신학교

철학적인 저술들로 실천철학과 미학을 강의했다. 다른 한 명〔플라트(J. F. Flatt)〕은 무엇보다 신학적인 관심을 가진 이였다. 그는 신학과에서 주도권을 쥐고 있던 자기 스승〔슈토어(G. Ch. Storr)〕의 정통교리론을 대중 철학과 결합시키고 초기 계몽주의의 자유주의적 이성신학에 대항해 칸트의 이성비판으로써 그 정통교리론을 변론하고자 했다. 그러나 그의 의도와는 반대로 가장 탁월한 학생들은 그 정통교리론보다는 칸트의 이념에 열광하게 되었다. 그러던 그가 1788년부터 칸트 철학에 대해서도 반대 입장을 보였을 때 이것은 결국 자기 학생들의 급진적인 칸트 연구만을 강화시킨 꼴이 되었다. 이 칸트 연구는 튀빙엔의 "초자연주의적" 신학에 대항하는 것이었다. 이렇게 되자 헤겔은 이제 자신이 진로의 갈등 속에 서 있음을 알게 된다. 가장 중요한 자신의 대학 스승들과 가장 재능 있는 학우들 사이에 놓인 갈등 속에 말이다. 학우들 중에는 자신과 동년배인 횔더린이 있었고 (1790년부터는) 자신보다 다섯 살 어린 천재적인 셸링이 속해 있었다. 결국 그때까지 헤겔에게 심적인 균형을 유지해주던 대중 철학은 그 의미를 상실하게 된다.

헤겔은 새로운 진로를 모색하는 데 튀빙엔 스승들의 낡은 확신들보다는 확실히 자신의 학우들의 새로운 이념을 더 신뢰했다. 하지만 그 당시 그에게 대체 무슨 일이 일어난 것인지를 제대로 파악하려면 그가 어떻게 이런 이념들에 전념했는지를 정확히 주시해보아야 한다. 이를 위해서는 평생토록 그에게 **세계사적이었던 그 사건**을 그가 어떻게 수용했는지를 정확히 평가해야 한다. 그의 대학 첫 학년 때 발발한 세계사적 사건은 바로 프랑스 혁명이었다. 다른 학우들처럼 헤겔도 이 사건으로 인해 짧은 시기나마 산만한 자유의 열광주의 속으로 빠져들 수 있었다. 이 자유의 열광주의는 전적으로 저술을 통해서만 도야되어왔던 독일을 거의 완전히 사로잡고 있었다. 그러나 추측건대 이것이 전부는 아니다. 혁명은 헤겔의 고향 슈바벤을 덮칠 수도 있었다. 이 혁명에 대한 희망이 신학 공부를 법률학 공부로 바꾸려는 그의 소망의 또 다른 근거를 이루었다. 그러나 이런 소망의 충족 가능성이 어떠했든지 간에 시대적인 사건들의 진행에 열광해서 여하튼 그는 자신의 개인적인 위기를 다양한 교육 기회를 얻음으로써 극복해야 했고 이를 통해 시대의 요구에도 가장 잘 부응해야 했다. 이렇게 심리적 · 교양사적 · 세계사적 요인들이 결합된 그의 성장은 가장 고유한 형태와 강인함을 지닌 하나의 표본으로 진행된다.

헤겔의 수업 시기의 서류나 동시대 문서들, 그리고 믿을 만한 여러 회고담을 통해 어느 정도 분명하게 다음과 같은 결과를 이끌어낼 수 있다. 튀빙엔 정통교리론을 신학적으로 극복하기 위해 가능한 한 신중하게 칸트를 공부했던 친구들과는 달리 헤겔은 그 정통교리론을 아예 철저히 무시했다. 튀빙엔 정통교리론은 그에게 철학적으로 비판할 만한 일말의 가치도 없어 보였다. 그의 설교 연습은 단순한 의무 이행 사항이 되어버렸고, 무관심하게 수행되었으며 "의외로 평균 성적"만 받았다(문서 446). 대중 철학은 그 방향 지시 기능만 상실한 것이 아니었다. 칸트 편을 들게 된 헤겔은 이제 지성계몽에 헌신하던 대중 철학의 관성에 알레르기 반응을 보였고, 칸트보다 훨씬 더 냉혹하게 대중 철학과 절교했다. 그의 관심사는 칸트가 전개한 비판과 형이상학의 개념적 구별들을 익히는 공부가 아니었다. 그는 무엇보다 우선 고전적인 고대 철학과 시문의 강도 높은 연구가 훨씬 더 유익하리라 스스로 다짐했다. 고대 철학과 시문에 편향되어 있었기에 그는 외면적으로나마 적어도 신학공부를 충실히 유지하는 것처럼 보일 수 있었다. 그러나 근대인들 중에서 그의 영웅은 이제 **루소**였다(HZ 10 이하). 예를 들어 야코비의 『볼데마르(Woldemar)』와 『알빌(Allwill)』에 나오는 "비슷한 정조(情操)들이 지배하는" 다른 인물들과 함께 말이다. 루소의 『사회계약론』으로 인해 헤겔의 고전적인 교양은 정치적 시사성을 띠고 드러날 수 있었다. 『에밀』은 그에게 종교를 새롭게 가르쳤다. 『고백론』은 가장 내면적인 참된 자기를 모색하고 지금까지의 헤겔 자신의 삶과 습득된 교양에 대해 가차 없이 책임을 묻도록 자극했다. 이에 수반되는 정서적인 불안정을 그는 애써 명랑해지거나 안락한 선술집을 찾음으로써 감췄다. 철학적 원리의 물음들에 대해 지니는, 여전히 날카롭지 못한 자신의 견해를 그는 다른 무엇보다도 자신이 몰두하고 있는 주제들을 여러 측면에서 다듬음으로써 상쇄해야 했다. 이 때문에 그와 가까운 이들에게조차 그가 "지의 왕국을 호방하게 떠돌며" 유랑하는 절충주의자라는 인상을 불러일으켰던 것인지 모른다(HZ 12). 정말로 그는 신학적 관점을 떠나서 또는 가능한 목사직 자격 조건 밖에서 새로운 삶의 구상을 모색하고 있었던 것이다. 이때 그는 혁명적인 사건들에 동조하면서 남서 독일에서도 이것들이 발발하기를 소망하고 있었다. 이렇게 해서 장학생을 후원해 신학자를 만든다는 보증된 그 교육 정책은 헤겔의 경우 실패한 것으로 입증되었다. 이제 그의 성장 과정은 철학적 경력을 쌓게 되기까지 커다란 우회로를 이루게 된다. 그러나 이 과정은 생산적인 것이었다. 이 과정은 헤겔의 계속된 철학적 도야를 그의 삶과 가장 밀접한 결합 속에 유지시켰다.

03

자신에게 주어진 것에서 스스로 무엇을 이루어내는가

몇 년간 단절되었던 셸링과의 서신 교환을 다시 재개하는 1800년의 한 유명한 편지에서 헤겔은 자신의 "학문적 도야"를 회고하며 말하기를, 그것은 "인간의 좀 더 하위의 욕망들"에서 출발했고, 그 사이 그의 "청년기의 이상"은 불가피하게 변화를 겪었다고(Ⅰ, 59) 한다. 따라서 만약 헤겔을 그 자신의 관점에서 이해해보고자 한다면 다음처럼 물어봐야 한다. 자신의 학문적 도야를 스스로 해나가고자 했을 때 그는 어떠한 **하위 욕망들**을 위해 그러려고 했던 것일까? 이 욕망들의 만족을 위해 그가 해낸 기여는 어떠한 이상에 일조해야 했던 것일까? 자신이 할 만하다고 의도했던 그의 **기여**는 어떠한 종류의 것이었을까? 이 물음들에 대한 답변은 가장 초기에 헤겔이 했던 원래의 인생 계획에서 밝혀질 것이다. 이 계획은 실행되지 못한 간행물 출간 시도를 포함하고 있었기 때문에 다음과 같은 질문이 제기된다. 간행물 출간 작업은 어떤 대안이 생겼기에 중단되었던 것이며, 그리고 대안이 여러 개 있었다면 이것들은 무슨 이유로 인해 어떤 순서로 교체되었던 것인가? 그러므로 1800년까지 헤겔이 착수하긴 했어도 출판하지 않았던 작업

주제들을 순서에 따라 다루어보아야 한다. 본래의 관심사가 헤겔의 후기 철학인 경우엔 이 주제들에 대한 논의가 어떻게 방향 전환되었는지도 추가로 알아야 한다. 말하자면 "좀 더 하위" 욕망들이 잠재의식적으로 헤겔의 철학적 발전을 추진했던 것이며 하나의 사건으로까지 만들었던 것이다. 훗날 성숙한 헤겔의 사유가 보여주는 많은 특징들도 이로부터 이해될 수 있다.

1. 베른 : "청년기 이상"으로부터 인생 계획

마기스터를 취득한 후 헤겔은 튀빙엔 신학과 철저히 반목하는 사이가 되어버렸다. 그는 자신의 마지막 학년(1793년) 여름을 요양을 핑계로 거의 내내 고향에서 보냈을 정도였다. 그는 가능한 한 빨리 "자유롭게 되고자" 교회 졸업 시험도 조기에 보았다(IV/ I , 52 ; HZ 22). 그 자유란 게 단지 베른의 가정교사 자리일 뿐이었는데도 말이다. 하지만 종교는 "우리 삶의 가장 중요한 소임들 중 하나로서" 여전히 그의 테마였고 그의 테마로 남았다(GW I , 83). 그는 당시 인간의 **욕망들**을 충족시키기 위해 종교를 다루었다. 인간의 이 욕망들은 혁명 중인 프랑스의, 특히 로베스피에르 치하의 "탈기독교화"로 인해 지각된 욕망들이었으며, 그렇기에 루소의 모범에 따라 공화국을 창립하려는 시도에서 비롯된 욕망들이었다. 『사회계약론』 끝부분에서(4권 8장) **루소**는 상이한 종교 유형들을 정치적 관점에서 연구했으며 공화제적으로 구성된 공동체 내에서 이 종교 유형들이 지니는 자격까지 탐구했다. 이 연구는 난제에 부딪힌 채 끝난다. 즉, 국가 순응적인 "국민 종교들"은 돌이킬 수 없는 과거사가 된 반면에, 기독교 복음에 포함되어 있는 참된 "인간의 종교"는 정치체와 아무런 관계도 지니지 않으며, 게다가 시민들의 마음을 국가로부터 떼어놓기까지 한다. 루소는 이런 확신을 아주 경직되게 고집하지는 않았기 때문에, 마침내 그는 예전에 그가 기획한 것과 같은 국가라면 한 국가 내에서 정치적으로 요구되는 삶에 어울릴 만한 신앙 선언이 어떤 조건들을 충족시켜야 할 것인지를 여전히 탐구해볼 수 있었다. 가장 중요한 필수 사항은, 종교가 정신적 · 신체적 억압의 도구이기를 멈춰야 한다는 것, 그러나 또한 세상에서의 도피와 비정치성으로 오도되어선 안 되며, 오히려 그 대신 종교는 **시민 종교**(religion civil)의 형태를 획득해야 한다는 것이다. 이것은 대략 공화제적 헌법 원리에 대한 무제한적이며 공개적인 지지 선언인 동시에 초인간적 힘들에 대한 관대한 숭배 같은 것을 의미한다. 만약 사람들이 자신들의 국가 시민적 의무를 기꺼이 떠맡고 자유로운 공동체의 삶을 목적으로 지니는 "정치체"를 지속적으로 형성해간다면, 그들은 초인간적인 힘들의 자비로운 작용에 힘입고 있는 것이다. 헤겔이 헌신하고자 했던 **이상**은 일반적으로 말해 이러한 삶의 이상이었다. "청년기의 이상"이었기에 이 이상은 추측건대 더 자세히 말하면 이러한 삶을 가르치는 **교육**에 해당되는 것이기도 했다. 왜냐하면 이상의 성취를 위해 적합한 제도들을 만들지는 못할지라도 적어도 저술로써 영향력을 발휘할 수는 있을 것이기 때문이었다. 저술로써 그는 자신이 "청년기"에 몸소 겪은 기계적인 교육 체계를 어떠한 자유주의적인 교육제도가 대체해야 할지를 보여주어야 했다. 그의 이상은, 다른 말로 하자면 『사회계약론』 원칙들에 따르는 **민족** 교육의 이상이었다. 이 이상의 기초적인 종교적 국면에 바쳐진 것이 바로 헤겔의 시평(時評) 작업이라 하겠다. 뭐라 해도 횔더린은 자신의 친구 헤겔을 이렇게 이해했다(Ⅰ, 20).

하지만 헤겔은 자신의 루소를 처음부터 칸트의 시각으로 읽었다. (두 개의 현상 모집 『논문들』[5]과 『에밀』에서) 루소가 펼친 문명 비판적이고 사회 비판적이며 교육 비판적인 주장들을 칸트는 『사회계약론』의 정치 이론과의 일치에까지 그리고 이성과의 일치에까지 전개시킬 수 있다고 믿었다. 이를 위해 칸트는 루소의 그 주장들을 "완벽한 기술이 다시금 본성이 되기

5) 디종 아카데미의 현상 모집 문제에 응모한 루소의 『학문과 예술론』과 『인간 불평등 기원론』을 말한다.

까지 문명이 어떻게 전진해야 하는지 (…) 하는 난제를 풀려는" 시도에 기여할 수 있는 것으로 이해했다(KAA Ⅷ, 373 이하 ; 26과 비교). 이로 인해 루소의 저작은 절망적으로 문명을 비관하는 내용을 더 이상 포함하지 않는 것이 되었다. 그리고 단지 그랬기 때문에 헤겔은 루소의 정조(情操)[6]들을 통해 자신을 억누르는 "족쇄들"에서 해방되고자 할 수 있었다. 이에 상응해서 루소를 고독 속으로, 정말이지 광기의 언저리까지 내몰았던 문제들은 도외시되어야 했다. 헤겔도 이 문제들을 평생 동안 도외시하는 경향을 보이게 된다. 문명화가 아마도 (우리 안에 있는) 본성에게 너무 많은 것을 요구할 수도 있다는 것은 결코 헤겔의 문제가 되지 않는다. 앞에서처럼 그의 유년기로부터 유추해볼 때 다른 여지가 있을 수 없다.

칸트와 루소의 결합이 헤겔이 작업하려던 최초의 계획이었다. 이 계획이 "시민 종교" 구상 속에 포함된 **문제**를 칸트의 수단들로 해결하려고 시도하는 한 그렇다. "인간의" 기독교적인 "종교" 속에서 모두는 자신들을 형제로 인식하기에 루소는 이 "종교"의 내용으로부터 "순전히 시민적 서약의 표명"을 추상해내려 했다(ROC Ⅲ, 468). 이 서약의 조항은 정치적 주권자가, 그래서 회집한 민족이 확정해야 하는 것이며, 이 서약의 내용은 각자가 이른바 자신의 영혼 깊은 곳에서 발견할 수 있는 것이다. 즉 만약 이러저러한 실정(實定) 종교의 교의와 관습에 대해 자신이 지닌 오성과 감각을 지배하고 있는 "규제들"로부터 각자가 정조(情操)를 통해 스스로를 해방시킨다면 그 서약 내용은 영혼 깊은 곳에서 발견할 수 있다. 여전히 남을 수 있는 종교는 단지 가능한 적은 수의 가능한 단순화된 교리들만 참으로 여기는 종교뿐이

6) 여기서 "Sentiment"를 번역한 우리말의 "정조(情操)"는 참된 것, 선한 것, 아름다운 것에 대한 고차원적인 정서를 말한다. 드물게 사용된 후기 라틴어의 "sentimentum"에서 파생한 "sentiment"는 오늘날의 "감상", "정서" 등의 의미가 아니라 "정감(Empfindung)"과 "생각(Meinung)"의 의미들이 결합된 "정신적 정감"의 의미로 쓰였으며, 17세기 영국에서는 "의견(opinion)"의 의미로 사용되었다. 루소에게서 정조는 "수많은 자극을 통해 편향되지 않고 자신이 실존함을 느껴야 하는 영혼의, 몇몇 감관 인상들에 제한된 평온한 상태"를 뜻한다. Frank, Baasner : 항목 *Sentiment, Historisches Wörterbuch der Philosophie*, Hg. Ritter, Joachim u. Gründer, Karlfried. 675~679쪽 참조.

다. 그러나 이러한 종교가 어떻게 근대 국가들에서 벌어지는 서로 적대적인 종교 공동체들의 가혹한 경쟁보다 더 탁월한 영향력을 지녔다 할 수 있겠는가? 이 물음에 대해 답변하기 어렵다는 것이 헤겔의 처음 문제였다. 루소가 공화주의적인 덕의 양성과 보존을 위해 종교에 부여한 중요성은 여전히 단순히 참된 것으로 간주되어야 하는, 쉽게 이해될 수 있는 것만 남겨지는 신앙 교리들의 궁색함과 어울리지 않는다. 이러한 신앙 내용을 루소는 자신의 이성적인 국가 속에서도 구제해놓으려 했다. 그 때문에 이제 헤겔은 다음과 같이 묻는다.

> 한 민족을 더 좋게 또는 더 행복하게 만들어야 하는 종교의 교의가 어떠한 성질의 것이어야 하는지가 아니라, 오히려 종교의 교의와 힘이 인간의 감각 조직 속에 혼합되어 이 감각으로부터 비롯되는 행위의 충동과 잘 어울리고 이 감각 속에서 생생히게 영향력을 발휘하는 것으로 입증되려면 어떠한 종류의 종교 시설들이 적합한 것인가(GW I, 90).

이 물음은 다른 말로 표현하면 내용상 이성적인 종교가 "주관적"인 것이 되기 위해서는, 다시 말해 윤리적으로 행위하려는 의지를 규정하기 위해서는 어떠한 제도적 조건들이 충족되어야 하는가 하는 물음이다. 그리고 **칸트가 『단순한 이성의 한계들 내에서의 종교』에서** 추진한 계획이 이 물음에 답변할 수 있는 틀을 형성했기에 헤겔은 이제 그 답변을 시도한다.

칸트의 그 저서가 도달한 결론은, 예수가 하나의 보편적 이성 종교를 가르쳤으며 "각 종교 신앙의 소홀히 해선 안 되는 최고 조건으로" 만들었다는 것이다(KAA VI, 158). 이를 통해 칸트는 인간의 **종교적** 의무와 **도덕적** 의무 간의 항쟁을 배제하는 예수의 종교에 대해 하나의 해석을 제공했다. 그러나 윤리학을 새롭게 근거 지으면서 칸트는 또한 도덕적 의무와 **정치적** 의무 간의 모든 항쟁도 피할 수 있게 하리라고 약속했었다. 이 밖에도 자신의 윤리학 원리들에 따라 칸트는 종교론에서 "성스러운 역사"를 "언제나 도덕적인 것을 목적으로 삼는 것으로"(132) 해석한다는 원칙까지 확약했었다. 이것은 단지 "순수 실천이성의 방법론"을 종교 영역에 적용하는 것일 뿐이었다. 왜냐하면 칸트가 『실천이성 비판』 말미에서 이 "방법론"에 부여했던 과제는 "어떻게 순수 실천이성의 원칙들에 인간 심성으로의 진입을 마련해줄 수 있는지, 다시 말해 객관적으로 실천적인 이성을 어떻게 주관적으로도 실천적으로 만들 수 있는지" 하는 방식을 진술하는 것이었기 때문이다(KpV 269). 이것을 어떻게 종교를 통해 할 수 있는지 보여주는 것이 이제 그 저서의 계획이었다. 다만 한 가지만은 분명 헤겔이 독창적이었다. 즉, 그는 사적인 종교가 아니라 **공적인** 종교의 성질들에 대해 물었고 어떠한 종교적 교의가 인륜성을 촉진하는 것인지 하는 것이 아니라 어떠한 **제도**, 의식(儀式), 그리고 생활 형식이 그것을 촉진하는 것인지 하는 것을 탐구했다는 것이다.

이러한 계획으로 탁월하게 비판할 수 있었던 것은 무엇보다 오성에 영향을 끼치려는 대중 철학적인 교육 구상이었다. 이 계획으로 또한 밝혀질 수 있었던 것은, 서양 **기독교**가 "민족 종교"의 정치적 과제들을 수행하기에는 좋은 자격을 갖추고 있지 못하며, 오히려 그리스의 "환상 종교"가 그 과제들을 수행하기에 상당히 적합하다는 것이다. 그러나 우리에게 이 환상 종교는 여전히 단지 "인간의 아름다움에 대한 감정을 지닌, 광대한 고상함을 지닌 영혼에게나"(GW Ⅰ, 114) 머나먼 시절로부터 비춰질 수 있는 하나의 "형상"일 뿐이기에, 헤겔이 활동적으로 헌신하려 했던 그의 **이상**은 칸트의 말로 표현하자면 "보이지 않는 교회"의 이상으로서 또는 "신의 왕국"의 이상으로서(KAA VI, 101이하) 특징지어질 수도 있다. 다시 말해 "신적이고 직접적이지만 도덕적인 세계 정부가 인간에 의해 창설되어야 할 모든 합일체의 원형으로 소용되는 것처럼, 이 세계 정부 아래 모든 정의로운 자들의 합일체"라는 이상으로서 말이다. 다만 이때 잊지 말아야 할 것은, 인간에 의해 창설되어야 할 그 합일체가 또한 시민의 자유를 입법 목적으로 하는 정치적인 헌제(憲制)를 지향했다는 점이다.

칸트의 철학적 사상들의 정확한 재현이 아니라, 이 사상들의 민족 교육적인 **적용**을 중요시했기 때문에 헤겔은 자신의 주제를 폭넓은 대중을 향해 독려하는 "대화" 문체로서 논의해야 했다. 풍부한 은유로 마음에 호소하면서, 깊은 의미를 찾기보다는 넓게 캐물으면서, 저자로서 자신의 철학적 입장을 전면에 내세우지 않으면서, 게다가 축적된 온갖 종류의 교양에 갈채를 보내는 식으로 자신의 고유 원리들을 베일로 가릴 수 있는 가능성까지 이용하면서 말이다. 이 때문에 헤겔의 출발점이었던 확신에 관해 오늘날까지 매우 논쟁적인 이해가 초래되었다. 헤겔이 아직 상이한 입장들을 올바로 구별할 수 없었기에 자신이 본래 어디에 서 있는 것인지 결코 알지도 못했다고 가정할 수도 있겠다. 그러나 이런 가정보다 나에게 훨씬 더 설득력 있게 보이는 것은, 헤겔이 넓은 의미에서 하나의 **정치적인** 목적을 처음부터 간행물을 출간하려는 시도를 통해 줄곧 추구해갔다는 것이다. 헤겔은 이런 시도를 이미 튀빙엔에서 시작했고 베른에서도 계속했다. 종교 문제에 관한 한 그는 민족 교육자의 능력을 구비해서 혁명이 그의 고향 슈바벤에 단호한 교회 개혁을 가능하게 할 때를 대비해 **조력하고자** 했다. 이것이 그의 최초 인생 계획이었다.

2. 가장 고유한 사상을 성취하려는 험난한 도정에서 "무기력해질 정도의" 우울증

1790년대 말 헤겔은 종교적 민족 교육이라는 자신의 이상을 단호하게 교정한다. 그러나 1794년에 그는 이미 자신의 이상을 위해 착수한 첫 간행물 작업을 갑자기 중단했다. 그가 던진 물음이 그렇게 많은 성과를 가져오지 않았다는 것이 중단 이유들 중 하나일 수 있다. 근대적인 공화정에서 종교가 윤리적 영향력을 갖추게 하고 의지가 자신과 일치되도록 하는 그런 제도, 관습, 그리고 의식(儀式)이란 대체 어떤 성질을 구비해야 한단 말인가?

이에 대해 루소는 아무런 안내도 해주지 않는다. 이에 대해 말할 만한 것을 헤겔 자신도 단지 조금만 알고 있었을 뿐이다. 국가와 종교에 대해 적절히 말할 만한 많은 것을 갖췄던 그의 후기 철학조차도 그 점에 관해선 결코 어떤 결론에도 이르지 못했다.

다른 이유가 적어도 두 개는 더 덧붙여진다. **로베스피에르의 몰락**으로 인해 프랑스에서 문화 혁명적인 종교 변혁의 노력들은 끝나버렸고, 마찬가지로 헤겔의 고향에서 일어나길 바랐던 유사한 변혁들에 대한 희망도 좌절되었다. 다른 한편 헤겔 자신도 속하고 있다고 느낀 지적인 환경에서도 풍향이 급변했다. 1795년 초 셸링이 튀빙엔에서 헤겔에게 보낸 편지에는 연대하고 있는 신학 교사들의 혐오스러운 **초자연주의**가 칸트 철학을 통해 최후의 일격이 가해질 것이라는 기대가 그곳에서 얼마나 씁쓸하게 좌초되어버렸는지 보고되고 있다. 헤겔은 적어도 "전체 독일의 이념 체계에서" 셸링이 가까이 임박한 혁명에 기여하리라 생각하고 있었다. 하지만 이것은 잘못된 생각이었다. 그 친구는 반년 후, 결코 그런 희망은 존립하지 않는다고 헤겔에게 다음처럼 단언한다.

> 그렇지 친구여, 철학을 통해 야기되어야 할 혁명은 여전히 멀리 있다네. 협력하려는 것처럼 보였던 사람들 대부분은 이젠 깜짝 놀라 뒷걸음치고 있지. 그들은 이것을 예측하지도 못했을 거야!(I , 28)

이러한 상황들 속에서 헤겔이 1793년에 지녔던 기획에 따라 아주 공공연히

> (1) "주관적"인 것일 수 있기 위해 민족 종교는 어떠한 성질의 것이어야 하는지

스스로 물었다면 이런 물음은 세상에 낯설게만 보였을 것이다.

이러한 확신으로 냉정해지긴 했어도 헤겔은 처음부터 간행물을 통해 종

교 비판적인 영향력을 발휘하려는 자신의 계획을 교정하는 식으로 반응하지는 않았다. 그러나 아마도 자신의 주제와 자신의 확신을 변경하는 것으로 반응했다 할 수는 있다. 처음에 품었던 계획은 이제 현재의 적과 과거의 것을 대조하는 것으로 바뀐다. 제도와 전승된 신앙 증언의 권위를 자만하면서 존속하는 "실정적인" (다시 말해 한갓 "법령"에만 의거하는) 종교는 칸트적으로 해석된 예수의 "덕의 종교"에서 기독교가 지니는 기원들과 대조되어야 한다. 미래의 민족 종교는 어떻게 설비되어야 하는가 하는 고민은 혁명에 대한 기대에서 자양분을 얻은 것이었다. 이 고민은 이제 다음과 같은 다른 문제 설정에 의해 강화된다.

(2) 실정 신앙과 이것의 전제주의와의 융합은 무엇으로 인해 발생하는 것인지, 다시 말해 존립하는 종교에 있는 어떤 것이 이데올로기적으로 그리고 제도적으로 혁명에 방해가 되고 있는지(1795년 이후)

하는, 비록 시사성을 요구하긴 해도 **역사적인** 탐구로 대체된다.

보다시피 헤겔의 비판적 관심은 계속 종교와 정치, 그리고 이 양자의 연관을 향하고 있다. 이러한 관심은 또한

(3) 베른 시(市)를 포함해 바아틀란트 주(州)들(Waadtländer)에 1798년 초까지 가해졌던 억압은 프랑스에 의해 갑작스럽게 종결되었는데 이 종결에서 어떠한 이론들이 도출되어야 하는지(1798년)

(4) 뷔르템베르그 민족은 자신들의 시의회 헌정(憲政)을 어떻게 변화시켜야 하는지(1798년)

(5) 유대 민족의 운명과 예수의 종교가 착종되는 가운데 예수의 사도들에게서나 그 다음 기독교 공동체를 형성하는 데서 예수의 종교가 어떤 운명을 겪게 된 것인지(1798년 이후)

(6) 독일 제국이 국제법상 여전히 존립하고 있는데도 독일이 더 이상 국가가 아니라는 사실은 무엇에서 귀결된 것인지, 그리고 이 사실에 대해 어떠한 태도를 취해야 하는지(1799년 이후)

1790년대 후반기의 간행물 출간 시도는 이러한 문제들에 바쳐진 것이다.

이 모든 문제들에 대해 헤겔은 계속 오로지 "민족 교육자"로서 저널리스트처럼 보이려 했다. 형이상학이든 무슨 분과이든지 간에 학술적인 철학은 예전처럼 그의 일이 아니었다. 신에 가까기 간다는 것이 무엇을 뜻할 수 있는가라는 물음을 다루는 소논문이(I , 29와 비교) 유일하게 좀 더 좁은 의미의 체계적인 종교철학적 시도라 할 수 있는데, 이 소논문마저도 비학술적인 처음 발상들을 넘어서는 것처럼 보이진 않는다(GW I , 195 이하와 비교).

그러나 간행물이라 해도 (2)에서 (6)까지의 작업 중 단지 (3)에 대해서만 하나가 산출되었을 뿐이다. 이 간행물이 바로 『(보 지방) 바이틀란트와 베른 시의 이전 국법 관계에 대한 신뢰할 만한 서신들』인데, 예전에 로잔의 변호사였던 카르(Jean-Jacques Cart)가 베른 시의 귀족 정치에 대항해 투쟁적으로 썼던 정치적인 저술을 헤겔이 "머리말"과 주석을 덧붙여 번역한 것이다. 이것은 헤겔이 처음 펴낸 출판물로서 1798년 프랑크푸르트 암 마인에서 익명으로 출판되었지만 이미 1805년엔 헤겔이 간행한 것으로 알려 있었고(Dok 457과 비교) 그 후엔 다시금 잊혀졌다. 물음 (4)에 전념한 결과로서 헤겔은 소책자를 하나 썼는데, 여기서 그는 뷔르템베르그 신분의회 의원들의 권리와 조직을 둘러싼 갈등에 대해 자신의 입장을 표명했다(Ros 91 이하와 비교). 이 소책자의 출판은 중단되었는데 아마도 정치적 호기를 좀 더 모색하려는 이유에서였을 것이다. 1802/03년 겨울까지 계속된 물음(6)에 대한 작업은 제국 헌법에 대한 광범위한 저술로 이어졌지만, 추측건대 이 작업도 비슷한 식으로 당대의 사건들에 의해 뒤로 미뤄진 듯하다. 그렇지만 (2)와 (5)의 경우에는 왜 아무런 간행물도 나오지 않았던 것일까? 무엇보다 왜 헤겔은 (2)에 대한 작업을 1796년 초 아니면 이른 여름에 중단했던 것일까? 그리고 2년 후 물음 (2)의 주제에 다시 접근하면서 헤겔은 왜 갑자기 아주 다른 물음을 던졌던 것일까?

물음 (2)에 대한 작업을 중단한 이유로는 두 가지 정도를 추측해볼 수 있다. 한편으로 이 물음에 대한 답변은 칸트의 도덕철학뿐 아니라 예수의 종교도 튀빙엔 정통 신학에선 정반대로 전도되어 있다는 것을 대중에게 알려야 했을 것이다. 이러한 기획은 기독교 실정성에 대한 소논문으로(GW Ⅰ, 281 이하) 구체화되긴 했다. 그러나 이 기획이 본래 밀접하게 향하고 있던 것은 인간들 간 불평등의 기원을 밝히려는 루소의 현상 모집 『논문들』의 방법적 구상이었기에 두드러진 약점들을 초래하고 말았다. 헤겔은 분명 이러한 약점들을 스스로에게 고백했을 것이다. 그 결과 루소에 대한 헤겔의 결속은 느슨해졌다. 반면 동시에 그는 피히테와 셸링이 이제 칸트 이후의 논쟁을 위해 제시해준 방향 전환을 알게 된다.

다른 한편 이러한 방향 전환에 자극을 받아 헤겔은 나름대로 철학적 숙고를 하게 되었으며, 이 숙고가 그의 실정성에 관한 소논문 작업에 끼어들게 되었다. 이러한 숙고는 곧 실정성 테마를 다루게 된 그의 전제들을 파괴시켰다. 이성적인 종교적 확신에 관한 내용을 정당화하기 위해 칸트가 사용한 진행 방식은 실천이성의 "요청들"을 제시하는 것이었다. 즉, 의지의 자유로운 자기규정 가능성을 이해하려면, 또한 칸트의 이해에 따른다면 무엇보다 인간의 윤리적 의지가 궁극적으로 향하고 있는 윤리적 행위함이 행운과 일치할 가능성을 이해하려면, 주장해야 한다고 믿어지는 몇몇 실존 주장들을 제시하는 것이었다. 소위 이러한 요청들의 이성성 위에 칸트는 자신의 철학적 신학을 세워놓았다. 또한 도덕적으로 행위하는 인격들의 자기 이해와 세계 이해를 설명하는 칸트의 안내도 그 위에 세워진 것이다. 그러나 이러한 절차를 오용해서 튀빙엔 신학자들은 이제 실천이성의 요청이라는 낙인을 "모든 가능한 교리들"에까지 찍어놓았으며(Ⅰ, 14), 또한 이성적 인간 의지의 자율적인 자유라는 칸트의 기본 주장을 이러한 의지는 타율적으로 결속되어 있다는 가정으로 다시 대체해버렸다. 이러한 오용을 막으려면 당연히 칸트가 사용한 진행 방식의 적용이 어떻게 비판적으로 제한되어야 하는지 결정되어야 했다(Ⅰ, 16과 비교). 이때 도약할 수 있는 지점이 되는 물음은, 실천이성이 **순수하게 자신 스스로, 그리고 자기 자신을 위해** 무엇을 요구하는지 하는 것이었다. 반대로 만약 실천이성이 다른 것과 혼합되어 활동한다면 무엇을 요구할 수 있을지 하는 것은 도약점이 되지 못한다.

헤겔은 실천이성이 자기 자신을 위해 도덕성에 비례하는 행복을 요구하진 않는다는 통찰에 이른다. 공화주의적인 덕을 지닌 자가 죽음에 처해서도 조국을 위하는 자신을 입증해 보이듯이 그러한 덕을 소유한 자의 의지는 그 자체로 충분한 것이다. 이런 사람에겐 저승 삶에서 보상받게 되리라는 위로 따윈 필요치 않다. 그러므로 그에겐 보상을 보증해주는, 자신과 다른 전능한 본질의 실존을 요청할 필요도 없다(GW Ⅰ, 356 이하). 헤겔을 "도덕론의 스토아주의"에 이르게 한 이러한 행보는 이미 칸트에 대항하는 것으로서 헤겔 나름의 종교 비판적인 활력을 지니는 것이었다. 헤겔은 실정신앙 비판의 척도인 예수의 종교가 정확히 칸트적으로 묘사되는 것을 금기시했다. 그러나 이것만이 아니다. 그는 곧장 더 나아간다. 칸트의 신 실존요청, 그리고 이 요청의 기반인 덕과 행복의 일치 이념이란 실천이성은 절대적인 것이라는 의식이 **결핍**되어 있음을 증언하는 데 불과하다(GW Ⅰ, 358). **순수하게** 실천적인 신앙은 실천이성이 절대적인 것이며 자기 자신 내에 완성되어 있는 것이라는 의식 속에 존립한다. "실천이성의 무한한 이념은 낯선 혼합물로부터 순화되어 오직 자기 자신에 의해서만 창출되어야만 한다는"(같은 곳) 의식 속에 말이다. 이러한 신앙을 지닌 자도 이성이 자기실현을 통해 자유를 조화로운 삶으로까지 전개해가는 행복한 경험을 할 수 있을지 모른다. 그러나 이것을 위한 조건들이 충족되어 있지 않으며 자유가 의지 규정의 내면성에만 제한되는 경우라 할지라도 순수한 실천 신앙을 지닌 자는 자신의 운명을 존중할 줄 안다.

매우 다의적으로 말했던 루소의 분출하는 듯한 표현들 중 몇 가지는 헤겔처럼 신앙에 대한 새로운 이해를 포함하는 것이었다. 루소가 새롭게 이해한 신앙 또한 철두철미 실천적인 신앙이었다. 그러나 헤겔이 강력하게 **방향 전환**을 하게 된 것은 『실천이성 비판』에 관여하면서, 그리고 칸트의 이성비판 결과들을 "여전히 우리에게 통용되고 있는 많은 이념들에 적용하는 것을 배우려는"(Ⅰ, 16) 의도와 관계하면서였다. 헤겔은 아마도 이 방향 전환을 불가피한 것으로 여겨야 했을 것이다. 왜냐하면 이 방향 전환은 어떤 추상적 사고 유희가들에서 비롯된 것이 아니라 인간 삶 전체의 실천에 관한 것이었기 때문이다. 이 방향 전환은 인간 삶 전체의 실천 경험에 대응하는 것이었고, 마찬가지로 튀빙엔 정통파에 대한 급진적인 이성철학적 비판 요구에도 대응하는 것이었다. 라인홀트와 연계해 피히테와 셸링은 그때까지 은폐된 채로 남아 있던 칸트 철학의 기반을 풀어놓으려 했는데, 이들에 의해 착수된 시도 또한 똑같은 방향을 가리키고 있었다. 왜냐하면 헤겔이 도덕적으로 근거 지어진 우주 신학을 포기한 것은 자연에 대해서뿐만 아니라 유한한 정신에 대해서도 목적론적 해석과는 다른 철학적 해석을 가능케 하려는 헤겔의 시도와 동반해 이루어졌기 때문이다. 이제 헤겔은 하나의 철학을 권유하기에 이른다. 이 철학에 따라 이성은 낯선 것, 주어진 것의 온갖 혼합에서 벗어나 철학적 사유 속에서 발전해야 한다. 바로 이 점에 칸트 이후 관념론이 칸트의 철학 구상에서 취한 원리적 변화가 있다. 게다가 헤겔은 이제 자신의 후기 철학을 향한 **결정적인 걸음**을 내디뎠다 할 수 있다.

그러나 헤겔이 이 모든 것에서 오래전부터 존속하던 자신의 의도를 실증된 것으로 발견했다는 것은 전혀 가당치 않은 일이다. 결정적인 걸음을 내디딤으로써 그는 일단 매우 심각하게 의심스러워진 자신을 우선 느껴야 했다. 왜냐하면 칼로 베어낸 듯 너무나 냉정했던 그의 칸트 비판은 그 자신이 활동적으로 헌신하려던 그의 **이상마저 파괴할** 정도로 위협적이었기 때문이다. 그렇기에 그의 칸트 비판은 그가 이 이상을 위해 노력하면서 간직한 자기 자신과의 일치마저 위태롭게 했다. 내면성에 제한된 순수 실천 신앙을 보충하는, 그리고 이 신앙의 결점을 지니지 않는 여전히 제도화 가능한 종교가 특정한 현재의 조건 아래서라면 어떤 것일 수 있을지, 이제 정말 이런 문제는 결코 더 이상 분명해지지 못했다. 민족의 신앙으로서 순수 실천 신앙은 감성적인 형태와 영향력을 어떻게 스스로 구비해야 하는가? 실정 신앙과 항소 심리를 벌이기 위해 비판가는 예수의 종교를 상기해야 했고, 비판받는 실정 신앙에게도 이 종교는 자기 인식을 위한 거울로 사용돼야 했지만, 정작 이러한 종교가 예수 자신에겐 어떠한 것일 수 있었는지 하는, 순수 실천 신앙을 넘어서는 이러한 문제 또한 더 이상 분명하지 않았다. 이렇게 해서 헤겔은 지금까지 해온 자신의 시대 비판적 · 종교 비판적 시평(時評)의 원리들을 대안도 찾지 못하고 상실한다. 난제로 가득 찬 그의 사고 전환은 혁명에 대해 품었던 기대의 종말과 함께 이루어졌고 그에게 자신의 운명을 존중하도록 요구했다. 이러한 상황 때문에 그 사고 전환은 특히 부담되는 것이었다. 하물며 같은 생각을 지닌 사람들과의 교제, 그리고 작업 수단들에서 단절된 채 자신의 한창 시기를 귀족 정치로 유지된 도시 베른의 어느 집안에 고용직으로 활동하면서 허비해야 하는 것에, 아니면 혐오스러운 튀빙엔 신학교에서 조교가 되어야 하는 것에 자신의 운명이 놓여 있는 것으로 보였다면 어떠했겠는가(Ⅰ, 34). 베른 가정교사직 선택으로 인해 외적인 발판과 지적인 만족을 박탈당하자 헤겔은 이제 유년기부터 자신을 위협하던 의기소침에 빠져버렸다(Ⅰ, 37, 45와 비교). 아마 이것이 그의 성격을 산산조각 내버렸을 수 있다. 그는 외부로부터 결정적인 도움을 얻지 못했을 수도 있다. 사정이 어떠했든 헤겔이 1810년에 자신에 관해 다음과 같이 말했을 때는 자신의 베른 시절을 염두에 두고 한 말이었을 것이다.

> 심성이나 아니면 오히려 이성이 일단 관심을 가지고 자신의 예감과 더불어 스스로를 현상들의 혼돈 속으로 들어가도록 만들었을 때, 그리고 〔심성이나 이성이〕 목표를 내적으로 확신하면서도 아직 꿰뚫고 나아가지도, 전체의 명료성과 세밀화에 이르지도 못했을 때, 심성이나 이성의 이러한 기분을 나는 나 스스로의 경험에서 알고 있습니다. 나는 이런 우울증을 몇 년 동안이나 무력증에 이를 지경까지 겪었지요(Ⅰ, 314).

이 편지에서 헤겔은 물론 자신의 고뇌의 지적인 근거만을 특징적으로 언급하고 있다. 그는 또한 자신이 겪은 고뇌의 이야기를 사람들 사이의 관계를 추상하면서 묘사하기도 한다. (재빨리 일반화해) 다음처럼 계속 말하면서 말이다.

> 사람이라면 누구나 살면서 아마도 일반적으로 그런 전환점을, 자신의 본질이 한밤중처럼 캄캄하게 응축되는 그런 전환점을 갖고 있을 것입니다. 이 점의 비좁은 틈 사이를 통과해 가도록 누구나 강요받지만 이 틈을 통과하면서 각자 자기 자신의 확실성에 이를 정도로 견고해지고 확신을 갖게 되는 것이지요.(같은 곳)

말하자면 베른으로부터 자신이 구출되는 데에 헤겔은 진정으로 셸링과 횔더린의 우정에 빚지게 된다. 두 친구들의 다양한 시도 끝에 1796년 초부터 프랑크푸르트 금융업자 곤타르트(Gontard) 집안에 교사로 있었던 횔더린이 헤겔에게 매우 유리한 가정교사 자리를 마련해주는 데 성공한다. 이 교사직은 횔더린과 가까운 사이였던 프랑크푸르트의 어느 유복한 자유주의적 성향의 상인에게서 얻은 것이었다. 1796년 연말 "제정신을 차린 채(in sich gekehrt)" 스위스에서 돌아온(HZ 27과 비교) 헤겔은 횔더린의 친구 모임 속에서 다시 소생한다.

3. 프랑크푸르트

횔더린과 재회하면서 헤겔은 자신의 내적인 균형을 위해 필요한 것만 찾지 않았다. 그는 또한 자신에게 결핍되었던 자신의 사유를 위한 원동력을 얻었다. 횔더린은 1794/95년 예나에서 피히테의 강의를 들었으며 이것을 자신의 실천철학 문제를 위해 활용했다. 이 문제는, 어떻게 인간 내의 대립된 두 노력들이, 즉 (실천 법칙의 준수에 있어) 윤리적 자기 존재(Selbstsein)를 향해 있는 노력과 타인들에 대한 헌신 내지 타인들과의 합일로 향하는 노력이 통일될 수 있는지 하는 것이었다. 횔더린의 생각에 따르면 이 노력들에 앞서 놓여 있는 근거에서 이 노력들이 출현하는 것인데, 그러한 근거로서 (피히테의 자기 정립과 같이) 하나의 근원적 통일이 사유될 수 있다. 그러나 아직은 결코 내가 이 통일일 수는 없다. 이 통일은 나의 근원적으로 실천적인 자아의 그 두 노력들에 앞서 놓여 있는 것이며 자아는 비로소 이 통일로부터 자신의 타자에 대한 대립 속에 출현하는 것이다. 스피노자를 해석하면서 야코비가 했던 표현으로 횔더린은 이 통일을 "모든 현존 내의 존재"로 명명했다. 야코비의 "직접지"에 상응해 횔더린은 모든 노력에서 우리가 이 통일을 직접적으로 알고 있다고 가정한다. 즉, 우리는 서로 대립된 그 노력들을 언제나 다시금 제한된 것으로 경험하며 이것들의 일면적인 현실화를 교정할 수 있고 그 근원적인 통일로 복귀하라는 요구를 의식하기도 한다는 것이다. 이 요구가 무한한 것인데도 우리는 이 요구에 상응하는 무언가를 할 수 있다. 이 외에도 요구되는 통일이 형태화된 전체로서 포착되는 경우엔 우리는 자연 속에서 이 통일의 출현에 참여한다. 우리는 대립된 힘들이 조화롭게 하나의 전체로 합일되어 있는 아름다운 대상들 속에서 이 통일의 출현에 참여하기도 하며, 그리고 우리가 전적으로 우리 자신으로 있으면서도 전적으로 타인에게 헌신하고 있는 사랑 속에서 이 통일의 출현에 참여하기도 한다.

횔더린의 이런 이념들을 헤겔은 아무 유보 조건 없이 자신의 것으로 만들지는 않았다. 또한 체계적인 사변을 위해 자신의 역사적 관심을 포기할 정도로 오도되지도 않았다. 그의 역사적 관심은 기독교, 기독교의 역사, 기독교의 국가와의 융합을 향한 것이었다. 언제나처럼 헤겔은 "인간의 좀 더 하위 욕구들"에 충실히 머물렀다. 그가 사변철학에 관여했던 것은 단지 이 사변철학이 자신의 간행물 작업을 위한 전제들을 확실하게 해주리라 약속하는 정도 만큼이었다. 그러나 그는 횔더린에 의해 고무되어 칸트를 급격하게 비판하게 되었고, 무엇보다 자유를 단지 의지의 자기규정적 인과성으로서만이 아니라 또한 전적으로 새로운 방식으로 사유할 수 있는 자극을 횔더린에게서 얻었다. 헤겔이 그 당시까지 자신의 도덕철학적 원리를 전수

받았던 칸트에게서 자유란 인간 본성 내 감성적 경향에 대항해 자신을 관철시키는 이성적 의지의 힘이었다. 칸트적으로 이해된 자유는 인간에게 있어 지양 불가능한 대립 속에 설정된 것이었다. 칸트의 이해에서 헤겔이 발견한 점은, 진정 문제인 것은 단지 인간 자유의 특수 사례일 뿐이라는 것이다. 우리에 의해 지양될 수 없는 분열의 조건들 속에서도 자신을 현실화하는 자유 말이다. 이제 헤겔은 횔더린에게서 얻은 이념들에 가장 강력한 명증성을 부여한다. 이 이념들에 자유의 개념이 상응해야 한다면, 자유의 개념은 좀 더 보편적으로 이해되고 사유되어야 한다. 즉, 자유의 개념은 대립된 것의 합일을 향해 있는 것으로 사유되어야 한다.

횔더린의 자극에도 불구하고 헤겔은 자유를 합일로서 〔또는 그가 후에 말하듯이 타자 내에서 자기 자신에 머물러 있음(Bei-sich-selbst-Sein im Anderen)으로서〕 사유하는 자기 나름의 근거를 갖고 있었다. 상당히 쉽게 이해할 만한 근거 하나는 다음과 같다. 의지의 한갓 자율적인 자기규정으로서의 자유는 통일을 주어진 다양 속으로 가져가지 못하는 실천적 활동성이다. 그 자유는 오히려 통일 자체인 실천적 활동성이며, 다양한 것, 대립된 것에 대항해 통일인 자신을 **단지 구출하기만** 하는 활동성이다(TW Ⅰ, 239). 자신을 낯선 것에 의존적으로 만들지 않기 위해 실현 불가능한 조화의 동경에서 벗어나야 마땅하듯이 마찬가지로 합일에 대한 두려움도 피해야 마땅하다. 이것은 동시에 다음을 의미한다. 이성적으로 규정된 우리의 의지를 단지 자기 자신과만 일치하도록 하려는 도덕적 태도보다 더 고차적인 일은 행위하는 자가 스스로를 자신의 감성적 본성에 대립시키지 않는 입장을 평가해보는 것이다. 이러한 입장 속에서 그는 오히려 이미 자신의 감성적 본성과 하나이거나 또는 자신의 본성의 이성으로의 "고양"을 통해 이 본성과 하나가 된다. 헤겔은 이러한 입장을 이제 **경향**(*Geneigtheit*)과 **성품**(*Gesinnung*)으로 명명한다. 이 입장을 보충하는 것으로 고찰해야 할 태도도 있는데, 다른 인간들과의 합일이나 객체들과의 합일로 나아가는 태도이다. 헤겔은 이것을 사랑이라 부르며, 사랑은 합일들로 이루어진 가능한 한 커다란 전체를 산출하려 한다고 가정한다(TW Ⅰ, 302). 사랑 속에서 자유는 단지 **주관적인** 힘 또는 활동성이기를 멈춘다. 자유의 현실화는 동등하게 자리 잡은 자들 간의 강제 없는 합일의 사건이 된다. 이런 식으로 혁명적 이념들을 종교 비판적이고 사회 교육적으로 적용하려던 계획에서 칸트의 실천철학에 대한 통렬한 비판이 생겼던 것이며, 윤리적 입장들이 기능적으로 단계화된 전체를 구상하려는 기획은 이 비판에서 비롯되었던 것이다.

사다리처럼 구성된 단계들 끝엔 다시금 자유의 시민 종교라는 이념을 위한 공간이 있다. 이제 **종교**란 말하자면 합일의 특수한 객관화로 해석될 수 있다. 종교로 특수하게 객관화되는 이 합일은 사랑 속에서 배타적으로 주관적 활동성을 통해서만 산출되는 것이 아니다. 이 합일은 또한 모든 합일들의 초주관적인 근거가 그 안에서 작용하고 있는 하나의 사건으로서도 성취된다. 합일의 객관화에는 단지 행위함만이 아니라 또한 반성하면서 대립들을 확정하는 의식 및 감성적인 소재로부터 통일적인 형상들을 창출하는 구상력도 참여한다는 데에 합일의 특수성이 있다. 종교는 구상력에 의해 하나의 개체적 "본질"로 형성되는 한에서의 합일된 자들 간의 사랑이다. 여기서 언급된 본질은 창조적 활동성을 통해 서술되며, 이 본질의 서술은 자연이 그 안에서 자유인 현실적인 것을, 또는 다른 어법으로 말하면 주체와 객체가 그 안에서 분리될 수 없는 현실적인 것을 반성하는 의식 앞에 제시한다(TW Ⅰ, 242). 이러한 서술은 신성(神性)의 형상을 산출하는 것일 수도 있고 또한 단지 종교적 행위들로만 존립하는 것일 수도 있다.

그러한 종교적 의식의 객체는 다시금 하나의 **이상**이라는 특징을 지닌다. "이상"을 어떤 개체적인 것 내의 "초인간적인" 전형으로 이해해도 된다면 그렇다. 인간 자신이 아무리 이상에서 멀리 떨어져 있는 것으로 생각한다 해도 초인간적인 그 전형이 인간에게 낯선 것이 아니다(TW Ⅰ, 83과 비교). 왜냐하면 헤겔의 이해에 따르면 구상력의 산물과 이 산물의 서술에서는 단지 인간들 간의 사랑 속에 사실적으로 생기는 합일만 표상되는 것이 아니라 또한 이 합일에서 사실적으로 여전히 분리되어 있는 자들이 통합되어 있는 하나의 전체도 표상되는 것이기 때문이다(TW Ⅰ, 302). 합일을 성취하는 비가시적인 정신을 가시적인 것 속에서 서술하는 구상력의 산물로서 이상은 더 이상 만족되지 않는 동경의 도달 불가능한 목표일 수 없다. 이상은 또한 현실적인 것에 대립된 것일 수도 없다. 즉, 이상은 더 이상 그 현실화가 인간적인 가능성의 피안에 놓여 있는 주관적 당위의 상태일 수 없다. 오히려 바람직한 것은 이상을 성취되는 합일들의 전체적인 조직으로 사유하는 것이다. 이러한 조직은 그때마다 이것의 실제적인 상태를 넘어서도록 재촉한다. 성취되는 합일들은 위에서 언급했던 사다리 단계 속에 서로서로 결합되어 있다. 사실적으로는 여전히 존립하는 분리들을 전제하면서 우리는 이 합일들을 긍정해야 한다. 그래서 **신의 왕국**이란 이제 "발육(Entwicklung)의 모든 필수 변용과 단계를 갖추고 있는 전체 나무"와 같다(TW Ⅰ, 308).

칸트적으로 사유되던 신의 왕국은 이로써 근본적으로 **변환되어** 있는 셈이다. 그러나 이제 예수의 종교에 관해 역사적으로 좀 더 설득력 있는 새로운 형상이 하나의 사상을 통해 기획될 수 있게 된다. 이 사상은 확실히 다시금 종교 비판적인 작업에서 다루어졌다. 이 사상은 정통 교리론의 종교 이해에도 대비될 수 있었다. 그러나 단지 이런 종교 이해에 대비된 것만은 아니다.

그러나 실정적인 기독교 신앙의 근원과 역사에 대한 자신의 연구를 마침내 성공적인 결말로 이끌기 위해 이제 이 연구를 새로운 전제 아래 다시 받아들이는 것에 대해 헤겔은 왜 그토록 만족하지 못했던 것일까? 왜 그는 물음 (2)를 우선 물음 (5)로 대체했던 것일까? 존립하고 있는 종교에서 혁명에 방해가 되는 모든 것의 유래에 대한 물음을 다시 수용하기 전에 헤겔은 왜 예수의 종교에 닥친 **운명**을 다루었던 것인가? 그 유래 물음의 재수용은 실정성에 대한 자신의 단편을 새로이 저술하기 시작하면서 이루어진 것이었다. 이제 헤겔의 눈에는 실정성에서의 해방이 더 이상 이루려 애써야 하는 유일한 목표가 아니라는 것이 무엇보다 분명히 확인될 수 있다. 하나의 종교를 실정적인 것으로, 그와 함께 자유에 적대적이고 시대에 뒤떨어진 것으로, 그래서 부자연스럽고 제거할 만한 것으로 인식하려면 인간 본성의 추상적 개념에다 대고 또는 인간성의 추상적 이상에다 대고 그 종교를 측정해보는 것으로 충분하진 않다. 추상적 개념이나 이상과의 관계에서 구체적인 모든 것은 불필요한 것으로 현상한다. 오히려 고려되어야 할 점은, 종교적 현상들이 일반적으로 오성적이거나 이성적인 것이기를 요구하는지 하는 것이다. 그리고 만약 이렇게 요구하지 않는다면 그 현상들이 자신들의 자격을 인간 본성에 속하는 다른 기능들의 요구 속에, 예를 들어 우리의 감정이나 환상의 요구 속에 지니는 것은 아닌지 하는 것이다. 우리의 감정이나 환상이 적어도 그 시대에 들어맞는 자격을 갖추고 있다면 말이다. 그렇지만 예를 들어 자유의 자기감정과 통합될 수 없는 교리론과 같은 것이 있다 해도 이것조차 시대를 잘 타면 자연성과 필연성을, 그래서 자격을 가질 수 있다. 물론 자유의 자기감정이 강화된 후엔 그런 것은 자격을 상실하겠지만 말이다(TW Ⅰ, 219 이하). 따라서 마땅히 인식되어야 하는 것의 순서에서 고쳐져야 할 실정성은 분명 연구의 유일한 대상도 우선적인 대상도 아니다.

그러나 기독교가 예수의 종교에서, 그리고 이 종교의 확산에서 지니게 된 실정성의 기원을 발견하는 것보다 왜 먼저 다름 아닌 기독의 운명을 인식해야 했는가? 헤겔이 1800년 가을에 자신의 물음 (2)의 교정된 정확한 의미에 대해 해명했을 때, 그는 이 물음에 타당하게 답변하려는 연구가

> 개념들을 통해 근본적으로 수행되어야 한다면, 결국엔 유한자의 무한자와의 연관에 대한 하나의 형이상학적 고찰로 이행하게(TW Ⅰ, 225)

될 것이라는 점을, 그리고 이 외에도 체계철학적인 다른 숙고로 이행하게 될 것이라는 점을 이미 알고 있었다. 그가 얼마 후 다른 것들보다 이러한 고찰과 숙고에 우선권을 부여했던 것은, 그래서 철저히 자신의 관심들에서

무엇이 요구되는지 하는 것에 대한 통찰에 말미암은 것이었다. 하지만 이렇게 할 수 있다고 느끼기도 전에 그는 막 설정된 전제들로부터 자신의 역사적 작업의 맥락 속에서 이미 다음처럼 말할 수 있었다. 예수의 종교에 닥쳤던 운명과 더불어 분리와 모순이 인간의 삶 속으로 들어왔으며, 이것들은 모두가 어느 시대에든 지양될 수 있는 것이 아니었다. 이러한 연관들 아래서 살아야만 하는 운명은 이 운명이 당연하게 여겨지는 시대를 위해 존중되어야 한다. 사람들이 마치 예수 자신이 그랬듯이 자기 운명을 넘어 "숭고하게" 있고, 그래서 운명에 굴복하지 않으며, 오히려 기꺼이 운명에 부딪쳐 몰락하는 그런 식으로 산다 할지라도 말이다. 운명이란 화해될 수 있는 것이다. 이것은 마찬가지로 스스로 입법되었지만 도덕적인 법칙의 작용과는 구별된다. 도덕 법칙에 따른다면 이 법칙을 손상시킨 자는 자신의 범행에 대해 기필코 판결을 받아야 하며, 따라서 이러한 판결과 판결 결과들에서 도덕 법칙은 지속적으로 화해 불가능하게 범행자에 대항하는 것이라고 말할 수 있다(TW Ⅰ, 305). 단지 화해의 실천적 가능성들이 두드러져 보이는 곳에서만, 그러나 종교적 현상들이 이 화해의 현실화를 방해하는 곳에서만 실정성 비판은 예전과 같은 자리를 차지하게 된다.

운명의 힘에서 풀려나고자 하는 자는 무엇보다 운명 속에 작용하는 본성에 대해 적대적인 태도를 극복해야 한다. 그가 운명을 처벌로서 이해하기를 배울 때에, 이 처벌을 받아들이지만 동시에 사랑하면서 자기 자신과 자신의 손상된 감정들에서 벗어날 때 그 해방은 이루어진다. 예수의 종교와 이 종교의 현재 모습에 적용하면 이것은 다음과 같은 것을 의미한다. 해낼 수 있다는 전망을 갖고 사람들은 기독교 안의 비인간적인 성향들을 극복하고자 노력할 수 있다. 이를 위해선 "모든 운명을 넘어선" 예수의 "숭고함"에서(TW Ⅰ, 351) 출현했던 운명이 어떻게 작용하고 있는지를 두루 살펴보아야 한다. 이를 통해 입증되는 것은 루소가 주장한 직접적으로 정치적인 "시민 종교"가 성취될 수 없는 요구라는 것이다. 또한 "비인격적인 생동한 아름다움 속에 평온을" 약속하는 "환상 종교"는 한갓된 꿈일 뿐이라는 것도 입증된다. "교회와 국가, 예배와 삶, 경건과 덕, 그리고 성직자적 행위와 세속적 행위가 결코 하나로 용융될 수 없다는" 것이 제도화된 우리 종교성의 운명이기에 그 양자는, 즉 시민 종교의 요구와 환상 종교의 꿈은 거부되어야 한다(TW I, 418). 그러나 이로부터 국가와 교회는 서로 아무 상관없는 것이니 서로를 평온 속에 내버려두어야 한다는 이원론적인 결론을 이끌어내어서도 안 된다(Ros 87). 또한 국가와 교회가 단순히 상이한 것이라는 주장도 하나의 오류이다(Ros 88).

04

“이상의 반성 형식”

1. 반성 형식과 체계

위에서 언급한 바 있는 1800년 11월 셸링에게 보내는 편지에서 헤겔은 자신의 학문적 도야가 시작되었을 때 자신의 이상이 변화를 겪어야 했다고 말한다. 헤겔의 청년기 흔적들이 피할 수 없었던 삶의 경험과 이 경험의 결과에 대한 동의를 표현하고 있다고 본다면, 편지 속 헤겔의 그 판단은 진정한 것으로 판명된다. 그러나 같은 편지에서 헤겔은 그 변화의 결과를 이상의 “반성 형식”으로, 그리고 “체계”로 특징짓는다. 그가 생각하기에 자신은 “학문에 추동되어야만” 했다고 한다. 그리고 이제 그는 학문으로부터 “인간들 삶에 다시 관여할 수 있는” 어떠한 복귀가 “찾아질 수 있는지를” 자문한다(Ⅰ, 59 이하). 따라서 좀 더 긴 침묵 후 친구 셸링에게 다시금 자신을 알리려는 헤겔의 시도가 그의 삶과 사유를 이해하는 데 소용되어야 한다면, 또한 그 이상의 변화로부터 출현한 확신들이 어떤 의미에서 이상의 반성 형식으로, 그리고 “동시에 체계”로, 게다가 정말 “학문”으로 고찰되어야 하

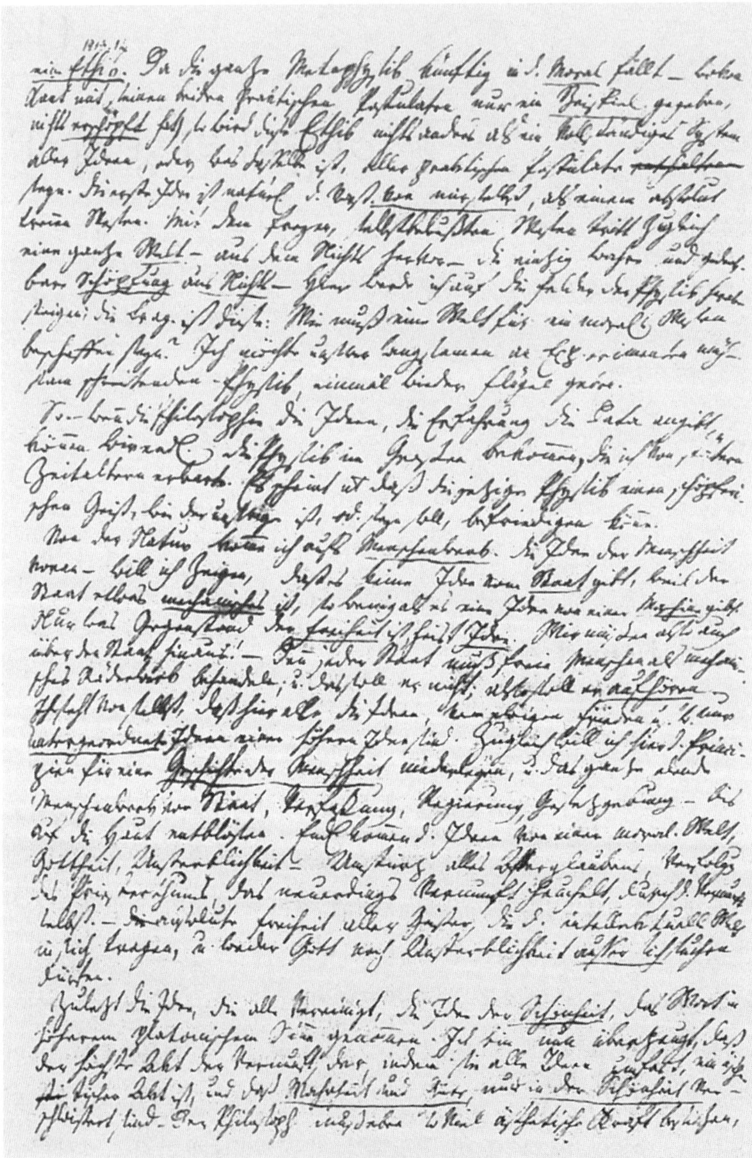

이른바 "독일 관념론의 가장 오래된 체계 계획"

는지도 물어야 한다. 그 외에도 헤겔이 이제 학문과 삶의 어떠한 결합을 산출해내고자 하는지 또는 또 다른 작업의 주제로 만들려 하는지 하는 것도 알고 싶어진다.

전사문(轉寫文, Transkription)[7)]

eine Ethik. Da die ganze Metaphysik künftig in d. Moral fällt – 〔(〕wovon Kant mit seinen beiden praktischen Postulaten nur ein Beispiel gegeben, nichts erschöpft hat), so wird diese Ethik nichts anderes als ein vollständiges System aller Ideen, oder, was dasselbe ist, aller praktischen Postulate seyn. Die erste Idee ist natürlich d. Vorst. von mir selbst, als einem absolut freien Wesen. Mit dem freyen, selbstbewußten Wesen tritt zugleich eine ganze Welt — aus dem Nichts hervor – die einzig wahre und gedenkbare Schöpfung aus Nichts. — Hier werde ich auf die Felder der Physik herabsteigen; die Frage ist diese: Wie muß eine Welt für ein moralisches Wesen beschaffen seyn? Ich möchte unserer langsamen 〔—〕 an Experimenten mühsam schreitenden – Physik einmal wieder Flügel geben.

So – wenn die Philosophie die Ideen, die Erfahrung die Data angibt, können wir endlich die Physik im Großen bekommen, die ich von spätern Zeitaltern erwarte. Es scheint nicht daß die jetzige Physik einen schöpferischen Geist, wie der unsrige ist od. seyn soll, befriedigen könne.

7) 풀다가 이곳에서 소개하고 있는 『독일 관념론의 가장 오래된 체계 계획(Älteste Systemprogramm des Deutschen Idealismus)』(1797)은 아직 그 저자가 누구인지, 헤겔인지 셸링인지 횔더린인지 아니면 다른 누구인지 확정된 것이 아니다. 풀다 자신도 이 책 부록 "헤겔의 약력" 부분에서 헤겔 자신의 초안인지 다른 사람 텍스트의 사본인지 불분명하다고 언급한다. 프란츠 로젠츠바이그에 의해 제목이 붙여진 이 단편은 여기에서 소개된 것처럼 대체로 헤겔의 서체로 씌었다는 데에는 의견이 일치하는 것처럼 보인다. 그러나 헤겔이 자신의 학습 방법으로서 늘 수많은 텍스트를 베껴 썼다는 점을 고려하면, 그리고 이후 헤겔의 철학 내용과 이 단편 내용을 비교해보면, 결정적인 단서가 나오기까지는 이 단편의 주인을 가리기가 어려울 것이다. Jaeschke, Walter : *Hegel Handbuch*, 76~80쪽 참조. 풀다는 아마도 이 숙제를 후학들이 해결해주었으면 하는 마음에서 갑자기 여기에 설명도 없이 소개하고 있는 듯하다.

Von der Natur komme ich aufs Menschenwerk. Die Idee der Menschheit voran–will ich zeigen, daß es keine Idee vom Staat gibt, weil der Staat etwas mechanisches ist, so wenig als es eine Idee von einer Maschine gibt. Nur was Gegenstand der Freiheit ist, heißt Idee. Wir müßen also auch über den Staat hinaus!–Denn jeder Staat muß freie Menschen als mechanisches Räderwerk behandeln; u. das soll er nicht ; also soll er aufhören. Ihr seht von selbst, daß hier alle die Ideen, vom ewigen Frieden u.s.w. nur untergeordnete Ideen einer höheren Idee sind. Zugleich will ich hier d. Prinzipien für eine Geschichte der Menschheit niederlegen, u. das ganze elende Menschenwerk von Staat, Verfassung, Regierung, Gesetzgebung – bis auf die Haut entblöen. Endlich kommen die Ideen von einer moral. Welt, Gottheit, Unsterblichkeit–Umsturz alles Afterglaubens, Verfolgung des Priesterthums, das neuerdings Vernunft heuchelt, durch d. Vernunft selbst.–absolute Freiheit aller Geister, die d. intellektuelle Welt in sich tragen, u. weder Gott noch Unsterblichkeit außer sich suchen dürfen.

Zuletzt die Idee, die alle vereinigt, die Idee der Schönheit, das Wort in höherem platonischem Sinne genommen. Ich bin nun überzeugt, daß der höchste Akt der Vernunft, der, indem sie alle Ideen umfaßt, ein ästhetischer Akt ist, und daß Wahrheit und Güte, nur in der Schönheit verschwistert sind. Der Philosoph muß eben so viel ästhetische Kraft besitzen, 〔als der Dichter〕.

전사문 번역

하나의 윤리학. 전체 형이상학은 미래엔 도덕 속에 놓일 것이기 때문에 〔()이에 관해 칸트는 자신의 두 실천적 요청들을 가지고 단 하나의 사례만 제시했을 뿐 아무것도 설명하지 않았다), 이러한 윤리학은 모든 이념들의, 또는 같은 말이지만 모든 실천적 요청들의 완전한 한 체계와 다름없게 될 것이다. 최초의 이념은 물론 절대적으로 자유로운 본질로서의 나 자신에 관한 표상이다. 자유롭고 자기의식적인 본질과 함께 동시에 하나의 전체 세계가 – 무에서 나와 – 출현한다 – 생각할 수 있는 유일하게 참된 무로부터의 창조. – 여기에서 나는 자연학의 영역들로 하강할 것이다; 물음은 이러한 것이다 : 도덕적 본질에 대해 세계는 어떠한 성질의 것이어야 하는가? 나는 우리들의 느릿느릿한 〔—〕 실험들로 힘들게 걷고 있는 — 자연학에 다시 한 번 날개를 달아주고 싶다.

그렇게 — 만약 철학이 이념들을 제공하고 경험이 자료들을 제공한다면, 우리는 결국 내가 이후 시대에 기대하고 있는 자연학 전부를 얻을 수 있다. 지금의 자연학은 우리의 정신과 같은 또는 우리의 정신이어야 할 창조적 정신을 만족시킬 수 없는 것처럼 보인다.

자연으로부터 나는 인간의 작품에까지 이른다. 인간성의 이념을 앞에다가 — 나는 국가란 기계적인 어떤 것이기 때문에 기계에 관한 이념이 없는 것처럼 국가에 관한 이념도 없다는 것을 보여주려고 한다. 단지 자유의 대상인 것만이 이념이라고 불린다. 그래서 우리는 또한 국가를 넘어서야 한다! — 왜냐하면 각각의 국가는 자유로운 인간들을 기계적인 톱니바퀴처럼 다루어야 하기 때문이다; 그리고 이것은 국가가 해서는 안 되는 일이다 ; 그래서 국가는 멈추어야 한다. 그대들은 여기에서 영원한 평화 등등에 관한 모든 이념들은 단지 더 고차적 한 이념의 하위 이념들일 뿐이라는 것을 저절로 알게 되리라. 동시에 나는 여기에서 인간성의 역사를 위한 원리들을 수록하고자 하며, 그리고 국가, 헌법, 정부, 입법에 관한 인간의 빈곤한 전체 작품을 — 적나라하게 드러내고자 한다. 마지막으로는 도덕적인 세계, 신성, 불멸성의 이념들이 다뤄진다 — 모든 미신의 전복, 최근에 이성인 체하는 성직자들의 이성 자체를 통한 축출. — 지성적인 세계를 자기 내에 담지하고 있는, 그리고 신도 불멸성도 자기 밖에서 찾아서는 안 되는 모든 정신들의 절대적 자유.

최종적으로 모든 것들을 합일시키는 이념, 더 고차적인 플라톤적 의미에서 말한다면 아름다움의 이념. 이성의 최고 활동은 이성이 모든 이념들을 포함하기에 하나의 미감적 활동이라는 것을,[8] 그리고 진리와 선의는 단지 아름다움 속에서

---

8) 전사문 원문에서 확인할 수 있듯이 이 부문장의 술어는 엄격히 말해 없다. 이러한 경우 대개 두 가지 해석이 가능하다. 하나는 역자가 여기서 제시했듯이 간단한 술어를 보충하는 것이다. 다른 가능성은 뒤따르는 부문장의 술어가 생략된 것으로 보는 것이다. 그렇다면 " …… 미감적인 활동인 이성의 최고의 활동성은 단지 아름다움 속에서만 자매결연을 맺고 있다(verschwistert ist)는 것을, 그리고 진리와 선의는 …… "으로 독해할 수 있다. 헤겔에서는 후자의 경우가 빈번하게 나타나지만 전자 방식의 독해도 드물지 않게 요구된다. 더구나 이 글의 주인은 아직 가려지지 않은 상태다.

만 자매결연을 맺고 있다는 것을 나는 이제 확신하고 있다. 철학자는 〔시인처럼〕 바로 그만큼 많은 미감적인 힘을 소유해야 한다.

헤겔이 자신의 근원적 이상의 **반성 형식**으로서 이제 막 변화된 이상의 형태를 고찰하는 것은 무엇보다 다음의 두 이유에서일 것이다. 이상 속에서는 단지 이 이상을 위해 행해질 수 있는 어떤 것만 사유되어 있지 않다. 사유된 것에는 또한 하나의 이상적인 실천도 속한다. 이 이상적 실천은 종교로서 반성의 형식과 합일되어 있는 것이다(TW I, 308). 이 점에서 이상의 반성 형식은 의식에 의해 실행된 반성이 고려되는 이상의 한 형식이다. 그러나 여기에는 사람들이 우선 추측하고 싶어 하는 것 그 이상의 것이 있다. 왜냐하면 단지 우리의 철학적 의식만이 이상을 구상할 때 고려되어야 할 반성을 행하는 것이 아니라 이제는 이상 자체가 반성의 형식 속에 있기 때문이다. 따라서 반성 형식은 또한 이상의 형식이며, 이 이상은 더 이상 현실성이 없는 피안이나 단지 우리 안의 공허한 사고로서 있는 것이 아니다. 그러나 이상은 그 자체로도 더 이상 우리 안에 단순하게 있는 것이, 단순히 주관적으로 있는 것이 아니다. 모든 현실성을 넘어 비상(飛上)하는 이상적인 것에 대한 사고는 현실 매체에 부딪치면 굴절되고, 구상력에 의해 내용이 가득 찬 전체의 형상으로 만들어진다. 이 전체의 내용은 단지 우리 안에만 정립되어 있는 것이 아니며, 마찬가지로 우리 밖에만 정립되어 있는 것도 아니다(TW I, 244). 반성 형식이 이러한 의미를 지닌다면 이상은 단지 모든 합일하는 활동성의 끝에만 서 있는 것이 아니다. 또한 이상은 통일로서 분리된 모든 것에, 그리고 이것의 합일에 단적으로 전제되어야 한다. 분리된 모든 것 속에, 그래서 또한 우리들 각 개별자 속에 합일을 성취하는 현실로서 이상은 활동하고 있는 것이다. 이 활동은 분리된 것의 대립된 규정성들이 서로 안으로 반성됨으로써 이루어진다. 생명체는 동시에 생명체의 형태화 원리로서, 이 형태화의 과정으로서, 그리고 이 과정 각각의 결과로서 사유되어야 한다. 이상은 이런 생명체와 같은 것이다.

그러나 이상은 어느 정도나 반성 형식으로 변한 것만 아니라 동시에 하나의 **체계**로도 변한 것인가? 이상 변천을 언급하는 그 편지 맥락을 보면, 헤겔의 체계 구상은 철학적 사고 구성의 전문 작업에서 획득된 결과라기보다 오히려 하나의 부산물이었음이 밝혀진다. 1800년 무렵이 되자 헤겔은 자신이 그 체계 구상을 지니고 있음을 알게 된 것이다. 여하튼간 체계 구상은 헤겔이 대략 세계 전체의 이론적 인식 가능성을 전제하면서 스스로 정립한 다음, 다른 철학적 체계들의 토론을 거쳐 도달하려 시도했을 만한 목표는 아니었다. 또한 체계 구상은 세계를 묘사하는 자에 대해 아무런 실천적 의미도 없이 세계의 가치중립적인 묘사에 소용되지도 않았다. 체계 구상은 오히려 헤겔이 경험했던 입장 변화를 반영하는 것이다. 헤겔이 경험한 내용은 시대의 욕망들에 상응하는 것처럼 보였고 올바른 실천을 지시하는 힘을 철학에게 약속하기도 했다. 그러므로 "체계"라는 표현은 오늘날 이 표현이 일반적으로 사용되는 것처럼 완성되어 주어진 경직된 어떤 것, 외부에서 강요된 어떤 것을 나타내지 않았다. 이 표현은 하나의 유기적인 전체를 나타내는 것이었다. 유기적인 전체는 칸트의 세계철학이나 종교론보다 더 좋은 설명거리를 줄 수 있었고 유기적 전체 속에서라면 칸트 이론의 세계에서보다 더 충만하게 살 수 있었다. 유기적인 전체의 기획은 현재 속에서 방향을 잡으려는 역사적인 물음들에서 비롯된 것이기에, 체계 개념은 또한 역사에 대한 어떠한 대립에도 결부되지 않았다. 더 나아가 이상의 반성 형식을 묘사하는 "체계"는 일의적으로 확정된 관계들 속에 있는 문장들의 집성체를 나타내는 것도 그 시대에서 비롯된 헤겔의 특정 저술을 표시하는 것도 아니며, 오히려 헤겔의 그 당시 숙고들의 통일적인 주제가 되었던 사태 전부를 나타내는 것이다. 이미 칸트에게서, 그리고 다시 헤겔의 이후 공식화들에서도 그랬듯이 이 시기에도 '체계'의 반대 개념은 개별성들의 집합체 개념이라 하겠다.

칸트에 따르면 한 체계의 특징은 전체의 이념이 부분들에 선행한다는 것이다(KrV B673). 이에 따라 헤겔의 최초 체계도 **축조된** 것이었다. 즉, 이상

이 통일로서 모든 것에 전제되어야 하는 한, 시작에도 이상 자체가 있었다. 아마 부분들은 바로 시작 다음에 (자유이기도 한 생동한 자연으로서의 – TW I, 242와 비교) 자연, 그리고 인간의 자유 자체였을 것이다. 그러나 어찌됐든 자유를 합일로서 현실적으로 만드는 도덕성, 성품, 사랑 같은 인간의 태도도, 또한 국가와 종교와 같은 제도도, 이 밖에도 당연히 삶의 형식들도 전체의 부분들이었다. 삶의 형식들 속에서 앞에 언급한 인간의 태도들과 제도들이 역사적으로 구체화되기에 말이다. 전체를 결말짓는 것은 예수의 종교가 지닌 운명의 조건들 아래 헤겔이 자신의 현재 시대를 위해 사유했던 한 형태의 종교였다. 인간의 태도들은 하나의 단계적인 순서로 질서 지어졌다. 이 순서에서 그때마다 더 하위의 단계는 그 다음에 오는 더 고차적인 단계의 가능성을 획득하고 보장하며, 반면 더 고차적인 단계는 이전의 더 하위 단계에서 발생하는 지속적인 합일의 요구를 충족시켜서 이 하위 단계를 보충한다. 그래서 체계 속에서는 상이한 실천적 태도들과 내용들이 매듭처럼 결합되어 있고 교차적으로 상대화되어 있으며, 서로에 대한 요구는 경계 지어져 있고 그럼에도 구획된 경계들 내부에서 정당화되어 서로 함께 하나의 전체로 합일되어 있다. 체계의 부분들은 "생의 발전으로부터 모두 (…) 생동하게 산출되어" 있는 관계들 속에 있다(TW I, 308).

2. 인식 과제들

전체 체계와 이 체계의 부분들을 **인식**하기 위해서 무엇보다 우선 자신의 실천이성을 과감히 실행하는 각자의 의식 속에서 인륜적 현상들이 지니는 명증성이 다루어졌다. 이 외에도 인간의 활동성을 통해 지양 가능한 어떠한 피분리성도 없지만, 지양 불가능한 분리들일지라도 존중되어야 한다는 윤리적 원리가 다루어졌다. 또한 분리되어 있는 경우엔 분리된 것들의 연관이 "이율배반" 및 "항쟁"으로 "느껴지거나 인식될" 수 있다는 가정도 다루어졌다. 이 가정에 따르면 분리된 것들 각각의 쌍 외에도 정확히 이것들을 합일하는 더 고차적인 것이 추가로 있다고 믿어야 마땅하다. 분리된 것들을 합일하는 더 고차적인 것은 이 분리된 것들과 독립해서 알 수도 있다(TW Ⅰ, 251). 하지만 이러한 인식 토대들을 마련하는 것으로 끝은 아니다. 체계 구상에서 **철학**이 어떤 지위와 과제를 지니는 것으로 생각되고 있는지 물어보면 분명 그렇다. 헤겔은 인륜적 의식을 절대자의 의식으로 이해하는 걸 배웠다. 절대자는 단지 우리를 통해서만 활동하는 것은 아닐지라도 우리 안에서 활동하고 있는 것이다. 그 다음에 헤겔은 수용할 만한 "종교적" 행위들을 합일성의 서술로 해석했다. 이 합일성은 절대자의 활동성을 통해 초래되는 것이다. 그러나 더 나아가 헤겔은 종교적 행위들이 좀 더 포괄적인 통일도 서술해야 한다고 보았다. 사람들은 불가피한 분리들을 가정하면서도 자신이 그 통일에 속하고 있음을 느낀다. 그 통일의 서술에서 "해소되지도 만족되지도 못한 채 신을 향하는" 낭만적 "충동"은(TW Ⅰ, 407) 더 이상 자리 잡지 못한다. 오히려 그 서술에서 신앙은 초감성적인 무한한 것을 감성적인 유한한 것 안에 현재하는 것으로서 포착한다. 또한 철학도 그 서술 외부에 자리 잡지 않으며 오히려 다만 그 서술을 특수한 방식으로 수행하려 한다. 따라서 철학은 윤리적 · 종교적 태도들의 어떤 외면적 체계화가 아니다. 철학은 동시에 종교적 태도를 취해봄으로써 종교적 태도들의 연관을 반성하며, 그렇기에 철학은 절대자이기도 한 포괄적 통일의 차별적 서술이다. 우리는 또한 이 통일을 이미 인륜적 의식 속에서 알고 있다. 철학의 대상에 대한, 그리고 인륜성과 종교를 올바로 이해하는 데 철학이 지니는 지위에 대한 이러한 이해를 헤겔은 이후 더욱더 정교화하며 결코 더 이상 포기하지 않는다.

이러한 이해는 체계 구상을 더 정확히 규정하는 데에도 중요하게 된다. 이 이해는 일단 먼저 주제에 따라 결합되어야 할 것의 범위 안에 전체 자연을 새로운 방식으로 집어넣도록 한다. 헤겔이 우리를 통해서 생겨야 할 것이 무엇인지를 말하려고만 애썼을 때엔, 그에게 자연은 주관적 자유 실행을 방해하거나 도구적으로 돕는 기능에 제한된 것으로 보였을 뿐이다. 이것은 칸트의 윤리적 우주론이 의거했던 실천이성의 우위성에 상응하는 것이었다. 피히테 또한 이해할 수 있는 이성 법칙들에 따라 감성화되어 있는, 우리 고유의 자유롭고 내적인 행위함의 관점으로서 전체 세계를 해석하기 위해 실천이성의 우위성을 단호히 요구했었다. 이러한 체계 모델에 따르면 분리가 있어선 안 되며 인륜적 활동성을 통해 지양되어야 한다는 좀 더 심오하게 사유된 실천적 원리조차도 여전히 최종적인 것을 향해 있는 것으로 사유될 수 있었다. 실천적 원리는 선행하는 모든 체계 부분들의 배열에 대해 종착점이 되는 절대적인 것을 향해 있다는 것이다. 이제 변화된 이상과 종교의 새로운 의미는 그렇게 제한된 것으로 보였던 자연의 이해와 어떻게 조화되는 것일까? 인륜적 주체성이 자신을 자연과 합일시키거나 또는 합일시키지 못하게 되는 최종 근거는 이제 어떤 체계적인 자리 값을 지녀야 하는 것일까? 자연은 결국 주관적으로 이해된 자유를 현실화하는 재료일 뿐이거나 아니면 정말 단지 장애물에 불과하다는 해석이 여전히 허용되는 것일까? 자연은 만족스러운 방식으로 목적론적으로 설명되고 체계화될 수 있는가? 자연과 자유의 통일 근거는 여전히 이 양자의 최종적인 종합의 단순 산물로 사유될 수 있는 것인가? 분명 그렇지 않다. 왜냐하면 이상이란 진정 합일하는 모든 활동성의 바로 마지막에만 있는 것이어선 안 되기 때문이다. 자연 속에는 지양 불가능한 분리의 근거들이 있다. 종교적 행위로 체념하면서 또는 만족되지 않는 동경을 품으면서 그러한 분리들을 감내할 필요는 없다. 오히려 종교적 행위에서 사람들은 자신들의 유한성 너머로 스스로를 고양하고 자신들을 전체의 통일과 합일시킨다. 전체의 통일은 자신을 분열시키는 통일이기도 하다. 이러한 과정적 통일의 사유를 기획하는 철학은 분열의 모든 근거들을 운명처럼 탐구 불가능한 것으로 고찰하는 데에 만족할 수 없다. 철학은 분열 근거들을 발견하는 일에 착수해야 한다. 그래서 철학은 지치지 않고 현존하는 분리들을 전제하면서도 이 전제 아래 분리된 것의 점차적 합일에 이르기까지 사유해야 한다. 마찬가지로 분리들의 출현을 통찰하는 것도 필요하다. "생"으로 불리며 주관적 활동성과 객관적 사건으로 이해되어야 하는 하나의 그 전체(das eine Ganze)는 자신을 자기 자신과 분열시키고 다시금 합일시키는 하나로서 사유되어야 한다(TW I, 354).

순수 생을 모든 개별화된 생의 원천으로 사유하는 것이 과제였을 때, 체계의 내용은 이미 거론된 것들과는 여전히 다른 인식 원천들로부터 논의되어야 했다. 그러나 이 다른 원천들에는 어떤 것들이 있을 수 있을까? 이것이 이제 가장 중요한 물음이다. 처음엔 이 물음에 답변하기 위한 거의 모든 수단들이 헤겔에게 결여되어 있었다. 그래서 이 수단들을 획득하는 것이 그의 매우 절박한 다음 노력이었다. 칸트가 표시한 이론적 인식의 경계들을 개정하는 것이 문제가 아니었다. 앞으로 제시되겠지만, 하나의 철학적인 체계 속에서 세계의 총체성을 인식하려는 의도가 있었던 것도 아니다. 정말이지 이런 바보 같은 열망이 있었던 것은 아니다. 철학적인 체계 속에서 인식할 때에 우리는 단지 우리의 이론적 입장만으로 그렇게 하는 것이며, 철학적으로 사유하고 인식할 때에는 바로 그 이론적 입장 너머로 우리 자신을 고양해야만 한다.

3. 예나로 이주

셸링에게 재회의 그 편지를 썼을 때 헤겔은 자신의 과제가 지니는 이러한 차원들을 차후에나 해야 할 것으로 의식하진 않은 것 같다. 더구나 그는 자신의 구체적인 목표들에 대해선 여전히 망설이고 있었다. 셸링과의 공동작업을 모색하긴 했어도, 철학적 사고들의 "체계"에 대한 자신의 연구를 불가피한 여담거리 정도로만 여겼고, 여기서 벗어나 다시금 "인간들의 삶"에 관여하려는 자신의 예전 목표로 돌아가려 했다. 게다가 그는 자신이 아직 "예나의 문예적 도락"을 감당할 능력이 없다고 느꼈다. 셸링과의 우정을 새로이 쌓길 그토록 원했다면, 셸링이(밤베르그에서 잠시 체류한 후에)[9] 다시 예나로 돌아갔다는 것을 알았을 때 헤겔은 곧장 예나로 갔어야 했을 것이다. 그렇지만 헤겔은 이것을 가지고도 망설였다. 마침내 셸링 자신이 후원해서 중간 단계 없이 가능한 한 빨리 교수 자격 심사를 볼 수 있게 하고서야 헤겔은 움직였다. 이것은 커다란 파급효과를 가져온 결단이었다.

예나 교수 자격 심사를 위해 필요했던 저술들과 셸링과의 공동 작업은 헤겔의 인생 계획을 급격하게 바꾸어놓았다. "인간들 삶에 관여"하려 매진하던 "복귀"로부터 그 사이 서른한 살이 된 헤겔은 갑작스레 대학 경력을 시작하게 된다. 1793년 서른한 살이었던 피히테가 이미 그랬고 1798년 스물세 살의 셸링이 그랬듯이, 대학 무대에 데뷔하려던 헤겔 역시 일차적으로 자신의 교수 능력을 증명해야 한다는 압박과 동시에 칸트 이후 학문적인 철학의 과제와 형식을 새롭게 이해시켜야 한다는 엄청난 압박을 받았다. 게다가 이 과제는 피히테와 셸링의 초기 교수 시절에 비하면 현저하게 변화되고 훨씬 더 복잡해진 논쟁 상황 속에 있었다. 이런 상황 속에서 종교 비판적 논의를 책자로 간행하는 일은 보류되어야만 했다. 더구나 피히테의 예나 대학 직위 해제까지 초래한 1799년 무신론 논쟁이 막 지난 후이기 때문에 그런 간행물은 결코 목적에 들어맞지도 않았을 것이다. 하지만 기회를 잘 탄 그의 처신은 과중한 결과들을 가져왔다. 계획적인 강의를 해야 하는 책임은 전문화를 요구했다. 그리고 이 전문화는 사상가로서의 헤겔의 스타일을 획기적으로 변화시켰다. 이로 인해 발전하고 있는 그의 확신의 연속성이 단절된 것은 아니다. 그러나 헤겔의 종교 비판적이고 국가 비판적인 논의들이 너무나 급작스럽게 민족 교육적인 계획을 이반해서 철학의 구성 형식에 집중되었기 때문에, 그에 대한 잘못된 인상이 생겼다. **첫눈에** 보기에, 자신의 청년기로부터 놓인 다리들을 부숴버리고 자기 뒤에 내버려

9) 1800년 5월 초부터 10월 1일까지 어려워진 개인 사정과 연구 목적으로 인한 셸링의 체류를 말한다. *Briefe von und an Hegel*. Bd I , 444쪽.

둔 채 이제 헤겔은 칸트 이후 체계적인 철학에 대해 중대한 말을 하겠다고 갖은 정력을 쏟고 있는 것처럼 보였다. 준비도 제대로 못 했으면서 말이다. 이때에 요구되던 인식은 철학하는 자가 모든 실천적 요구 너머로 자신을 고양시키고 생의 모든 욕망을 제쳐두는 이론의 인식이어야 하는 듯 보였다. 헤겔이 도야되어온 이야기의 다면적인 배경을 알지도 못한 채 동시대인들이 자기들 나름대로 헤겔에 대해 판단해야 했을 때 그런 겉보기 인상은 더욱더 거부할 수 없는 것이었다. 그렇지만 헤겔의 전기를 쓴 최초의 작가들조차도(로젠크란츠, 하임, 또한 딜타이조차) 그 겉모습을 교정하기보다 오히려 고착시켰다. 이렇게 해서 헤겔의 사변철학이 출현했던, 그리고 거쳐가야 했던 그의 삶의 문맥은 20세기까지 광범위하게 사라져버렸다. 반면에 헤겔 자신은 철학과 삶을 매우 긴밀히 결합된 것으로 여긴다. 그가 생각하기에, 철학의 참된 욕망이란 철학을 통해 사는 것을 배우는 것에까지 나아간다. 그가 예나에서 처음 행한 두 강의들 중 하나는 이러한 욕망과 이 욕망의 만족에 대해 안내하려는 목적을 갖고 있었다.

II. 저작과 이론들

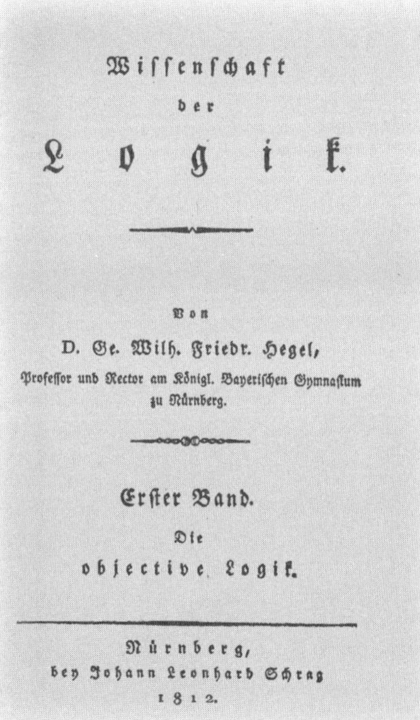

Wissenschaft

der

Logik.

Von

D. Ge. Wilh. Friedr. Hegel,

Professor und Rector am Königl. Bayerischen Gymnasium
zu Nürnberg.

Erster Band.

Die

objective Logik.

Nürnberg,
bey Johann Leonhard Schrag
1812.

내가 이미 탁월한 심사를 통해 명민하다고 여기게 된 어떤 사람에 대해 누군가가 나에게 매우 부적절한 생각을 말하면, 나는 이렇게 말한 자를 믿지 않는다 (……) 비방자의 역할을 하는 것은 추한 것이다.

칸트, 반성 4860

05

철학 비판으로서의 반성 비판

1. 1800년 예나의 철학

1780년대 말과 1790년대 예나는 독일의 학술을 대표하는 대학 도시였다. 그러나 이 시기에 실러는 (1799년 말) 바이마르로 이주했다. 훔볼트 형제들은 해외여행을 자주 다니고 있었다. 낭만주의자들 모임은 뿔뿔이 흩어졌다. 피히테는 자신에게 제기된 무신론 고발에 대해 격분으로 가득 차서 이 나라 밖으로 떠나버렸다. 다른 대가들도 떠날 것이라고들 했다. 이런 상황에서 예나 대학의 별로 떠오른 천재적인 셸링의 친구이자 신참자였던 헤겔이 가장 좋다는 여러 아카데미 모임에 가입하는 것은 그리 어렵지 않았다. 이에 반해 학생 수가 점점 줄고 있는 상황에서 지속적인 관심을 가진 일군(一群)의 수강생을 얻는 것은 쉽지 않았을 것이다. 요컨대 대략 50명의 대학 교수들 중 거의 4분의 1이나 철학을 가르치고 있었고, 이들 대다수도 시간강사였다. 이들 사이에서 중요한 것은 자신을 입증하는 것, 그것도 피히테와 셸링으로 인해 까다로워진 청중 앞에서 자신을 입증하는 것이었다.

그러나 도전해야 할 진짜 과제는 이제부터 헤겔이 가르쳐야 할 사안에 대해 그의 성장 과정이 처해 있던 뒤틀린 상황에 있었다. 헤겔은 공적이고 생산적으로 논쟁에 참여하지도 않은 채 자신이 처음에 계획한 작업들의 칸트적인 지반을 떠났었다. 그 논쟁은 1780년대의 칸트주의로부터 시작된 것이었다. 그 논쟁에서 처음엔 인간의 표상 능력에 관한 칸트의 이론을 더 분명하고 정합적으로 만들려던 라인홀트의 시도가 두드러진 역할을 했었고, 그 다음엔 피히테의 지식론과 셸링의 자연철학이 탁월한 역할을 했었다. 그리고 이제 셸링은 그 논쟁에서 자신의 "동일성 철학"을 관철하려 하고 있었다. 단지 멀리서만 헤겔은 칸트 철학의 기반들에 대한 작업을 진행했었다. 그가 1795년 자기 고유의 철학적 숙고를 하기 시작했을 때엔 칸트의 이론철학과 이성 비판이 열정적으로 수용되고 정열적으로 토론된 지 이미 10년이나 지난 후였다. 칸트의 기반들을 발굴하려 노력하던 처음 연구자들은 어려움에 직면해 있었다. 피히테의 지식론은 이러한 사정을 일찍 자각함으로써 생긴 반영물이었다. 그 다음으로 셸링은 피히테와 평행선을 그으며 자신의 사고들로 자연철학에까지 나아갔다. 통찰력 있는 연구자들은 셸링의 가장 고유한 사상이 출현함에 따라 셸링의 이 고유 사상이 피히테 지식론의 철학 개념 속에 여전히 머물 수 있는지를 마찬가지로 캐물어야 했다. 그러나 이념들의 주요한 격변의 장소는 15년 동안 늘 예나였다.

헤겔이 셸링에 대해 자신의 새로운 사고들은 "체계"라고 상당히 과감하게 일컬었을 때 그가 아무런 독자적 판단도 없이 그렇게 했던 것은 아니다. 그러나 이렇게 과감히 일컫는 것만으로 충분했을까? 자립적으로 애써 얻은 확신들을 기본 자금으로 해서 셸링의 거대한 철학 사업에 동업자로서 참여하는 것이 중요했다면 말이다. 셸링이 자신의 최근 저서에서 스피노자의 "유클리드식" 서술 방식을 모방함으로써 곧바로 초래한 난처해진 상황을 고려해보다면, 헤겔이 그렇게 일컫는다고 충분했겠는가 말이다. 이런 물음에 아니라고 답할 수 있으려면 스피노자 방식의 엄격함과 적절함에 대해, 그리고 셸링의 이 방식 운용에 대해 피히테가 했던 반박을 알아야 한다. 다른 한편 헤겔이 만약 성공을 원했던 것이라면, 셸링과 함께 공동 작업을 하는 모험으로 그를 내몬 것은 바로 그의 불충분한 준비였다. 이 모험은 목숨을 건 것이었다. 만약 피히테가 철학적 인식 방식의 기초적인 문제들에 대해 갖게 되었던 셸링과의 의견 불일치를 공중(公衆)에게 사려 깊게 감추지 않고, 오히려 그 나름만의 논증력으로 자신의 강연에서 셸링을 비판했더라면, 헤겔은 아마 많은 사람들이 보기에 궁지에 몰린 쪽에 가담하는 꼴이 되었을 것이다. 야심이 너무 커서 자신의 보잘것없는 자본을 유령 기업에 맡기려는 무지렁이처럼 말이다. 하지만 일단 예나 강단 위에 서기로 결심했기에 헤겔의 야심은 피할 수 없는 것이었다. 왜냐하면 칸트 이후의 논쟁에서 철학의 **체계-형식**과 방법은 모든 것을 지배하는 주제가 되어 있었기 때문이다. 이 주제에 관해 헤겔은 그 시대의 가장 중요한 철학적 입장들을 비판할 수 있는 위치를 획득해야 했다.

2. 사변적 관념론의 관점

하나의 관점을 수용한 사람은 그 관점을 자각하지 못한다. 그러나 다른 사람들의 눈으로 자신을 보는 것을 배운다면 그는 자신의 좌표들을 진술할 정도가 된다. 이러한 기회를 헤겔은 셸링과의 공동 작업을 시작할 무렵 얻게 된다. 그는 이 기회를 이미 1801년 여름 자신의 이름으로 처음 출판된 저서 『피히테와 셸링의 철학 체계의 차이』에서 유익하게 사용했다. 이 논문은 셸링 철학이 근본 물음들에서는 피히테 철학과 구별되어야 한다는 것을 보여주었다. 이것은 두 철학에 대해 라인홀트가 불러일으켰던 인상과 다른 것이었다. 두 철학 간 불가피해진 대결에서 헤겔은 셸링 편을 든다. 그러나 헤겔은 자신이 피히테에게서 인정하는 것이면서도 셸링에게 이 인정을 표명하지 않고 침묵하고 있는 것을 갖고서 자신 고유의 관점을 이후 정교하게 이들과 경계 지을 수 있는 여지를 동시에 이 논문에서 마련하고 있다. 따라서 만약 체계 비판적인 저술들을 남긴 저자로서 헤겔이 자신의 본 모습에 이르기까지 걸어온 길을 추적하려면, 일단 먼저 공통된 확신을 가지면서도(1) 셸링을 피히테와 구별시키는 것이 헤겔이 보기엔 무엇인지(2) 알아야 한다. 이 구별로부터 셸링 철학에 대한 어떤 유보 조건들이 나타나는지(3) 확인되어야 하며, 그리고 이 유보 조건들이 헤겔에겐 어떤 특별한 입장을 암시하는지도(4) 숙고되어야 한다. 그런 다음에 특별한 이 입장이 정교하게 묘사될 수 있다(5).

(1) 칸트의 비판주의는 19세기에 이르기까지 두루 모든 유명 철학들로 하여금 이 비판주의와 대결해보도록 했다. 그러나 비판주의의 기반은 19세기 초 20년 동안에 이미 일련의 충격을 겪었다. 계속된 철학적 탐구는 칸트에 빚진 채로 있었음에도 불구하고 그 충격들로부터 대립되는 결론들을 도출할 수 있었다. 적어도 다음 네 가지 충격과 관련해 셸링과 헤겔은 피히테와 같은 생각이었다.

ㄱ. 칸트의 이성 비판은 시선을 반대로 해보는 새로운 사유의 미래를 열어놓았다. 철학하는 이성은 자신이 할 수 있는 것에 대해 스스로 계몽되어 있지 않으면 착각과 모순에 빠지게 된다. 이 착각과 모순을 폭로하려는 목적에서 칸트의 이성 비판은 구성되었다. 동시에 칸트는 이런 비판적 업무로부터 별 어려움 없이 포괄적인 철학적 체계학에 도달할 수 있으리라 생각했다. 그렇지만 다른 한편 칸트는 스스로 자신의 이성 **비판**에선 "선험철학의 고유한 방법"에 대해 아직 아무것도 말할 수 없다고 자백했다(KrV B766). 가장 중요한 칸트 계승자들은 이러한 고백에 의지해 칸트의 비판적 실행을 철학적으로 사유하는 새로운 방식의 개시로 파악했다. 이 새 방식의 출발점과 방법, 그리고 적절한 건축술은 여전히 탐색되어야 한다는 것이다.

ㄴ. 칸트 계승자들이 자명하게 여겼던 또 한 가지는, 직접지(直接知)란 철학하는 이성을 통해 매개될 수 없다는 야코비의 주장이 칸트적 입장에는 위험한 도전장이라는 것이었다. 그러나 야코비의 주장에 응수하려는 시도

에는 양자택일이 열려 있었다. 체계적 이성철학에 대한 야코비의 반대를 제압하려면, 절대자에 대해서도 직접지를 고집하는 야코비의 주장에 대항해 타당한 근거를 끌어들이거나, **또는** 직접지가 이성의 체계적 자기 인식의 과정에서도 고려되고 있음을, 그리고 어떻게 고려되고 있는지를 보여줄 수 있었다. 직접지가 철학에서 사고의 합리적 방법적 발전을 내던져버리라고 요구하지 못하게끔 말이다. 이런 논점에서도 셸링과 헤겔은 피히테와 일치했다.

ㄷ. 반박들에 대항에 칸트의 이성 비판을 변호하려던 최초 시도들은 이성 비판에 새로운 체계적 형식을 부여함으로써 그렇게 했다. 이 시도들은 이론철학을 이해할 때 생긴 난점들에서 출발했고 전적으로 이론철학적 사고들의 도움으로 추진되었다. 1789년 라인홀트의 『인간 표상 능력 이론』은 가장 의미 있는 사례였다. 그러나 바로 라인홀트에게서 이 시도들이 만족시키지 못하는 점이 드러났다. 좀 더 나은 대안을 제시했던 것은 피히테의 요구였다. 이 요구는 철학적 체계학의 출발점에서부터 이론이성과 실천이성을 통일되도록 용해시켜야 하며, 이에 상응해 실천이성이 무제약자로 만드는 것의 구성적 경로를 전체 철학 기초의 시원 속에 수용해야 한다는 것이었다. 피히테의 이 요구를 따르려는 시도는 칸트의 이성비판에 설명되어 있는 정당한 기대로 가득 차서 점점 더 많이 행해졌다(KpV 162). 그리고 또한 이 시도에 관해서도 셸링과 헤겔은 한마음 한뜻으로 피히테 편을 들었다.

ㄹ. 칸트는 자신이 거론한 그 모든 "능력들"과 이 능력들의 규제된 공동작용에 대한 인식이 어떠한 인식론적 위상을 지녀야 하는지에 대해 분명하지 못했다. 그러한 인식에서야말로 성공적인 이성 비판이 성과로 얻어지는 것인데도 말이다. 이 물음에 답변하려는 이후의 기이한 주장 하나는 프리스(J. Fr. Fries)의 것이었다. 그는 그러한 인식이 경험적 성격을 지녀야 한다고 주장했다. 칸트의 이성 비판은 심리학적인 내성(內省)의 길에서 "인간학적인" 기초를 통해 개선될 수 있다는 것이다. 끝내는 경험적 자연주의로 귀착하고 마는 이러한 칸트 "넘어서기"에 대항해 피히테와 셸링, 그리고 헤겔

은 한결같이 다음처럼 생각했다. 철학을 기초 지을 때는 심리학적 개념을 가능한 한 사용하지 말아야 한다는 것이 칸트의 격언이었다. 따라서 철학의 인식을 경험적 인식으로부터 구별하고 칸트의 그 격언을 칸트 자신보다 훨씬 더 단호히 마음속에 새기는 경우에만, 철학은 "개념들로부터의 이성 인식"이라고 하는 칸트의 확신이 계속 적합하게 발전할 수 있다.

(2) 피히테와 공감한 열거된 이 네 가지 논점에 대해 셸링과 헤겔은 칸트 철학이 단지 결핍된 명백성과 체계적 형식만 교정하면 된다고 생각할 수 있었다. 그러나 자유와 순수 실천이성으로부터의 의지 규정에 관한 칸트의 견해에는 사정이 달랐다. 헤겔의 판단에 따르면 여기에서 칸트의 원리는 내용상으로도 결핍되어 있다. 이 결핍의 제거를 위해 헤겔은 셸링과 피히테 사이에 논쟁거리가 되었던 두 물음들과 관련하여 셸링의 답변을 옹호해야 했다. 첫째 물음은 셸링이 1797년부터 기획했던 자연철학에 관한 것이었다. 이 자연철학은 무엇에 관한 개념(Begriff wovon)으로서 전개될 수 있다. 그러나 단순히 이론적 인식 속에서 대상화될 수 있는 현상의 개념으로서 그런가, 아니면 이 외에도 가상계(可想界)의 감성적인 것 내에서의 현시의 개념으로서도 그런가, 아니면 자연 이해의 이론적 방식과 실천적 방식을 상대화시키는 어떤 것의 개념으로서 그런가? 이 마지막 것이 문제라고 셸링과 헤겔은 확신했다. 이에 대한 답변에 어떻게 방법적으로 보증된 근거를 두어야 하든지 간에 말이다.

또 다른 물음은 철학적 체계학의 출발점에 해당하는 것이었다. 이 물음을 피히테와 셸링은 이미 셸링의 처녀작들을 토론하면서 다룬 적이 있었지만, 이제야 비로소 철학적 체계학에 관한 논쟁 대상이 되었다. 헤겔은 이 논쟁거리를 그 자체로 대중 앞에 내놓았다. 피히테가 생각했듯이 자아는 자신의 자유 속에서 무제약적인 것으로 사유되어야 하기에 이성의 체계는 이 자아 위에 근거 지어질 수 있으며 이 자아의 설명으로 이해될 수 있는가? 아니면 이성 체계의 원리로서, 그리고 이 원리 내에 설명되어야 할 것으로서 자아의 그런 이념보다 "더 고차적인" 이념이, 말하자면 "절대적 동일성"의 이념이 고찰되어야 하는가? 이 절대적 동일성은 한갓 주체도 한갓 객체도 아니며 이 양자로 만들어진 통일도 아니고 오히려 이 양자의 절대적 통일이다. 바로 이 이념이 셸링 체계의 원리라고 헤겔의 『피히테와 셸링의 철학 체계의 차이』는 보여준다. 이때는 셸링이 자신의 체계의 첫 서술을 방금 막 출판한 후였다. 헤겔 자신은 아무런 의구심도 남기지 않고 셸링의 체계 형식의 원리를 피히테의 원리보다 우수한 것으로 본다. 만약 이 두 체계의 원리들만 비교해본다면 셸링에게 유리한 말을 할 수 있다. 셸링의 체계는 속속들이 동일성 속에서 유지되지만, 반면 피히테의 지식론 체계는 전개의 첫발을 내디딜 때 이미 동일성에서 벗어나며 더 이상 이 동일성에로 복원될 수 없다고 말이다. 이것이 피히테에 대한 헤겔의 가장 중요한 논박이다.

(3) 셸링에 대한 헤겔의 상세한 논의들은 아무 언질도 주지 않고 곧바로 셸링이 주장한 모든 것이 어떻게 방법적으로 규제된 하나의 사고 과정 속에 근거 지어질 수 있는지 하는 물음을 떠맡는다. 반면에 피히테의 방식은 탁월한 부분에 있어서는 정중하게 찬양받는다(GW IV, 34). 단지 덧붙여 생각해봐야 할 것은 피히테가 셸링에게 서신으로 제기한 논박들이 방법적인 성질의 것이었다는 점이다. 그런 다음에야 이렇게 추론할 수 있다. 헤겔은 셸링 철학이 제시된 형태로서 피히테의 논박들을 잘 견딜 수 있다고 생각하지도 않았고, 자기 자신이 그 논박들에 대처할 수 있다고 느끼지도 않았다는 것이다. 자기 나름대로 우선 셸링과 가까이에서 철학하려 한다 해도 말이다.

(4) 하지만 헤겔은 이미 셸링의 사고들을 더욱 발전시켜 피히테의 논박들에 대해 변호될 수 있도록 하는 첫걸음을 내디뎠다. 따라서 셸링이 자신의 철학적 입장을 위해 사용하던 명칭으로 헤겔의 입장을 표시하지 않는 것이 좋다. 셸링은 자신의 철학을 "반성의 관점으로부터 완전히 거리를 두는" "절대적 동일성 체계"라 명명했다(SSW III, 9). 절대적 동일성의 명증적인 원천으로서 그는 "지적 직관"을 요구할 수 있다고 믿었다. "지적 직관이 피히테의 지식론에서 요청되던 것처럼" 말이다. 지적 직관은 피히테의 이

해에 따르면 철학자가 "자신에게 자아가 발생하도록 하는 활동을 수행할 때의" "그 철학자의 자기 직관"이다. 즉, "내가 행위한다는 사실의, 그리고 내가 행위하는 바의 것의 직접적 의식"이며, "내가 어떤 것을 행하기 때문에 이 어떤 것을 알 수 있게 하는 것"이다(SSW III, 47). 만약 이제 이 지적 직관에서 직관하는 자로부터 추상한다면 "순수하게 객관적인" 것만 남는다고 셸링은 생각했다. 남겨지는 이 순수 객관적인 것은

> 즉자적으로 단순히 주체-객체일 뿐이며, 그러나 결코=자아는 아니다(SSW II, 722 ; III, 10과 비교).[10]

이렇게 간단한 추상화의 요구가 의문들을 불러일으키게 된다는 것은 불을 보듯 뻔하다. 헤겔이 직접 그런 의문들을 던지고 규명한 것은 아니다. 그러나 그는 어쨌든 그런 의문들을 다듬는 데는 기여하였다. "철학함의 도구"로서의 반성과 반성의 "선험적 직관"과의 연관을 주제로 삼으로써 그리고

> 반성이 얼마만큼 절대자를 파악할 능력이 있는지를, 그리고 반성이 자신의 작업에 있어 사변으로서 얼마만큼 절대적 직관과 종합되어 대자적으로, 즉 주체적으로 있을 수 있는 필연성과 가능성을 담지할 수 있는지를, 다시 말해 절대자가 반성의 산물이어야만, 의식 내에서 구성된 절대자이어야만 …… 하듯이 반성이 이렇게 완전하게 있을 수 있는 필연성과 가능성을 얼마만큼 담지할 수 있는지를 (GW IV, 16 = TW II, 25 이하)

보여주려 시도함으로써 말이다.

(5) 만약 『피히테와 셸링의 철학 체계의 차이』가 취하는 입장을 표현하려 한다면, 이것에 가장 적합한 것은 성숙한 헤겔 철학에도 들어맞는 **사변적 관념론**이라는 표현이다. 이것은 무엇을 뜻하는가? 이 물음에 답하려면 무

---

10) 주체-객체의 단순한 관계이며, 그러나 피히테처럼 이것이 자아는 아니다.

엇보다 '관념론'의 반대 개념이 '유물론'은 아니라는 점에 주목해야 한다. 유물론은, 말하자면 참되게 현실적인 모든 것은 물질적이라는 이론이다. '유물론'의 반대는 현실적인 모든 것이 정신이라고 주장하는 '유심론'일 것이다. 이 두 입장들 중 어떠한 것도 헤겔의 입장은 아니다. 관념론에 대해 반대대당을 이루는 것은 사실상 사유로부터 독립적으로 "즉자적으로" 존재하는 현실적인 것이 있다고 하는 실재론이다. 그러나 헤겔 관념론의 특유성은 어떠한 의미에서 이때 사유와 사유하는 자가 언급되고 있는 것인지를 고려해야만 비로소 밝혀진다. 다음과 같은 점은 분명하다. 동시에 전일(全一)의 철학적 이론, 즉 주관적인 것과 객관적인 것의 절대적 무차별의 철학적 이론이기도 한 관념론이라면, 있는 모든 것이 단지 자아를 통해 또는 더구나 개별화된 한 의식-주체를 통해 정립된 것일 뿐이라는 테제에 의해 정의된 것일 수는 없다. 사유와 사유의 주체로부터 독립해 "즉자적으로" 존재하는 현실적인 것이 있으리라는 "실재론적인" 이해를 부인함으로써 관념론 일반이 특징지어질 수 있다면, 여기 제시된 헤겔의 특별한 관념론을 특징짓기 위해 그런 실재론적 이해를 부인할 때는 익숙지 않은 의미에서 사유와 사유 주체를 언급해야 한다. 즉, 다루어져야 할 사유는 "자아"의 (또한 개체적인 유한한 주체의) 주관적 실행들 속에 예시되어 있거나, 아니면 세계를 통치하는 이성의 객관적 사건 속에 예시되어 있다는 양자택일과는 무관한 것이다. 예를 들어 아낙사고라스라면 이 세계 통치 이성을 "누우스"로 구상했을 것이다(TW III, 54와 비교 ; V, 44). 따라서 실재론에 대한 대립보다 더 사변적 관념론에 특징적인 것은, 유한한 모든 것은 참된 존재자가 아니며 오히려 "관념적"이라는 테제이다. 이 테제에 따르면 유한한 모든 것은 일자 안에서, 참된 것 안에서 지양되어 있는 것이다. 그리고 이러한 일자는 이념(Idee)이다. 다시 말해 유한한 모든 것이, 반성을 통해 대립된 모든 것이 그 안에서 합일된 채 사유되는 것이다. 그렇기에 유한한 모든 것은 관념적(ideell)으로 있다.[11] 그리고 특히 이념 내에서는 주관적인 모든 것과 객관적인 모든 것이 서로에 대해 유한한 것으로서 지양되어 있다. 이러한 일자를 고려한다면 철학의 과제는 다음에 존립한다. 유한자가 일상적 의식에 대해 출현하는 또는 언젠가 철학에 의해 사유되었던 많은 종류의 형식들, 그리고 무한자를 사유하여 유한화하는 방식들은 이 형식들과 방식들의 서술이 동시에 단적인 일자의 서술이게끔, 다시 말해 "절대자"의 서술이게끔 그렇게 결합되어야 한다.

헤겔은 지금까지 진술된 관념론적 기획의 특징들로써 자신을 셸링과 철저히 구별하진 않는다. 만약 "사변적인" 것으로서의 절대자의 관념론이 언급된다면, 비로소 둘 사이의 구별이 비록 그 기획의 핵심 사안에서는 아니라 해도 여하튼 그 기획의 용어와 형성에서는 표시되는 셈이다. 사변적이라는 그 형용사가 부각시키는 것은 관념론을 위해 요구되는 **인식 방식**이다. 헤겔은 이 인식 방식을 위해 "사변"이라는 표현을 사용했고 셸링에게도 관철시켰다. 셸링을 이끌었던 숙고들이 헤겔에겐 다소 그렇게도 보였을 것이다. 절대자는 어떤 무차별화된 유일자가 아니라 오히려 대립들을 자기 안에 지니는 일자이기 때문에, 그리고 이러한 대립들 속에 대립되어 있는 것들은 유한자들이기 때문에, 일자를 철학적인 진술들로 서술할 수 있는 가망이 있는 것이다. 만약 이 가망이 실현되어야 한다면, 철학적 서술을 위해 개념적 규정들이 사용될 수 있어야 한다. 유한자는 개념적 규정들로 사유되는 것이다. 또는 사유 속의 절대자는 개념적 규정들로 유한화되는 것이다. 개념적 규정들의 합목적적인 사용은 우선 일단 반성 속에서 행해지는 개념적 규정들의 사용이다. 왜냐하면 반성의 특별한 작업은 그때마다 하나의 규정을 다른 규정에 맞세워 정립하고 이때 양자 간의 동일성과 구별에 주목하며 구별된 것에서 대립된 것을 끄집어내는 데에 있기 때문이다. 물

11) "관념적"이라는 의미를 지닌 독일어 말에는 'ideell'과 'ideal'이 있다. 사실 이 두 단어들은 훗설의 현상학 용어처럼 특별한 경우를 제외하면 헤겔에게서는 대체로 오늘날과 유사한 의미로 쓰인다. 따라서 역자도 두 용어를 우리말 "관념적"으로 옮긴다. 그러나 주의해야 할 것은 헤겔의 "관념적"이라는 말이 단순히 어떤 것에 대해 인식된 정신적인 것만 뜻하는 것이 아니라 바로 이 문장에서처럼 이념상의, 이념에 따라(ideell) 있다는 의미도 지닌다는 점이다.

론 두 구별된 것들을 포괄하는 통일이 반성의 이 작업에서는 아직 실현된 것이 아니다. 통일 속에서 구별된 것들은 유한자들로서 지양되어 있다. 통일이 포괄하는 것에서는 통일이 특별하게 이해되어야 한다. 이에 따라 헤겔과 셸링은 절대자인 통일 및 이 통일의 파악됨(Erfaßtwerden)을 지적 직관으로 표현한다. 이때 이 지적 직관은 다시금 주관적인 것과 객관적인 것의 구별에 대해 무관심한 것으로 취해져야만 한다. 그러나 어떻게 그렇게 통일적인 한 전체에 이르게 되는가? 이러한 물음 때문에 셸링을 넘어서도록 헤겔을 이끄는 숙고들이 생기게 되었다. 이 숙고들을 거쳐 헤겔은 곧 변증법에 관해 처음으로 고유한 이해에 도달하게 된다.

그러나 이 숙고들은 무엇보다 먼저 철학적 **사변**이 이제 어떻게 이해되어야 하는지를 명료하게 해준다. 거울 속의 한 형상을 보는 것(speculatio)은 맞은편 표면들에서 광선들의 반사(Reflexion)로 인해 지각되는 것 전체가 직관적으로 파악되는 것이다. 마찬가지로 의식의 자아가 실행하는 철학적인 사변(Spekulation)은 사고상의 반성(Reflexion)으로 인해 절대적 통일을 비감성적으로 직각(直覺, Intuition)하는 것이다. 사변은 반성과 지적 직관의 종합이다(TW II, 25 이하). 추측건대 여기서는 또한 고린도 전서에 나오는 사도 바울의 다음 말도 암시되고 있다. "우리는 이제 거울을 통하여 보느니 (videmus nunc per speculum) …… ."[12] 사변은 이성적인 철학함이 반성으로 하여금 그 반성 작업을 수행하도록 함으로써 이루어진다. 이로써 반성을 절대적 직관과 종합하는 것이 가능해지며 불가피해지기도 한다(같은 곳). 이를 위해 철학하는 의식의 자아는 임의적인 방식으로 반성하면서 활동해서는 안 된다. 오히려 짝지어 서로 대립되어 있는 유한한 규정들에 부딪치면서 자아는 반성을 겪어야 한다. 더욱이 유한한 규정들은 그럼으로써 새로운 방식으로 해석된다. 즉, 새로운 방식으로 유한한 규정들은 합치되며, 이 합치시키는 새 방식은 일자의 규정들을 형성한다. 이성은 반성의 본질

12) 고린도 전서 13장 12절.

에게 우위권을 빼앗고 반성의 본질을 자기 아래에 두어야 한다. 이렇게 해야 그때마다 반성의 특수한 내용에서 마침내 지적 직관이 성취되는 것이다. 이에 반해 헤겔 철학과 생(生)의 연관에 대해 "사변적인" 뜻을 지닌 것은 아무것도 없다. 이 관념론이 명상적인 삶의 태도를 선호하기에 사변적이라고 생각하는 것은 오해라 하겠다.

그러나 아무리 사적으로 어원을 추구한다 해도 어떻게 헤겔은 거울을 뜻하는 라틴어 단어와 "사변"이라는 표현을 결합시키려는 착상을 하게 된 것일까? 이에 대해 주시된 점은 거울이 누군가 앞에 무언가를 비추는 기능뿐만 아니라 평범한 방식으로는 보지 못하는 어떤 것을 보이게 만드는 기능도 가질 수 있다는 것이었다. 바로 이 이중 기능으로 인해 칸트는 이성 이념들의 올바른 사용에 관한 자신의 이론을 해명하는 자리에서(KrV B672) 거울의 비유를 삽입했다. 칸트의 생각에 우리는 (예를 들어 신의 이념 같은) 이성 이념들을 규제적으로 사용한다. 이것은 우리에게 대상 인식들을 마련해주어야 할 오성이 최종 목표를 향하도록 하기 위해서이다. 이 목표를 "조망한다면 모든 오성 규칙들의 방향선들은 하나의 점 안에 수렴한다." 왜냐하면 이성 이념들 속에서 사유되는 그 소실점은 오성 개념들에게 "가장 큰 확장과 더불어 가장 큰 통일을 마련해주는 데에" 기여하기 때문이다. 이념들의 규제적 사용에 있어 그 "방향선들"은 "마치 거울 표면 뒤에 있는 객체들이 보이듯이" 인식 대상이 되는 어떤 것으로부터 출발하는 것처럼 보인다. 이 어떤 것이 가능한 경험적 인식의 영역 밖에 놓여 있다 해도 말이다. 이것은 그래서 환각이다. 이런 환각으로 인해 착각해선 안 된다. 이성 비판을 통해 이런 환각은 예방될 수 있다. 그러나 이런 환각을 조심해야 한다는 것은 단지 사태가 지니는 두 국면들 중 하나일 뿐이다. 또 다른 국면은 그때 착각의 위험에 빠뜨리는 것을 단순히 외면해선 안 된다는 데에 있다. 이 환각은,

> 만약 우리 눈앞에 놓여 있는 대상들 외에도 우리가 또한 이것들로부터 멀리

떨어져 우리들 배후에 있는 그런 대상들마저 보고자 한다면, 다시 말해 만약 우리가 …… 주어진 각각의 경험을 넘어서도록, 이로써 또한 최대로 가능한 극도의 확장에 이르기까지 오성을 단련시키고자 한다면, 불가피하게 필연적이다(같은 곳).

그렇지만 자신의 이성을 사용한다면 그런 확장을 원하지 않을 사람이 누가 있겠는가? 그래서 대상 인식을 추구하는 오성에게 올바른 방향을 제공하는 이성 사용에는 불가피하게 환각이 속한다는 것이 칸트의 확신이다. 거울 조작에 결부된 환각과 유사하게 말이다. 또한 이성처럼 우리 "배후에" 놓여 있는 것을 "보기 위해 환각이" 이용된다는 테제도 칸트에게서 비롯된 것이다.

헤겔이 반성과 지적 직관을 종합해야 하는 사유에게 "사변"의 세례명을 베풀었을 때 대부(代父)의 역할을 했던 것도 의심할 여지 없이 이러한 테제였다. 따라서 다음처럼 가정해도 양심에 거리낄 필요는 없다. 헤겔은 그러한 사유의 실행이 **대상** 인식에 놓여 있다고 보지 않았다는 것이다. 칸트의 비판 이전에 전(前) 비판적 형이상학은 이렇게 믿었지만 칸트는 이것이 환각적인 것이라 증명했다. 오히려 헤겔은 그러한 사유의 실행이 오로지 유일하게 이성의 내부 내용의 해명에만 놓여 있다고 보았다. 말하자면 특히 경험 대상들의 인식을 위해 이성이 지니는 규제적 의미로 인해 이성 내부 내용의 해명은 사변적 인식에 필요하다. 헤겔이 이후 모든 곳에서 스피노자를 상기시키는 듯이 "전일(全一)"과 "절대자"를 언급할 때엔 이 점을 잊지 말아야 한다.

만약 철학이 자신의 업무 전체를 더 이상 대상 인식 같은 일로 구상해선 안 된다면, 전비판적 형이상학의 인식 요구들을 한계 내에 머물도록 지시하는 것에 만족하고 말 수는 없다. 그렇다면 반대로 철학을 형이상학 분과들의 건축학적으로 분류된 하나의 전체로서 이해하려는 시도도 포기되어야 한다. 왜냐하면 이러한 시도는 형이상학을 감성적인 세계에도 초감성적인 세계에도 설 자리가 없는 유한한 주관성의 (근본적) 이론으로서 구상하거나, 아니면 (한갓 추정적인 또는 그 요구에 있어 적절하게 제한된) 이론적 및 실천적 인식 대상들에 관한 이론으로서 구상하거나 하는 양자택일을 내놓기 때문이다. 그러나 이 양자는 이제 배제되어 있다. 즉, 전자는 이미 절대적으로 정립된 (도덕적) 주관성에 대한 비판을 통해, 그리고 라인홀트 "요소철학"의 드러난 불충분성을 통해, 또는 자기 자신에 대해 스스로를 계몽하는 이성의 체계 원리는 자아의 이념보다 "더 고차적인 이념"이어야만 한다는 확신을 통해 배제되어 있다. 그렇지만 후자도 "사변적" 사유가 유일하게 여전히 지닐 수 있는 특징의 발견을 통해 배제되어 있다. 다른 한편으로 사변적 사유의 체계 속에서 더 고차적인 그 이념을 단순히 목표로 삼는 것만으로는 충분하지 않다는 것도 이미 드러났다. 그러나 이로써 철학적 분과들이 지닌 지금까지의 표상들의 틀 속에, 단지 전 비판적 표상들뿐 아니라 또한 비판적 표상들의 틀 속에, 그리고 헤겔 자신이 프랑크푸르트에서 형성하기 시작한 표상들도 포함해 칸트 이후의 표상들의 틀 속에 고차적 이념에 도달할 가능성들은 충분히 논구된 셈이다. 철학의 새로운 포도주는 더 이상 낡은 술통에 채워져선 안 된다. 철학 분과들은 하나의 절대적 이성의 서술로서 구상되어야 한다. 자신의 내용에 대해 자기 자신을 계몽하는 이성의 서술로서 말이다.

3. 『철학 비판 저널』

정기간행물의 출간 계획들을 같이 도모했던 것은 원래 피히테와 셸링, 그리고 슐레겔 형제였다. 그러나 이들은 그 계획들을 위해 서로 바뀌어가면서 제휴했지만 결국 헤어지게 된다. 그러고 난 후 예전에 피히테와 셸링에 의해 주목받기도 했던 J. G. 코타 출판사[13]는 1801년 12월에 "F. W. J. 셸링과 G. W. F. 헤겔에 의해 편집된" 『철학 비판 저널』 한 편을 광고했다. 이 저널은 1802년부터 출판되었고 매년 각각 세 분책(分册)들로 된 두 권(卷)의 발행을 목표로 했다. 그럼에도 저널이 존립한 2년여 기간 동안 전부해서 단지 여섯 분책들만 발행된다. 저널의 공식적인 목적은 "궁극적으로 참다운 철학"을 위한 "순수한 진로"를 개척하고 참다운 철학을 "비철학으로부터 영원히" 분리시키는 것, 따라서

> 무엇보다 비철학의 부정적 성격의 대립 속에서 철학의 정언적 본질을 서술하는 것, 다음으로 철학이 전체 문명과 만나는 모든 가능한 접점들을 고려하는 것, 보편적 교양의 각 부분을 절대자로 수용하는 것, 철학을 통해 모든 학문들을 참되게 재생시킬 수 있는 전망을 보여주는 것(GW IV, 503)

이었다.

명시적으로 언급되지는 않았지만 이 정기간행물은 자기 나름대로 철학함에 있어 미숙련을 보정(補正)하는 데에도 편집자들에게 유용했다. 이들의 미숙련은 특히 참된 철학의 "절대적 형식"과 관련해 다른 사람들의 기획들을 비판함으로써 보충되었다(GW IV, 278과 비교). 셸링과 헤겔의 협동은 처음엔 다른 사람이 끼어들 수 없을 정도로 너무나 긴밀했다. 이 두 사람은 그 시기 같은 집에 살면서 일했으며 단지 자신들의 작업들만 그들 간행물에 수록했고 단 하나의 기고문에도 저자 이름을 개별적으로 밝히지 않았다. 그럼에도 그 사이 각 기고문의 저자가 누구인지 어느 정도는 밝혀졌다.

작업 분담은 대략 다음과 같았다고 한다. 두 사람이 전념한 과제는 상식 쪽에서 철학에 제기되는 요구들을 물리치는 것이었다. 이와 더불어 셸링은 특히 자연철학 영역의 주제들을 다루었다. 그는 자연철학과 철학 일반의 연관에 몰두했고 이런 관점에서 경쟁자의 비판에 응수하기보다는 "철학의 정언적 본질을 서술"하기 위해 더 밀도 있게 작업했으며 논쟁적인 소논문

---

13) 요한 게오르그 코타(Johann Georg Cotta)는 이 출판사를 이미 가업으로 운영하던 요한 프리드리히 코타(Johann Friedrich Cotta)의 아들이다.

들의 영역은 스스로 보류했다. 그에 반해 헤겔은 철학 비판과 시대정신 비판을 위한 기본 노선들을 잡았다. 그런 다음 그는 동일성 철학의 중요 경쟁자들과 논쟁하기도 했다. 그는 철학적 회의주의와 논쟁했고(『회의주의의 철학에 대한 연관』), 칸트, 야코비, 피히테의 주관성 철학과도 논쟁했다(『신앙과 지』). 이 밖에도 그는 철학적 자연법을 비판적으로 개정했다. 이에 반해 비철학으로부터 참된 철학을 분리시키는 일은 그에게 부차적으로만 추진되었다. 그렇기에 헤겔의 기고문들 수가 셸링의 것들에 비해 상당히 적지만 분량은 거의 그 두 배가 된다 해도 놀라운 일은 아니다. 특히 헤겔의 저널 마지막 논문 『자연법의 학문적 논의 방식들에 대하여』는 더 이상 어떤 저술에 대한 비평이 아니다. 이 논문은 오히려 철학적 자연법 이론의 불충분한 입장들에 대한 하나의 체계적 재구성이자 비판이다. 이 논문은 나름의 고유한 법철학적 · 정치철학적 체계학을 기획하고 있지만, 헤겔이 출판한 가장 어려운 텍스트들 중 하나이다.

06

이성 인식을 다루는 두 개의 예전 분과와 세 개의 새로운 분과

1. 『논리학과 형이상학』

헤겔이 『철학 비판 저널』에서 연구했던 주제들 중에는 가장 중요한 것이 빠져 있었다. 이 주제는 바로 사변철학에 있어 철학적 사고의 서술 형식과 주장의 논증 형식이다. 이 주제에 대해서는 오직 셸링만이 철학 내의 "구성"을 다루는 한 논문에서 자신의 견해를 피력했었는데 부차적으로 쓴 논문은 아니었어도 별로 만족스럽지 못한 것이었다. 어쨌든 이 논문은 바로 첫 머리에서 관건이 되는 "주요 논점"이 철학적 사고 발전의 방법이라고 밝힌다. 헤겔도 비슷하게 생각했을 것이다. 이 주요 논점에서 그는 아직 확신이 없었던 것일까? 아니, 그는 이미 확신을 갖고 있었다. 이미 1802년 초 그는 머지않아 철학 방법을 설명하는 책 하나를 멋지게 완성해내리라 믿고 있었기 때문이다. 이 출판물은 코타에 의해 1802년 가을에 나올 것이라고 광고되었다. 1802년 여름 학기 라틴어 강의 목록에는 이 출판물이 『논리학과 형이상학 또는 반성과 이성의 체계(Logica et Metaphysica sive Systema reflexionis et rationis)』라는 제목으로 언급되었다. 이 책 그리고 같은 제목의 강의에서는 무엇이 문제였을까?

논리학이 단지 명제 및 명제 연결의 "논리적" 함축에 관한 학문으로만 이해되어왔기에 '논리학'과 '형이상학'이라는 두 분과들을 결합시키려는 헤겔의 시도는 낯설게만 보인다. 다시 말해 논리적 함축들은 "만약 -그렇다면"의 한 명제로 공식화되고 나서야 보편타당한 명제들을 제공하며, 또한 참이라 일컬어지는 명제들도 제공한다. 명제들은 오로지 이것들의 "논리적" 형식에 의거해서만, 그래서 술어화하기 위해 쓰이는 개념적 규정들의 내용으로부터 독립해서만 참이다. 개념적 규정들은 명제들로 진술되거나 언술 대상들의 확정을 위해 사용된다. 형이상학은 다시 보자면 우리가 그 실존을 확신하고 있는 것을 사유하는, 그래서 특히 경험 대상을 사유하는 가장 일반적인 개념적 구조의 탐구로서 이해될 수 있다. 따라서 논리학과 형이상학의 결합은 좀처럼 논리학과 어떤 다른 학문 분과의 결합보다 더 밀접해 보이진 않는다.

그러나 "형이상학"이나 "논리학"이란 표현들을 18세기의 관용적인 의미로 취한다면 사태는 다르게 나타난다. 그렇게 해보면 『논리학과 형이상학』이라는 제목은 놀랄 것도 아니지만 그렇다고 독창적인 무언가를 약속하는 것도 아니다. 말하자면 논리학은 보편적인 이성 이론으로서 이해되었다. 보편적 이성 이론은 가르쳐지는 인식의 규칙과 이 인식을 개진하는 규칙을 발견한다. 논리학은 또한 사유 규칙들의 보편적인 이론으로서 이해되었다. 사유 규칙들은 인식하기 위해 지켜질 것이 요구된다. 그리고 형이상학은 대상들의 이성 인식을 향해 나아가는 철학적 학문에 해당했다. "존재자 자체"에 관한 학문처럼, 즉 존재론처럼 대상들 전체 일반에 관한 학문이든, 영혼과 세계와 신에 관한 이론들처럼 특수 대상들에 관한 학문이든 간에 말이다. 이러한 이해에 따르면 논리학은 이미 우리가 인식한다면 그 안에서 사유하는 개념적 구조들에 관한 이론이다. 그리고 이 개념적 구조들은 다시금 이성의 구조들로 해석된다. 다른 한편 17/18세기 합리론에서 형이상학의 대상들은 이성적으로 있는 또는 이성적인 대상들에 따라서 있는 대상들로 이해되었다. 이에 상응해 아주 정당하게 가정되는 것은, "논리적 원칙들"이 또한 형이상학적으로 해석될 수 있다는 것이다. 예를 들어 논리적인 원칙으로서 모순율의 의미는 다음과 같다. 이성적으로 인식할 때 어떤 것에 대해 이것이 P이면서 동시에 P가 아니다라고 생각될 수 없다. 이 모순율에는 다음과 같은 내용의 형이상학적 등가물이 있다. 하나의 술어 P가 사물 자신에 모순되면서 사물 자신에 속하고 있는 그런 어떠한 사물도 없다.

이성 대상들이 인식될 수 있는지 없는지 하는 물음을 도외시한다면 논리학과 형이상학의 연관에 대해 언급한 모든 것은 여전히 칸트에게도 타당하다. 칸트는 "가르쳐지는 인식"과 이 인식의 교수법, 그리고 이 인식의 개진에 관한 이론으로 이해되던 논리학을 수많은 종류의 수사학적 심리학적 부차 산물들로부터 순화시켰고 이를 통해 하나의 "순수 보편 논리학"을 핵심으로서 끄집어내었다. 순수 보편 논리학은 "사유의 단적으로 필연적인 규칙들"만을 주제로 삼아야 한다. 이 논리학은 이때 사유가 지향하고 있을지 모르는 대상들이 아무리 상이하다 해도 개의치 말아야 하며 사유가 이루어지는 모든 경험적 조건들로부터도 추상해야 한다. 그럼에도 위에서 특징지었던 논리학과 형이상학의 구조적 연관은 여기서도 보존되어 있다. 물론 칸트 이전에 라이프니츠-볼프 철학은 한 걸음 더 나갔었다. 라이프니츠-볼프 철학은 형이상학 대상들에 대한 원칙들이 논리적 원칙들로부터 추론될 수 있다는 것마저 보여주고자 했다. 칸트는 이러한 환상에는 맞선다. 그러나 다른 한편으로 그는 두 분과들의 구조적 친화성 연관을 넘어서는 하나의 새로운 결합을 구상한다. 그는 자신의 비판 저서들에서 소위 선험철학을 (순수 보편 논리학의 범례에 따라 구분해) 하나의 특수한, 말하자면 "선험적인" 논리학으로 기획한다. 헤겔이 나중에 한 번 동의를 표했듯이 칸트는 그럼으로써 형이상학을 하나의 논리학으로 만든 것이다(TW V, 45). 이것은 물론 칸트에 대해 통용되던 생각은 아니었다. 그러나 논리학과 형이상학이 가장 밀접하게 공속한다는 생각은 통념에 의해서나 칸트 철학에 의해서도 의문시되지 않았다. "논리학과 형이상학" 강의는 표준 개설 과목에 해당하는 것이었다. 단지 헤겔만 이런 강의를 한 것은 아니었고 헤겔의 예나 시기엔 그 밖에 적어도 5명의 다른 강사들이 이런 강의를 했었다. 그렇기는 해도 『논리학과 형이상학』이라는 제목의 책을 예고까지 했다면 헤겔은 어느 정도나 독창적이었던 것일까? "반성과 이성의 체계(systema reflexionis et rationis)"라는 부제에는 요점이 암시되어만 있을 뿐이다. 그러나 칸트가 논리학과 보편 형이상학의 연관에 대한 새로운 규정을 갖고 걸어간 길을 헤겔이 어떻게 계속해 나아가는지 하는 면에서는 요점이 분명해진다.

(ㄱ) 칸트는 보편—형이상학적 원칙과 보편—논리학적 원칙을 명확히 구별했고 전자는 후자로부터 연역될 수 없다는 것을 보여주었다. 그러나 그는 논리적 구조를 인식 요구가 없는 것인데도 형이상학적으로 해석하는 데에 집착했다. 헤겔은 칸트의 그 구별을 한층 더 진척시킨다. 오성 사용의 논리적 구조가 이성 대상을 사유하는 형이상학의 구조로 해석된다면 그 논리적 구조는 오용되는 것이다.

(ㄴ) 기초 논리학은 모든 학문들에게 똑같이 예비학적인 것이다. 칸트는 이 기초 논리학으로부터 출발해 자신의 선험철학을 구조화하는, 자신의 선험철학에 특유한 논리학에까지 이르는 복잡다단한 길을 보여주려 했다. 이 길의 주요 정류장이 되어야 했던 것이 바로 『순수이성 비판』이다. 그에 반해 헤겔은 이성 비판을 거쳐 간 형이상학을 구조화하는 데에 더 이상 순수 보편 논리학의 가치를 그렇게 높이 평가할 수 없었다. 형이상학의 구조화를 위해선 오직 이성 비판만이 표준적인 것이 되어야 한다. 그러나 이것은 본래 칸트의 사고들로부터 헤겔이 이끌어낸 귀결이었다. 이것은 결국 기초적이고도 예비학적이지만 보편적인 논리학의 자리를 하나의 특수 논리학이 대체하는 데에까지 나아간다. 이 특수 논리학은 형이상학에 대해 예비학적인 것이다. 이 논리학은 과제로서 착각들을 폭로하는 이성 비판의 부정적 업무를 떠맡는다. 그래서 어떤 의미에서는 비판적 형이상학을 위한

두 종류의 특수 논리학이 필요해진다. 즉, 형이상학에 선행하는 기초 논리학(반성의 체계) 및 형이상학으로 진입하고 형이상학을 구조화하며 형이상학의 방법 이론에까지(형이상학의 종점에서?) 도달하는 논리학(이성의 체계). 그렇다면 헤겔의 이런 생각들은 당연히 동시대 사람들이 '논리학'과 '형이상학' 분과들을 진부하게 결합시켰던 것과 상당한 거리가 있는 것이다. 그러나 위에서 가늠해본 사변적 관념론은 논리학과 형이상학의 이 새로운 결합을 통해 어떻게 더 자세히 설명될 수 있을까?

부분적으로나마 첫 답변을 할 수 있으려면 여기서 어떤 종류의 사유 형식들과 사유 방식들이 문제시되어야 하는지 숙고해보아야 한다. 여기서 거점으로 이용될 만한 것은 **어떤 것**이 이러한 형식들과 방식들**로** 사유된다고 하는 공식이다. 물론 중요한 것은 사유 내에서 사유되는 모든 것에 규정성을 부여하는 개념적 규정들이다. 그러나 개념적 규정들이 규정성을 부여할 때의 기능은 특징짓거나 술어화하기 위해 보통 사용되는 경험적 개념들의 기능이 아니다. 오히려 그 기능은 경험적 개념들의 기능과 비교한다면 흡사 매개 중심적인(medial) 기능이다. 다듬어져야 할 형식들은 경험적 개념들을 형성하고 적용하기 위해 익숙하게 사용되어야 하는 규정들이다. 이 규정들의 사용이 그 자체 명시적으로 행해지지도 의식적이지도 않더라도 말이다. 이 규정들은 칸트의 표현 방식에 따르면 "지성적" 개념들, 다시 말해 순수오성 속에 또는 순수오성과 이성의 공동 작용 속에 기원하고 있는 개념들이다. 칸트에겐 지성적 개념들을 분명하게 하는 것이 한편으로는 보편 형이상학의, 다른 한편으로는 보편 논리학의 과제였다. 지성적 개념들인 이러한 규정들에 전통적으로 속하는 것들을 형이상학에서 손꼽아보면, 예를 들어 '어떤 것', '무', '어떤 것이 자신에게서 지니는 것'("실재성"), 또는 '어떤 것이 결여하고 있는 것'("부정"), '하나로 있음', '가변적', '비가변적', '구성된', '단일하게 있음' 등이 있다. 논리학에서 손꼽아보면 '개념', '보편', '특수', '개별', '판단', '주어', '술어', '-의 결과임' 등이 거기에 속한다. 그래서 전통적으로나 칸트에게 있어서도 논리학에서 문제시되는 것과 형이상학에서 문제시되는 것은 동일한 개념적 규정들이 아니다. 이에 반해 헤겔이 **반성과 이성의 체계**로서 논리학과 형이상학을 새롭게 규정할 때의 요점들 중 하나는 예전에 형이상학이 먼저 담당했던 그러한 규정들조차 또한 논리학에서 다루어질 수도 있다는 것이다. 왜냐하면 이제 더 이상 구체적 사유를 위해 전적으로 보편적으로 요구되어야 할 개념적 형식들을 단지 특수한 대상들의 사유에서만 사용되는 개념적 형식들로부터 구별하는 것이 관건은 아니기 때문이다. 오히려 중요한 것은 (보편적 사용의 또는 특수한 사용의) **그러한 모든** 개념적 형식들에 관해 이 형식들이 이성의 자기 인식을 위해 어떤 쓸모가 있는지를 연구하는 것이다.

위에서 달리 표현된 사변철학 과제가 철학하는 자들에게 본래 두 가지를 요구한다는 확인은 두 번째 발걸음을 내딛게 해준다. 이 두 가지는 파괴적-비판적 진행의 요구와 구성적-긍정적 진행의 요구이다. 한편으로 유한자가 사유되는 형식들 또는 단지 유한자에게만 적합한 방식으로 사유되는 형식들은 다음처럼 재현되어야 한다. 즉, 이 형식들의 관습적 전통-형이상학적 사용들이 이성의 자기 자신에 대한 계몽 목적에는 무용하다고 인식되도록 그렇게 이 형식들은 재현되어야 한다. 그리고 이를 통해 이 형식들 자체도 새로운 사용을 위해 자유로워져야 한다. 이 점에서 칸트의 이성 비판이 지니는 형이상학-파괴적인 업무는 계속된다. 다른 한편으로 이 형식들은 또한 자신을 절대자로 개념 파악하는 이성의 사변적 자기 인식 속에서도 사용되어야 한다. 이 점에서는 칸트의 이성 비판이 불완전하게 머물러 있었다. 논리학과 형이상학은 그때마다 이 두 요구들 중 하나를 충족시켜야 한다. 이 때문에 논리학과 형이상학은 마치 사변적 이성 인식으로 인도하고 사변적 이성 인식을 전개하는 것처럼 서로서로 관계한다. 그렇기에 형이상학의 과제는 더 이상 인식 독립적인 존재자에 해당하는 대상을 인식하는 데에 존립할 수 없다. 오히려 형이상학의 과제는 오로지 그런 인식 독립적 대상으로 잘못 해석된 이성이 자신의 내용을 서술하게 하고 스스로 규정성에까지 가져가도록 하는 데에만 존립할 수 있다. 사변적 사유에 대한 헤겔의 구상은 이성 이념의 정당한 사용에 관한 칸트의 이론에서 기원을 지닌다. 이 기원에 따라 다음처럼 가정해볼 만도 하다. 이성의 이러한 자기 계몽에서 무엇보다 문제시된 것은 앞서의 형식들이 이성 자체 내에서, 그리고 이성을 위해서 지니는 체계적 연관을 발견하는 것이었다고 말이다. 칸트는 이미 "이성이 전적으로 고유하게" … "설정해서 성취해내려 하는 것은 인식의 체계적인 것, 다시 말해 하나의 원리로부터 전개되는 인식의 연관이다"라고 생각했다(KrV, B673). 헤겔은 적잖이 정당하게 다음처럼 말하고자 했다. 이성이 스스로를 분명하게 형성해놓은 만큼 이성 내용의 내적인 체계성 자체가 사전에 발견되어 있는 경우에만 이성에 의해 오성 인식들을 "다룰" 수 있다.

이성에 고유한 체계학이 어떤 모습일지 말하기는 더욱더 어렵다. 이에 대해선 **변증법**에 대한 헤겔의 이해를 밝히는 데 도움이 될 만한 짧은 소견 하나만 제시하겠다. 자신의 '논리학' 세 번째 부분부터 헤겔은 "본래의" 철학 또는 '형이상학'으로 이행하고자 했다. 의심할 여지 없이 칸트 『순수이성 비판』의 "선험적 변증론"에 자극받았기에 그는 아마도 이 세 번째 부분을, 아니면 적어도 이 세 번째 부분의 일부를 "변증법"이라 명명했을 것이다(TW II, 476과 비교). 왜냐하면 선험적 변증론에서 칸트는 우선 순수이성의 원칙과 개념에로 이끄는 추론들을 탐구했기 때문이다. 이 추론들의 무비판적 사용은 오류 추론들로 잘못 인도한다(KrV, B362 이하). 그러한 탐구의 자리를 이제 이 추론들에 부여되어야 하는 사변적 의미의 탐구가 대체한다. 제약된 인식 대상들과의 연관 속에서 제약들의 계열을 하나의 무제약자에 이르기까지 확장해 사유하려는 시도에서 이성은 이율배반에 빠지게 된다. 이러한 이율배반의 발견과 해결은(KrV, B435 이하) 이제 "그 연관 일반이 즉자적으로는 아무것도 아니다"라고 하는(TW II, 476) 입증으로 대체된다. 다시 말해 제약된 인식 대상들과의 연관 일반은 참으로 이성적인 것이 아니다. 이러한 입증에 따르면 "오성 형식들"은 전부가 근원적 통일에 이르기까지 지양된다. 이 통일은 오성적 이성을 통해 도달 가능한 통일보다 더 근원적인 것이다. 이에 반해 칸트의 "순수이성의 이상"은(KrV, B595 이하) 학문적-사변적 인식 "기반들"의 총괄로 변환된다. 그리고 이 기반들의 발견은 이성의 "부정적 인식"이 된다. 순수이성의 이상은 이론적 사변적 이성 사용을 위해 단지 인식 교정적인 규제적 원리만 제공해야 했던 것이며(KrV, B668 이하), 반면 실천이성의 경우엔 "철저한 모상 규정의 원형"으로만 소용되었던 것이다(KrV, B597). 칸트의 선험적 변증론을 그렇게 해석하는 것이 어떻게 보였을지 더 상세히 밝히려면 매우 수고스럽게 재구성해보아야 할 것이다. 이러한 재구성은 특히 칸트에 정통한 자들을 헤겔의 후기 저작들로 안내하는 데에 적합할 것이다. 그럼에도 아직 거의 아무것도 착수되지 않고 있다.

2. 서론적 의식학 『정신현상학』

1. 왜 그리고 무엇으로서 서론적 의식학이 요구되는가

"논리학과 형이상학"의 기획이 그다지 성공적일 수 없었던 이유들은 쉽게 거론할 수 있다. 절대자에까지 철학적으로 인도하는 진행 방식이 매우 불만족스러웠다. 지적 직관에 의존하는 것은 피할 수 있었다 해도 사변적 관념론의 철학은 처음부터 정당화 문제에 직면해 있었다. 이 문제가 예비학적인 '논리학'을 통해 해결될 수 있는지 하는 의문도 생긴다. 여하튼 이 문제는 "비철학"에 대항하는 단순한 논쟁을 통해서는 제거될 수 없다. 전일(全一)의 철학에 방해가 되는 것은 수많은 사념들을 지닌 상식이다. 그러나 특히 방해되는 것은 단 하나의 유일 "대상"만 있는 게 아니라 수많은 대상들이 있으며 이것들 중 적어도 몇 개는 서로 독립적으로 인식 가능하다고 확신하는 상식이다. 상식은 이 대상들이 결코 이것들 간의 근본 관계보다 덜 근원적이지 않다고 확신한다. 이러한 확신은 이론(異論)의 여지가 없는 이유들을 들어 참된 철학에서 배척되어야 한다. 그 다음에 보다 월등한 진리를 요구할 수 있는 자격은 다음처럼 갖춰진다. 상식의 사념들과 상식과 결부된 비철학이 철학적 사유를 통해 와해될 수 있어야 한다. 그리고 상식의 관점을 취하는 자에게 그가 오류에 직면해 있다는 것을 입증할 수 있어야 한다. 이 때문에 사변적 관념론의 철학자 헤겔은 달리 생각하는 자들에게 자신의 관점을 분명히 해야겠다는 요구에 직면하게 된다. 그러나 이를 위해선 상식적인 의식이 행하는 사유의 형식들에 대해 "논리적으로" 비판하는 것만으로 충분하지 않다. 왜냐하면 이성에게 그 **많은** 대상들은 단지 있는 **것처럼 보일** 뿐이라는 것이, 그리고 이 대상들의 연관은 "즉자적으로 아무것도 아니다"라는 것이 상식적인 의식에게 이해되도록 아주 실감나게 밝혀질 수 있다 해도, 상식의 관점을 취하는 자가 사변의 진리 요구에 직면하면 그 스스로 다시 회의적인 "무지"에까지 움츠릴 수 있기 때문이다. 더 나아가 우리가 행하는 사유의 개념적 형식들에 대한 철학적 탐구가 (다시 말해 비판과 교정이) 이성-철학 전체에 대한 "허무주의적" 태도를 통해 의문시되자마자 "자연적" 세계 이해와 자기 이해의 존재론은 더 이상 "논리학"만을 통해 효과적으로 와해될 수 없게 된다. 이런 일은 프리드리히 하인리히 야코비에게서 일어났었다.

이러한 종류의 논박들로 인해 헤겔은 안정을 찾지 못했을 것이다. 여하튼 그는 1803/04년 겨울에 다음 세 학기를 위한 강의 공고에서 곧 출판될 책에 대한 암시를 중단한다. 그 후 그는 완성하려는 출판물을 더 이상 예전 제목으로 공고하지 않고 "학문의 체계"로서 예고한다. 원래 구상했던 『논리학과 형이상학』은 이러한 이름의 옛 분과들을 충분한 숙고를 거친 새로운 하나의 분과로 대체하지 못했다. 그렇다면 이제 무엇이 옛 분과들을 대체해야 하는가? 자신의 학문적 도야가 발전함에 따라 헤겔에게 우선적으로 분명해진 것이 있다. 그것은 예비학적 논리학에 속하는 것으로 처음에 생각했던 기능을 이제 무엇이 이 새로운 분과를 위해 떠맡아야 하는지 하는 것이었다. 그러나 그는 이러한 목표의 인식에서부터 이 목표의 현실화까지 머나먼 길을 거쳐 갔다. 이 새로운 분과를 다듬은 결과 1807년에서야 비로소 헤겔 최초의 주요 저작이 출판되었다. 이것이 바로 『정신현상학』이라 불리는 책이다. 그러나 이 책은 인쇄가 시작되기 전까지는 여전히 "의식의 경험의 학"이라는 이름을 지녔었고 앞서 언급된 학문 체계의 첫 부분으로서 제시된 것이었다. 이 작품을 이해하려면 사전에 두 가지에 주의해야 한다. 먼저 세계의 가장 내적인 의식에 대한 헤겔의 철학 개념의 연관에 주의해야 한다. 우리는 세계 속에서 실천이성의 요구들을 충족시켜야 하기에 그렇다. 그러나 또한 상식이 사변적 인식에 대해 취하는 입장에도 주의해야 한다. 이러한 입장은 자격 없는 것으로 증명되어야 하기에 그렇다. 말하자면 이 입장에 대항해 관철되어야 하는 이성의 요구로부터 『정신현상학』의 요체가 추론된다.

기독교 "실정성"과 대결하면서 헤겔은 다음처럼 확신했었다. 우리는 이미 세계에 대한 가장 내적인 의식을 인륜적 · 종교적 확신으로 지닌다. 그리고 이러한 확신은 부자유하게 만드는 "실정적" 연관들 속으로 타락하려는 끊임없이 변화하는 경향들에 맞서 자신을 관철해나갈 때에만 자신의 생동성을 보전한다. 이 확신은 언제나 다시금 새롭게 획득되어야 한다. 철학은 무엇보다 한 시대의 불만족스러운 상황들이 기록되어 있는 대립적 의식-입장들을 비판함으로써 철학의 자기 발견에 일조해야 한다. 오직 이러한 입장들의 근본 개념들을 교정함으로써만, 그리고 제대로 이해된다면, 어떻게 이 근본 개념들이 이성에 의해 규정된 현실의 통일을 형성하는지 인식함으로써만 철학은 "이성의 자기 재생산"이다(TW II, 22). 왜냐하면 이성은 스스로에게 더욱 투명해지는 경우에만 자신을 보존하기 때문이다. 하지만 바로 이 때문에 철학은 자신의 시대의 지배적 사념들과, 그리고 이 사념들의 총괄인 상식과 불가피하게 갈등을 빚게 된다.

한편에는 이제 시대마다 특유한 편견들 속에서 살아가는 하나의 의식이 서 있다. 헤겔은 이것을 **자연 의식**이라 부른다. 여기서 "자연적"이라는 것은 이 의식에게 예전부터 있었던 바대로 그렇게 있는 또는 정당하게 있는 바대로 그렇게 있는 의식이라는 자격을 부여하지 않는다. 오히려 그것은 자연 성장하는 의식이라는, "살아온 순간의 미혹"에 사로잡힌 의식이라는 뜻이다. 다른 한편에는 자연 의식 속에 포함되어 있는 착오들을 교정해야 하는 철학이 서 있다. 그러나 이를 통해 철학은 자연 의식에게 자체가 전도된 어떤 것으로 서술된다(TW Ⅲ, 30). 이렇게 해서 자연 의식은 플라톤에게서와 유사하게 우리가 일상적으로 살아가며 지니는 가상적(假象的)인 지와 참된 철학의 현실적인 지 사이의 대립에 이른다. 이 대립에서 철학의 인식 요구는 자연 의식에게 의심스러운 것이 된다. 이에 대해 철학은 무엇을 수행할 수 있을까? 외부로부터 철학에 제기되는 회의들은 철학적인 지의 내적 일치를 가리킴으로써 제거될 수 없다. 왜냐하면 그 일치의 기준들이 철학 내에만 확립되어 있기 때문이다. 이 기준들 자체도 철학과 함께 자연 의식의 회의에 내맡겨져 있는 것이다. 철학은 자신에게 제기된 회의들에 관여해야 한다. 하지만 철학은 이것을 자연 의식의 마음에 들려 하거나 자신을 정당화하기 위해서만이 아니라 또한 자신 고유의 진리를 위해서도 행해야 한다. 아무리 사변철학이라 해도 철학은 "관조적"인 것이 아니며, 세속적인 모든 것으로부터 분리되어 신적인 것을 고찰하는 것도 아니다. 철학은 특히 자신 외부에 있는 의식 방식들에도 관여하는 경우에만 자신 고유의 인식 방식을 지니는 것이기에 그렇다. 플라톤에게서처럼 헤겔에게도 철학은 철학을 회의하는 자가 전제하는 것과의 혼합으로부터 해방됨으로써만 자신의 진리를 획득한다. 철학은 또한 오류로 밝혀져야 하는 것과의 혼합으로부터도 해방되어야 한다. 철학이 철학을 회의하는 자에게도 철학 자체에게도 오류로 밝혀져야 하는 것과 뒤섞여 있다면 말이다.

2. 현상학 개념의 그 밖의 계기들

그래서 '현상학'이란 사변적 이성 학문으로의 입문이다. 그것이 원래 "반성의 체계"로서의 '논리학'이어야 했던 것이기에 그렇다. 그러나 현상학이 단지 예비학의 의미에서만 그렇다는 것은 아니다. 예비학이라면 한편으로 기꺼이 배우고자 함을, 다른 한편으로 확정되어 있는 앎을 가정해도 될 것이다. 현상학은 이 두 측면들에 따른다면 단순한 예비 교육과 다른 어떤 것을 수행해야 한다. 현상학은 자연 의식에게 이 자연 의식의 정화 과정을 서술해주어야 한다. 정화 과정은 학문에 대한 회의들로부터 회의의 전제가 되는 모든 추정된 진리에 대한 절망에까지, 이렇게 해서 자연 의식의 자기 자신에 대한 절망에까지 진행된다. 그러나 동시에 『정신현상학』은 이 절망 속에서 어떻게 참된 지가 출현하는지도 보여주어야 한다. 따라서 『정신현상학』의 **주제**는 자연 의식을 철학적 학문까지 인도해간다는 의미에서 현상하는 참된 지이다. 그러나 현상하는 지는 또 다른 의미에서도 현상학의 주제이다. 즉, 현상학은 철학적 학문의 측면에 따라 사변적 인식의 자기 발견을 서술해야 한다. 실정적인 것에서 타락하는 것으로부터 언제나 다시금 자신을 재획득하는 것이 인륜적 · 종교적 의식의 생명성에 속하듯이, 마찬가지로 철학도 변화무상한 상황들 속에서 언제나 새로이 시원적 운동을 거쳐 가는 경우에만 살아 있는 것이다. 시원적 운동이란 철학을 사변적 사유에 관여시키는 운동이며 이 운동 속에서 무엇보다 철학의 체계적 전개의 요소가, 즉 개념 파악하는 순수 사유의 요소가 형성된다.

이로써 『정신현상학』의 주제에 대해 전부 말해진 셈이다. 하지만 이 주제의 **논의 방식**에는 좀 더 자세한 진술들이 필요하다. 무엇보다 중요한 진술은 다음과 같다. 만약 현상하는 지를 이 지가 지니는 이중적 의미에서 참된 지를 향한 운동으로서 서술하는 과제를 성취하려 한다면 자연적 의식의 추상적 개념이나 사변적 인식의 추상적 개념에 만족해선 안 된다는 것이다. 그렇지 않으면 자연적 의식을 정당하게 다룬다고 할 수 없을 것이며 사변적 인식의 자기 발견에서도 무규정적으로 머무르게 될 것이다. 따라서 철학과 철학의 반대자가 놓여 있는 구체적 시대 상황이 고려되게끔 그 과제도 수행되어야 한다. 이 때문에 시대의 근본 대립으로부터 출발해야 하는 것이다.

헤겔은 시대의 근본 대립을 그 사이 자신이 간파했다고 믿는다. 이것은 최종적인 원리로 고양된 주체성과 이 주체성이 제 것으로 만들지 못하는 모든 것 간의 대립이다. 그러나 제 것으로 만들지 못하는 것에서 주체성은 자신의 한계를 경험한다. 물음은 이제 이렇다. 그러한 대립은 철학에게뿐만 아니라 자연 의식에게도 주제가 될 만한 어떠한 대상에서 다루어질 수 있을까? 헤겔의 대답은 이렇다. 그러한 대립의 철학 이전 원형(原形)과 이 원형의 철학적 대변자는 의식 자체이다. 왜냐하면 의식에게 의식의 대상은 의식에 대해 있는 어떤 것이기에 그렇다. 그러나 동시에 의식에게 그 대상은 의식으로부터 독립해 있기도 하다. 반면 의식 자체는 우선 대상에 의존해서 자신을 안다. 대상은 내가 이것에 대한 의식을 갖든 갖지 않든 간에 있다. 이에 반해 대상에 대한 의식은 (의식의 이러한 "지"에 의하면) 단지 그 대상을 향하는 경우에만 그 대상에 들어맞는 것일 수 있다. 따라서 현상하는 지의 **서술**, 또한 이와 함께 악명 높은 철학 외적 회의의 **서술**, 그래서 반(反)철학적인 회의 **그리고** 이 회의의 극복은 하나의 형태로 이루어져야 한다. 이 형태 속에서는 고내 회의수의에서처럼 단지 확신들만 추정적 학문 내용들로서 검증되는 것이 아니다. 오히려 그때마다의 내용들에 상응하는 의식의 종류들도, 그래서 예를 들면 감성적 명증성, 지각, 오성 인식, 이성 인식 등도 검토가 필요하다. 이로서 헤겔은 고대 회의주의와 근대 회의주의 간의 구별을 고려하고 있다. 그는 이미 1802년 회의주의 논문에서 근대 회의주의를 논의했었다. 이 밖에도 한 가지가 더 추가된다. 즉, 그러한 지의 종류들을 시대에 따라 논의하는 것은 사실적이고 역사적인 도야 과정을 "마치 실루엣 그림으로" 보듯이(TW III, 32) 묘사해야 한다. 그 도야 과정이 어떤 모습으로 의식을 사변적 관념론에까지 이끌었나 하는 것을 말이다. 따라서 현상학은 추정적인 지의 종류들을 갖고 단지 자연 의식에 전형적인 전승된 사념들의 축적물만을 서술하는 것이 아니라 오히려 또한 이러한 사념들 속에 침전해 있던 의식의 도야의 역사도 서술하는 것이다. 이렇게 진행함으로써 현상학은 추정적인 지의 종류들을 의식의 단계들로서 다룬다. 의식은 이 단계들을 내딛고 올라서면서 사변적 인식을 향해 가는 것이다.

자연 의식에 관한 주제의 논의는 이 정도면 되겠다. 사변적 인식은 처음에는 자체가 여전히 생성 중에 있는 것이다. 이러한 사변적 인식에 관해 주목해야 할 점은, 실천적 주관성이 올바로 이해된다면 절대적 실체의 활동성이라 확신된다고 해도 이것으로 아직은 시대의 근본 대립을 극복하기에는 충분하지 않다는 것이다(TW III, 587). 이러한 고민으로부터 셸링과 헤겔은 함께 출발했었다. 또한 그 확신의 문맥 속에는 반성이 자신의 대립들과 더불어 절대자 안의 긍정적 계기이도록 그렇게 절대자가 서술되어야 한다는 이해가 함축되어 있다. 이 이해를 넘어서 헤겔은 이제 셸링에 대립해 다음과 같이 생각한다. 즉, 그것이 무슨 말인지 안다면 실체는 본질적으로 주체라고 하는 주장에도 동의해야 한다.

> 나의 통찰에 따르면 모든 것의 관건은 참된 것을 **실체**로서가 아니라 오히려 마찬가지로 똑같이 **주체**로서도 파악하고 표현하는 것이다(TW III, 22).

실체는 본질적으로 주체라는 주장이 무엇을 말하는 것인지는 헤겔의 이해에 따르면 절대자를 정신으로 진술하고 이와 함께 절대자를 유한한 주체들 내에서 궁극적으로 활동적인 것으로 주장하는 표상 속에 표현되어 있다. 그 활동적인 것의 활동성은 유한자를 관념적으로 정립하는 데에 뿐만 아니라 또한 분리들을 출현하게끔 하는 데에 존립한다. 즉, 그 주장은 실체를 활동성의 주체로서 사유함을 말한다. 의식 속에서 지가 어떻게 현상하는지를 그 의식에게서 서술하는 저작이 얼마만큼이나 "현상학"이라고, 그래서 "정신의" 현상 이론이라고 불릴 수 있는지 이해하려면 이제 한층 더 고려해야 할 점이 있다. 즉, 헤겔의 이해에 따르면 의식은 정신의 현상으로 해석되어야 한다는 것이다. 만약 셸링의 노력에 대항해서도 제기되었던 요구, 즉 철학적인 지는 학문적으로 되어야 한다는 요구를 그 시대의 특별한 요구로서 계속 고려해본다면, 그러한 현상학은 사변적 학문을 향한 도정(道程)임에도 불구하고 그 자체가 이미 학문이어야 한다(TW III, 80). 그렇지 않으면 사변적 관념론의 관점이 철학적 학문의 관점이라는 입증은 이 철학적 학문 자체를 위해서도 온전한 설득력을 지니지 못할 것이다. 그래서 『정신현상학』은 동시에 "정신의 현상학의 학문"이다(TW III, 596).

3. 『정신현상학』의 진행 방식

방법적 절차 없는 어떠한 학문도 없다. 그러나 그 절차가 흡사 주인 두 명을 시중들어야 하는 것과 같다면 어떠해야 하겠는가? 저기 한편에는 자연 의식이 서 있다. 이 자연 의식에게는 자체가 어떤 것을 자신의 척도로 설명하고 이것에 대한 자신의 지의 요구를 검증할 기회가 그의 의식 단계들마다 주어져야 한다. 그렇지 않으면 자연 의식은 검토 결과를 수용할 수 없을 것이다. 자연 의식이 동의하는, 요컨대 하나의 실험 영역이 필요하다. 이에 반해 자연 의식에게 이런 활동 여지를 보증하면서 다른 편에서 실행되는 연출(演出)이 있다. 이 연출은 자신의 지의 요구를 간직하려는 자연 의식의 시도들에 대처할 수 있어야 하며, 이를 위해 그 시도들이 좌초될 수밖에 없다는 것을 미리 예상할 수 있어야 한다. 또한 매 단계마다 자연 의식을 위해 행한 검토의 결과가 회의적인 자기 인식이 되리라고 가정할 만한 근거들을 연출은 지녀야 한다. 그 검토 결과는 단지 자연 의식의 무지에 관한 지가, 그래서 단지 자연 의식 자신에 관한 부정적인 지가 될 뿐이라고 말이다. 어떻게 이 양편의 요구들이 고려될 수 있겠는가? 헤겔은 이를 위한 가능성이 정신의 현상으로서의 의식인 바의 것, 그리고 이 의식이 행하는 바의 것을 통해 보증되어 있다고 믿었다. 말하자면 현상하는 지로서의 자연 의식은 자신의 각 단계에서 자신의 내용 전체와 자신에게 표본적으로 참된 것 사이를 구별하며, 전자를 후자와 비교한다. 자연 의식은 몇 가지 표상들을 단순히 가지고서 이것들 중 몇몇은 참으로, 몇몇은 회의적인 것으로, 다른 것들은 거짓으로, 또 다른 것들은 이런 구별과 상관없는 것으로 간주하는 것이 아니다. 인륜적 의지 규정의 주체인 각각의 인간처럼 자연 의식은 자신의 내용이 어떠해야 하는지에 대해 하나의 이념을 지니고 있다. 그러나 자연 의식의 지의 현상적 특징으로 말미암아 이 지의 내용이 자연 의식 속에서 표본적으로 참인 것에 상응하는 것이 불가능해지며, 그 내용을 적합하게 만들려는 자연 의식의 모든 시도들도 수포로 돌아가게 된다. 만약 실험 영역에서 활동할 여지를 다 활용했다면, 자연 의식에게는 자신의 단계에 부합하는 참된 것의 이해를 내던져버리고 자신의 진리 요구를 포기하는 것 외에 더 이상 다른 어떠한 선택도 남지 않게 된다.

다른 편에서 연출을 지휘하고 있는 것은 자연 의식의 철학적 대화 상대자이다. 지금까지 대강 살펴본 것은 자연 의식이 자신의 척도를 진술하고 스스로 검증하며 자신의 내용에 대한 다양한 이해들을 검사하면서 결국엔 자신의 요구와 더불어 좌초하는 진행 방식의 국면이다. 이러한 국면에서는 생성 중인 사변적 인식의 역할이 "바라봄"에만 제한되어 있다. 물론 경우에 따라서는 철학적 대화 상대자가 자연 의식에게 질문을 하거나 분명한 실상(實狀)에 주목하게끔 해야 한다. 이에 반해 자연 의식이 자신의 회의적 결과에 도달하게 되면 대화 상대자의 역할은 능동적으로 된다. 물론 이때의 역할은 더 이상 대화 같은 걸 하는 게 아니다. 말하자면 철학적 대화 상대자가 다음에 보여주어야 할 것은 이런 것이다. 못마땅한 것일지라도 그 결과는 여전히 다른 긍정적 의미에서 취해져야 한다는 것, 그러면 그 결과로부터 새로운 대상과 진리 패러다임을 지닌 자연 의식의 새로운 의식 단계가 생긴다는 것, 그리고 의식을 그 형태에서 변화시키는 이러한 과정 전체는 의식이 자신의 선행 단계에서 겪었던 경험으로 해석될 수 있다는 것이다. 경쟁적으로 진리를 요구하던 자연 의식이 제일 먼저 말문이 막혀버리기 때문에 철학적 대화 상대자는 이제 일방적으로 가르치는 이런 활동에서도 성공 전망을 갖는다. 이 활동의 목적은 선행 단계의 경험이 가공되어 있는 새로운 단계를 자연 의식에게 가르쳐주는 것 이외에 다른 것이 아니다. 이때 철학적 대화 상대자는 또한 의식 단계들의 순서를 학문적으로 규정할 기회를 얻는다. 따라서 의식 단계의 과정이 구성되고 의식 내용이 체계적으로 풍부하게 되는 이러한 진행 절차를 고려해보면 이 작품은 『의식의 경험의 학』으로 불릴 수 있다(TW III, 80).

4. 『정신현상학』의 축조

물론 진행 방식을 좀 더 자세하게 구조화할 필요가 있다. 게다가 지금까지 논구된 것만으로는 거의 준비조차 되지 않은 많은 숙고를 할 필요가 있다. 말할 나위 없이 진행 방식이 그 실행에 있어 매번 어떻게 의식 단계에 부합해야 하는지 하는 물음도 숙고되어야 한다. 하지만 이때 드러나는 문제들은 세세히 따져봐야만 의미 있게 논의될 수 있다. 이렇게 진행 방식을 표본적으로 보여주는 것도 중요하겠지만, 『정신현상학』의 **축조**에 대해 조망해보는 것이 더 중요할 것이다. 왜냐하면 독자의 가장 큰 어려움들 중 하나는 『정신현상학』의 체계 구조를 명확히 인식할 수 없다는 데에 있기 때문이다. 극도로 복잡한 그 건축만, 그 건축 계획만 미로처럼 보이는 게 아니다. 무엇이 아리아드네의 실로 쓰일 수 있을까? 그 도움으로 제대로 된 곳에 도달하려면 말이다. 아마도 단계들의 순서를 충실히 따르는 것이 최선일 것이다. 자연 의식은 현상하는 지로서 그 단계들을 매번 거쳐 가면서 마침내 스스로를 참된 지에까지 정화하기에 그렇다. 외적으로 보면 그 순서에서 중요한 것은 삼중항(三重項)들 세 개로 짜여 있는 단계들이다. 헤겔은 이것들을 『정신현상학』 목차에서 라틴어 기호 Ⅰ., Ⅱ., Ⅲ.으로, 대문자 A., B., C.로, 그리고 이중 대문자 AA., BB., CC.로 표시했다. 하지만 이 목차가 이미 보여주듯 첫 삼중항 Ⅰ., Ⅱ., Ⅲ.은 두 번째 삼중항의 첫 단계 A.와 동일하고, 이 두 번째 삼중항의 세 번째 단계 C.는 세 번째 삼중항 AA., BB., CC.와 동일하다. 그래서 전체적으로 자연 의식은 일곱 단계들(Ⅰ.~Ⅶ.)을 거쳐 가야 하는 셈이다. 『정신현상학』의 축조를 이해하려면 왜 이렇게 단계들을 눈에 띄게 동일시하게 되는지를 무엇보다 주시해야 한다. 그리고 자연 의식이 거쳐 가야 하는 모든 단계들은 자연 의식이 마지막으로 도달하는 단계(말하자면 Ⅷ.)와 어떤 점에서 구별되는지도 주시해야 한다.

첫 삼중항 단계들(Ⅰ.~Ⅲ.)은 우선 그때마다 특유한 연관들의 관점에서 구별된다. 이 연관들은 그때마다 특별한 구조를 지니는 의식 내용에 있어 이 의식에게 매번 참인 바의 것과 의식에게 내용이 되는 바의 것 사이의 연관들이다. 그래서 첫 단계 I.에서의 의식에게 그의 내용은 개별화되어 시공 속에 감성적으로 소여(所與)되는 것의 다양성이다. 그러나 여기서 참된 것은 이 소여되는 것의 직접적이고 순전한 존재이다. 이에 상응하는 의식은 감성적 확실성, 즉 고찰되는 어떤 해당 사례는 직접적으로 주어진 것이라고 하는 감성적 확실성이다. 이 감성적 확실성에 따르면 해당 사례는 "이것", "지금", "여기"와 같이 지표적(指標的)인 표현들로 제시 가능한 것이다. 두 번째 단계 II.에서 내용은 성질들을 지닌 한 사물이다. 이 사물은 다른 사물들 중에 있는 것이다. 그러나 여기서 참된 것은 이중적인 정황의 통일 속에 있는 사물의 자기 자신과의 동등성이다. 사물이 다른 사물들과의 연관에서는 그러그러한 성질의 것이지만("대타 존재"), 이 외에도 자신에 대해서는 또한 하나의 규정된 것이라고("대자 존재") 하는 이 이중적 정황의 통일에서야 사물은 자기 자신과 동등한 것이다. 이에 상응하는 의식은 지각이다. 세 번째 단계 III.에서는 물질적인 것에 내재하는 힘과 힘의 표출이 내용을 이룬다. 여기서 참된 것은 힘의 본질이다. 이에 상응해 의식은 사물의 "내적인 것" 속으로 침투해 들어가려는 이론적 오성이다.

두 번째 삼중항(A.~C.)은 사정이 다르다. 이것의 단계들은 무엇보다 의식이 자신과 자신의 대상을 개념 파악하는 그때마다 특별한 연관들의 관점 아래 구별된다. 이 삼중항의 첫 단계 A.에서 의식은 자신의 대상이 즉자적으로 존재하는 것이며 이에 반해 자기 자신은 부가되는 것, 우유적인 것이라고 전제한다. 그렇기에 의식은 의식 **그 자체로** 있다. 만약 상식적으로 다음처럼 말해도 된다면 말이다. 즉, 의식에게 의식의 대상이 의식된 것인지 아닌지 하는 것과는 독립적으로 의식에게 그의 대상이 있다는 이 사실이 정의(定義)에 따르면 의식에 대해 있는 것이라고 말해도 된다면 말이다. 이에 반해 삼중항의 두 번째 단계 IV=B.에서 의식은 자신의 대상을 자신과의 직접적 동일성 내에 정립한다. 의식은 자신이 참으로 간주하고 행하는 모든 활동에 있어 자기 자신의 직접적 확실성으로서의 자기의식이다. 세 번째 단계 C.에서 의식은 자신의 대상을 즉자대자적으로 존재하는 것으로 알며, 이 대상 속에서 의식은 또한 자기 자신의 확실성이다. 따라서 이 단계는 선행하는 두 단계들의 통일, 즉 이성의 통일을 서술한다. 이성의 통일 속에서 의식은, 자기 자신의 확실성이 더 이상 의식 내용에 있어 어떠한 한계도 지니지 않는 한, 무한하게 생성되는 자기 자신의 확실성이다. 그리고 이성의 통일 속에서 대상적인 의식 내용은 동시에 자기의식으로 하여금 스스로를 발견하게 한다. 이성적 의식은 대상을 "자신의 것"으로 안다.

물론 이 세 단계의 연관들에는 의식 내용과 이 내용에서 의식에게 참인 바의 것 간의 그때마다 특별한 연관이 기입된다. 이때 밝혀지는 것은 두 번째 삼중항의 첫 단계 A.와 첫 번째 삼중항의 첫 세 단계들 Ⅰ.~Ⅲ.이 동일하다는 것이다. 이러한 단계 과정 자체에 구성적인 관점에서 이 단계들은 공통점을 지닌다. 말하자면 참된 것은 의식과 구별되는 즉자적으로 존재하는 것이며, 이에 반해 의식 내용에 있어 이러한 참된 것으로부터 자신을 구별하는 모든 것은 단지 의식의 이해 방식일 뿐이거나 또는 의식 대상의 소여성 방식일 뿐이라는 것이다.

세 번째 삼중항의 단계들(AA.~CC.)은 의식이 대상을 자신의 것으로 아는 그때마다 특별한 연관들의 관점 아래 구별된다. 따라서 이것들은 다름 아니라 두 번째 삼중항의 셋째 단계 C.가 차별화된 것들이다. 이 단계 C로 인해 또한 다음과 같은 동일시도 이해될 수 있다. 이 순차적 연관들 속에서 의식은 우선 추상적인 방식으로만 대상을 자신의 것으로 알지만, 그러나 이러한 지에 적합한 형식으로 아는 것은 아니다(Ⅴ.=AA.). 의식은 대상을 단지 즉자적으로 이성적으로 규정된 것으로서만 알며, 따라서 이 의식은 단지 이성을 **지니는** 의식일 뿐이다. 의식 자신과 자신의 대상과의 동일성은 단지 피상적인 것일 뿐이며, 이 피상적 동일성 속에서 의식 주체는 개별적 자기로서의 자신을 상실한다. 의식이 인륜적 정신인 그 다음 단계(Ⅵ.=BB.)에서는 사정이 다르다. 여기서 의식은 단지 이성을 **가지는** 것만이 아니다. 의식은 구체적으로, 그리고 자신의 내용에 적합한 형식으로 이성을 이성인 바의 이성으로 직관한다. 직관함에 있어 의식은 이 이성과 가장 내적으로 하나이다. 이러한 관점에서 발전은 물론 AA.와는 반대되는 의미에서 진행되는데, 양심의 개별화된 자기 확실성으로서의 의식이 "객관적으로" 참된 것의 모든 내용을 자기 안에서 소멸하게 한다는 데에까지 이른다. 선행하는 이 두 단계들의 통일은 다시금 세 번째 단계(VII.=CC.)인데, 이 셋째 단계에서 의식은 대상을 구체적인 방식으로 알며, 비록 이러한 지에 적합한 형식으로는 아니라 하더라도 구체적으로 안다. 이 의식이 종교적 의식이다. 그리고 이 종교적 의식은 더 이상 인륜적 정신이 아니라 절대적 정신이다.

이 단계에서 의식의 결점은 결국 더 이상 내용적 결점이 아니다. 오히려 결점은 의식이 절대적인 내용을 표상의 형식으로 소유한다는 데에만 존립한다. 이 결점에 의해 종교적 의식도 한갓 현상하는 지일 뿐이다. 그리고 자연 의식 자체를 특징짓는 형식적인 대립이 종교적 의식 속에 소멸되어 있는 것도 아니다. 그 형식적 대립은 원칙적으로는 "절대적인" 지에서야 비로소 소멸하게 된다. 절대적인 지는 다시 말해 객체가 단순히 전제되어 있음으로부터 벗어난 지이다. 절대지는 자체가 주체와 객체의 대결을 극복한 것이고 동시에 아직 전개되지 않은 것이라 해도 절대자의 직접적인 지이다. 따라서 절대자의 직접지가 『정신현상학』의 마지막 단계 VIII.을 형성한다. 절대지는 기독교 공동체가 절대 정신에 관해 제공하는 증언과 함께 처음으로 현존하게 되었다. 기독교 공동체는 표상들로 인해 의식의 대립 속으로 상실되지 않은 채 기도(祈禱)를 행함으로서 그러한 증언을 한다. 하지만 자연 의식이 주체와 객체의 대립을 시대마다 특유하게 즉자적으로 지니듯이, 주체와 객체의 대립이 시대마다 특유한 의식 형태 속에서도 극복되어 의식의 내용이 의식의 진리 기준에 상응하게 되어서야 비로소 의식으로 현상하는 정신의 학의 건축은 의식 단계들의 체계적 순서로 완벽하게 건설된 것이다. 이것은 한편으로는 피히테에 대항해, 다른 한편으로는 셸링에 대항해 타당한 논박들을 제기하고 고찰하는 철학에서야 비로소 이루어진다. 『정신현상학』 마지막 쪽들에서 헤겔은 이 두 논박들을 다음처럼 제시하고자 한다(TW III, 586 이하).

> 자아는 마치 자신의 외화에 대해 두려움을 지니는 듯이 실체성과 대상성의 형식에 대립해 **자기의식의 형식** 속에서 자신을 고집하려고만 해선 안 되며 …… 자아는 구별들을 절대자의 심연으로 되던져버리고 구별들의 동등성을 이 심연 속에서 진술하는 제삼자도 아니다. 오히려 지가 존립하는 것은, 구별된 것이 어떻게 구별된 것 자체에서 운동하고 구별된 것의 통일로 복귀하는지를 단지 고찰하기만 하면 되는 이러한 겉으로 보기의 비활동성에 있어서이다(TW III, 588).

과연 헤겔이 자신의 저작이 지닌 결과를 충분히 납득할 만하게 만드는데 성공했는지 하는 회의가 생길지 모르겠다. 회의가 든다 해도 『정신현상학』 "후반 부분들의[14] 기형성(畸形性)"에 대해 비판적 판단을 내릴 때에는 (Ⅰ, 161) 헤겔과 의견이 일치하게 될 것이다. 그러나 헤겔은 하나의 **현상학**이라면 어떠한 과제가 설정된 것인지를 의심할 여지 없이 올바로 인식했다. 무엇보다 존경받아야 하는 그의 통찰은 이것이다. 만약 철학적 인식이 자신의 "자기"를 인륜적 세계의 "개념 파악된" 역사 속에서 발견하지 않고 역사의 참된 내용을 종교의 개념 파악 속에서 발견하지 않는다면 철학적 인식은 자기 자신에 이를 수 없다는 것이다. 철학적 탐구가 그 자체를 근거짓게끔 하려는, 그리고 철학적 인식 요구들을 정당화하려는 헤겔 이후의 여러 시도들에는 헤겔처럼 그렇게 통찰한 의식이 없었다. 20세기에 걸쳐 근본철학적인 작업이 극단에 이르기까지 설명했던 그러한 "패러다임들"은 말할 것도 없다. 『정신현상학』의 복잡성을 고려한다면 헤겔이 자신의 과제를 성취해낸 그 범위 또한 매우 놀라운 것이다. 결코 그 이전엔 정신적 현상들이 그처럼 거대한 구조적 연관들로 꿰뚫어 볼 정도로 논의된 적이 없었다. 『정신현상학』이 헤겔 이후 철학과 문헌에 대해 지녔던 영향들은 다양하게 뻗어 있으며 멀리까지 미치고 있다. 그러나 1807년의 헤겔 저작과 비

14) 1807년 5월 1일 셸링에게 보내는 편지에서 헤겔이 언급한 "여전히 다양한 부수 작업"이 필요한 『정신현상학』의 "개별적 부분들"을 말한다. 헤겔은 이 편지에서 셸링에게 자신이 이 책의 "편집을 예나 전투 전날 한밤중에 대체로 끝맺었다"는 점을 참작해달라고 부탁하고 있다. *Briefe von und an Hegel* Bd Ⅰ, 161~162쪽.

교할 때 이 영향들은 개별적으로 보면 오히려 보잘것없어 보인다.

3. 『논리학』

1. 왜 더 이상 『논리학과 형이상학』이 아닌가

당시 계획된 『논리학과 형이상학』에는 이미 언급한 문제들 외에도 골칫거리가 된 부조화들이 있었다. 예를 들면 여기서 과제들은 잘 배분되어 있지 않았다. 유한한 인식의 형식들은 두 번이나, 즉 논리학과 변증법에서, 그리고 이에 뒤따르는 형이상학에서 논의되어야 했다. 더 나쁜 부조화도 있다. 예비학적 분과로서 논리학은 기껏해야 유한한 사고 형식들의 사유가 유한자 가운데 이원성, 연관, 대립을 정립하면서, 자체가 대자적 이성인 유일하게 참된 통일로 복귀한다는 것을, 그리고 어떻게 이렇게 복귀하는지를 보여줄 수 있을 뿐이었다. 논리학의 결과는 아마도 이성의 자기 자신에 대한 계몽을 다루는 문제들에선 칸트의 비판 결과보다야 탁월하긴 했을 것이다. 그러나 유한한 사고 형식들 속에서 참된 것을 인식해야 한다는 요구에 대해 논리학의 결과가 정당화한 것은 기껏해야 유한한 형식들의 "절대적 무차별"로의 지양뿐이었다는 점은 의심할 필요도 없다. 이때 절대적 무차별은 셸링의 동일성 철학이 출발점으로 삼은 것이었다. 논리학의 그러한 부정적 결과를 보충하기 위해서 "이율배반적인 것을 가득 채우고 유지하는 직관"이 요청 가능한 것으로 쓰여야 했다(TW II, 44). 그러나 이 직관은 어디에서 왔단 말인가? 무엇이 이 직관에 대한 호소를 정당화하는가? 이 직관에 있어 무엇이 유한한 형식들의 피지양태는 이 형식들의 유한한 것들로서의 피정립태로 변환된다는 주장을 정당화하는 것인가? 그러나 무엇보다 무엇이 무한자로부터 유한자로의 이행을 이해할 수 있게 해주는가? 요컨대 스피노자주의에 치우치던 동시대인들의 길을 가로막고자 야코비가 던졌던 물음이 그러했다. 이 물음은 절대자에까지 인도해가는 논리학의 근원적 기획 속에서 답변될 수 없었다. 그러나 논리학에 이어지는 형이상학이 이 물음에 어떻게 답변할 수 있어야 하는지도 아직까지 인식될 수 없었다. 답변능력을 형이상학에 부여하고자 한다면 헤겔은 지적 직관을 내버려두고 다음 사실을 보여주어야 했었다. 즉, 개념적 규정들에 있어 변증법적인 것은 단지 차별적인 것, 유한한 것의 지양에만 존립하는 것이 아니라 이 유한한 것의 정립됨에도 존립한다는 것을 말이다. 또한 유한한 것을 지양하는 변증법으로부터 부정적인 것이 출현하지만 이 부정적인 것은 긍정적인 것이기도 하고 또는 긍정적인 것을 결과로 지니기도 한다는 것을 그는 보여주어야 했다. 분과로 이해된 '변증법'에서는 이성이 단지 부정적인 것으로서만 절대적으로 정립되어 있었다. 이제 이성은 못지않게 자기 자신을 규정하는 것으로서, 즉 사변적 개념으로서 구상되어야 한다. 헤겔이 이에 대해 확신했을 때 "변증법"이라는 표현은 비로소 부정적 이성 인식의 분과 또는 사유의 지양하는 운동의 분과라는 이름이길 멈추고 헤겔에게 궁극적 의미를 지니게 된다. 이후에 언젠가 헤겔은 변증법의 궁극적 의미를 짧은 문장 하나로 진술한다. 그 문장은 이렇다.

> 보편의 특수화를 단지 해소할 뿐만 아니라 또한 산출하는 원리로서 개념의 운동하는 원리를 나는 변증법이라 부른다(R§31A).

헤겔이 원래 계획한 '논리학과 형이상학'의 이중 분과를 이성의 논리학도 이성의 형이상학도 아닌 단 하나의 분과로 용해시키고 나서야 그는 규정들을 해소하기도 산출하기도 하는 사유 운동의 구상에 도달할 수 있었다. 아마도 이 단 하나의 분과에서야 비로소 이성의 내적 체계 구조가 뚜렷이 설명될 수 있었을 것이다. 이 결과에 이르기까지 헤겔 사유의 발전은 『정신현상학』을 결과물로 가져온 또 다른 사유의 발전과 나란히 진행되었다. 그러나 헤겔은 나중에야 비로소 그 발전의 결말에 도달했다. 현상학의 "학문"에서도 사변적 개념의 새로운 철학은 여전히 기획일 뿐이었다. 그렇

Wissenschaft
der
Logik.

Von
D. Ge. Wilh. Friedr. Hegel,
Professor und Rector am Königl. Bayerischen Gymnasium
zu Nürnberg.

Erster Band.
Die
objective Logik.

Nürnberg,
bey Johann Leonhard Schrag
1812.

1812년 『논리학』

기에 셸링이 『정신현상학』 "서문"을 읽고 헤겔에게 다음처럼 편지를 썼을 때 그는 경탄할 만한 확신을 갖고 몹시 까다로운 논점 하나를 건드리고 있는 것이다.

> 나는 직관의 **개념**을 논박하는 자네의 의미를 지금까지 파악하지 못했다고 이렇게 고백한다네. 자네는 아무튼 그러한 의미로 자네와 내가 이념이라 명명했던 것 이외에 다른 어떤 것을 생각할 순 없을 것이네. 한편으로 보자면 그 이념이 개념이 되는 측면을, 다른 한편으로 보자면 그 이념이 직관이 되는 측면을 지닌다는 것이 바로 그 자신의 본성인 이념 말일세(Ⅰ, 194).

헤겔은 이것을 다르게 생각했다. 그러나 그는 자신이 어떻게 다르게 생각하는지를 설득력 있게 설명할 수나 있었을까? 여하튼 그는 1808년 5월에도 여전히 하나의 '논리학'에 대해 "이것이 이제 어떻게 생성되기 시작하는지" 말하고만 있다. 논리학에 대해 말하길, 그는 이것에 대해 "예나에서는 거의 기초도 세우지 못했고 상세히 읽지도 않았다"고 한다(Ⅰ, 230). 만약 그가 지금의 이 논리학을 본질적인 논점들에 있어 예나 대학 시절 대부분의 강의에서 자신이 다룬 논리학과 다른 것으로 간주하지 않았더라면 그는 그렇게 얘기할 수 없었을 것이다. 왜냐하면 그는 '논리학과 형이상학'을 적어도 다섯 번은 강의했었으며, 철학의 전(全) 체계에 대한 강의 맥락에서도 마찬가지로 빈번하게 이 '논리학과 형이상학' 주제에 대해 자신의 의견을 피력했기 때문이다. 더욱이 1804/05년 무렵에 그는 8절지 종이 50장이 넘는 광범위한 논리학과 형이상학 **완성본**을 정서(淨書)했었다. 그는 분명 오래전에 공고한 출판을 더 이상 기다리게 해선 안 되겠다는 의도로 정서했던 것이며, 이런 정서를 그는 아무튼 그 후에도 또다시 했다. 또한 1808년경 생성되기 시작한 새로운 논리학 저작마저 여전히 몇 해가 더 필요한 것이었다. 이 저작은 마침내 "존재", "본질", "개념"을 다루는 세 책들로 구성되어(1812년, 1813년, 1816년) 『논리학』으로 완결된다.

그런데 왜 이 저작이 이제 "논리학"이라 불리어지는 것일까? 그 사이 『정신현상학』이 입문학의 역할을 떠맡았음에도 불구하고 말이다. 그리고 무엇보다 원래의 논리학과 형이상학 중 개정되어야 했던 것은 형이상학 부분이었기에 말이다. 예전의 이중 분과를 이루던 그 두 부분들의 융합은 왜 "형이상학"이 아니라 『논리학』이라는 제목이 된 것일까? 추정컨대 이 제목은 무엇보다 다음 세 가지를 표현하는 것이다. 한편으로는 칸트의 비판철학이 이미 근본적으로 보면 형이상학을 하나의 논리학으로 만든 것이라는 의식(TW V, 45). 다른 한편으로는 무엇보다 사유와 개념, 그리고 개념 파악하는 사유에 관해 새로운 이해가 발전되어야 하며, 개념 파악하는 사유는 절대자의 긍정적 인식을 위해 가장 중요한 역할을 한다는 확신. 자기 자신에게 이성인 절대자를 인식하는 학문의 개념뿐만 아니라 또한 "개념 파악하는" 철학적 사유도 논리학과 형이상학을 통합하는 새로운 분과의 **핵심적인** 대상으로 고찰되어야 했다(TW V, 35). 세 번째로 다음의 것이 덧붙여진다. 헤겔은 이제 개념 파악하는 사유에 부여된 의미를 갖고 셸링이 자신과 공통적인 계획 테두리 내에 있을 때 셸링에게 가해졌던 피히테의 비판을 창의적인 방식으로 고려한다는 점. 그리고 이 점은 "논리학(Wissenschaft der Logik)"이라는 제목에서 표현되고 있다. 이 제목은 동시에 피히테에게 창끝을 향하고 있는 것이다.[15)]

피히테는 『현 시대의 기본 경향들』에 대한 자신의 강의에서 셸링 철학을 "망상적 관념론"이라고 실격 처리했었다(FGA I Bd8, 283 이하). 왜냐하면 셸링은 이미 자신의 자연철학을 위해 "주관적인 것의 어떠한 혼합도 없이 오로지 객관적으로만 사유해야" 한다고 요구했기 때문이다(SSW IV, 77). 그리고 그는 이러한 사유에 도달하기 위해 "지적 직관의 주관적인 것으로부

---

15) Wissenschaft der Logik은 정확히 번역하면 '논리학의 학문, 로고스학의 학문'이다. 피히테가 구상했던 학문론은 Wissenschaftslehre, 즉 Lehre der Wissenschaft이다. 이것은 정확히 번역하면 '학문의 이론, 학문의 학설'이다. 학문의 이론이 학문의 논리적 또는 로고스적 기초를 세우는 이론을 말한다면, 이 용어는 헤겔의 논리학 제목, 즉 Wissenschaft der Logik에서 정확히 뒤집혀 있다 하겠다.

터도 벗어나야" 한다고 생각했다. 즉, 지적 직관에 있어 직관하는 자로부터도 추상해야 한다는 것이다. 셸링의 이러한 이해에 대해, 그리고 간접적으로 보기에 이러한 이해를 지닌 셸링주의자로 출현했던 헤겔에 대해 피히테는 무엇보다 다음처럼 논박했다. 즉, 철학적 학문에서라면 지적 직관에 의거해선 안 되며, 오히려 유일한 단 하나의 사고로부터 모든 다양한 사유와 이 사유의 내용들에 도달하는 길을 해명해야 한다는 것이다. 헤겔은 이러한 요구를 암묵적으로 인정한다. 왜냐하면 그는 자신이 착수한 분과가 다듬어야 할 대상으로서 이제 더 이상 단순히 절대자의 이념만이 아니라 또한 개념 파악하는 사유를 이해하고 있기 때문이다(TW V, 35). 개념 파악하는 사유로써 그는 피히테의 요구에 부합할 수 있다고 믿는다. 왜냐하면 사유와 사유 대상 사이에 의식이 세워놓는 대립이 극복되어 있다면, 주관적 사유의 단련된 진행이 타당하게 여겨지도록 해명해야 할지, 아니면 사유된 것에 내재하는 사유의 단련된 진행이 타당하게 여겨지도록 해명해야 할지, 이런 것은 더 이상 문제가 되지 않기 때문이다. 그리고 헤겔은 개념 파악하는 사유에서 동시에 자신의 새로운 학문을 논리학으로 도입할 수 있는 근거를 발견한다. 왜냐하면 논리학이 통상 사유로부터 정당화하는 보편적 사유 이론으로 이해된다면, 개념 파악하는 사유라는 대상과 정당화 방식을 갖춘 한 분과를 "논리학"이라 부르는 것은 납득할 만한 것이기 때문이다. 달리 말하면 이렇다. 헤겔의 『논리학』에서 이 논리학을 "순수 이념의 학문"으로 취해 보면, 주체-객체인 그러나 결코=자아는 아닌 순수 이념은 주체들의 어떤 혼합 없이도 사유된다. 왜냐하면 우리의 "인식 능력"과 이것의 특별한 활동성들과 전제들이 제일 먼저 고찰에서 제외되기 때문이다. 그러나 만약 개념 파악하는 사유가 이 학문을 실행하는 우리의 측면에만 들어맞지 않고 또한 주관적 전문 능력의 실행으로선 아니라 해도 이 주관적 전문 능력 실행의 대상 측면에도 들어맞는 것이라면, 누구든 검사와 정당화를 위해 어떤 주관적 근거들에 의존하거나 근거들을 주관적으로 갖는 것에 의존할 필요가 없다. 대상에서 사유가 입증 가능하다면 이 사유인 바의 것 속에는 이미 사유가 필요로 하는 교정(矯正) 수단이 존립하는 것이다.

이러한 내막에 밝았던 자들은 헤겔이 『논리학과 형이상학』을 통합시켜 넣으려는 그의 철학 분과를 『논리학』이라 명명했다는 사실에서 동시에 정확한 요점을 알아챌 수 있었다. 왜냐하면 한편으로 피히테는 논리학을 철학에 속하는 것으로 여길 수 없다고 이해했기 때문이다. 그래서 피히테 자신은 논리학과 같은 사유의 근본적인 연구를 철학적 학문의 문 앞까지만 가도록 지정했다! 이제 이와 반대되는 것이 이루어져야 한다. 다른 한편으로 이렇게 피히테 생각과 반대로 성취되는 그 분과는 『논리학』이라 불릴 수 있는 것처럼 거의 마찬가지로 "논리학과 형이상학"이라 불릴 수도 있었다. 강의에서 헤겔은 평생 이 후자의 제목으로만 그 분과를 강연했다. 이 강의 제목과 관련하여 재미있는 사실은 피히테 또한 자신의 예나 시기에 거의 매 학기마다 논리학과 형이상학 수업을 했었다는 것이다. 그러나 피히테의 강의는 단순히 철학을 위한 하나의 "예비학"이어야 했던 반면, 『논리학』은 논리학 자체와 이것의 논리적 주장들을 엄격히 정당화했다. 이것은 피히테도 요구한 것이지만 정작 그 자신은 수행하지 못한 것이다!

피히테에 대해 제기한 헤겔의 이 논박들은 나름대로 힘을 지니는 것이다. 헤겔이 자신의 『논리학』을 위해 제시한 위의 논증을 갖고서는 피히테의 반론을 완전히 고려할 수 없었다고 말해야 할지라도 그렇다. 이렇게 말할 수밖에 없는 이유는 '논리학'의 대상에 대한 헤겔의 규정이 피히테에 대항한 변론만으로는 해결되지 않는 후속 문제들을 초래하기 때문이다. 계속 피히테의 반론을 따르면서 이렇게 말할 수 있을 것이다. 정당화란 유한한 사유에 의해 이 사유의 상호주관적 이해와 주관 내적 자기 이해를 위해 요구되는 것이다. '논리학' 대상에 내재적인 사유를 고려함으로써 이러한 요구가 이미 만족될 수 있는 것은 결코 아니다. 왜냐하면 '논리학' 대상에 내재적인 이 사유는 바로 이성을 지니는 유한한 주체들로서의 "우리" 철학하는 자들 자신이 실행하는, 또는 좀 더 정확히 말하자면 우리들 각자가 자신의 고유 관점에서 실행하는 그런 유한한 사유가 아니기 때문이다. 오히려 이 내재적 사유는 하나의 무한한 사유이며, 이 무한한 사유는 잘 해야 우리의 주관적 실행에 내재하면서 이 실행 속에서 작용하는 것이다. 그러나 어떻게, 어떤 형식으로 무한한 사유는 우리의 주관적 실행에 내재하면서 그 속에서 작용하는 것인가? 헤겔이 구상한 것과 같은 논리학으로는 그 자체로 본다면 이 물음에 대해 아직 어떠한 궁극적인 설명도 제공될 수 없다. 따라서 또한 헤겔이 구상한 논리학을 갖고서는 피히테의 반론에 대항한 사변적 관념론의 변론을 시작할 수만 있을 뿐이다. 이 변론은 주관적 사유와 정신의 철학에서 속행되지 않는다면 그다지 가치 있는 것도 아니다. 먼저 해명되어야 할 것은 하나의 논리학이 정신철학과 갖는 내적 연관이다. 그러나 이 내적 연관의 해명은 아직 『논리학』 속에서가 아니라 오히려 우선 『논리학』이 그 안에 설비되어 있는 좀 더 폭넓은 체계 구조 속에서 이루어져야 한다.

그 밖의 후속 문제도 사정은 비슷하다. '논리학'의 유일한 단 하나의 대상은 자신을 절대자로 인식하는 이성 자체인 "절대적 이념"이다. 그렇지만 '논리학'의 대상은 개념 파악하는 사유이기도 하다. 개념 파악하는 사유가 단지 논리적 학문 내의 주관적 실행 방식일 뿐만 아니라 오히려 우선 논리적 학문의 대상이기도 하다면, 이러한 사정으로 인해 당연히 양자가, 즉 이념과 개념 파악하는 사유가 서로 어떻게 관계하는지 물어볼 만한 동기가 생긴다. 개념 파악하는 사유는 한편으로 『논리학』에서 주제가 되는 사고 형식들과, 다른 한편으로 우리들, 즉 사유하는 자들과 어떠한 관계를 지니는가? 그리고 또한 우리는 정신 속에서 사유하는 것이기에 이 정신과는 어떠한 관계가 있는가? 이러한 물음에 대해서마저 헤겔은 자신의 『논리학』에서 기껏 암시적으로만 의견을 밝혔을 뿐이다. 이 물음에 대한 체계적인 설명은 그의 『철학적 학문들의 백과전서』가 포함하고 있는데 그 설명 단초들은 나중에야 문제시될 수 있겠다. 그러나 아래의 다른 물음 하나는 지금 답변하고자 한다(TW V, 16).

2. 왜 "동시에 본래적인 형이상학"인가

가장 간단한 답변은 이렇다. 헤겔이 자신의 『논리학』에서 제기한 요구는 전통적으로 논리학에서 논의되던 규정들만 이성적으로 논의하는 것이 아니라 무엇보다 또한 칸트 이전의 보편 형이상학이 다루던 규정들도 이성적으로 논의해야 한다는 것이다. 이 요구는 '논리학과 형이상학'을 단 하나의 유일 분과로 전환시켰다고 해서 아무것도 달라지지 않는다. 칸트의 형이상학 비판으로 인해 철학적 사유가 취하게 된 경로를 고려해 『논리학』은 다음처럼 좀 더 상세히 설명한다. 즉, 사유가 표준적으로 참여하고 있는 인식은 보통 "화학적인 방식으로" 구성된 것으로 생각된다는 것이다. 객체에 의해 산출되는 성분과 주관적 기원을 지니는 성분으로부터 화학적으로 구성된 것이라고 말이다(TW V, 37). 이때 대자적으로 존재하는 주체와 이 주체에 속하는 모든 것이 자립적인 객체와 지니는 개념적 대립이 가정된다. 자립적인 객체는 이것의 특성들과 더불어 사유에 주어진 것이다. 형이상학은 이 개념적 대립이 형이상학의 인식함 속에서 중화된다고 가정했다. 왜냐하면 헤겔이 이후에 공식화하듯이 형이상학은 "사고들 속에서 파악된 사물들의 학문"으로 이해되었기 때문이다. 여기서 사고들은 "사물들의 본질성을 표현한다고 여겨졌다"(E§24). 『정신현상학』이 결과적으로 의식의 대립을 극복하기 때문에, 그리고 『논리학』은 이 극복을 가정하기 때문에, '논리학'이 발전시키는 사고들과 '논리학'이 다루는 대상이 변변치 않다고 생각되어서는 안 된다. 그렇기에 '논리학'은 자신의 요구에 따라 전(前) 비판적 형이상학이었던 바의 것과 일치하며 또한 비판철학이 형이상학을 정의하는 요구로 여기던 바의 것과도 일치한다.

물론 『논리학』이 본래의 형이상학이라고 불린다는 것이 무엇을 의미하는지 이해하려면 '논리학'이 형이상학과 일치한다는 헤겔의 테제에서 중요한 두 개의 자격 조건들에 주목해야 한다. 칸트 이전의 형이상학은 즉자적으로 존재하는 사물들의 학문이어야 했다. 이미 피히테는 칸트의 비판적 관념론이 더 이상 물자체들의 성질을 상세히 설명하는 어떠한 형이상학도 허용하지 않지만 진정 이성의 연관에 이르는 형이상학 하나는 요구한다고 확신했다. 이 점은 헤겔에게도 오래전부터 다르지 않았다. 사변은 하나이자 보편적인 이성의 자기 자신에 대한 활동성이다(TW V, 19). 따라서 헤겔에게 '논리학'은 "이전" 형이상학의 철회가 아니라 오히려 예전에 형이상학이라 불리던 것의 자리를 대신한다(E¹§18). 그러나 다른 한편 이전 형이상학의 소재로부터 취해지는 사유 규정들은 형이상학이 예전에 이 사유 규정들을 이해하던 방식과 관련된 무언가를 여전히 즉자적으로 지닌 채로만 '논리학'에서 다루어질 수 있다. 사유 규정들에 남아 있는 이 무언가는 작업을 통해 특별히 대체되어야 한다. 헤겔은 자신의 『논리학』이 이것을 수행할 수 있다고 생각한다. 『논리학』은 동시에 "사유 형식들의 활동성과 이 활동성의 비판을 합일하는" 형이상학의 서술이며(E§41Z) 그 자체가 칸트의 형이상학 비판적 이성 탐구를 계속하는 것이다.

3. 사유의 과제들

원래의 '논리학'의 입문 기능을 제외한다면 『논리학과 형이상학』의 과제들은 출판된 『논리학』에도 대략 해당된다. 헤겔이 수정해야 했던 것은 무엇보다 사유와 사유의 변증법적 특성에 관한 것이었다. 어디에 사유는 존립하는가? 특히 한창 진행 중인 부분들에서 분명히 언급되고 있는 유일한 사유로서 『논리학』 대상에 내재적인 사유의 경우엔 말이다. 어떻게 사유는 분화되는가? 일반적으로 대답하자면 사유는 『논리학』에서 다루어지는 사고 규정들의 과정성(過程性)으로서 분화되고 이 사고 규정들의 운동 형식들 속에 존립한다. 그리고 이 운동 형식들을 위해 『논리학』은 헤겔 고유의 특별한 개념들을 도입하며 이 개념들을 주관적 사유 속에서 타당하게 만든다. 이 개념들의 내용과 공정(工程)은 결국 헤겔이 "방법"이라 부르는 것의 개념에서 포착되어야 한다. 하지만 이 방법도, 개별적 운동 형식들도, 앞서의 과정성도 나머지 사고 규정들로부터 간단히 읽어낼 수는 없다. 또한 『논리학』의 개별 "추론 부분들"에 대해 보고하거나 『논리학』의 축조를 개관한다고 해서 외부로부터 비롯되는 이해 욕구가 정당하게 취급되는 것도 아니겠다. 이러한 이해 욕구를 참작하려면 다음처럼 물어야 한다. 그러한 '논리학'에서 **우리가** 실행해야 하는 **사유**란 어떤 특징을 지니는가? 이 사유에는 어떤 목표들이 정립되어 있는가? 헤겔의 『논리학』은 우리의 실행에 관해 납득할 만한 어떤 선(先)이해를 활용하고 있는 것인가? 또한 우리가 실행해야 할 사유의 어떤 목표 설정을 이용하고 있는 것인가? 『논리학』이 제아무리 이런 물음들에 관해선 아무것도 진술하지 않고 그냥 나름대로 소화해 운용되는 것일 뿐이라 해도 이렇게 묻긴 물어야 한다. 사고 규정들이 이 규정들의 과정성을 인식하게 하려면 무엇이 그 선이해로부터 이루어져야 할까? 이때 "우리의" 사유는 어떠한 과제를 지닐까? 단지 이러한 물음들을 가지고 헤겔의 『논리학』에 다가갈 때에만 우리는 사고 규정들의 과정성을 단순히 주장된 것이라고 가정하거나 거부할 필요가 없어진다. 오히려 우리는 사고 규정들에 대한 우리의 사유에도 하나의 과정성이 입증될 수 있는 것인지 아닌지를 숙고할 수 있게 된다. 그렇게 하면 또한 우리의 사유가 요구하는 진행 방식이 『논리학』의 진행 방식과 어떻게 관계하는 것인지도 결정될 수 있다. 헤겔은 『논리학』 말미에서 "방법"이란 제목으로 진행 방식을 다룬다.

헤겔은 우리의 사유라는 이런 "주관적" 관점에서는 『논리학』을 거의 거론조차 하지 않았다. 그럼에도 이러한 관점에서 『논리학』을 고찰해본다면, 아마도 다음처럼 말할 수 있을 것이다. 『논리학』의 과제들 중 하나는, (1) 우리의 철학하는 사유가 실행됨으로써 자기 자신을 규정하는 이성은 우리의 이 철학하는 사유 속에서 사고 규정들로 된 논리적인 것의 "순수"지(知)가 되어야, 다시 말해 더 이상 어떤 의식 대립에 의해서도 흐려지지 않는 지가 되어야 한다. 이것은 반대로 말한다 해도 『논리학』 과제들 중 하나일 것이다. 즉, 〔예를 들어 선(善)의 지에서 또는 종교적 확실성에서 우리가 참여하고 있는〕 단적으로 참된 것과 우리 속의 이 참된 것의 직접적 내재 존재가 개념들로 분화됨으로써 이러한 분화는 우리의 철학적 사유에게 불가피한 것으로 각인되어야 한다. 이렇게 묘사된 과제에 따르면 지는 자신이 알고 있는 것(sein Gewußtes)과 아무 구별 없이 동일한 것이 아니다. 또한 우리에 의해 실행되는 사유는 자체가 『논리학』의 대상이기도 한 아는 사유(wissendes Denken)와 아무 구별 없이 동일한 것이 아니다. 그렇다고 해서 이 두 측면들이 단순히 와해되고 마는 것도 아니다. 왜냐하면 이 두 측면들에서 지는 자신의 대상을 앎으로써 자기 자신을 알고, 그리고 사유는 자신의 대상을 사유함으로써 자기 자신을 사유하기 때문이다. 그렇다고 이 두 번에 걸쳐 단순히 두 가지 사유만 문제되는 것도 아니다. 오히려 대상 사유와 자기 사유, 이 양자는 소위 이성이라는 하나의 계통으로부터 성장한다. 그리고 이 양자는 이것들의 전개 끝에서 또 다시 합일된다.

이러한 연관들은 파악하기가 쉽지 않다. 그러므로 이 연관들을 곰곰이 숙고해야만 『논리학』의 그 밖의 두 과제들에도 도달할 수 있다. 대상에 내재적인 사유가 사고 형식들을 운동시킴으로써 (그리고 이때 자신을 또는 사유이기도 한 사변적 개념을 운동시킴으로써) 이 사유는 또한 우리의 철학적 사유의 특정한 형식들 속에서도 운동한다. 다만 이 특별한 형식들의 체계적-철학적 해명은 처음부터 성취될 수 있는 것이 아니며, 오로지 사변 논리학 속에서만 성취될 수 있는 것도 아니다. 그 해명은 오히려 좀 더 폭넓은 철학적 인식의 진행 속에서 비로소 성취될 수 있다. 더욱이 그 해명의 최종 심급은 철학적 인식의 종점에서야 비로소 성취 가능하다. 그렇지만 그 해명은 『논리학』이 이를 위한 기반을 제공하지 않는다면 행해질 수조차 없을 것이다. 따라서 『논리학』의 과제들에 속하는 것은 또한 (2) "논리적인 것"의 순수지는 아니지만 총괄적으로 말해 자연과 정신의 본성의 인식인 그러한 철학적 인식함을 위해서도 유기 조직적인 것이 되는 것이다. 더구나 이 과제는 이것이 제기된 그 시대의 문맥을 고려할 때, 그리고 모든 이의 관심을 끄는 물음들을 염두에 둘 때 가장 중요한 것이다. 왜냐하면 사변적 자연 및 정신철학에 대해 셸링이 제시한 설명이 정당하게 반계몽주의라는 혐의를 받게 된 이후로 아마도 이러한 사변철학을 위해 길을 닦으려는 욕구가 헤겔에게 없었다면 그는 『논리학과 형이상학』을 기획조차 하지 않았을 것이기 때문이다. 게다가 자신이 처음 출발했던 물음들을 해결할 만한 어떤 성과를 『논리학』에서 획득하리라 스스로 약속하지 않았다면, 헤겔은 『논리학』같이 이렇게 위험천만한 기획을 실행조차 하지 않았을 것이다. 물론 『논리학』이 그의 처음 물음들을 해명하는 데에 무엇을 기여할 수 있는 것인지는 『논리학』 자체에서 결판날 수 없다. 이것은 『논리학』이 헤겔의 이후 저작들에서 수행하는 역할에서야 비로소 결정될 수 있다.

또 다른 과제도 하나 더 있는데, 이 과제 수행을 위해 『논리학』이 기여하는 몫은 『논리학』 자체에서 인식되어야 할 것이다. 『논리학』은 우리가 우리의 사유 속에서 스스로를 교정해야 하게끔 그렇게 설계된 것이 아닌가? 우리는 우리의 사유에서 우리 대상에 내재적인 무한한 사유의 과정과는 다른 활동성이기에 스스로를 교정해야 한다. 그리고 만약 우리가 어떤 특정 관점에서 더 이상 우리의 사유를 교정하지 말아야 한다면 우리의 진행 절차를 무한한 사유의 "방법"과 동일시할 수 있게끔 그렇게 『논리학』은 설계된 것이 아닌가? 『논리학』의 학문적 진행에서 우리는 당분간 이성 비판적으로 명료화된 주관성 이론적인 개념들을 재량껏 쓸 수 없다. 바로 이 때문에 우리는 철학함을 위해 우리의 사유가 『논리학』에서 실행해야 하는 방식의 선(先)이해에 의존한다. 그러므로 우리의 사유에 대해 타당한 것은 이렇다. 우리는 그 선이해를 우선 우리 사유의 결과들과 대면시켜야 한다는 것이다. 차후에 필요하다면 그 선이해를 교정하기 위해서 말이다. 따라서 『논리학』은 (3) 우리가 우리의 사유하는 활동성의 자기 이해와 대면하는 것을 가능하게 해야 한다는 과제를 지닌다. 반면 『논리학』은 단지 사고 규정들을 논의하고 이 규정들의 운동 형식들을 제시할 뿐임에도 그렇다. 이 과제는 『논리학』에서 그 자체로 진술되지 않으며 직접 착수되는 것으로 보이지도 않는다. 그럼에도 『논리학』의 이 과제는 어떤 의미에서는 정말 가장 수긍이 가는 것이다. 말하자면 적어도 이 과제 수행의 첫 요구들만이라도 충족되어야 『논리학』은 우리의 사유를 단적으로 실행시켜서 이 우리의 사유 속에서 이성이 순수지가 되게끔 할 수 있다. 그러나 그 선이해가 오직 미리부터 교정되어야 하는 것만이 아니라 또한 『논리학』의 진행에서도 교정되어야 하는 것이라고 가정해도 수긍이 간다. 그리고 『논리학』의 진행 속에서 토의되는 것은 그 선이해의 교정에 기여한다고 가정하는 것도 납득할 만한 것이다.

이 과제는 또한 『논리학』이라는 공간 속에서 사람들이 어떻게 움직여야 하는지 하는 물음과도 관련된다. 우리의 사유가 자신이 지닌 개념들을 차례차례 거쳐 가는 것이라고 해도 충분한 답변이 못 된다. 이때에 문제시되는 것이 아무리 『논리학』이 다루는 사고 규정들의 개념들이라 해도 그렇다. 우리는 이러한 "추론적" 실행에 대해 보충적으로 또한 판단하는 태도도 취해야 한다. 다시 말하면 우리는 판단되는 어떤 것을 전제해야 한다. 이 어떤 것이 아무리 추론 이전에 확정된 것일 수 있다 해도 우리는 이것을 전제해야 하는 것이다. 아울러 우리는 우리가 지닌 개념을 이러저러한 방식으로 이 어떤 것과 결합시키고 전제된 이것에 관해 우리가 지닌 그 개념을 주장하면서 진리를 요구하는 태도를 취해야 한다. 그렇지만 자기 자신에게 이성인 절대자를 사유하는 것이 문제라면 그러한 판단은 어떻게 행해질 수 있으며 그 판단과 결합되는 요구가 정당화될 수 있는가? 판단을 위해 필요한 것이 판단되는 것의 전제라면, 절대자의 사유에서 관건이 되는 것은 판단되는 것에 대한 어떤 **표상들**에 기초해 판단되는 것을 전제하는 것이 아니다. 이것은 분명하다. 전제된 것은 한갓 표상된 것이어선 안 된다. 전제된 것은 어떻든 간에 자체가 이미 개념적 특징을 지녀야 한다. 전제된 것과 진술되어야 할 개념과의 **결합 방식**은 추측건대, 우리가 주어진 한 대상에 관해 이 대상은 어떤 경우라고, 아니면 어떤 경우여야 한다고, 아니면 누군가 의도적으로 발생시켜야 할 경우라고 판단하는 일상적 상황들 속에서 이루어지는 결합 방식과 동일한 것이 아니다. 이것 또한 분명하다. 왜냐하면 이성은 판단하는 사유에 주어지는 그런 어떤 대상이 아니기 때문이다. 그래서 그 결합 방식은 특별히 이성과 관계해야 하며 아니면 적어도 사유를 이성과 연계시켜야 한다.

결국엔 전제된 것에 관해 어떤 무언가가 진리에 들어맞는다고 주장하는 것 또한 충분하지 않을 것이다. 적어도 이 주장은 전제된 것이 그 "본질"상 또는 "개념"상 무엇인지 하는 물음에 답변하도록 요구받을 수 있다. 무엇인가?라는 그러한 물음들에 대해 만족스럽게 제시되는 답변들은 **정의(定義)**의 성격을 지닌다. 그래서 "논리학" 속에서 우리의 사유가 판단을 수행해야 하는 한, 이 논리학에 처음 접근할 때에는 이렇게 말해도 된다. 과제는 (3ㄱ) 절대자의 개념을 정의하는 데에 있다. 그럼에도 우리의 사유가 단 하나의 판단으로조차 이 과제 수행에 기여할 수 없는 경우에는 과제를 이렇게 규정하는 것은 우선 일련의 정의들을 예사롭지 않게 요구하는 것으로 대체된다. 요구되는 일련의 정의들은 함축적으로 서로 결합되어야 한다. 그러므로 『논리학』의 진행 방식에 대한 안내는 보이는 것처럼 무엇보다 우선 모색되는 정의나 정의들의 계열이 어떤 종류의 것인지를 우리에게 가르쳐주어야 한다. 정의에는 상이한 종류가 있기에 말이다.

하지만 여기서 "정의"가 무엇을 의미하든지 간에 묘사된 그 과제는 지금까지 말한 것만으로 논구될 수 없다. 이성인 절대자의 개념이 정의되어야 한다면 우리는 경험 이론들의 형성 맥락 속에 있는 정의들이 경험에 의거하듯 이론과 개념 형성의 버팀목으로서 경험에 의거할 수는 없을 것이다. 마찬가지로 우리는 정의되어야 할 개념이 자의적으로나 우연적으로 특정한 내용 위에 확정되는 것에도 만족하지도 않을 것이다. 절대자의 정의를 위해 제시되는 독단적 주장들은 우리에게 아무 도움이 되지 않을 것이다. 어떻게든 우리는 (3ㄴ) 정의되어야 할 개념을 **연역해야** 할 것이며 정의가 **피정의항**(definiendum)에 관해 말하고 있는 것을 **증명해야** 할 것이다. 그리고 정의들이 이루는 계열을 피해 에둘러 갈 수 없는 경우에는 이 계열의 **완결가능성**도 증명되어야 할 것이다. 그래서 『논리학』의 진행 방식을 이해시키고자 하는 사람은 이러한 증명들이 어떻게 보일 수 있는지를 설명해야 한다.

물론 이로써 "우리의" 사유를 위한 과제가 완전히 묘사된 것은 아니다.

우리가 우리의 사유 속에서 판단하지 않을 수 없다 해도, 그리고 이것이 우리에게 『논리학』은 유한한 계열의 단계들로 절대자의 개념을 완결적으로 정의해야 한다는 것을 납득시킨다 해도, 그럼에도 우리에 대한 '논리학'의 과제가 사실상 이 점에 존립한다는 것이 확고 불가침의 전제인 것처럼 고찰되어서는 안 된다. 이때 정말 문제시되는 것은 단지 우리의 선이해일 뿐이다. 그래서 과제는 (3ㄷ) 이러한 선이해가 자격이 있는 것인지, 자격이 있다 해도 교정이 필요한 것인지, 선이해 교정의 필요성은 이런 선이해를 갖고 실행된 진행 방식의 가치를 떨어뜨리는 것인지 아니면 그렇지 않은지, 교정은 과제와 과제 수행의 진행 방식에 새 의미를 부여하기 위해서만 다른 말들을 갖고 행해지는 것인지 아니면 아예 이전 선이해에 대한 대체물을 마련하도록 요구하는 것인지, 이런 것들을 검증하는 데에도 존립한다.

이것조차도 전부는 아니다. 왜냐하면 만약 우리의 사유가 이 사유의 증명하는 성격을 통해 독단적 주상을 피할 수 있어야 한다면, 우리의 사유와 이 사유의 활동성으로부터 독립해서 실존하는 대상에 대한 주장으로 이해되어야 하는 어떤 하나의 주장이 설정될 수는 없을 것이기 때문이다. 아무리 맨 나중에 『논리학』 말미에서라 해도 그런 주장은 설정될 수 없다. 만약 『논리학』 말미에 어떤 것이 주장된다고 해도(어떻게 이것을 피할 수 있겠는가?), 이 어떤 것은 단지 우리의 사유가 충분히 해명된 선이해 덕분에 자신이 실행한 진행 방식과 동일하다고 알아볼 수 있는 대상에 관해서만 주장되는 것이다. 왜냐하면 아무리 잘한다 해도 그렇게 한 다음에야 우리의 이 사유는 이 사유가 주장하면서 행한 실존의 전제에 관한 한 독단적 주장을 한다는 비난에 대해 변호될 수 있기 때문이다. 따라서 과제는 (3ㄹ) 다음과 같은 점을 우리에게 보여주는 것이기도 하다. 즉, 적어도 절대자의 최종 정의는 또는 선이해의 교정을 통해 그러한 절대자 정의를 대체하는 바의 것은 실행된 진행 방식 자체 내에 예증되어 있는 사고 규정들을 다룬다는 점을 보여주는 것이다. 이렇게 예증되어 있는 한, 사고 규정들은 판단되는 것에 관련된 실존 전제를 아무 문제도 없게 만든다.

과제가 이렇게 묘사된다면 우리의 사유가 이 사유의 실행에 대한 잠정적 선이해와 관련해 『논리학』의 진행 속에서 스스로를 교정해나가야 하리라고 기대될 수 있다. 그리고 우리의 사유 속에서 실행된 진행 방식은 마지막에 다루어져야 할 방법과 동일시되어야 하리라고 기대될 수도 있다. 이 방법은 『논리학』 마지막에서 이성인 절대자의 인식 형식으로서 다루어진다. 따라서 헤겔 『논리학』의 진행 방식에 관해 결정적인 물음은, 어떻게 이런 일이 증명을 요구할 자격을 갖추면서 이루어질 수 있는지 하는 것이다. 또한 『논리학』이나 이것을 포함한 헤겔 전체 철학의 대상과 내용을 결국 한갓 주관적인 것으로 만들지 않으면서 어떻게 이런 일이 이루질 수 있는지 하는 것도 결정적인 물음이다. 이 물음을 논의하기 위해 나는 아래에서 『논리학』의 축조에 대해 정선(精選)해 보고하는 것을 포기한다. 따라서 헤겔이 전(前) 비판적 형이상학과 칸트의 형이상학, 그리고 전통 논리학의 개념들에 제기하는 소송 과정은 여기서 고찰 밖에 머무른다.

4. 과제들 성취를 위한 진행 방식

미리 묘사된 과제들에 의거해 『논리학』의 **진행 방식**은 다음의 다섯 물음들이 다루어짐으로써 특징지어질 수 있다.

1. 모색되는 절대자의 정의 또는 정의들 계열은 어떠한 종류의 것인가?
2. 어떻게 정의되어야 할 개념이 연역될 수 있고, 이 개념의 정의가 증명될 수 있는가?
3. 어떻게 우리의 사유는 이 사유의 활동성 방식과 이 사유의 자기 이해에 관해 『논리학』의 진행 속에서 검증될 수 있고 필요할 경우 교정될 수 있는가?
4. 어떠한 방식으로 우리의 사유는 실행된 진행 방식과 마지막에 다루어지는 방법과의 동일시에 이르는가? 마지막에 다루어지는 방법은 『논리학』의 대상에 내재적인 사유의 형식이다. 대체 왜 여기서 『논리학』은 완결되지만 『논리학』의 증명하는 진행 방식은 완결되지 않는가?

5. 그렇다면 우리의 철학적 사유 속에서 자기 자신을 규정하는 이성이 순수지가 되기에는 우리의 이 철학적 사유가 얼마만큼이나 『논리학』에서 실행되는 것인가?

가장 풍부하게 해명해주는 것은 둘째 물음이다. 다섯째 물음은 셋째와 넷째 물음들을 손질함으로써 준비된다. 둘째 물음이 다섯째 물음의 답변과 결합되면 다음과 같은 점을 보여줄 수 있다. 즉, 헤겔의 새로운 사유 개념이 요구하는 변증법적인 것이란 단지 유한자가 지양되고 보편의 특수화들이 해소되는 것에만 존립하지 않는다는 것이다. 변증법적인 것은 또한 유한자가 정립되고 그 특수화들이 출현하는 것에도 존립한다. 그렇기에 무한자의 유한자로의 이행과 보편으로부터 특수로의 전진이 파악 가능해지는 것이다. 그러나 첫째 물음을 탐구하는 맥락에서 이미 분명해질 수 있는 점이 있다. 이것은 어떻게 유한자가 보통 사유되거나 또는 무한자가 유한화하면서 사유되는 개념들이 모색되는 절대자 인식을 위해 통용될 수 있는지 하는 점이다. 따라서 첫째 물음부터 시작해야 한다.

1. 절대자 개념을 정의하는 요구는 앞서 말했듯 과제를 단지 잠정적으로만 규정한다. 여하튼 이 요구는 맨 먼저 정의를 통해, 게다가 자의적으로 절대자에 관한 개념 하나를 형성해보는 과제를 뜻하지 않는다. 또한 이 요구는 주어진 어떤 절대자 개념을 단순히 분명하게 만드는 과제를 의미하지도 않는다. 모색되는 정의는 이론을 형성하는 인식 맥락에서 나타나는 정의들과 비슷해야 한다. 예를 들어 화학원소 이론의 테두리에서 물이 H_2O로 정의되는 경우처럼 말이다. 다른 한편으로 명백한 점도 있다. 우리는 정의를 산출하는 이론 형성의 특별한 수단들을 마치 이 수단들이 경험 대상들에 대한 또는 형식적 학문들의 내용에 대한 우리의 인식에 속하는 것처럼 절대자를 위해 처리할 수 없다. 이러한 우리의 인식을 위해 저장된 수단들로부터는 여기에선 기껏해야 오성 사용에 관한 순수 보편 논리학의 불충분한 수단들만 고려될 뿐이다. 따라서 여기서 문제시되는 이성 인식을 위해 예상될 수 있는 것은 이렇다. 개별 학문적인 인식의 전진 과정에서 정의들은

출현하기도 하고 서로서로 대체하기도 한다. 그런데 이 개별 학문적인 인식의 전진들을 『논리학』에서는 기껏해야 정의하려는 시도들이 대체하고 있다는 것이다. 이 정의 시도들은 이러저러한 관점에서 수용할 만한 것들이며 단지 되는 대로 아무렇게나 착수된 게 아니라면 적어도 점점 더 개선되는 시각 아래 배열되는 것들이다. 이 개선의 최소 조건은 정의 시도에 관련되는 개념들의 규정성과 논리적 판명성의 정도가 높아지는 것이라 하겠다. 이것은 전통적 이해에 따르면 병렬적으로나 종속적으로 있는 징표들을 개념들이 되게끔 구별하고 진술함으로써, 그래서 개념들 구분에 이르는 바의 것을 고려함으로써 달성된다. 그렇지만 여기서는 어떤 종류의 구분이 많은 도움을 줄까? 칸트의 생각은 이러했다. 형이상학에서 문제시되는 "지성적(intellektuellen)" 개념들을 위한 구분은 이분법적이지 않으며 배타적으로 모순율에 따라 이루어지지도 않는다, 왜냐하면 구분되어야 할 개념에는 하나의 징표와 이 징표의 결핍이라는 병렬적 개념들이 종속되기 때문이다. 오히려 구분은 항상 삼분법적이어야, 그래서 세 개의 항들을 포함해야 하며 이 항들은 분명 서로서로 조건, 조건 지어진 것, 그리고 이 양자의 결합처럼 관계한다는 것이다. 이렇게 해서 예를 들면 '질' 개념의 구분은 다음 세 항들을 포함한다. I) '실재성', 다시 말해 어떤 것에서 질적인 규정성일 수 있는 것의 개념. 이 개념은 어떤 것이 또한 그 질적 규정을 결여할 수도 있다는 것에 대한 조건이다. 그렇기에 실재성의 개념은 이러한 결핍을 사유하는 조건이기도 하다. II) '부정', 즉 그 질적 규정성의 결핍의 개념, 따라서 앞서의 조건에 대해 조건 지어진 것. III) 제한된 규정성이라는 의미에서의 '제한'. 제한된 규정성은 실재성과 부정의 결합이다. 칸트의 용어에 따르면 절대자 개념은 오성 개념이 아니라 이성 개념인데, 이 절대자 개념의 특수한 경우에 대해 부가적으로 타당한 것은 이렇다. 언급된 것과 같은 구분에서는 조건의 제한을 조건 지어지지 않은 무제약자에 이르기까지 없앰으로써 절대자 개념이 주어진 지성적 개념들로부터 형성된다는 것이다. 지금 위의 삼분법적 구분의 경우 절대자 개념의 이러한 형성 방식은 결과적으로 실재성에 있어 최대치를 소유하는, 그래서 **가장 실재적인 존재자**(ens realissimum)인 어떤 것의 개념을 산출한다.

헤겔의 구분들도 대체로 삼분법적이다. 그러나 그의 구분들은 언술 내에 놓인 개념들에 대해 규정성을 요구하는 것과 결합되어 있다. 이 요구는 우리가 예시한 위의 경우엔 획기적인 수정에까지 이른다. 이것은 『논리학』에서 다루어진 사고 규정들의 첫째 삼원항에서 찾아볼 수 있다. 가장 실재적인 존재자의 개념으로서 사람들은 개념적 규정성에 있어 가장 풍부한 것을 사유한다고 생각하지만, 사실 이 개념 내에서 다른 실재성들과 구별되는 하나의 규정된 실재성이 사유되는 것은 결코 아니며 오히려 단지 미리 사유될 수 없는 최초의 것이 사유될 뿐이다. 이 최초의 것은 그 다음 규정들을 사유하는 관점에서는 아마도 이 규정들의 무조건적 조건일 것이며, 그러나 자체로는 "모든 그 다음 규정들을 지니지 않은 채" 있는 것이다(TW V, 82). 헤겔은 이 최초의 것을 "순수 존재"라 부르고 전(前) 비판적인 존재신학 및 비판적으로 제한된 존재신학의 결말로서 고찰한다. 즉, 이것은 절대자의 최초의 한 **정의항**(definiens)으로 이해될 수 있다(E§86A). 그러나 한갓 순수 존재만 사유해서는 사람들은 아직 어떠한 이성 개념도 결코 지니지 못하며, 단지 오성이 이성 개념으로 간주하는 것만을 지닐 뿐이다. 그리고 이것으로 사람들은 유한화하는 방식으로 절대자를 사유할 뿐이다. 하지만 '순수 존재'라는 규정은 단지 옛 존재신학의 결말일 뿐만 아니라 또한 사고 규정들의 "개념 파악된 역사"의 시작이기도 하다. 지금까지 했던 것처럼 이해하자면 순수 존재는 논리적 추상을 통해 생겨난 "추상적" 보편이며, 이 보편의 개념은 이에 상응하는 참다운 이성 개념에 도달하기 위해 무엇보다 먼저 구분되어야 한다.

이러한 구분이 어떻게 성취되든 간에 이러한 구분의 결과는 칸트에 의해 거론된 조건들을 만족시킨다. 왜냐하면 이 구분은 우리가 예시한 위의 경우 다음과 같은 것들을 항들로서 포함하기 때문이다. 1) '순수 존재'라는 규정. 이 규정은 평범하게 그 구분 자체 속에 포함되어 있다. 이 규정은 또한 스스로에게 모든 실재성을 지양된 것으로서 사유하는, 그래서 칸트의 '결성적 무(缺性的 無, nihil privativum)'를(KrV, B347 이하) 사유하는 조건이기도 하다. 2) 이 피지양태의 규정. 이 규정의 내용을 헤겔은 "무(das Nichts)"라 명명한다. 이 규정은 또한 제한되지 않은 모든 실재성의 피지양태마저 자신 아래 포괄한다. 3) 양자의 결합의 규정. 이 규정을 헤겔은 "생성"으로 명명한다. 이 세 번째 규정에서 사람들은 하나의 참다운 이성 개념을 지니게 된다. 이 이성 개념은 헤겔이 1801년 박사 논문의 여섯 번째 테제에서 이념은 무한자와 유한자의 종합이라고 주장했을 때 의미하던 "이념"이다. 왜냐하면 '생성'이라는 개념은 그 두 개의 오성 규정들의 결합을 통해, 즉 무한자의 오성 규정과 유한자의 (좀 더 정확히 말하자면 무한자의 오성 개념적인 비-무한적 토대의) 오성 규정의 결합을 통해 형성된 것이기 때문이다. 만약 '생성'이라는 개념이 단지 '존재'와 '무'라는 규정들을 통과해 가면서 특정한 방식으로만 사유될 수 있다면, 그리고 생성 개념 속에서 이 규정들에 상대적으로 충전적(充全的)인 절대자의 정의항이 사유되는 한, 절대자의 인식을 모색하기 위해 이 다른 두 규정들이 필요하다는 것은 자명하다. 이 규정들은 무한자를 유한화하는 사유에, 그리고 유한자의 사유에 속한다. 그리고 이 규정들은 이것들에 부여된 것으로 생각되는 역할 또한 수행할 수 있다.

물론 '생성'이라는 개념은 여전히 내용이 매우 빈약한 것, 게다가 절대자에 관해서는 정말 내용이 가장 빈약한 이성 개념이다. 이 개념은 소수의 오성 규정들로부터 형성된 것이기에 이 오성 규정들에 단지 상대적으로만 부합한다. 또한 이 개념을 형성하는 개략적으로 묘사된 방식은 두 번째 물음의 답변에서야 비로소 언급될 수 있는 사변적 사유에서의 이 개념의 연역과 혼동되어서도 안 된다. 그러나 이제 이미 다음 사실만은 분명하다. 즉, 만약 절대자의 개념들을 정의하려는 우리의 활동 여지가 남김없이 발휘되어야 하며 이를 통해 절대자의 정의들 속에 들어오는 개념들을 위해 규정성에 있어 최적 조건이 획득되어야 한다면, 다른 순수오성 개념들도 — 원칙적으로는 아예 모든 오성 개념들이 — 최대의 것에 관한 내용이 풍부한

다른 개념들을 위한 출발점으로 취해져야 하고 이성 개념들로 적절하게 형성되어야 한다는 것이다. 그래서 예를 들면 '질', '관계', '양상'이, 그러나 또한 '비교', '개념', '판단', '삼단 추론' 및 이것들의 하위 개념들도 그렇게 취해지고 형성되어야 한다. 그래서 이러한 것들은 다수가 있으며 절대자의 많은 "정의들"을 가능하게 하고 이 정의들을 요구한다. 게다가 이러한 것들은 그때마다 적어도 하나의 부적절한 이성 개념과 이에 상응하는 하나의 적절한 이성 개념을 통해 하나의 정의를 가능하게 하고 이 정의를 요구한다. 부적절한 이성 개념과 적절한 이성 개념의 중간에는 그때마다 오성 규정들이 있으며, 보통 이 오성 규정들로 유한자가 사유된다. 그래서 이 오성 규정들은 절대자를 위한 정의항들로 사용 가능하진 않다. 반면에 절대자는 출발 규정들에 있어서는 단지 유한화하는 방식으로만 사유될 수 있다.

만약 이 모든 규정들을 직선적으로 배열하는 것이 가능하다면, 절대자를 정의하려는 시도들은 체계화될 수 있다. 그러나 어떻게 여기까지 도달할 수 있겠는가? 이것은 두 번째부터 네 번째까지의 물음을 답변하면서 결말난다. 그럼에도 이때 헤겔이 절대자를 정의하는 명제들을 공식화하는 것이 아니라 다만 그때마다 사고 규정들의 삼원성 중 첫째와 셋째를 절대자의 정의로 간주하는 것을 허용할 뿐이라는 점을 고려해야 한다(E§85). 사람들은 또한 이것이 어떻게 이해될 수 있는지도 알고 싶을 것이다. 이것은 독단적인 주장을 피하기 위한 전략 속에 근거 지어져 있는 게 아닐까? 단지 시험적인 것들이라 해도 매개되지 않은 채 행해진 절대자의 정의들이 귀착할지 모르는 독단적 주장을 피하기 위해 계획된 전략 속에 말이다.

2. 이것을 해명하는 데에는 헤겔이 우리에 의해 실행되어야 할 진행 방식으로서 철학적 방법에 관해 말할 때의 다음 표현들이 도움이 된다.

- 변증법적인 것 자체는 긍정적인 철학적 학문의 본질적인 계기이므로 "인식의 모든 형식들을 통해 수행되는 부정적 학문"으로서의 회의주의는 이러한 긍정적 학문**에 이르는 데에는 불필요한 길**이 될 것이다(E§78A).
- 긍정적인 학문에서 논리적인 것은 형식상 세 측면들을, 즉 "ㄱ) **추상적 또**

는 **오성적** 측면, ㄴ) **변증법적 또는 부정적-이성적** 측면, ㄷ) **사변적 또는 긍정적-이성적** 측면"을 지닌다(E§79).

만약 "논리적인 것의 형식"에 대해 덧붙여진 주석이 "사유하는 활동성의 도구와 수단"이라는(TW VI, 552) 의미에서의 방법에 대한 암시로 이해될 수 있다면 이 점은 헤겔이 다음처럼 말하는 것과 연결되어도 된다.

– 『정신현상학』에서 나는 『논리학』의 대상보다 좀 더 구체적인 대상에서 이러한 방법의 한 사례를 내놓았다(TW V, 49).

위의 첫 번째 표현에서 추측될 수 있는 것은 회의주의가 하나의 특정한 실행 방식이 되는 바의 것과 대조한다면 변증법적인 것이 회의와도 관계 있다는 점이다. 두 번째 표현으로부터는 변증법적인 것이, 그리고 아마 이에 상응해 회의적인 실행도 사유의 추상적 또는 오성적 형식과 사변적 또는 이성적 형식의 중간에 놓여 있다는 것이 결론지어진다. 이 두 표현들을 우리의 맥락과 관련시킨다면 다음처럼 말할 수 있다. 회의주의는 오성이 절대자의 정의들로 내세우려고 애쓰는 독단적인 주장들과 관계한다. 이때 회의주의의 실행에서 작동하게 되는 "변증법적인" 것은 사유를 이 사유의 활동성에 있어서 "사변적인" 것에 이르기까지 계속 추진시키는 하나의 "계기(momentum)"이다. 사변적인 것이 회의적인 실행으로부터 출현하는 한, 사변적인 것은 가장 엄격한 인식 비판으로부터 얻어지는 결과로, 그리고 이러한 한에서 모든 회의를 넘어서는 드높은 결과로 고찰될 수 있겠다. 그리고 사변적인 것이 절대자를 잠재적으로 정의하기 위해 새로운 개념적 수단들을 제공하는 한에서, 이러한 진행 방식의 몇몇 국면들을 특징짓는 개념들은 보충 전제들 아래서이긴 해도 절대자의 정의항들로 고찰될 수 있겠다. 그럼에도 계속해서 이러한 보충 전제들까지 고려하는 회의는 진행 과정 중에 그러한 절대자 정의들이 출현하는 것을 저지할 수 있을 것이며 바로 이렇게 함으로써 사유가 독단적인 주장들로 넘어가는 것을 모면케 할 수 있을 것이다. 성공적인 정의의 어떤 최소 조건들이 충족되지 않았고 정의하려는 시도의 속행은 여하튼 다른 규정들의 도움을 취해야만 한다는 것을 보여줌으로써 회의는 그런 일을 수행할 수 있을 것이다.

그러나 이런 식으로 정의되어야 할 것의 개념은 어떻게 연역되어야 하며, 그리고 몇몇 규정들이 그 개념의 잠재적 정의항들이라는 것은 어떻게 증명될 수 있어야 하는가? 게다가 언급된 표현들 중 세 번째 것을 고려한다면 중요한 것이 말해질 수 있다. 『정신현상학』이 어떤 한 의식에서 이 의식의 추정적인 지와 지의 객체를 구별했다는 점은 여기에선 도외시되어야 한다는 것이다. 이것은 『정신현상학』의 특수성에 속한다. 그렇지만 진정 일반적으로 철학적 인식 방법에 속하는 것으로서 진행 절차들이 수행되는 두 개의 수준들과 이것들에 속하는 사유 심급들이 구별될 수 있을 것이다. 이 사유 심급들의 실행은 두 수준들에서 실행되는 앞서의 진행 절차들이 된다. 즉, 독단적인 주장들에 치우치는 오성과 이 오성의 회의적 상대자의 수준. 오성과 오성의 회의적 상대자 둘 모두 심급들을 지닌다. 그리고 사변적 및 긍정적-이성적 사유의 수준 또는 심급. 심급들은 진행 방식에 있어 똑같은 능력을 지니지 않는다. 이것들 간의 능력 배분에 따라 우선은 오직 오성과 그의 회의적 상대자만이 활동적인 태도를 취하고, 반면에 사변적 사유는 바라보기 역할에 잠시 머무른다. 따라서 회의주의자의 논증들은 언제나처럼 사변적 성질의 사유에 의해 제압당하는 것이 아니라 오히려 진지하게 취해진다. 비로소 독단적 태도의 오성과, 검증하고 회의적으로 논증하는 오성이 온갖 방책을 다 써보고도 어찌할 바를 모르는 경우에야 다음을 입증하는 것이 사변적 사유의 일이다. 즉, 사변적 사유는 회의적인 논증의 결과가 여전히 회의적 논박을 받지 않고도 회의주의자가 본 의미와는 다른 의미에서 취해질 수 있다는 것을, 그럼으로써 오성에게 새로운 가능성들이 제공되며 이 가능성들과 관련해 다시금 회의가 수행되어야 한다는 것을 입증한다. 독단적 태도의 오성과 회의는 이것들의 자기 이해에 따라 절대자 개념의 정의들과 관계한다. 그래서 단순히 불신에 머무르지 않는 회의가 증명하는 것은 이 이해에 따르면 계속되는 정의 작업을 위해 증명된 것으로 요구되어도 된다. 남겨진 것은 이것이 정의항에만 해당되는 것이 아니라 계속해서 피정의항에도 해당된다는 점을 보여주는 것이다.

이 점도 세 심급들의 상호 협력에서 밝혀질 수 있다. 우선은 항상 오성에 의해 하나의 정의항 후보가 처리되도록 설정된다. 정의가 정의들에 대해 제시되는 가장 기초적인 요구도 책임지지 않은 채 머물러선 안 되는 것이라면, 그러한 하나의 정의항 후보는 규정성을 필요로 한다. 이 후보는 오성에겐 단지 다른 개념들에 대한 경계 짓기를 통해서만 규정성을 지닌다. 따라서 진행 방식은 하나의 정의를 제안하는 것으로 시작하지 않는다. 정의 제안에는 정의를 위해 잠재적 정의항으로 제공된 규정이 ―이것을 'D'라 하자― 진술된다. 오히려 진행 방식은 "그 D는 …… "의 형식을 지닌 하나의 진술로 시작한다. 이 진술에서는 그 'D' 안에서 사유되는 것을 경계 짓기 위해 가능한 한 최선을 다해야 하고 경계 지어진 이 개념의 규정성이 해명되어야 한다. 그 다음에 행해지는 회의적 진행 방식은 독단적 태도를 지닌 오성에 의해 행해진 전제가 정의에 충분한 규정성의 자격을 갖추는지, 또는 'D'가 최소 자격을 소유하진 않는지, 그래서 이 'D'의 대립 개념에 의해 결코 판명하게 경계 지어질 수 없는 것인지를 검증해야 한다. 이 후자가 결과로 얻어진다면 'D'를 매개로 해서 하나의 정의를 선취하려는 오성의 시도는 제대로 진행하기도 전에 실패한 것이다. 이러한 결과를 예상했던 것은 그 두 번째 국면, 즉 "변증법적 또는 부정적-이성적" 국면에서의 진행 방식이다. 'D'에 대한 대립 개념의 수정안들을 정의에 유용한 것으로 만들려는 시도들에 관해서나 또는 모든 'D' 자체에 대항하는 그러한 수정안들에 대해 간접적으로 행해지는 시도들에 관해서도 유사한 진행 방식이 해당된다.

따라서 'D' 또는 이것의 대립 개념의 수정안이 정의항으로 고찰되어도 된다는 증명 대신에 진행 방식은 'D'와 결과적으로 제시된 그 밖의 모든 규정들이 이것들의 정의항으로서의 유용성 검토를 견디지 못한다는 입증을 노리고 있는 것처럼 보인다. 처음 사정은 사실상 그렇다. 독단적인 철학함이 회피되어야 한다면 이런 회피는 항상 회의적 논증의 결과일 것이라고 주장할 필요도 없이 말이다. 하지만 만약 회의에 어떤 공격의 빌미도 제공하지 않는 사변적 사유를 통해서 그때마다 개별적인 경우에 성취되는 입증이 보충될 수 있다면, 잠재적인 정의항 제안들은 체계화될 수 있다. 이 제안들의 무용성을 개별적으로 입증하기까지 하나의 진행 방식이 수행되는 것이다. 이 진행 방식으로부터 논증을 통해 개념들은 어떠한 순서로 이것들의 정의항으로서의 유용성에 이르기까지 검증되어야 하는지가 분명해진다. 사변적 사유는 검증된 개념들을 내용적으로 수정하고, 속행되는 진행 방식은 이 개념들의 구분을 성취한다. 이 개념들 구분의 배후에는 철저한 회의적 논거들이 놓여 있다. 그렇기에 아무리 늦더라도 이 구분이 완전한 것으로 증시(證示)될 수 있다면, 회의주의자는 이 구분 속에 안정적으로 교정되어 있는 개념들이 하나의 정의항 기능에 요구되는 규정성을 결여했다고 더 이상 마땅히 여길 수 없다. 여하튼 결국엔, 그리고 전체 진행 경로의 개관으로부터 결핍된 규정성을 힐책하는 회의주의자의 논박에 대처할 수 있을 것이다. 그리고 이것은 바로 그 회의적 논증이 수행한 일 덕택이다. 그러나 결국에 입증될 수 있는 것은 또한 한 주장에 대한 찬반 논거들을 동등한 힘을 지닌 것으로 증명해 보이고 그럼으로써 이 주장의 진리 요구를 결정되지 않은 것으로 만드는 확증된 회의적 공격들을 위한 필요조건이 교정된 개념들 중 하나로 착수될 수 있을 정의의 경우엔 충족 불가능하다는 점이다. 이 경우 말할 수 있는 것은 그러한 정의의 술어가 하나의 절대자 개념을 정의하는 정의항으로 고찰될 수 있다는 것이다. 마찬가지로 타당하게 이루어진 회의적 논거들 덕택에, 또한 회의주의자에 의해 용인되어야 하는 가능한 회의적 논증의 한계들 덕택에 그렇게 고찰할 수 있다는 것이다. 그렇다면 어떤 의미에선 그러한 정의의 정의항은 **연역된** 것이다. 만약 회의적 논거들이, 그리고 이 논거들에 어떠한 공격 빌미도 제공하지 않고 이 논거들의 결과들을 사변적 사유를 통해 보충하는 것이 사변적 사유 개념의 정밀화에까지 도달한다면, 우선은 표상으로부터 취해졌던 단지 애매하게 사유된 피정의항도 끝 무렵에는 유사하게 정당화된 채 놓여 있게 될 것이다.

가늠해본 진행 방식은 사실상 자신의 개념들을 회의적 논증을 통해 획득하고 가장 예리한 인식 비판의 진행에서 그러한 정의들에 대한 자신의 개념들의 유용성을 증명해낼 수 있는 기회를 제공한다. 이 점이 철학적 인식 방법에 관한 헤겔의 이념을 오늘날까지 경합하고 있는 방법에 관한 생각들보다 탁월한 것으로 만드는 것이다.

3. 『논리학』은 우리의 사유와 이 사유의 활동성 방식이 아니라 오히려 그때마다 토의된 사고 규정들이 그 안에 진술되는 명제들을 공식화한다. 더 나아가 우리의 지금까지 이해에 따르면 그러한 사고 규정들이 정의 가능한 것으로 만들어야 하는 어떤 것을 『논리학』은 경우에 따라 전제하거나 예견하면서 문제 삼는다. 하지만 이 점은 『논리학』이 정의 기획에 대해 말해지지 않은 부가적 사고를 우리의 철학적 성찰 속에 포함시키는 것을 방해하진 않는다. 우리는 철학적으로 성찰함으로써 그 정의 기획에 관여하고 있다. 이미 말했지만, 게다가 예상할 수 있는 것은 (절대자에 관한 일련의 정의들로서) 이러한 기획에 대한 우리의 지금까지 이해가 여전히 교정이 필요하다는 점이다. 그리고 우리가 실행하는 진행 방식은, 오성이 자기 스스로 처리하는 진행 방식의 개념들에 있어 이성에 부합하는 것을 이 이성에 부합하는 것과 외적인 첨가물처럼 관계하고 있는 것으로부터 분리해내는 데에 철저히 소용될 수 있다. 따라서 필요한 경우에 우리 사유의 활동성 방식 또는 우리 사유의 자기 이해를 교정하기 위해 『논리학』이 전개되는 와중에 이 활동성 방식을 검토하는 것은 원리적으로 확실히 가능하다. 또한 이 검토가 『논리학』에서 토의되어야 할 사고 규정들에 의거해, 따라서 무엇보다 '절대자'와 '정의'의 사고 규정들에 의거해 행해져야 한다는 것도 분명하다. 그러나 중요한 것은 다음 물음을 해결하는 것이다. 어떻게 사고 규정들에서 전적으로 특정한 교정의 요구가 생길 수 있는가? 그때까지 실행된 진행 방식이 변화되어야 하거나, 게다가 이것의 실행 요구가 무효화되어야 하거나 하지도 않은 채 그러한 교정이 행해질 수 있는가? 그 교정의 결과는 결국 어디에 존립하는 것인가? 만약 『논리학』의 경로를 이것의 셋째 부분

에 들어설 때까지 주의해 따라가 보면, 이 물음들에 대한 헤겔의 입장이 인식될 수 있다.

『논리학』의 두 번째 부분 마지막에, 요컨대 다음과 같은 것이 제시된다. '절대자'라는 사고 규정은 (그리고 이와 함께 우리의 추정적 **피정의항**은!) 정의에 요구되는 **규정성을 결여하고 있다**. 그래서 우리가 정의를 향해 계속 나아가는 것으로 이해하고자 하는 진행 방식은 우리로 하여금 부득이하게 그 사고 규정의 정의를 하나의 절대자 개념의 정의로서가 아니라 적어도 절대자에 대한 하나의 후속(後續) 개념의 정의로 고찰하게끔 한다. 이 후속 개념이란 우선 사변적 **개념**의 개념이다. 『논리학』 세 번째 부분은 이 개념의 논의로 시작한다. 그러나 정의 기획은 아직도 이 개념 속에 사유되는 것에 머물러 있을 수만은 없으며 오히려 이 사유된 것에 대한 이후의 후속 규정에서야, 즉 자기 자신을 사유하는 "절대적" **이념**에서야 비로소 멈출 수 있다. 헤겔은 절대적 이념의 연역으로써 아리스토텔레스의 **사고의 사고**(noesis noeseos)를 "그 개념에 이르기까지" 명료화하고 싶어 한다. 비로소 사고의 사고와 더불어 우리의 사유는 더 이상 새로운 내용과 대상으로 전진해갈 필요가 없어진다. 사고의 사고와 더불어 오성이 정의하고자 했던 것, 그리고 덧붙여 절대자로 표상되었던 것이 그 개념에 이르기까지 명료화된다.

여기에 도달하기 전에 『논리학』이라는 전체 기획이 하나의 정의 또는 일련의 정의들에 이를 것이라는 우리의 이해도 교정된다. 정의들은 유한한 이론적 인식 속에 자리 잡는 것들이다. 그러나 또한 이 유한한 이론적 인식의 이념이나 이성성은 무엇보다 결코 완결에 도달하지 못한다는 데에 존립한다. 개념 구분들의 틀 속에서 정의들이 행해져야 하겠지만 개념 구분들로 이루어지는 하나의 체계는 인식의 무한 전진에 속하는 것으로서 결코 완벽하게 형성될 수 없다. 그렇기에 또한 지금까지의 이해에 따라 우리가 『논리학』에서 관여하고 있는 이러한 기획처럼 정의 기획은 결코 위에서 가능하다고 가정된 완결에 이르기까지 이성적인 방식으로 수행될 수 없다.

가정된 것에 머무르고 말아야 한다면 『논리학』에서 문제시되는 것은 정확히 말해 **정의 기획과는 다른 어떤 것**이라 하겠다. 이 밖에도 정의들이란 유한한 이론적 인식에 속하는 것으로서 기껏해야 존재하는 한 대상에 대한 진술들일 뿐이다. 대상은 이 대상에 대해 어떤 것이 (그리고 무엇이) 진술되고 있는지 하는 물음에 의존하지 않은 채 이 대상인 바의 것으로 있는 것이다. 그렇지만 회의주의자도 그러한 종류의 진술들을 기껏해야 자신의 "균등성 공격들(Äquipollenzattacken)"[16]을 가지고서만 비판할 수 있다. 이러한 공격을 하면서 회의주의자는 진술에 유리한 논거들이 동일한 강도의 반대 논거들에 의해 상쇄되어버린다는 것을 타당하게 만든다. 그래서 "인식의 이념"의 개념에 이르기까지 수행된다면 진행 방식은 우리에게 다음과 같은 점을 보여준다. 『논리학』의 과제는 자기 자신을 사유하는 "절대적" 이념의 개념이라 할지라도 하나의 개념을 정의하는 그런 과제일 수는 없다는 것이다. 오히려 『논리학』의 과제는 자기 자신을 사유하는 이념의 개념을 위해 (정의 개념에 대한 후속 개념 속에서) 정의항 개념에 대한 후속 개념을 발견하는 데에 존립해야 한다.

이에 상응해서 진행 방식에 대한 우리의 이해는 『논리학』의 완결 바로 전에 교정되어야 한다. 그러나 여기에 이르기까지 실행된 진행 방식을 교정하지 않은 채 또는 독단주의라고 꼬집는 급진적 회의의 비판에 대처할 만한 결과들을 제공해야 한다는 진행 방식의 요구를 철회하지도 않은 채 진행 방식에 대한 우리의 이해는 교정될 수 있다. 왜냐하면 진행 방식은 그 최고의 사고 규정에 관한 개념을 획득하기 전에는 여전히 결코 정의를 산출하는 데에 존립하지 않았기 때문이다. 진행 방식의 목표는 우리의 사유에

16) 균등성 공격이란 퓌론(Pyrrhon)으로 대표되는 회의주의자들의 등가성 공격을 말한다. 퓌론에 따르면 모든 진술 각각에는 동일한 설득력을 지닌 그 반대 진술이 가능하다. 따라서 어떤 진술이든지 정반대 진술이 가능하기에 어떤 진술을 참이라 주장할 수 없게 된다. 이렇게 논증 또는 설득에 있어 동일한 힘을 지닌 것을 이소스테네이아(isostheneia)라 한다. 이 말은 독일어로 '균등성(Äquipollenz)', '동등한 힘(Gleichkräftigkeit)', '등가성(Gleichwertigkeit)' 또는 '무관심성, 동일타당성(Gleichgültigkeit)'이라 번역된다.

대해선 궁극적으로 이 방식의 실행으로부터 비로소 생기는 것이다. 이것은 순수 실천이성의 목적 규정이 무엇보다 먼저 실천이성이 존립하고 있는 실행으로부터 출현한다고 칸트가 생각했던 것과 유사하다. 사람들은 이러한 점이 진행 방식의 지속적인 실행에도, 이와 결합된 증명 요구에도, 완결 가능성에도 장애가 되지 않는다는 것을 보여줄 수 있다. 이 점은 그때마다 독단적인 주장들에 치우친 오성과 이 오성에 대항해 논증하는 회의에 대해서뿐만 아니라 또한 사변적 사유에 대해서도 장애가 되지 않는다.

이 모든 것을 고려하면 어떻게 『논리학』의 진행 속에서 우리의 사유가 이 사유의 활동성 방식과 자기 이해와 관련하여 단지 검증될 뿐만 아니라 또한 교정될 수도 있는지 하는 물음에 내용이 풍부한 답변 하나가 주어질 수 있다. 정의의 개념이 그렇듯 마찬가지로 이 개념에 대한 후속 개념도 하나의 진행 방식의 개념이어야 하며, 이 진행 방식에 따라 (1) 규정된 것, 사유되어야 하는 것은 이것에 충전적인 개념 속에서 사유된다. 그러나 정의의 경우엔 피정의항이 사전에 확고하게 있어야, 그래서 진행 방식에 외부적으로 확정된 것이어야 하지만, 반면에 여기서 사유되어야 하는 것은 이제 사유에 대해 정확히 이것이지 다른 어떤 것이 아니라는 규정성을 진행 방식 자체를 **통해** 획득해야 한다. (2) 정의들에 대해 제기되는 충전성 요구도 사정은 유사하다. 정의항은 피정의항의 한 개념이어야 하며 다른 어떤 것에 관한 개념도 아니어야 한다는 요구가, 그리고 정의항은 피정의항을 적절하게, 그래서 이를테면 너무 넓지도 너무 좁지도 않게 규정해야 한다는 요구가 정의에 대해 타당한 것이듯, 여기서 이제 사유되어야 할 것은 오직 한 개념이 자신에 관한 개념인 한에서만 이 개념을 통해 적합하게 규정되어야 한다. 그러나 이론적 인식이 이성적 활동성이 되기 위해서는 정의의 경우엔 충전성 요구의 충족 내지 위반 기준들이 이 정의의 외부에서, 그리고 이 정의에 덧붙여지는 모든 것에서 찾아져야 하는 반면에, 여기서 충전성의 기준들은 이제 진행 방식 자체를 통해 안전하게 지켜져야 한다. (3) 정의의 완결 가능성 물음에 대해 기초적 의미를 지니는 그 밖의 구별 하나가 (1)에서 언급한 구별과 밀접한 연관 속에 있다. 즉, 성공적인 정의를 위해서는 피정의항이 확고하게 있다고 전제되어야 하는 것처럼, 마찬가지로 성공적인 정의를 위해 전제된 것이 있다. 정의하는 개념은 이 개념 아래에 놓이거나 놓이지 않는 어떤 것이 있는지, 그래서 하나의 "심급화된" 개념이 문제인지 아닌지 하는 것과는 독립적으로 있다는 것이다. 이에 반해 철학적 진행 방식에서 탐색되어야 하는 정의 개념의 후속 개념이 사유하도록 요구하는 것에 대해서 이러한 전제가 충족되어 있는 것은 아니다. 언급된 이 세 관점들에서 정의의 진행 방식과 구별되는 진행 방식 하나를 헤겔은 **개념의 해명**이라 부른다. 바로 그러한 해명의 개념이 모색되고 있는 것으로 잠정적으로 간주되었던 앞서의 정의 개념에 대한 후속 개념이다.

4. 절대적 이념이라는 개념의 해명은 하나의 진술을 **허용하는데**, 이 진술은 절대자 개념에 대한 후속 개념으로서 절대적 이념의 개념이 사유되어야 할 것임을 분명하게 확인시켜준다. 반면에 이 개념에 대한 상위개념 및 그 사이 축조된 개념 체계 속에 합일되어 있는 이 상위개념 아래 포함된 모든 개념들은 (이것들의 체계화 방법 개념을 포함하여) 그렇게 확인된 개념에 의해 진술된다. 만약 이러한 진술이 간략히 위에서 살펴본 진행 방식 도중에 획득되었다면, 회의적 오성은 더 이상 성공적으로 이 진술에 대항해 논증할 수 없다. 왜냐하면 이 진술은 진행 방식에 **내부적으로** 개념 해명에 대해 제기될 수 있는 요구들을 충족시키기 때문이다. (1) 사유되어야 하는 것은 이제 자신의 규정성을 획득했으며, 더욱이 진행 방식 자체를 통해 획득했다. (2) 사유되어야 하는 것에 관한 하나의 복합적 개념이 진술되며, 이 개념은 구별되어야 하는 두 관점들 중 한 관점에서 보면 진행 방식에 내부적인 기준들에 따라 개념 해명의 충전성 조건을 충족시킨다. 상위개념은 자신이 그 개념이 되는 것에 관해 보자면 회의적인 검증이 그 상위개념 아래 포함된 것으로 사유되는 모든 것을 고려하는 중에 있더라도 이 회의적 검증이 더 이상 상위개념을 넘어 이 상위개념의 **대립물**에 이르도록 하지는 않는다. 이 때문에 상위개념과 이 개념의 구분은 제기되었던 규정성의 요

구에 상응한다. 상위개념과 이 개념의 구분과 더불어 다름 아니라 이미 후속 개념 내에 사유된 것이 오성에 적합한 방식으로 진술되는 것이다. 게다가 이러한 진술이 지금까지 실행된 진행 방식 속에서 출현했던 폭발적인 회의적 논증들 전체를 거치면서도 엄호되게끔 그렇게 진술되는 것이다. (3) 진술되는 이 복합적인 개념은 이 개념을 **충족시키는 심급**이 있는 것인지 아닌지 하는 물음으로부터 독립적으로 존립하지 않는다. 왜냐하면 실행된 진행 방식과 이 방식에 속하는 모든 것이 바로 그러한 심급이기 때문이다. 더욱이 이 심급 없이는 진행 방식으로부터 출현한 복합적인 개념도 없을 것이다. 그래서 가정된 조건 아래 있는 회의적 사유는 진행 방식에 내부적인 요구들을 위반한다고 훈계할 수 없다.

그러나 무엇보다 왜 회의는 모든 것을 아무튼 결정되지 않은 것으로 만들 수 있어야 하는가? 회의는 정말 다음처럼 논증할 수도 있을 것이다. 진행 방식에 내부적인 요구들의 사정이 어떻든지 간에 절대적 이념의 개념을 완결적으로 해명하는 진술은 하여간 하나의 진술일 뿐이다. 이러한 진술에서 하나의 개념은 이 개념과 상이한 것임에도 어떻게든 이 개념과 동일시된 것에 진리 요구와 함께 부여된다. 그러나 어쩌면 이 요구를 위해서 한 것과 마찬가지로 바로 그만큼의 것이 이 요구에 대립해서 제기될 수도 있다. 그러니 여기까지 진행되어온 균등성 공격의 길은 열린 채로 있다는 것이다. 이제 이에 대해 답변하기 위해서는 아직 단 한 가지 사항이 더 지적되어야 한다. 한 개념이 귀속된다고 (또는 귀속하지 않는다고) 하는 주장에 관계하는 균등성 공격들의 전제는 이 개념을 충족시키는 어떤 것이 없어도 이 개념이 있을 수 있다는 것이며, 그리고 이 개념을 충족시키는 어떤 것은 이 개념이 없어도 이 개념을 충족시키는 것으로서는 아니라 할지라도 무엇인지는 확인될 수 있다는 것이다. 그러나 지금의 경우엔 이 두 전제들이 주어져 있지 않다. 사람들은 세계 내 대상들에 대해서뿐만 아니라 이성과 이성의 내용에 대해서도 이성적인 방식으로 진술할 수 있다. 그러나 만약 이러한 진술들이 기술된 진행 방식에 따라 획득된 것이며, 이 진술들 속에 진술된 개념들은 오직 이 진술들 속에서만 획득될 수 있는 것이라면, 사람들은 더 이상 이 진술들에 대해 회의적으로 이의를 제기할 수 없다. 세계 내 대상들에 관한 또는 세계 자체에 관한, 그리고 추정된 외부 세계의 대상들에 관한 주장들에는 이성적인 방식으로 회의적인 이의를 제기할 수 있어도 말이다. 이러한 한에서 철학적 진행 방식은 사변 논리학 속에서 자신을 회의적 오성으로부터 분리시키지 않고도, 그리고 독단적 사유의 편을 들지 않아도 여기서 사실상 하나의 완결에 도달할 수 있는 것처럼 보인다. 사람들은 이러한 가능성을 볼 수 없게 만들지 말아야 한다. 헤겔 철학을 인식 가능한 세계의 총체성이라는 무모한 이론의 옷을 입혀 등장하도록 하면 이러한 가능성은 볼 수 없게 된다. 그런 옷은 전(前) 비판적 전일성(全一性) 이론들의 모형에 따라 천을 직조해 만든 의상에 불과하다. 헤겔은 이러한 무모함을 경계하고 있으므로, 그가 "모든 것"을 이성적인 것으로 설명한다고, 그리고 모순을 "존재론화하는" 경악할 만한 시도를 한다고 논박하는 것은 옳지 않다. 칸트의 작업을 속행하려 노력했던 다른 사람들 그 이상으로 헤겔은 회의 속에서 작용하고 또한 선험철학의 이념 앞에서 멈추지 않는 힘을 존중했다. 그가 근대적인 회의와 싸운 것은 이 회의가 그에게 너무 파괴적이었기 때문이 아니라 오히려 반쪽 정성만 들여 수행되는 것처럼 보였기 때문이다. 또한 자신의 충만한 논증 잠재력을 속속들이 다 이용하는 회의주의를 참다운 철학적 진행에 통합시키는 것이 불가결하다고 여겼기 때문에 헤겔은 그렇게 싸운 것이다.

『논리학』 말미에 진술될 수 있는 개념 속에는 실행된 진행 방식의 개념도 포함되어 있다. 진행 방식에 관해 스스로 교정하는 우리의 이해에 대해서 이 진행 방식은 단지 우연적으로 실행된 것이 아니다. 오히려 그 개념 속에 사유된 진행 방식과 실행된 바의 것은 진행 방식 속에서 가동된 회의적 논증들에 근거해 같은 것이어야 한다. 그러한 한에서 『논리학』이 마지막에 오성에 대해 안착할 수 있는 진술은 정당하게 실행된 진행 방식을 확인시켜준다고 주장될 수 있다. 『논리학』 또한 실행된 진행 방식에 관해 어떤 것을 진술한다. 그리고 이러한 진술을 위해서는 사유의 활동성 이외에 다른 어떠한 활동성이 필요한 것은 아니다. 이러한 의미에서 이제 직관의 개념이 반박될 수 있다. 그러나 바로 이렇게 함으로써, 단지 이렇게 함으로써만 어떤 한 개념 아래에 놓인 심급으로부터 이 개념의 독립성이라는 전제 아래 논증하는 회의적 논박들이 격퇴될 수 있다.

물론 이러한 결과는 다음과 같은 결과와 대조를 이룬다. 『논리학』이 마지막에 분명하게 다루는 방법 개념은 결코 사유하는 주관적 활동성의 진행 방식의 개념이나 이 활동성의 도구의 개념이 아니라 오히려 절대적 이념 자체의 인식 형식의 개념이라는 것이다. 진행 방식은 아마도 자신에 관한 개념의 도입을 허용하는 듯 보인다. 그러나 이러한 개념이 아니라 다른 의미에서의 방법 개념이 말미에서 주제가 되고 있다. 그럼에도 좀 더 자세히 살펴보면 다음 사실이 밝혀진다. 헤겔은 다른 이 방법 개념을 (실행된 진행 방식과) 다른 어떤 것의 개념으로 파악된 것이 아니라 오히려 이 진행 방식 속의 즉사대자적으로 이성적인 것의 개념으로 파악된 것으로 알고자 한다. 그리고 반대로 이 개념으로부터 사유하는 주관적 활동성의 진행 방식이라는 의미에서의 방법의—추후에는 정화된—개념으로 되돌아가는 하나의 길이 철학의 이후 부분들에서도 나 있어야 한다. 말하자면 오직 절대적 이념 자체의 인식 형식으로서의 방법의 개념을 통과해서만 지금까지의 진행 방식 기술에 소용된 개념들이 이것들 편에서 검토될 수 있으며, 그리고 이 개념들이 진행 방식의 전제들로서 회의를 모면한 채 남아 있다고 하는 혐의에서 벗어날 수 있다. 그러므로 사람들은 합일될 수 없는 두 결과들에 관계할 필요가 없다. 반대로 여기서 부각된 결과가 요구하는 것은 헤겔이 우선 일단 자기 자신이 밝혀놓은 것에 도달하는 것이다.

헤겔이 자신의 논리학에 내재적인 방법 개념에 이르는, 그리고 실행된 진행 방식의 이 방법과의 동일시에 이르는 도정은 여기서 추적될 수 없다. 그렇지만 아마도 지금 떠오르는 다음의 논박에 대해서는 여전히 대처해야 하겠다. 만약 주장된 그 동일시가 마침내 성취된다면, 『논리학』을 끝맺고 있는 절대적 이념의 개념은 단지 철학하는 주관성의 개념일 뿐인 것 아닌가? 철학하는 주관성의 "절대적 정립"은 개연적으로 현상해야 한다. 이러한 물음에 긍정적으로 대답하지 않을 수 없다고 생각하는 것은 하나의 오해일 것이다. 이것을 알려면 다음을 생각해보아야 한다. 『논리학』은 물론 절대적 이념의 개념도 속해 있는 이념의 개념을 객관성 속에서 자신과의 일치에 이른 사변적 개념으로 규정한 것이다. 그리고 이미 사변적 개념의 개념에서처럼 이념의 모든 개념들에서도 사람들은 절대자 개념에 대한 후속 개념들과 관계하는 것이다. 물론 이 모든 후속 개념들에서는 포괄적인 일자가 사유된다. 이 일자는 또한 이미 개념들에 대한 규정성 요구들을 만족시키는 방식으로 절대자의 개념 속에서 사유해보고자 시도되었던 것이다. 사람들이 'H_2O'라는 개념에서 물을 생각하는 것을 중단하지 않는 것과 유사하게 그러한 "후속 개념들"에서 사람들은 이것들의 선행 개념들 속에 있는 것과는 다른 어떤 것에 관계하는 것이 아니다. 그래서 절대적 이념의 개념 속에 철학하는 주관성을 "절대적으로 정립할" 필요는 없다. 오히려 사람들이 오래전에 사유하도록 요구받은 절대자를 이러한 절대적 이념의 개념으로써 이제부터 개념적 규정성의 요구들을 만족시키는 방식으로 참되게 사유하는 만큼, 사람들은 결코 그러한 정립을 할 처지에 있지도 않다. 그래서 절대적 이념의 개념은 결코 단지 특별난 인식함의 개념이자 이 인식함의 형식의 개념인 것만도 아니다. 절대적 이념의 개념은 이러한 인식함의 주체의 개념이기도 하고, 마찬가지로 이러한 인식함에서 인식되는 현실성의 개념이기도 하다. 단지 절대적 이념의 개념이 이 모든 관점들에서 사변적 개념의 개념인 한에서만 그 개념은 절대적 이념에 관한 정당한 언술 조건들을 충족시킨다. 그렇다면 또한 그 절대적 이념의 개념으로 인해 사람들이 어떤 성질을 갖춘 "객관적인 것"과 연관하여 "단순히" —또한 "절대적으로 정립된" 것이라 해도—주관적인 것에 고정되어 있지 않다는 확신은 다음과 같은 주장을 위해 설득력 있는 근거들을 제시하는 것을 허용한다. 즉, 철학의 진행 방식이 절대적 이념의 개념으로써 아직 종결에 이른 것은 아니라 해도 이 절대적 이념의 개념으로써 『논리학』의 완결을 위한 조건들은 충족되어 있다는 주장을 위해서 말이다. 이에 반해 만약 절대적 이념이 "단순히 논리적인 것"으로서 어떤 성질을 갖춘 객관적인 것이나 현실적인 것과의 대립 속에 있는 주관적인 것이라고 가정한다면, 사람들은 절대적 이념의 개념 속에서 『논리학』이 그 완결에 이른다는 주장을 회의론자에 대항해서 변호할 수 있는 가능성을 지니지 못한다. 그리고 사람들은 『논리학』의 주제가 놓여 있는 자연철학과 정신철학의 주제와의 핵심적인 연관을 헤겔의 이해에 따라 파악할 수도 없게 된다.

5. 확실히 "우리의" 사유와 진행 방식은 일면적으로 주관적인 것이다. 그러나 만약 이 진행 방식이 절대적 이념에 내재적인 앞서의 사유의 형식으로서의 "방법"과 동일시된다면, 우리는 절대적 이념도 마찬가지로 오로지 주관적이기만 한 것이라고 가정하는 것을 어떻게 피할 수 있겠는가? 이러한 암시적 논박에 대항하기 위해서는 여기서 언급되는 그 동일시를 좀 더 정확히 눈여겨보아야 한다. 그 동일시는 단지 진행 방식으로서의 우리의 사유가 절대적 이념의 개념 속에서 사유되는 방법과 자신을 동일시한다는 데에만 존립하지 않는다. 오히려 또한 이 자기 동일시와 더불어 **동일시하는 자의 자기 이해 내에 변화**가 일어난다. 그러나 이 변화는 찾고 있던 범죄자의 동일 신원 확인과 같이 좀 더 잘 알려진 동일시의 사례들에서 나타나는 것이 아니며, 또한 예를 들어 자신의 기억을 상실했던 자가 자신이 누구인지 다시 발견하는 것과 같이 친숙한 자기 동일시의 경우들에서 드러나는 것도 아니다. 사유의 활동성의 주체는, 그렇기에 또한 그 동일시의 주체는 지금까지의 자기 이해에 따르자면 일반화된 자아였다. 일반화된 자아는 다른 말로 하면 나, 즉 사유하는 이 사람이다. 우리들 중 이러는 사람이 누구든지 간에 말이다. 그래서 내가 "우리"라고 말하거나 "우리의" 사유에 관해 말할 때 내가 관계하는 그런 사람이다. 만약 우리가 이제 소위 우리의 사유의 진행 방식을 절대적 이념의 형식인 그 방법과 동일시한다면, 또는 만약 우리의 사유가 이 사유의 진행 방식에 관해 자신을 그 방법과 동일시한다

면, 우리인 유한한 주체는 동시에 하나의 무한한 주체 속에, 즉 절대적 이념 자체 속에 근거 지어지고 지양된 것으로서 사유되는 것이다. 이 절대적 이념은 활동적이므로 유한한 주체로 하여금 대자적으로 활동하게끔 한다. 그러나 자신에게 봉사하도록 고용했지만 자신으로부터 독립해 실존하는 보조원을 활동하게 하듯이 그렇게 하는 것은 아니다. 오히려 절대적 이념은 이 이념 고유의 현존재로서 유한한 주체를 활동하게 한다. 그 고유의 현존재 속에서 절대적 이념은 자신을 서술하기에 말이다. 따라서 여기에서 이루어지는 동일시는 여전히 좀 더 정교하게 규정되어야 한다. 정확하게 보면 단지 우리의 사유만이 이 사유의 진행 방식에 관해 자신을 그 방법과 동일시하는 것이 아니다. 그리고 우리의 사유를, 즉 우리를 절대적 이념 자체와 동일시하는 것은 결단코 이러한 사유의 주체로서의 우리가 아니다. 만약 절대적 이념의 개념이 요구하는 바대로 이 절대적 이념을 이 이념의 현존과 서술로부터 구별한다면, 그러나 이때 구별되는 것들을 분리시키지 않으면서 구별한다면, 아마 다음처럼 말해도 될 것이다. 우리가 우리 자신을 절대적 이념의 현존재와 동일시함으로써, 그리고 절대적 이념의 현존재로서 동일시함으로써, 즉 동시에 절대적 이념의 서술이기도 한 이 현존재로서 우리 자신을 동일시함으로써 우리는 스스로를 절대적 이념에까지 고양시킨다. 그리고 우리는 거기에서 우리의 주관적 사유 속의 우리를, 즉 우리의 사유의 진행 방식에 해당하는 것을 절대적 이념에 내재적인 사유의 형식과 동일시한다. 절대적 이념에 내재적인 사유의 형식은 우리의 진행 방식과 이 진행 방식의 규범들의 가장 내적인 것이기에 말이다.

5. 방법, 진행 방식은 방법의 개념에 이르게 된다

절대적 이념으로의 우리 자신의 고양과 더불어 우리는 그 밖에 우리의 진행 방식에 속하는 모든 것을 즉자대자적으로 이성적인 것의 형식에는 비본질적인 것으로서 분리해낸다. 이렇게 함으로써 우리는 확실히 이념을 절대적으로 정립되어 있는 배타적으로 주관적이기만 한 것으로 만드는 것이 아니다. 그렇지만 진정 이제 『논리학』이 과제를 성취한다고 말하는 것을 무엇이 정당화해야 하는지가 이해되기 시작한다. 『논리학』이 성취하는 과제는 우리의 사유 속에서 자기 자신을 규정하는 이성이 논리적인 것의 순수지이게끔 그렇게 우리의 사유가 스스로를 실행하도록 하는 것이다. 절대적 이념의 개념 속에 사유된 방법은 행해지는 동일시와 더불어 철학하는 사유 속에서 실행되는 진행 방식의 가장 내적이고 규제적인 것으로서 인식된다. 그래서 『논리학』에서 사유되는, 『논리학』 대상에 내재적인 사유가 마침내 하나의 지로서 참되게 인식되는 만큼 『논리학』은 자신의 과제를 성취하는 것이다. 이 지는 처음부터 우리에 의해 실행되는 진행 방식을 내부로부터 규제하는 것이었다.

이제 『논리학』 속에 실행된 진행 방식과 마침내 도달한 방법 개념 사이에 성취되어 있는 차별화된 일치를 갖고서 헤겔은 『정신현상학』이 철학적 지를 위해 제기했던 요구들을 충족시켰다. 이 요구들은 사변적인 것에 대한 헤겔의 근원적인 이해를 통해 괄목할 만하게 개선되고 있었다. 이 요구들은 한편으로 자아가 철학함에 있어 실체성과 대상성의 형식에 대립한 자기의식으로서 자신을 고수하지 않는다는 것을, 그러나 자아가 또한 "구별들을 절대자의 심연 속으로 되던져버리는 …… " 하나의 제삼자로서 출현하지도 않는다는 것을 보장하는 데에 존립했다. 별다른 규명 없이 이제 이러한 요구는 충족된 것으로 간주되어도 된다고 말할 수 있다. 다른 한편으로 요구된 것은 "어떻게 구별된 것이 자신 자체에서 운동하며 자신의 통일로 복귀하는지를 단지 관찰하는" 겉보기의 비활동성 속에 철학적 지가 존립해야 한다는 것이었다. 이러한 요구도 이제 고려된 셈이다. 왜냐하면 여기서 언급되는 지는 독단적으로 주장하는 경향이 있는 오성이나 개념들을 그 규정성에까지 검증하려고 회의하는 오성의 활동성 속에 존립하지 않고 오히려 사변적 사유 속에 존립하기 때문이다. 사변적 사유는 오성과 오성의 활동성에 대한 자신의 태도에 있어 처음부터 바라보는 것이라고 특징지어졌다. 그러나 이제 『논리학』 말미에서 밝혀지는 것은 사변적 사유의 고유한

“작동”이 실은 『논리학』 대상에 내재적인 사유의 자기 자신을 규정하는 형식을 통해 사변적 사유가 스스로를 이끌리게 함(ein Sich-Leiten-Lassen)이라는 것이다. 그 작동은 오성이 사변적 사유로부터 빼앗은 것도 진술들로 수행되는 것도 아니다. 또한 우리의 사변적 사유 속에서 구별된 내용들은 우리를 통해 변화하는 것이 아니라 그 내용들 자체에 속하는 형식에 의해 편성되고 통일되는 것이라는 점도 밝혀진다.

사변에 대한, 그리고 한편으로는 사변의 반성과의 관계에 대한, 다른 한편으로는 사변의 지적 직관과의 관계에 대한 헤겔의 원래 이해에는 적어도 네 개의 결점들이 골칫거리였다. 이 결점들이 제거되지 않으면 사유에 관한 진정으로 근본적인 개념이 형성될 수 없었고, 사유가 보편으로부터 특수의 출현으로서 개념 파악될 수도 없었으며, 오직 사유로부터만 이성 내용의 체계적인 것이 발견될 수도, 참된 것이 실체로서 외에도 “마찬가지로 주체로서 파악되고 표현될” 수도 없었다. 이제 이러한 결점들에 대해 많은 것이 행해진 셈이다.

『논리학』을 마무리하고 있는 방법 개념은 『논리학』에서 실행된 진행 방식과 다른 어떤 것에 관한 개념이 아니며 오히려 『논리학』에서 즉자대자적으로 이성적인 것의 개념이다. 그러나 바로 이 때문에 방법 개념은 단순히 자신의 진행 방식을 실행하고 있는 우리의 사유를 묘사하기 위해서 적용될 수는 없다. 방법 개념은 이 진행 방식이 헤겔에 의해서나 또는 우리의 사유에 의해서 수행되듯이 그렇게 진행 방식을 내포하지 않는다. 오히려 방법 개념은 우리의 사유 속에서 자기 자신을 사유하는 이념이기도 한 형식으로서 진행 방식을 내포한다. 그렇기에 이제 또한 다음처럼 말해져야 한다. 우리의 사유가 암시된 방식으로 진행하고 있다면 변증법적이라는 것은 단지 우리의 사유에만 고유한 것이 아니다. 또한 변증법은 철학의 어떤 분과도 아니다. 오히려 변증법적인 것은 근원적으로 우리의 사변적 사유가 지니는 내용의 각 운동 계기라고 하겠다. 그러나 이 점을 우리의 사변적 사유는 이 사유의 자기 이해가 변천함에 따라 철저히 납득할 수 있다. 왜냐하면 우리의 사변적 사유가 사유한 것은 증명된 것이어야 한다는 요구에 대해서 사변적 사유를 이 사유의 내용들과의 관계에 있어서 활동적인 것으로 생각하면서도, 그러나 사변적 사유와의 관계에 있는 이 내용들을 부동의 어떤 것으로서 생각하는 것은 본질적이지 못하기 때문이다. 아마도 회의적인 평가를 할 때 이미 다음처럼 말해도 될 것이다. 내용에서 내용으로 계속 추진해 가는 것은 본래 사유된 것의 개념적인 내용 속에 놓여 있는 것이지 회의적인 사유의 자기 나름의 절차 속에 놓여 있는 것은 아니라고 말이다. 그러나 사변적 사유는 우선 바라보는 자신의 역할을 한 다음 언제나 다시금 자신을 잊고서 내용에 집중해 작동함으로써 결국 절대적 이념 자체가 이 작동의 주체로 인식되게끔 하기에 사변적 사유는 여하튼 결국엔 자신이 아니라 오직 내용에 내재적인 형식만을 이 내용을 움직이는 것으로서 고찰할 수 있다. 변증법적인 것은 이제 헤겔에 의해 그와 같은 것으로 이해되거나 또는 단순화해 말하자면 사변적 사유의 내용을 형성하는 사고 규정들의 과정성으로 이해된다. 이 과정성은 그렇게 사유된 운동 원리로부터 출현하는 것이다.

이 과정성은 오성이 고정시키려고 하는 분리들로부터 스스로 풀려난다는 특징뿐만 아니라 하나의 보편으로부터 특수화들이 출현한다는 특징도 지닌다. 그리고 바로 이것이 사변적 개념의 운동 성격을 형성한다. 지금까지 말해진 모든 것에 따른다면 이에 대해 이제 더 이상 설명할 필요가 없겠다. 다음 사항들은 또한 분명하다. 즉, 우리가 우리의 사변적 사유를 처음에 했듯이 단지 오성에 대한 이 사유의 연관 속에서만, 그리고 이렇게 함으로써 자체가 여전히 오성에 따르는 방식으로 고찰하는 한, 사고 규정들의 과정성은 입증될 수 없다. 사변적 사유는 그렇게도 오랫동안 자신의 내용에 스스로 집중하고, 이를테면 이 내용에 의해 자신이 소모되도록 한다. 이렇게 함으로써 마침내 이 내용에 일어난 것만 아니라 사변적 사유가 우리의 처음 이해에 따라 행한 것도 절대적 이념의 개념 속에서 절대적 이념 형식의 현존과 서술로서 개념 파악된다. 바로 이런 경우에야 비로소 사고 규정들의 과정성은 밝혀질 가망성을 지니는 것이다.

헤겔은 우리의 사변적 사유의 진행 방식이 자기 자신을 사유하는 이념의 형식과 아무 구별도 없이 동일하지 않다는 것을 좀처럼 명료화하지 않았다. 우리의 사변적 사유의 진행 방식이 이러한 이념 형식의 **서술**로서 생각되어야 한다는 것을 인식하려면 이념의 헤겔적인 개념을 정확히 알아야 한다. 그러나 어떻게 더 자세히 이러한 서술의 특징이 규정될 수 있을까? 이를 위해 우리에겐 아무것도 더 이상 말해지지 않는다. 그렇기에 아마도 헤겔이 자신의 사유의 이 최고점을 위해 현실적으로 인식 가능한 것보다 더 많은 통일성을 암시한다는 혐의로부터 그를 자유롭게 할 수는 없을 것이다. 헤겔은 적어도 절대적 이념으로서 사유되며 자신을 규정하는 이성 자체와 우리의 사변적 사유의 규정 과정 사이에 벌어져 있는 심연에 우리가 주목하도록 하지는 않는다. 이 심연은 매우 무규정적인 서술 개념을 통해서만 다리가 놓여 있을 뿐이다. 과제는 이러한 심연 속으로 신중하게 내려가보는 것이었을지도 모른다. 헤겔 이후의 철학이 이 심연을 거부하거나 간과한 것은 이 심연 속으로 추락하는 가장 빠른 길이었다.

07

『철학적 학문들의 백과전서』의 자연철학과 정신철학

1. 『철학적 학문들의 백과전서』는 "학문의 체계"가 아니다

『철학적 학문들의 백과전서』는 헤겔의 생애 동안 유일하게 세 번이나 판본을 거듭해 출판된 저작이다. 이 저작은 1817년에 처음으로, 그리고 그 다음엔 1827년 거의 두 배 분량으로 크게 개정된 판으로, 그리고 1830년에는 더욱더 많은 개정을 거쳐 출판되었다. 『정신현상학』이나 『논리학』과 비교해보면 첫 판은 유난히 짧은 기간 동안에 작성되었다. 만약 이 첫 판이 "학문의 체계"여야 했다면, 그렇게 빠른 저술이 가능하진 않았을 것이다. 헤겔은 오래전 예나에서 "학문의 체계"의 출판을 공고했었고 『정신현상학』을 이 체계의 입문적인 첫 부분으로서 출판했으며 1812년에도 여전히 『논리학』을 이 체계를 계속하는 부분으로 특징짓고 있었기에 말이다(TW V, 18). 『철학적 학문들의 백과전서』를 헤겔의 "학문의 체계"라고 처음 유포시킨 것은 20세기 헤겔학파와 신헤겔주의였다. 이것은 부당한 것이다. 왜냐하면 그때까지만 해도 헤겔은 그 당시 기획했던 체계나 어떤 다른 체계를 전체적으로 상세히 논의한 적이 없기 때문이다. 칸트 이후 다른 주요 철학자처럼 헤겔도 줄곧 다음과 같이 통찰하고 있었다. 칸트로부터 시작된 옛 이념들의 얼개를 전복하는 것은 동시에 새로운 오성 인식들을 다듬기도 해야 하기 때문에 순식간에 완결될 수 있는 일이 아니라는 것이다. 철학 전체를 설득력 있는 방식으로 사유 가능하게 만드는 것은 여전히 단지 하나의 저작으로만 가능한 것처럼 보였다. 이 저작은 다시금 **특수한** 철학적 분과 하나를 변형시킨 것이다. 따라서 헤겔의 철학 체계를 구성하는 다른 주요 부분들 이전에 먼저 철학적인 백과 요강의 **분과**에 대한 헤겔의 이해가 주목을 받아야 한다.

(1) 이미 **표제**가 알아보도록 하는 것이 있다. 이 저작은 단지 하나의 **요강(要綱)**일 뿐이며 여기서 철학은 엔치클로-**페디적으로**, 즉 통섭-**교육적**(通涉-**敎育的**)**으로**[17] 다듬어지고 있다는 것이다. 이 요강은 저자가 강의에서 사용하려고 작성한 것이다. 그래서 이것은 무엇보다 우선 대학 **교과서**이다. 즉, 요강은 강의의 구성을 돕고 수강자들에겐 숙고할 만한 소재를 마련해 주며 이에 반해 강사에겐 자신이 만족하지 못하는 낯선 책으로 강의해야 하거나 아니면 꺼림칙해도 어쩔 수 없이 "필기된 문장들을" 낭독해주는 것을 자신의 강의 보조 수단으로 삼아야 하는 불쾌한 양자택일을 모면케 해 주어야 한다. 그렇기에 요강의 텍스트는 **번호가 매겨진 절들**로 작성되어 있으며 극도로 압축되어 있다. 그럼에도 유사한 성질을 지닌 그 시대의 강의-백과전서들과는 구별되게 헤겔은 수강자의 일방적 사용을 자신의 책의 지침으로 삼지 않는다. 오히려 그는 강사와 수강자가 그때마다 다른 방식으로 진행해야 하는 양 방향의 사용을 지침으로 삼는다. 헤겔의 입장을 취하지 않는다면, 그래서 자기 자신에 대해 강사의 역할을 떠맡아보지 않으면

17) Enzyklopädie는 어원적으로 '순환적인', '순환 영역을 형성하는'을 의미하는 enkyklios, εγκυκλιος와 '교육'을 의미하는 phaideia, παιδεια의 합성어이다. 따라서 백과사전이라는 뜻의 Enzyklo-pädie는 어원적으로 '학문 전체 영역을 포괄적으로 순회하는 교육', 그래서 통섭적인 교육을 의미한다.

그 텍스트는 단지 복잡하게 서로 중첩된 일련의 테제들을 제공하는 것일 뿐이다(III 169와 비교).

(2) 많은 절들의 중심 텍스트에 덧붙여 “삽입되어” 있는 **주석들**의 경우는 사정이 다르다. 그리고 헤겔의 제자들이 이 저작의 유고 발행본에 편집해 넣은 “보충문(Zusätze)”들도 대부분 다른 사정을 보여준다. 이 절들은 좀 더 폭넓은 대중성을 갖도록 고안된 것이다. 그러면서도 이 절들은 중심 텍스트에서 말해진 것이 납득할 만한 주제들에 대한 의견들과 논쟁하기 위해 지니는 파급 범위를 명료화하려고 한다. 논증 대부분이 수고스럽게 재구성될 필요 없이 이 주석들 속 주장들은 자체가 개념적 구조에 깊이 연관된 중심 텍스트 문장들보다 더 쉽게 이해될 수 있기 때문에, 독자는 전체 저작에 대해 꼼꼼히 학습하지 않고서도 이 주장들에서 그때마다 관심을 끄는 논점에 대한 헤겔의 판단을 알 수 있게 된다. 그러나 이 해당 판단이 전체 저작에 어떤 중요한 의미를 지니는 것인지는 전체 저작에 대한 꼼꼼한 학습이 없다면 완전히 배울 길이 없다.

(3) 이 ‘백과전서’라는 **분과**의 기획은 칸트와 칸트주의자들, 그리고 칸트 이후 철학자들이 철학적 백과전서를 위해 제기했던 요구들에 대한 하나의 답변으로 이해되어야 한다. 그래야 비로소 이 기획이 내용상 해명되기 때문이다. 칸트는 라이프니츠-볼프의 강단 철학에서 비롯된 백과전서의 이해에 새로운 의미를 부여했다. 이에 따르면 **철학적** 백과전서는 어떤 하나의 사실 연관적 구성에 따라 학문들 전체 속으로 입문하도록 하는 것 이상의 일을 수행해야 한다. 구성은 이성에 적합한 것이어야 한다. 구성은 해당되는 전체의 지평을 사전에 확정해야 하며, 단지 자신들에게 외적인 질서로 정돈되어 있는 이론 내용들의 집합체만 제공해선 안 된다. 구성 결과는 오히려 하나의 체계여야 한다. 전체의 이념이 이미 모든 부분들에 선행하므로 이 체계는 전체의 이념 속에서 각 부분에게 전체에 대한 이 각 부분의 연관을 규정해주고 또한 다른 부분들에 대한 각 부분의 연관도 규정해준다. 헤겔은 바로 이러한 요구를 떠맡고 있다(E¹§6와 비교). 그러나 그는 이 요구

를 급진전시키며 그럼으로써 무엇보다 먼저 실현 가능한 것으로 만든다. 말하자면 한편으로는 학문들 속의 모든 것이 또는 학문들에서 무규정적으로 많은 것들이 철학을 통해 인식 가능한 "체계적" 통일을 이루고 있는 것은 아니다. 철학적으로 인식 가능한 학문-체계 구조 속에는 결코 모든 학문들이 포함되는 것이 아니라 오히려 단지 "합리적 근거와 시원"을 지닌(같은 책 §20) 학문들만이, 그래서 한갓 "실정적"인 것들이 아닌 그런 학문들만이 포함되는 것이다. 다른 한편으로 칸트주의자들의 백과전서 초기 국면에 그랬던 것처럼 전문 학문들의 내용을 고려하지 않고 내버려 두는 한갓 **형식적인** 학문 체계 구조로만 완결되는 것도 충분치 않다. 전체의 통일을 하나의 체계적 통일로 만드는 전체의 이념은 또한 전문 학문들의 내용이 단순히 실정적인 어떤 것이 아닌 만큼 이 전문 학문들의 **내용**을 새롭고도 이성에 적합하게 해석하는 데에까지 이르러야 한다.

첫 부분을 형성하는 '논리학'이 어떠한 의미에서 "이전 형이상학"의 "자리를" 대체하는지 하는 것은 이미 말해졌다. 하나의 백과전서 속에 다루어지는 분과들 전부가 아니라 단지 논리학만이 헤겔에겐 형이상학이다. 논리학은 단지 최초의 학문일 뿐만 아니라 또한 최후의 학문이기도 하기에 형이상학이다. 그러나 그 자체로 본다 해도 논리학은 단지 자연철학 (그래서 철학적인 "자연학") **다음에**(meta) 위치하는 것만이 아니다. 또한 논리학은 아리스토텔레스에게서도 그랬듯이 탐구되어야 할 자연 연관들의 최초 근거들을 발견하는 과제도 지닌다. 이러한 과제에서 논리학은 결국 자신을 사유하는 사유의, 즉 절대정신의 이론으로서 사변적 **신학**이다. 물론 논리학 속에서 "신"이라는 표현이 체계적으로 기피되어야 한다는 것은 아리스토텔레스의 '형이상학'과 구별되는 점이다. 논리학은 하나의 신학이지만 이 속에서 "신"이라는 표현을 대체하는 표현들은 더 이상 하나의 존재자를 뜻하지 않는다. 아무리 이 하나의 존재자가 단지 일자에 관해서만 말하는 "일자학문적(henologisch)"[18] 형이상학 전통의 의미로 "존재하는 방식의 존재자"일지라도 그렇다. 왜냐하면 이러한 존재자는 단지 표상하는 사유 속에서만 언급될 수 있을 것이기 때문이다. 그러나 사변적 '논리학'에서는 바로 표상하는 사유로부터 벗어나야 한다. 따라서 존재론이란 표현이 무엇을 뜻하는지 안다면 또한 본래적인 형이상학을 더 이상 '존재론'으로 고찰할 수 없다는 것도 자체로 자명해진다.

자연철학과 **정신**철학에 대한 헤겔의 이해를 통해 전(前) 비판적 '특수 형이상학'에 일어난 전복도 마찬가지로 광범위하다. 전복은 이 철학 분과들이 의존하고 있는 기초 분과인 '논리학'에 대해 이 분과들이 지니는 연관에만 해당되지 않는다. 그 밖에도 전복은 이 철학 분과들의 구성의 관점과 구성 항목들의 범위에도 해당된다. 논리학이라는 기초 분과의 모든 원리들이 의존적인 분과들 속에서 어떻든 주어지는 소재에 어떻든 적용된다는 것은 '논리학'과 논리학에 의존하는 분과들의 연관에서 더 이상 본질적인 것이 아니다. 이 연관에 본질적인 것은 오히려 철학의 유일한 단 하나의 대상이 처해 있는 자기 변용이다. 이 자기 변용에 의해 "실재적인 것의 철학"이 구성되기에 이른다. 이 구성을 이끄는 것은 특수 형이상학에서나 칸트에게서 그랬던 것처럼 '자아, 세계, 신'의 삼원항이 아니라 오히려 현시 과정의 개념이다. 철학의 주제는 이 현시 과정 속에서 변화한다. 이 과정의 주요 국면들이 바로 새로운 종류의 두 철학적 분과들을, 즉 자연철학과 정신철학을 구성한다. 자연철학은 "**자신의 타자 존재 내의 이념의 학**"이며 정신철학에서 정신은 "**자신의 타자 존재로부터 자기 내로 복귀하는 이념**"이다(E§18). 이 분과들 속에서 자연과 정신의 **이중성**은 예전 우주론의 대상을 대신한다. 헤겔은 이 이중성을 더 이상 철학적 우주론의 대상으로서 하나의 세계라는 개념 속에 통합하려 하지 않았다. 이미 칸트의 이해에 따르더라도 '세계'라는 개념은 본래가 선험철학에 속한다. 헤겔에 의하면 세계 개념은 선험철학의 적법한 계승자라 할 철학적 의식 이론에 속한다. 세계 개념은 우리가 대상을 지향하고 있는 한 의식 주체에 부속시켜야 하는 포괄적 상관자 개

18) Henologie는 하나, 일자를 뜻하는 그리스어의 hen, ἥν에 대한 학문을 의미한다.

념이다(E§415A와 비교). '세계'라는 "개념"은 정확히 보면 단지 "정신적인 것과 자연적인 것의 집합"의 표상일 뿐이다(E§247Z).

헤겔은 **자연**을 우주나 세계로 주제화하지 않으며, 그렇기에 신의 은혜 덕분에 조화롭게 질서 지어졌다 해도 여하튼 절대적이라 할 전체로서 주제화하지 않는다. 이런 절대적 전체라면 번갈아가며 서로 영향을 끼치기에 그 현상들로부터 인식될 수 있는 유한한 실체들로 이루어지겠지만 말이다. 그럼으로써 헤겔은 자신의 자연철학에서 칸트가 우주론적으로 사용되는 이성의 "이율배반"으로서 드러낸 철학적 난제들을 피해 간다. 그래서 헤겔의 자연철학에는 다행히 우주론과 함께 **가상계**(可想界)의 개념뿐만 아니라 감성계의 개념도 곧바로 제외된다. 감성계 개념마저 제외되는 것은 이 "개념"이 자기모순적인 어떤 것을, 즉 상호작용하는 실체들이 드러나는 **현상들**의 **절대적** 전체를 구상한다는 혐의를 받고 있기 때문이다. 이런 구상을 하지 않는다면 감성계 개념은 내용이 공허해져야 한다. 그러면 세계에 관한 언급은 본래가 현기증 나는 것이 된다. 이 밖에도 그러한 세계의 표상 속에서는 자연법칙에 따라 현상하는 원인과 결과가 자유의 결과인 현상과 뒤섞인다. 그러나 추측건대 이러한 혼합물이 이룬다는 전체는 칸트의 이해에 따르더라도 우리의 인식 조건들 아래서는 결코 **하나의** 총체로서 **체계적으로** 사유될 수 없다.

또한 헤겔에게 '세계'는 더 이상 철학적 심리학의 개념도 아니다. 철학적 심리학은 단순하고 개별화된 비질료적 실체로서의 영혼의 이론이기를, 이로써 또한 "가상계" 내의 영혼 실체들의 공동체의 이론 내지 영혼 실체들의 현상들의 이론이기를 멈춘다. 철학적 심리학은 거칠게 말하면 정신적인 유한한 주체를 형성하지만 자연철학의 대상일 수 없는 소질과 활동성의 내적 이성적 연관의 설명이 된다. 따라서 칸트에 의해 구상된 '순수이성의 생리학'과(KrV, B873) 구별되게 헤겔의 자연철학은 더 이상 사유하는 자연 및 육체적인 자연에 관여하지도 않는다. 그래서 그의 자연철학은 이성 심리학이나 이성 물리학을 포함하지 않으며 오히려 똑같은 정도로 공간적 자연과 시간적 자연만을, 다시 말해 감성적으로 조건 지어진(실제적으로 또는 적어도 잠재적으로) 이론적 인식의 대상이 되는 것의 "본성들(Naturen)"만을 포함한다. 이 이론적 인식의 대상이 되는 것은 말하자면 발생하고 여러 모습들로 변화하며 소멸하는 데에 있어 자연법칙들 아래 있는 것이며, 이러한 의미에서 간단히 "자연(die Natur)"이라 명명될 수 있는 것이다.

이에 반해 **정신**철학은, 예를 들어 직관과 사유와 같은 실행들이나 "능력들"만을 또는 1807년 『정신현상학』에서처럼 이것들이 다루어지는 의식의 방식들만을 주제화하진 않는다. 정신철학은 또한 법들을 포함하며, 그리고 법이 이성적인 방식으로 부여될 수 있거나 박탈될 수 있는 모든 것의 영역을 포함한다. 그래서 정신철학은 이론철학 및 실천철학의 영역들을 포괄하며 따라서 칸트에겐 최상의 철학 구분이었던 그 구분을 상대화시킨다. 끝으로 정신철학은 인간들이 (또는 인간적 연관들이) 지니는 유한한 정신뿐만 아니라 또한 인간들이 종교에서 신이나 성신(聖神)으로 표상하는 "무한한" 정신도 주제로 삼는다. 사변적으로 구상된 철학에서는 무한한 정신을 사유하면서 개념 파악해야 마땅하다. 그래서 정신철학은 우리에게 최종적으로 철학 자체에 관한 하나의 이론을 제공한다.

(4) 사변적 관념론의 개념은 철학 전체의 이해에 관한 것이다. 사변적 관념론의 지속적 형성을 위해 『철학적 학문들의 백과전서』가 어떤 기여를 하는지 알아보려면 『철학적 학문들의 백과전서』가 철학 자체에 대해 무엇을 말하는지를 파악해야 한다. 또한 이 요강의 주요 부분들이 서로 간에 지니거나 또는 (특히 전문 학문들에서) 철학 외적 인식과 지니는 연관에 대해 이 요강이 무엇을 말하는지도 파악해야 한다. 이때에 금방 밝혀지는 점이 있다. 하나의 '백과전서'로서 이것은 결코 아무 모순 없이 처음부터(E§1 이후 절들과 비교) 궁극적인 방식으로 철학 그 자체에 대해 안내할 수 없다는 것이다. 백과전서는 외부에서 고찰할 때 철학이 무엇으로 현상하는지를 철학이 참으로 이런 것은 아니라 하더라도 우선 진술이나마 해줌으로써 사람들을 철학으로 이끌어야 한다. 그리고 이를 위해 백과전서는 겉보기에 서로

양립 불가능한 규정들을 여하튼 사용해야 한다. 예를 들면 철학을 시작하기 위해선 사유가 **대자적**이어서 스스로 자신의 대상 자체를 산출하고 제시하는(E§17) 하나의 관점이 요구된다. 이에 상응해 사람들은 헤겔 철학을 주관주의적 생산 관념론으로 이해하도록 부추겨질 것이다. 게다가 조금 후에 분명 사유를 실존하는 주체들의 다른 활동성들과 나란히 있는 하나의 정신적 활동성으로 간주하는 것이 허용되기 때문에(E§20) 더욱 그렇다. 그러나 다른 한편으로 이 요강의 서론은 시작 부분에서 곧바로 철학은 자신의 내용이 현실성이라는 것을 알고 있어야 한다고 강조한다(E§6). 철학에 관한 이 두 이해들이, 즉 주관주의적 이해와 객관주의적 이해가 서로 어떻게 합일 가능해야 하는지는 설명되지 않는다. 여기서 문제시되는 것은 바로 학문과 학문 내 논리적인 것이 즉자적으로 지니는 **현상들**이라는 점은 『철학적 학문들의 백과전서』 말미에서야(E§575 이하) 비로소 알려진다. 학문과 학문 내 논리적인 것은 그 현상들로부터 체계적으로 완결됨으로써야 마침내 부각된다. 그러나 여기서 밝혀지는 것이 하나 더 있다. 그 두 현상들은 단지 이성에 따라서나 철학의 내용으로부터 취해지는 것만이 아니다. 또한 그 현상들은 엔치클로-**페디적인**, 즉 통섭-**교육적인** 서술로부터 전적으로 독립해 오로지 유일하게 그 **이념**상 철학인 바의 것에 의거해서만 존립하기도 한다(E§577). 헤겔의 확신에 따르면 철학의 이념은 다름 아니라 그 두 현상들이 동시에 발생하게끔 바로 그렇게 서술될 수 있다. 그렇지만 철학의 이념은 현상들 속에서 스스로를 현시하는 것이기에 여전히 이 현상들과 구별되어 있기도 하다.

철학에 대한 이해들 중에는 이성적인 것으로 파악되어야 할 것들이 있다. 철학에 대한 이러한 이성적 이해들 중 하나는 철학이 전문 학문들의 소재와 연관되는 것을, 대체로 철학 외적인 인식과 연관되는 것을 허용한다. 그럼에도 이러한 연관 규정 아래 철학은 자신의 시간적 발전 단계들 중 한 단계에서 스스로 부여하는 형태를 결코 궁극적인 것으로 고찰할 수 없다. 철학은 자신을 언제나 다시금 새롭게 획득해야 한다. 이 점이 '철학의 이념'이라는 개념 속에서 하나의 완결이 속하게 되는 그때마다의 형식을 철학의 체계 구조에 제공하는 것을 배제하진 않을 것이다. 철학적인 학문은 "주관적 인식함"으로서 이성적인 방식으로 현상한다. 말하자면 철학은 이러한 주관적 인식함으로서 개별 학문적 오성 인식들의 재료에 의존한다. 철학은 이 재료를 알아보고 인정하고 변형시켜야 한다. 이 재료는 오성 인식의 본성에 따라 완결되어 있는 것이 결코 아니다. 그렇지만 철학은 이러한 재료**에서** 철저히 이성을 통해 규정된 내용을 스스로 마련한다. 이 내용은 그 자체로서는 단지 완결된 형태로만 이성에 적합하게 서술된다. 그렇기에 『철학적 학문들의 백과전서』는 여전히 좀 더 축어적인 의미에서의 요강이다. 즉 (가능한 한 흔들리지 않게 해야 하는) 기반으로서의 요강이 아니라 오히려 체계의 실행뿐만 아니라 체계의 재생산도 이성적 작업이 될 수 있는 하나의 **기획**으로서의 요강이다.

2. 헤겔의 자연철학

"자연은 까닭 없이 아무것도 하지 않는다"는 것은 낡은 소시민적인 말이지요. 무한자가 계속 현재하도록 자연은 생동하고도 과잉되게, 그리고 호화스럽게 영원히 작용합니다. 아무것도 그대로 존속할 수는 없기에 그렇지요. 이로써 나 자신은 헤겔 철학에 근접해간다고 생각합니다. 헤겔 철학은 게다가 나를 유인했다 밀쳐냈다 합니다. 정령이시여 우리 모두에게 자비를 베푸시길!

– 첼터(K. F. Zelter)에게 보내는 괴테의 서신, 1831년 8월 13일.

칸트의 『자연학의 형이상학적 시원 근거들(Metaphysische Anfangsgründe der Naturwissenschaften)』과는 달리 자연철학에 대한 헤겔의 상세한 설명은 시공 속에 놓여 있는 것이 공간적 운동 법칙에 속하는 한에서 단순히 이 시공 속에 놓여 있는 것만 다루지 않는다. 전체 자연이 경험적 학문들의 대상이 되고, 아무리 불완전하다 해도 힘이나 법칙 또는 유(類)에 이르기까지 성공적으로 탐구되는 만큼 헤겔의 설명은 **전체** 자연의 철학적 인식에까지 나아간다. 이 점에서 자연 전체를 철학적으로 인식하는 **과제**는 **일반적으로** 보면 언제나 한결같이 1800년의 그의 체계 구상에서 이미 부각되었던 그 과제이다. 다만 헤겔은 이제 이 과제의 성취를 위해 17년이나 27년 이전과는 전적으로 다른 개념적 수단들과 방법적 가능성들을 지니고 있다. 이것은 그의 『논리학』 덕분이다.

정교하게 과제를 성취하는 수단들 중 하나는 오늘날의 시각에선 좀처럼 자연철학에 제기되지 않는 **특별한** 하나의 요구에 소용되고 있다. 이 요구는 헤겔이 보기에 가장 중요한 것이다. 이 요구는 이미 『철학적 학문들의 백과전서』 전체에 대한 서론에서 준비된 것이다(E§9). 그러나 이 요구는 자연철학에 대한 서론의 처음 절들에서(E§§245 이하) 쉽게 조망될 수 있을 만큼 적나라하게 제기된다. 이 요구에 따르면 **첫째** 자연철학은 자연을 단지 특별한 철학적 방식으로만 보여주어선 안 된다. 자연철학은 무엇보다 **자연에 대한** 하나의 특수한 **입장**이 필요하다는 것을 우리에게 알려주려고 한다. 자연철학은 이러한 입장을 곧바로 **습득해야** 한다. 습득의 첫 단계는 사변적인 철학적 "자연 고찰 방식"이 실천적 태도와 이론적 인식으로부터 분리된다는 데에 있다. 실천적 태도와 이론적 인식의 이념은 『논리학』에서 본래의 대상과 내용을 (절대 이념으로서) 동일하다고 확인하기 이전에 마지막 주제였다. 따라서 자연철학의 올바른 이해를 위해 무엇보다 우선 물어야 할 것은 어떤 점에서 철학적 자연 고찰 방식이 자연에 대한 다른 입장들과 구별되는 것인지 하는 점이다. 그리고 헤겔의 확신에 따르면 이 다른 입장들에게 새로운 입장을 요구하는 것은 무엇인지도 물어야 한다.

헤겔의 **둘째** 입문 단계는(E§247) 자연 개념의 해명과 이 자연 개념 안에서 그 다음 해명을 위해 기초적인 것으로 간주되어야 하는 규정의 진술에 있다. 분명 자연의 철학적 고찰에서는 더 이상 이론적인 학문적 인식이 문제가 되지 않는다. 그러나 또한 『논리학』마저 처음엔 자신의 대상을 다르게 다루었다. 그러므로 이 둘째 단계가 어떻게 요구되는 새로운 입장 속에 근거 지어져 있는지, 이 입장으로 인해 요구되는 다음 단계들과는 어떻게 결합되어 있는지 하는 것도 물어보아야 한다. 그 밖에도 헤겔의 계획에서 무엇이 바로 초입에 해명된 자연 개념이 공허해지지 않도록 도모할 수 있는지를 살펴보아야 한다. 이것이 그다지 내재적이지 못한 관점에서라 해도, 특히 칸트적인 관점에서라 해도 괜찮다. 이러한 물음들의 답변을 위해서는 『논리학』의 성과들을 되돌아보아야 한다.

셋째 자연철학의 서론은 해명된 자연 개념을 갖고 진행하는 작업을 특별히 **주어진 것들**에(E§248), 주제가 되는 **규정들**에(E§249), **경계들**에(E§250), 그리고 (목표를 포함해) **진로 표시들**에(E§251) 정향시키는 과제를 지닌다. 그래서 다음의 물음도 생긴다. 자연철학의 이러한 **특유한 정향들**은 좀 더 자세히 보면 어디에 존립하는가? 특유한 이 정향들은 자연에 대한 올바른 입장에 어떻게 소용되며, 이로써 양자택일들이나 유보 조건들에 어떻게 대응하는가? 자연철학을 구분하는 개관에 따르면(E§252) 마침내 여기에서부터 작업은 해명된 자연 개념을 갖고 진행한다고 한다. 이때 중심적이며 일반적인 물음은 이 작업이 자신을 위해 어떠한 인식 특징을 요구할 수 있는가 하는 것이다.

1. 요구되는 입장

자연에 대한 특별한 철학적 입장이란 유별난 어떤 것이 아니다. 칸트를 통해 이성적 우주론의 인식 요구가 불신임된 이후로, 또한 그 사이 이성적 우주론의 세계 개념이 더 이상 도덕적으로 근거 지어진 우주론과 실천이성의 요청 이론을 위해 어떤 신빙성도 소유하지 못하게 된 이후로 다음과 같은 양자택일을 피하는 것은 당연해졌다. 즉, 우리가 철학을 자연주의에서 종결지을지 아니면 자연과 실천적 자기규정의 자유라는 이원론에게 마지막 말을 허용할지 하는 양자택일 말이다. 이 양자택일을 피하지 않는다면 우리의 자기 이해는 우리가 분리된 두 요소들 속에, 즉 자연적인 요소와 정신적인 요소 속에 양서동물처럼 실존하는 것을 감내해야 할 것이다. 자연적인 요소 속에서 우리는 다른 모든 자연존재들과 함께 필연성의 사슬에 묶여 있다. 반면에 정신적인 요소는 자연적 요소와는 전적으로 상이한 "왕국 속의 왕국"이다. 자연주의자들이 환상의 탓으로 돌린다 해도 이 정신적인 요소 속에서 우리의 의지는 이른바 단적으로 자유로우며 우리에게 여전히 최고의 가치를 소유하는 그 밖의 모든 것은 이 자유가 스스로 입법한 법칙들에 의존한다. 여기서는 단지 정신적 요소에 대해 조롱했던 스피노자만 언급해도 되겠다(『윤리학』 제3부 서문). 그는 자신 고유의 입장을 갖고 격분을 터뜨렸다. 그 다음 분명한 것은 이 두 입장들 간의 상황이 오늘날까지 그다지 평안하지 않다는 것이다. 헤겔이 중요시하는 그 철학적 입장만이 유일하게 이러한 양자택일을 방지한다.

자연에 대한 철학적 입장의 요구는 단지 철학사적으로만 동기 지어진 것이 아니다. 이 요구는 무엇보다 실존적으로 근거 지어진 것이다. 요구되는 이 입장이 없다면 우리는 자연과 단지 **양자택일적으로만** 관계할 수 있다. 즉, 우리는 자연과 **실천적으로** 관계하거나 (그리고 이를 위해 요구되는 합목적성에 대한 목적론적 이론적 반성에 착수할 수 있거나) **아니면** 목적에 구애받지 않는 보편의 발견이 중요시되는 **이론적으로 사유하는** 고찰로 이행하거나 이 둘 중 하나만 할 수 있다. 우리는 분명 이러한 태도들 사이에서 지속적으로 동요할 것이다. 그러나 이러한 태도들 양자는 서로 잘 양립하지도 못한다. 아무리 표면적으로 양립할 듯해 보여도 그렇지 않다. 이 태도들은 폐쇄적이어서 단순히 외적으로 결합되지도 못한다. 왜냐하면 이것들은 자연에 대해 서로 배제하는 평가들을 포함하기 때문이다. 자연과 실천적으로 관계하는 경우 사람들은 자기 자신을 자연 대상들에 대한 목적으로서 정당하게 정립하며 자연을 이 목적에 저항적이고 경직돼 있으며 자족적인 것으로서 경험한다. 이에 반해 사람들은 자기 자신을 자신과 하나인 것으로서, 그리고 자연이 목적을 통해서야 비로소 획득하게 되는 통일성의 작가(作家)로서 고찰한다. 자연은 자신의 참다운 규정을 자기 자신 속에 지니지 못하기에 말이다(NGi 3 이하와 비교). 이와 반대로 합목적성을 반성하지 않고 오히려 이론적인 태도로 보편을 사유하는 인식에 전념하는 자는 자신의 모든 실천적 목적들로부터 거리를 취해야 하며 스스로 자연으로부터 가르침을 얻어야 하고 자연을 자신에 맞서 있는 실체적인 것으로서 인정해야 한다.

만약 이러한 태도들에서 자연은 무엇을 통해 특징지어지는지, 그리고 자연과 비교된다면 우리 자신은 무엇인지 하는 것에 주목한다면 여기서 훨씬 더 예리한 대조가 드러난다. 이론적으로 사유하는 고찰에 대해 자연은 숭고하고도 미묘하며 자신과 평화 속에 있다. 그러나 실천적 태도에 대해 자연은 가장 내적인 것에서라 해도 영혼이 없는 것이며 실천이성의 목적과 견주어볼 때 무실(無實)한 것이다. 실천이성은 자기 자신에게 목적인 반면에 말이다. 이러한 평가에 따르면 우리 자신은 반대로 우리의 자유로부터 비롯되는 작품들을 성취해낸다. 우리의 자유는 자연에서 벗어나는 가장 내적인 것이다. 이 자유의 확실성 속에서 우리는 우리 자신이 도덕적 본질들이기에 억압될 수 없다는 것을 안다. 우리는 우리의 가장 내적인 것을 자연의 결핍된 내면성에 대립시키며 자연에 도전하고 자연이 우리를 무화시키는 경우에도 여전히 자연 자체를 경시한다. 그러나 우리의 이론적 자기 평가에 따른다면 우리가 산출하는 작품들은 자연의 작용과 비교해볼 때 너무나 미미해 금방 사라져버리는 것들이며 보잘것없는 미묘함만 지니는 것들이다. 숭고하고 강력하며 자신과의 평화 속에 있는 자연과는 반대로 우리는 파괴적일 정도로 불안정하며 무력하고 평화롭지 않다. 또는 이 문제를 두 입장들을 수용할 때 직면하는 딜레마에까지 첨예화시켜 본다면 이렇다. 데카르트의 계획에 따라 자신을 "자연의 주인이자 소유자"로 만들려 하는 사람은 자신의 경험들을 이론적으로 가공할 때에 곧 자신의 노력들이 궁색했음을 고백해야 한다. 이에 반해 내가 단지 사유하면서 연구하는 호기심만 갖고 이론적으로 자연의 내면으로 깊이 파고들어 가고자 한다면, 나의 실천이성은 곧바로 나에게 다음 사실을 가르쳐준다. 즉, 내가 나의 것으로 인식하고 그럼으로써 현실적으로 전유할 수 있을 만한 "내적인 것"은 그렇게 인식 가능한 보편적인 모든 것 아래 놓여 있지 않다는 것이다. 헤겔의 자연철학은 이러한 딜레마로부터 우리를 해방시켜야 한다. 헤겔의 자연철학이 이를 위해 무엇을 수행하는지 스스로 물어보지 않는다면 사람들은 그의 자연철학에서 가장 중요한 것을 간과하는 것이다. 그 결과는 자신의 시대에 기초적인 자연학 인식들을 "이성적으로 재구성"하는 헤겔의 논의를 오해하는 것이다. 그렇다면 헤겔의 자연철학이 기괴하게 나타난다 해도 놀랍지는 않겠다.

대략 살펴본 문제와 딜레마를 피하려는 시도는 다음 **방향**으로 나아가야 한다. 형식적으로 보면 그 태도들 **양자**는, 다시 말해 이론적으로 사유하는 태도와 실천적인 태도는 분열된 품성(Habitus)에 이르기까지 사람들을 몰아세우는 규정과 관련하여 **교정되어야** 한다. 일면적으로 이론적인 입장에서 이 입장의 자연 고찰은 외면성에 집착해 쇠퇴해버리는 것에서 회복되어야 하며 이를 통해 목적에 구애받지 않는 자연과의 이론적 소통에서 뿐만 아니라 기술적 소통에서도 우리가 겪고 있는 소외의 경험이 종결되어야 한다. 그러나 이렇게 하지 못하는 경우엔 사유하는 자연 고찰에만 머물러야 한다. 이에 반해 실천적 입장을 가진 사람들은 자연에 외재적이고 한갓 주관적인 목적들로부터 벗어나야 하며 이와 함께 목적론적인 숙고들에서도 벗어나야 한다. 기술적 의도에서 목적론적으로 숙고하든지 우주신학이 가르친 것처럼 자신을 허구적으로 창조신의 활동성으로 이전(移轉)시켜 이 형상 아래 목적론적으로 숙고하든지 간에 말이다. 이 태도들 양자를 단순히 조합시킬 수도 없고 그렇다고 두 태도들 중 하나로 끝낼 수도 없는 한, 사람들은 이 태도들의 일면적 요구들과 잘못된 약속들을 상위의 원리들로부터 교정하기 위해 스스로를 이 태도들 너머에까지 고양시켜야 한다. 그래서 기술적이고 실용적인 의도에서라면 불가피하게 그렇게 하듯이 자연을 피상적으로 전유하는 것에 만족해서는 안 된다. 헤겔의 체계적인 시작들로부터 본다면 다음처럼 덧붙여 말해도 되겠다. 새로운 입장이 요구하는 좀 더 심오하게 진행되는 자연의 전유는 이중적인 것을 수행할 것이다. 즉, 이러한 전유는 자연에 있어서나 자연과 우리와의 관계에 있어 불가피한 분리들을 수용 가능하게 하는 인식을 획득할 것이다. 이 인식은 자연 속에서 분리의 불가피성의 개념적 근거를 발견함으로써 분리를 수용 가능하게 만든다. 그러나 자연의 전유는 이 불가피성의 개념적 근거를 인륜적 주관성이 자연과 합일되기도 하고 합일되지 않기도 하는 근거로서 개념 파악한다. 왜냐하면 이 근거는 나의 이성적 본질 속에 있는 나 자신과 상이한 어떤 것도 아니며 오히려 "나의 것"이기 때문이다. 설사 동일한 것 하나가 우리 각자 속에 있고 그래서 한갓 주관적인 것만이 아니라 또한 "이념"이기도, 그래서 주관-객관이기도 할지라도 말이다(TW VI, 466과 비교). 이 모든 것은 새로운 입장이 다음을 개념 파악하는 데에까지 나아가는 경우에만 가능해질 것이다. 즉, 자연이 최고의 가치 평가를 받을 만한 바로 그곳에서 이념이 어떻게 자신을 자연 속에서 자유이기도 한 "정신의 실존에까지" "산출해내는지"(E§251) 하는 것을 개념 파악하는 데에까지 말이다. 이러한 산출로 인해 자유는 전혀 다른 한 형태로 자신을 제시해야 하는 것이 아니라 자연의 근거를 형성하고 자연 속에서 현시되기도 하는 것의 서술에서 자신을 드러내야 한다.

자연에 대한 새로운 입장의 **가능성**으로 말미암아 헤겔은 자신의 자연철학을 시작하면서 (아마도 부당하게) 어떠한 큰 문제도 더 이상 서술하지 않는다. 『논리학』 말미에서 절대적 이념의 개념으로 전진해야 할 필연성이 밝혀졌었다. 이 절대적 이념의 개념은 자세히 보면 지금 요구되고 있는 것의 모든 이점들을 지니는 인식함의 개념이다. 이 밖에도 이 개념은 우리가 이론적 탐구와 인륜적 통찰의 과정에서 실행하는 바로 그 인식함의 이념을 회의적으로 연구함으로써 획득된 것이다. 그리고 이 개념은 밝혀졌듯이 단순한 하나의 개념이거나 도달 불가능한 이상이 아니다. 이 개념은 이미 『논리학』 자체 속에 심급화되어 있고 논리적 사변으로서 현실화되어 있는 것이다. 이러한 심급화의 결과는 이 개념의 방법적으로 규제된 진행 속에서 성취된다. 이 심급화의 결과가 바로 자연의 사변적 개념이며, 자연철학은 자연의 이 사변적 개념을 해명함으로써 자연에 대한 자신의 입장을 습득하는 다음 행보를 취한다. 상황이 이러하기에 이 새로운 입장의 가능성을 입증하기 위해 여전히 요구되는 것은 이론적 태도뿐만 아니라 실천적 태도 또한 이 새로운 입장과 잘 어울린다는 확신 속에 존립할 수 있겠다. 그러나 무엇이 요구되는지는 비교적 쉽게 알아볼 수 있다. 실천적 태도가 교정되어야 할 것임에도 불구하고 이 새로운 입장으로 인해 실천적 태도에게 모든 목적 개념을 포기하라고 요구되지는 않는다. 이념으로서의 자연의 사변적 개념은 사변적 목적 개념을 포함한다. 게다가 이 사변적 목적 개념은 단호한 의미로 "나의 목적(meiner)"이다. 다만 이 사변적 목적은 더 이상 나의 사적 개별성의 목적이 아닐 뿐이다. 오히려 이 사변적 목적은 모든 사람들 각자에 대해 "나의 것(Meiniges)"이다. 그러나 바로 이러한 교정은 『논리학』이 실천적 인식함의 이념에서 불가결한 것으로 증명해낸 것이다. 더 나아가 사변적 목적은 더 이상 이념으로서의 자연에 외재적이지 않으며 오히려 자연의 자기 목적이고 그렇기에 객관적이다. 그러나 그렇다고 해서 실천이성이 목적에 대해 함께 작용하는 것이 불가능해지는 것은 아니다. 왜냐하면 실천이성의 목적, 즉 자유는 근본적으로 자연의 자기 목적과 하나이기 때문이다. 이에 반해 이 새로운 철학적 입장으로 인해 이론적 태도가 자연 내의 보편에 관한 자신의 개념들을 빼앗기는 것도 아니며, 자연에 대해 고찰하는 관계와는 다른 관계가 이론적 태도에게 요구되는 것도 아니다. 이론적 태도에 대한 요구들은 단지 이 태도에 고유한 개념들의 사용이 제한을 겪게 되는 동안 보편의 개념들이 좀 더 심오하게 분석되도록, 그리고 이후 더 복잡한 개념들의 도입도 마찬가지도 좀 더 심오하게 분석되도록 하는 데에까지만 행해진다. 이론적 태도는 좀처럼 자진해서 자신의 개념들의 사용을 제한하려는 동기를 지니지 않기에 말이다.

요구되는 새로운 개념들의 도입은 『논리학』이 필연성으로부터 사변적 개념으로의 전진을, 그리고 또한 그 밖의 다른 전진들을 불가피한 것으로 증명했던 노선 위에 놓여 있다. 이에 반해 요구되는 제한은 이성적 사유의 원리들로부터 밝혀진다. 이론적으로 사유하는 자연 고찰은 이 두 가지 요구 사항을 스스로 해낼 수 없다. 이러한 자연 고찰은 경험을 위해 기능하며 수학에 의존하기 때문이다. 그러나 만약 실천적인 다른 고찰 방식이 이론적 고찰에 어떤 지침도 내리지 않고 이론적 고찰을 이것의 자율성에 내맡겨버린다면, 이론적 고찰이 다른 실천적 고찰 방식을 금지한다고 말할 수도 없다. 그러나 정확히 이렇게 헤겔은 두 자연 고찰 방식들의 관계를 구상했다. 이러한 연관들의 본질을 더 깊이 파고들면 다음처럼 말하는 것조차 허용된다. 철학적 입장은 다른 이 두 입장들과 나란히 가능할 뿐만 아니라 이 입장들의 **매개**를 위해 **필연적**이기도 하다. 왜냐하면 오직 철학적 입장만이 이론적 인식함과 실천적 인식함의 개념적 구조들을 합일시키며 이를 통해 두 입장들의 일면성을 피하고 이 양자의 본질적인 요소들을 충족시키기 때문이다(E§246Z와 비교). 그러나 그 합일은 조화로운 "종합"이 아니다. 그 합일은 단지 다른 두 입장들에 대해 **역으로 진행함으로써만** 성취된다.

2. 자연의 개념과 이 개념의 실현 방식

헤겔은 요구되는 철학적 자연 고찰을 **개념 파악적인** 자연 고찰이라 명명하며(E§246) 또한 "개념의 고찰 방식"에 관해서도 언급한다(E§245). "개념"은 이때 **사변적** 개념으로 이해될 수 있다. 사변적 개념은 『논리학』이 결국에 절대적 이념의 내용에까지 스스로를 규정하는 형식으로 인식한 것과 같다. 이 형식은 그래서 절대적 이념의 내용에 내재적으로 있다. 이렇게 **형성하는 형식**(forma formans)의 의미에서 "개념의 자기규정"이 취해질 수 있다. 이제 자연철학의 대상이 되는 모든 것은 이 개념의 자기규정에 따라 고찰되어야 한다(E§246과 비교). 따라서 이러한 고찰의 진행 방식을 구성하는 것은 개념 파악하는 사유의 방법이다. 하나의 '논리학'이라면 자신이 완결되기 바로 전에 이 개념 파악하는 사유의 방법에 대해 안내해야 하며 이 방법을 계속 철저히 실천해야 한다. 다만 **진행 방식**은 이제 배타적으로 순수한 사고 규정들에 대해서가 아니라 다른 어떤 것에 대해서 실행되어야 한다.

따라서 『논리학』의 완결 이후 가능한 진행 방식은 『논리학』과 비교할 때 특징적인 **변형들**을 겪게 된다.

자연 개념은 전체적으로 『논리학』 끝 무렵에 "연역되며", 자연철학의 시작 무렵에는 별 어려움 없이 이 자연 개념의 설명으로 나아갈 수 있기 때문에, 자연철학은 (마찬가지로 정신철학의 각 분과도) 『논리학』과 구별되게 자신의 대상에 관한 개념의 **해명**으로 시작한다. 그 다음에 자연철학이 본래적으로 전개되는데 이 전개는 자연 개념을 **이념에 이르기까지** 방법적으로 규제된 진행 속에서 **실현해야** 한다. 이러한 실현으로서 형성되는 것은 상위의 이념이 스스로에게 현존을 부여하고 이 현존 속에서 자신을 서술하는 방식이다. 이에 반해 개념이 자신을 실현해가는 이념은 그 개념이 하나의 특수한 개념인 것처럼 대개가 마찬가지로 하나의 특수한 이념이다. 자연철학의 경우 특수한 이 이념은 세 번째 부분 셋째 절에서 도달하게 되는 생의 이념이다(E§§216~222, 352~376과 비교). 이와는 구별되게 처음에 행해지는 자연 개념의 해명은 하나로 있는 이념(die eine Idee)을 다룬다. 즉, 자연은 "**타자 존재**의 형식으로" 있는 그 이념이라는 것이다(E§247). 이토록 추상적인 자연 개념으로 무언가 시작할 수 있으려면 간과하지 말아야 할 점이 있다. 자연 개념으로 작업을 진행하기 위해 헤겔은 이 자연 개념의 해명 다음에 제시되고 있는 구분을(E§252) 잊지 말고 명심하라는 진술을 계속 행하고 있다는 것이다.

한 개념이 개념 파악하는 고찰에서 실현될 수 있기 위해서는 이러한 실현이 출발하는 개념적 규정이 필요하다. 『논리학』의 시작에서와는 달리 출발 규정은 여기서 이제 더 이상 복잡한 사전 규명을 통해 탐색될 필요가 없다. 오히려 출발 규정은 이미 해명되어야 할 개념과 함께 주어져 있다. 즉 "**외면성**이 그 규정을 형성한다"(E§247). 이 규정 속에서 자연은 **자연으로서** 있지 단순히 순수 논리적 규정들 전체를 직관하는 이념으로서만 있는 게 아니다(E§244와 비교). 그래서 이 규정으로부터 시작해 자연철학이 대상으로 지니는 자연 내의 보편은 "자신의 **고유한 내재적** 필연성 속에서"(E§246)

결과로서 얻어져야 한다.

보편이 결과로 얻어지는 방식은 일반적으로 보면 이미 실행되었던 방식이다. 이제 어떻게 『논리학』의 진행 방식이 변형되는 것일까?(E§246A와 비교) 논리적 규정들 외에도 자연학적 개념들이 자연**철학적인** 논의 속에 도입되어야 한다. 이 자연학적 개념들이 자연철학의 본래적인 **소재**를 형성한다. 자연학적 개념들은 그때마다 특수한 자연학이 이 개념들로 이루어가는 형성 속에서 **수용되어야** 한다. 물론 자연철학이 진척될 때 이 수용은 자의적으로 이루어져서도 안 되며 경험들에 비례해 이루어져도 안 된다. 이 수용은 출발 규정으로 시작하는 개념의 실현에서 **불가피한** 것으로 증명되는 확인 행위들을 통해 수행되어야 한다. 말하자면 이미 도달한 개념들에서 이 개념들의 분석을 통해 추상적 · 논리적 규정들이 발견된다. 이러한 규정들로부터 다른 그와 같은 규정들로의 "운동"은 『논리학』이 이미 밝혀낸 것이다. 따라서 이런 식으로 이미 도달한 개념들로부터 한 걸음 한 걸음 다음의 자연학적 개념들로 전진이 행해진다. 예를 들어 외면성의 개념으로부터 **공간**의 개념으로, 이 공간 개념 속에 포함되어 있는 규정들로부터 **시간**의 개념으로, 이 시간 개념의 규정성으로부터 공간적으로 규정된 **장소**와 이것의 **운동**의 개념으로, 여기서부터 공간과 시간 속의 **질료**의 개념으로 등등 이렇게 전진하게 된다. 물론 분석적이고 종합적인 진행 방식의 각 단계에서 자연학들로부터 수용되어야 할 개념들은 경험에 의거하지 않은 채 해석되고 변형된다. 그러나 개념들이 변형되는 것은 개별 사례들에서 이 개념들의 적용 조건들을 고려하기 위해서가 아니라 이 개념들 서로 간의 연관들에 도달하기 위해서이다. 자연학적 개념들은 자기실현 하는 개념의 규정들로 **번역된다**. 단지 이렇게 한 다음에야 어떻게 자연의 보편이 "자신 자체 내에서 필연적인 전체로서 그 개념으로부터 출현하는지"가 자연학적 개념들에서 제시될 수 있겠다(E§246Z, Abs. 6). 자연학적 개념들은 경험적인 자연현상들을 설명하거나 예견할 수 있기 위해 이 현상들을 이해하려는 노력에서 유래하는 보편의 규정들이다. 보편의 규정들은 그러한 노력에서 근원적 기능을 지닌다. 철학적 고찰에 있어서도 자연학적 개념들은 그러한 노력과 연관된 것으로 머무른다. 왜냐하면 철학적 고찰은 그와 같은 보편을 표상하는 사유와 결합되지 않으면 정말이지 출현조차 할 수 없을 것이기 때문이다. 보편을 표상하는 사유는 철학적 고찰에 수반되는 것이다. 따라서 자연학적 개념들이 자연철학에서는 이렇게 사용될 수 없고 이러한 사용과 관련하여 문제시될 수도 없음에도 불구하고, 진행 방식은 종합적으로 실행될 때에 명명되어 있는 모든 것을 보충해 또 다른 다음의 요구와도 결합되어야 한다(E§246A). 즉, 추상적인 개념적 규정들의 총체는 그때마다 다음의 자연학적 개념을 수용하게 되는데, 이러한 추상적 개념적 규정들의 대상으로 이 규정들에 상응하는 경험적 **현상이 거명(擧名)되어야** 한다는 것이다. 게다가 경험적 현상에 관해 이 경험적 현상이 그러한 규정들의 총체에 "실제로" **상응한다**는 **사실**이 제시되어야 한다. 물론 처음부터 소위 현상들로부터 독립해 현상들 "배후에" 놓여 있는 "가상(可想)적인 것"과 관계하지 않는다면 그러한 제시는 수월해진다.

논리학의 진행 방식이 자연철학에서 겪게 되는 변형들보다 더 중요한 것은 의심할 여지 없이 변형된 그 진행 방식이 가져오는 **결과들**이다. 이 결과들 중 적어도 세 가지가 이해를 위해 언급될 필요가 있다. 자연철학은 자연 내의 힘과 법칙과 유(類)에 관여한다. 이것들은 동시대의 자연학들이 다루던 것들이기도 하다. 그러나 자연철학은 **첫째** 자연의 이렇게 다양한 "내적인 것"에만 머무르지 않는다. 자연철학은 이 "내적인 것의 내적인 것" 으로(E§246Z, Abs. 8) 침투해 들어가려 한다. 가장 외면적인 것으로부터 출발해 논리적 규정들 내지 이 규정들을 개념 파악하는 인식함을 매개로 하여 그토록 다양한 보편의 통일은 자기 자신 속에서 운동하며 자신을 그러한 다양으로써 충족시키는 보편성이라고 개념 파악함으로써 말이다. 이러한 보편성은 바로 사변적 개념의 보편성이다. 자연철학은 근대의 자연학들과 이것들의 시원 근거들을 전체 범위에 걸쳐 고려하고자 함에도 불구하고 이러한 고려를 통해 다시금 자연을 "그리스인들처럼" 퓌지스(Physis)로도, 다시 말해 생동하게 자신으로부터 자신을 산출하는 것으로도 인식할 수 있게 된다(NGi5). 또한 자연철학은 스피노자처럼 자연을 **능산적 자연**(能産的 自然, natura naturans)으로 사유할 수도 있게 된다. 애초부터 자연철학이 보여주고자 하는 것은 자연의 내적인 것의 가장 내적인 것이 어떻게 자연 속에서 작용하고 있으며 점차적으로 드러나는지, 그러면서도 이 가장 내적인 것이 어떻게 또한 많은 것을 단순한 외면성에까지 방출시키고 이로써 그 자체에 내맡겨버리는지 하는 것이다.

어떻게 자연학들의 이론적 개념들이 합리적으로 조작될 수 있으며 개별 사례들에 적용될 수 있는지, 이것을 결정하는 것이 자연철학의 문제는 아니다. 그러므로 자연학들로부터 수용되어야 할 개념들은 **둘째** 수학적 수단들을 동원한 모델들로 **구성될 수 있는지**, 만약 그렇다면 **어떻게** 구성될 수 있는지 하는 물음을 **도외시**한 채 사용된다. 그렇다고 그 개념들이 이론적으로 인식하려는 목적을 위해서도 그러한 구성을 필요로 하지 않는다는 것은 아니다. 자연철학은 그 개념들이 구성되지 않으면 지닐 수 없는 기능을 그 개념들에게 요구하지 않는다. 왜냐하면 칸트의 『자연학의 형이상학적 시원근거들』과는 달리 헤겔의 자연철학은 이론적인 자연학적 분과들의 형이상학적 기초에, 예를 들면 뉴턴 역학의 기초 같은 것에 관여하지 않기 때문이다. 그러므로 자연학이 예를 들어 관찰 가능한 현상들의 크기를 측정하기 위해 수학적 원리들을 사용해야 하는 반면에 헤겔의 자연철학은 수학적 원리들을 고려하는 데에 소홀히 한다고 논박하는 것은 옳지 않다. 각각의 자연 이론에서 본래의 학문은 수학이 들어맞는 만큼만 있을 수 있다는 이유로 자연철학을 순수 직관으로 구성 가능한 자연학적 개념들의 영역에 제한하려 한다면 이것은 헤겔이 자연철학을 구상하는 테두리 안에서 볼 때 마찬가지로 잘못된 것이겠다(KAA IV, 470과 비교). 오히려 헤겔의 자연철학은 그러한 제한으로부터 벗어나며 벗어날 수 있다. 왜냐하면 그의 자연철학은 경험 학문적 자연 인식의 기초를 이론적인 선험적 인식을 통해 획득하려거나 수학적 자연학자들에게 없어선 안 될 형이상학적 전제들을 발견하는 것을 포기하기 때문이다. 이러한 포기는 하나의 이득이기도 하다. 그렇게 함으로써 자연철학은 자연학적 개념들의 철학적 사용을 경험적인 자연 탐구의 전체 영역에까지 확장시킬 수 있고 하나의 전체로서의 자연을 자신의 주제로 삼을 수 있기에 말이다. 비록 이때 자연이라는 이 전체가 자연학들이 이 전체를 표상하거나 이 전체의 부분들을 측정하고 탐구할 때 취하는 것보다 더 추상적으로 사유된다고 해도 그렇다.

물론 자연철학은 지금까지 겉으로 보인 것처럼 그렇게 평온하게 아무 문제 없이 모든 관점에서 자연학들과 관계하는 것은 아니다. 자연철학은 자연학적 개념들의 **경험적 내용**에 대립하고자 하지도 자연학적 개념들 안에 포함되어 있는 것의 **수학적 처리**에 대립하고자 하지도 않는다. 그렇지만 자연철학은 **셋째** 자연학들의 이론적 사유를 관통하는 **형이상학적 범주들**을 연구해야만 한다. 왜냐하면 형이상학적 범주들은 자연학들에서 특별하게 탐구 대상이 되지 않기 때문이다. 형이상학적 범주들의 사용은 게다가 자연학들에 의해 자주 거부된다. 이 범주들이 사용된다 해도 전반에 걸쳐 본능적으로 사용되는 것일 뿐이다. 또한 이렇게 사용될 때 대부분 단지 반성과 비판을 특별히 필요로 하는 오성 범주들이 문제시됨에도 불구하고 이러한 사용은 그 이성성의 한계들까지 충분히 반성된 것도 아니다. 형이상학적 범주들은 흡사 개념적 결합 모형들의 투시 가능한 그물망을 형성한다. 이론적으로 사유하는 오성은 이 그물망을 펼쳐 던짐으로써 가능한 자연 인식의 경험적 소재를 끌어올린다. 헤겔은 이 그물망을 **다이아몬드로 된 그물망**(diamantes Netz)이라 부른다(E§246Z, Abs. 7). 헤겔이 이렇게 부른 것은 추측건대 단지 이 그물망이 투시 가능하기에 사람들이 이 그물망을 꿰뚫어 보면서 자연의 보편을 헤아릴(diamantenesthai)[19] 수 있기 때문만은 아닐 것이다. 또한 이 그물망의 매듭 지점들이 다이아몬드처럼 극도로 견고하고 끝이 뾰족하기 때문에 그렇게 불렀을 것이다. 이 그물망은 경험적 소재를 아무튼 가능한 한 전부 끌어올려야 하지만 이 획득물에 불순물이 섞여서는 안 된다. 따라서 이 그물망은 견고하고 뾰족한 매듭 지점들을 통해 소재에서 불순물을 쉽게 잘라내고 게다가 자른 것을 아마도 떼어내기까지 하면서 소재를 쓸모 있게 만들어야 한다. 아무튼 이 그물망은 자신 고유의 딱딱한 질료를 불순물이 완전히 제거된 순전한 형식으로 담고 있는 것이 아니라 아직은 단지 "쪼개지고 조각나고 낱낱이 나뉘고 떼어진" 채로만 담고 있는 것이며(같은 곳), 또한 이에 따라 경험적인 내용을 정돈하고 있는 것이다. 이 그물망은 경험적 내용을 유한화하기에 유한자와 무한자의 참된 통일이 출현하게끔 하지는 못한다. 유한자와 무한자의 참된 통일은 구별을 **자기 안에** 포함하면서 자기 자신을 충족시키는 보편성의 순전한 "다이아몬드 같은 동일성(diamantene Identität)" 이다(같은 곳).

자연철학이 자연학들 내 **오성 형이상학**에 대해 취해야 하는 관계는 비판적이며 필요한 경우엔 논쟁적이기도 해야 하는 관계이다. 이러한 관계는 이중적이다. 즉, 수학적 연산의 정당성이나 분리 투입된 관계량들의 탐구에 이의 제기할 필요 없이 **한편으로는** 사변적 **개념**의 통일이, 다시 말해 사변적 개념의 규정들의 필연적 결합이 타당하게 형성되어야 한다. 자연학적 개념들이나 가설들 어디서든지 간에 충분한 근거도 없이 힘들이나 그 외의 요인들이 실체화되고 서로에 대해 자립화되거나 이것들의 작용들이 단지 외적인 것들로만 고찰된다면, 사변적 개념의 통일이 타당하게 형성되어야 하는 것이다. 만약 그러한 힘들을 전제하고 있는 수학적 자연 이론에서 자연법칙들이 관찰 자료들에 의거해 경험적 실상을 관념화하긴 해도 정확히 묘사하는 것으로 제시될 뿐만 아니라 또한 이에 상응하여 투입된 선험적 공리들로부터 증명되기도 한다면, 이러한 증명들에 대해 대안들이 제공되

19) 다이아몬드(Diamond, Diamant)의 어원은 희랍어의 adamas, αδαμας(제압하거나 굽힐 수 없는)로 알려져 있다. 그러나 풀다는 여기서 '신탁을 통해 헤아리고 결정한다'는 의미를 지니는 diamanteuomai, διαμαντευομαι(원형 : diamantenesthai)라는 단어를 함께 고려하고 있다. 그렇지만 이 단어는 '잘라내고 떼어낸다'는 의미를 지니고 있지는 않다. 풀다는 이러한 의미를 다이아몬드의 특성으로부터 파생된 것으로 설명하고 있다. 사실 '다이아몬드'라는 헤겔의 표현은 비유적인 것으로서 '강인하고 고귀하다(hart und edel)'는 의미를 일차적으로 지닌다.

어야 하며, 이 대안들이 경험적 자료들을 더 잘 개념 파악하도록 해준다는 것이 설명되어야 한다(E§267A와 비교). 그러나 이것은 좀 더 보편적인 다음과 같은 요구의 특수 사례일 뿐이다. 즉, 자연학들이 이것들에 부속하고 있는 오성 형이상학에 의해 오도되는 곳이라면 어디에서든지, 예를 들어 무한 전진하는 직선적 원심운동이나 이 운동에 영향을 주는 자립적인 힘을 가정 또는 주장하는 것처럼 경험 가능한 것의 영역을 넘어서는 가정이나 주장을 하는 데까지 자연학들이 오도되는 곳이라면 어디에서든지, 이러한 경향들에 대항해 **다른 한편으로는** 현상들이 구제되도록 해야 하며, 또한 단지 사변적 개념뿐만 아니라 **경험**마저도 현실을 다르게 묘사할 것을 의미한다는 것이 설명되어야 한다. 자연학적인 개념들이 구성될 때에는 구성 목적에 부적합하지 않은 분리들이 행해지는 것이다. 그러나 만약 이러한 분리들이 경험에도 개념에도 속하지 않고 단지 "추상화하는 반성"에만(같은 곳) 속한다면, 이 분리들은 현실 자체의 것들로 여겨져선 안 된다. 그리고 한 영역으로부터 다른 한 영역으로의 자연학적 개념들의 이전(移轉)이 그러한 추상화하는 반성을 통해서만 가능할 때엔 사람들은 이 이전을 중단해야 한다.

이러한 요구들은 자연학을 수작업하듯 어줍게 다룰 것을 요구하는 것이 아니다. 이 요구들은 단지 잘못된 형이상학을 자연학으로부터 떼어내고 그럼으로써 개별 학문들의 사고 작업과 철학 간의 새로운 연속성을 가능하게 해야 한다. 그럼에도 불구하고 헤겔의 자연철학이 신뢰를 잃었던 것은 무엇보다 논쟁적인 이해 때문이었다. 이것은 특히 그의 자연철학의 비판적 잠재력에 숨겨져 있는 한계들이 좀처럼 정교하게 평가될 수 없다는 것과 관계가 있다. 또한 이 한계들이 자연을 탐구하던 동시대인들에 의해 정교화되기보다는 오히려 말소되었다는 것과도 관계가 있다. 하나의 입문서이고자 하는 이 책이 헤겔 자신이 할 수 있던 것보다 더 정확하게 그 한계들을 규정하려 해서는 안 되겠다.

그렇지만 이제 정말 살펴보아야 할 것이 있다. 헤겔은 자연철학의 자연 개념과 이 자연 개념의 실현 과정에 속하는 개념들이 **공허하지 않다**는 것을 어떻게 보증할 수 있다고 믿는지 하는 것이다. 진정 이러한 자연 개념은 자의적으로 형성된 개념과는 완전히 다른 것이며 단순히 가상적(可想的)이기에 경험 불가능한 어떤 것에 관한 개념도 아니다. 오히려 자연철학의 자연 개념은 하나의 전체에 관한 개념이며 처음부터 이 개념의 실현을 통해 전체를 체계적으로 사유하기 위한 것이다. 자연 개념은 전체를 또한 이 개념의 부분 개념들로 완전히 구분되어 있는 전체로서 사유하기 위한 것이기도 하다. 이때 이 부분 개념들은 자연학적인 개념들로서 충족되기 위해 가능한 최선의 방식으로 경험에 기초하는 것들이기에 아무리 근거 지어진 회의라 해도 공허하다는 그런 회의에 굴복하지 않는다. 자연 개념의 실현을 위해 사용되는 순수 논리적 규정들 또한 단지 그런 부분 개념들을 알아보는 데에 소용되도록 만들어진 것들로서 부분 개념들의 체계적 연관을 (또한 부분 개념들로 사유되는 전체 부분들의 체계적 연관을) 드러내고 이 밖에 회의주의와의 대결 업무도 지속시키는 것들이기에 공허하다는 혐의를 받지 않을 것이다. 그 실현 중에 있는 자연 개념은 단지 이렇게 충족된 부분 개념들의 체계적으로 구성된 전체 계열일 뿐이다. 자연 개념 자체가 여전히 이 전체 계열로부터 구별되어야 하는 한, 자연 개념은 절대이념과 마찬가지로 실행되는 사유 속에 이미 논리적 이념으로서 심급화된 것이다.

3. 자연 개념의 취급 방향을 위해 보충적인 것

우리가 단순히 입장들 간의 구별만 고려하는 한에서는 자기실현 하는 자연 개념을 갖고 진행하는 작업의 정향을 위해서 단지 삼중적인 요구만이 필요해진다. 즉, 우리는 1. 자연 고찰에 있어 우리의 개별화된 개체성을 고집하지 말아야 하며, 2. 자연 내의 인간들의 지위와 우리 모두에 고유한 주관성이 자연을 고찰하는 우리에게 무관심한 것들이어선 안 되며, 3. 자연에 대한 관심은 목적론적인 반성 내에서 만족될 수 없다는 것이다. 만약 우리가 사변 '논리학'으로부터 귀결되는 방법론적 관점들을 고찰한다면 다음처럼 덧붙일 수도 있다. "개념의 실현"이 역학의 형이상학적 기초에 존립해선 안 되며, 그리고 아무리 이 형이상학적 기초와 상이하다 할지라도 역학의 철학적 논의 속에서 논구되어서도 안 된다는 것이다. 개념의 실현은 적극적으로 방향을 바꿔서 가장 외면적인 것으로부터 출발해야 한다. 개념의 실현은 단지 점차적으로만 주관성에 복귀할 수 있으며 이 실현이 오도되지만 않는다면 또한 주관성에 도달한다. 자세히 주시해보면 개념의 실현에 대해서는 **방향을 지시해주는 관점들**이 적어도 **네 개**가 더 밝혀진다.

자연으로서의 이념의 외면성이 초래하는 것은 자연학적인 개념들과 동일시될 수 있고 이 개념들 속에서 그때마다 사유된 자연의 보편과 동일시될 수 있는 자기실현 하는 개념의 규정들이 1. "서로에 대해 **무관심하게 존립한다**는 가상을, 그리고 **개별화**되어 있다는 가상"을(E§248) 지닌다는 것이다. 자연학적인 개념들에 따르면 공간은 시간 없이 있는 것처럼 보이며, 시간은 공간 없이, 공간과 시간은 장소 운동 없이, 이 세 가지는 모두 질료 없이, 그리고 공간과 시간 속의 질료는 운동 없이 등등으로 있는 것처럼 보인다. 이러한 가상에 의해 사변적 개념은 감추어져 있다. 사변적 개념은 자연적 형태들의 현존 속에 은폐된 채 놓여 있는 단순한 한 내면적 개념일 뿐이다. 자연적 형태들은 필연적이기도 우연적이기도 하며 여하튼 개별화된 것들이다. 그렇기에 사변적 개념은 우선은 기껏해야 "거대 부분들에서나(in Riesenglieder)" (E§248Z, Abs. 2) 자신을 현시하며 그렇다고 해서 사변적 개념 자체로서 현시하지는 않는다. 따라서 사변적 개념을 발견하려면 개별화된 자연 형성물보다 더 큰 단위들을, 예를 들어 "행성들의 합법칙적 변화" (E §247A) 같은 것을 연구해야 한다. 단지 그런 다음에야 이러한 형성물들이 결코 우연성에 의한 것이 아니라 단순한 필연성에 의한 것일 경우 이러한 필연성에도 불구하고 이 형성물들의 **이성적인** 규정을 이것들의 "유기적 총체성" (E§250) 속에서 포착할 수 있는 기회가 생긴다.

만약 모든 우연적인 것을 제쳐 놓고 (개념의 현시보다) 좀 더 큰 연관에서 이성적으로 있는 필연적인 것에 주목한다면 자연 전체를 고려할 때 다음과 같은 점이 밝혀진다. 즉, 2. 자연은 "**단계들의** 한 **체계**로서 고찰될" 수 있다는 것이다(E§249). 진행 방식의 중요한 이 지침이 올바르게 이해되면 양자택일들로부터도 벗어날 것이다. 예상할 수 있듯이 다수의 **단계들**의 사고는 외면적인 자연적인 것의 현존에 있어 단지 한 걸음 한 걸음씩만 개념에 도달한다는 것을 의미한다. 게다가 이러한 도달은 자연적인 것 중 유기 조직의 정도가 좀 더 낮은 것으로부터 좀 더 높은 정도의 것으로 상승해가면서 이루어져야 한다. 이렇게 상승할 때에 그때마다 더 높은 단계는 그 전의 더 낮은 단계에 기반을 둔다. 다시 말해 더 높은 단계는 그 전의 더 낮은 단계 속에 (단순히 필연적인) 실존 조건들을 지니며, 그렇지만 더 높은 단계 자체는 더 낮은 단계의 "진리"가 된다. 이것은 의식의 단계들에서도 마찬가지였다. 이런 식으로 단계들은 점차 자체가 개념의 형식으로 유기 조직화되어 있는 개별화된 질료에까지 이른다. 그러나 이러한 유기 조직 정도를 갖춘 질료는 마지막 단계에 비로소 놓이게 되며, 그렇기에 이 단계에서야 나는 비로소 자연을 "나의 것"으로 파악할 수 있게 된다. 선행하는 단계들에서는 단지 개념으로의 어떤 접근만 이루어지는 것이며, 단계가 더 저급할수록 이 접근은 더 미미한 것이다.

그러나 여하튼 매번 접근에 이르게 된다. 따라서 개념의 실현은 각 단계에서 "접근"의 동종적 국면에 도달하기 위해 철저히 어떤 유형을 지녀야 한다. 헤겔은 이것을 고려하고 있다. 이러한 고려는 주요 단계의 요소적인 것에 그때마다 새로이 이 요소적인 것의 구성 부분들의 단순한 상호 외재와 외면적 존재의 무실성이 입증됨을 통해서 가능해진다. 무실성에 맞닥치면 이에 개념은 (이념의 형식으로) 출현한다. 따라서 세 자연학 영역들 각각(역학, 분류된 질료의 물리학, 그리고 유기학)에 대해 (1) (예를 들어 공간, 시간, 장소 운동, 질료 일반처럼) 주요 단계의 요소적인 것이 되는 보편과 (2) (예를 들어 압력 과정이나 충돌 과정과 낙하운동의 역학처럼) 이러한 보편의 유한하고 특별한 실현들, 그리고 (3) (예를 들어 하나의 중심 행성을 지닌 몇몇 천체들의 중력 체계들처럼) 질적 무한성에까지 해방된 개별적 실현들이 구별되어야 한다. (1)과 (2)에서 단지 내적이었던 개념은 그때마다 이 세 번째 것으로 나타난다.

질료의 점증적인 유기 조직화는 다양하게 등급화된 것으로서 하나의 계열을 형성해야 한다. 이 계열은 (제한된 공간적인 것의 단순한 상호 외재에서) 출발하며 외면성의 요소 속에서도 개념으로서 실존하는 개념에 접근해간다. 그러나 이 계열은 즉자적으로 최종적인 단계가 없다 해도 있을 수 있는 것이다. 이 계열은 시간적으로 질서 지어진 서로 뒤따르는 무한히 많은 단계들로 이루어질 수 있을 것이다. (항상 개념의 자기규정을 통해 발생하는) **체계**에 있어선 사정이 다르다. 말하자면 이러한 체계에는 단순히 정도들만 (다시 말해 "단계들" 만) 아니라 또한 **구성항들**도 속한다. 이 구성항들이 한 체계의 구성항들이라면 이것들 중엔 첫째 항이 있고 이것들 간의 유한한 다양성이 있는 것과 마찬가지로 마지막 항도 있게 마련이다. 여기서 최초의 것은 가장 추상적이고 가장 보편적인 것인 반면, 최후의 것은 참되고 가장 구체적인 것이다. 그렇기에 항들 간의 전진은 길을 잃고 무규정적인 것에 빠지지 않는다. 이러한 체계에서 최초 항과 최종 항 사이에 놓인 것은 개념의 완전한 "영역들"에서의 개념의 자기규정에 따라, 다시 말해 특정 실재성 범위들에서의 개념의 자기규정에 따라 조직된다. 그러한 영역들 내부에서 그때마다 최초의 것은 자신에 대한 대립과 더 구체적인 셋째 또는 넷째, 게다가 아마 다섯째 것에서의 이 대립의 극복을 거치면서 보충된다. 그리고 더 구체적인 것으로부터 다시금 새로운 영역의 최초의 것이 생긴다. 따라서 "단계" 와 "체계" 라는 표현 의미들 간에는 특별히 해결되어야 할 긴장이 존립한다. 단지 체계의 어떤 구성항들이 단계들로 동일시될 수 있다는 것만이 자연을 단계들의 한 체계로 인식하는 것을 가능하게 해준다.

단지 (여기서는 단계들의) 체계의 이 구조만 주시해도 다음과 같은 점을 알 수 있다. 철학적 고찰에 있어 자연의 단계들은 자연의 **유출**로서 (다시 말해 가장 풍부하고 가장 완전한 것으로부터 흘러나옴, 그리고 점점 더 불완전한 것, 가장 완전한 것과 점점 더 유사하지 않은 것의 형성으로서) 개념 파악될 수 **없다**는 점이다(E§249Z, Abs. 2와 비교). 자연의 단계들은 또한 인간적 생에, 진정 생 일반에 단지 우연한 주변 지위만 허용하는 물리적 우주 내의 **진화**로서 개념 파악될 수도 없다. 아직 전적으로 발전되지 않은 최초의 것 안에 이미 이것의 전개의 그 다음 모든 것과 목표가 포함되어 있어서 진화의 진행에서 정말 질적으로 새로운 어떤 것이 나타나는 것은 아니라는 전성(前成) 체계 내에서든, 그때마다 새로운 발전 결과들의 목적론적으로 질서 지어진 연속의 의미에서든, 현대적 이해에 따라 우연한 외적 보존 조건들 아래 실존하고 자신의 고유한 보존 능력들과 재생산 능력들의 우연한 변이와 더불어 변화하거나 소멸하는 자연적인 것에서의 목표 없는 시간적 과정으로서든 간에 말이다. 그렇다고 이것이 자연 안에, 예를 들어 은하계나 우리의 지구 또는 이 지구 위 생명체 종들의 발전 같은 건 없다는 말이 아니다. 다만 발전의 역사들을 이야기하려고 이런 발전의 간접증거들을 가공하는 일은 개념 파악하는 자연 고찰이 아니리라는 것이다(E§339와 Z2, Abs. 4와 비교). 또한 단계들의 체계에서 전진은 **변형**이나 "비약"의 특징 내지 **단계 없는 변전**(變轉) **지속성**의 특징을 지니는 것도 아니다(E§249Z, Abs. 3과 비교). 그렇지만 실로 단계들의 체계에서의 전진이 이러한 특징 표상들 중 몇몇과 공통적으로 지니는 요구가 있다. 즉, 더 고차적 단계의 현상들을 설명하기 위해 더 낮은 단계의 범주들이, 다시 말해 객관성을 설정하는 개념 규정들이 사용되지는 말아야 한다는 것이다(E§§264A, 286A와 비교). 도대체 이러한 사용이 진행 방식 안에서 정당화되고 이 사용의 의미가 오직 더 고차적인 단계를 개념 파악함으로써만 밝혀진다 할지라도 말이다.

헤겔의 자연철학은 3. 자연에 대한 자연사적 진화 이론적 구상들과 경합하려 한다는 인상을 불러일으킬 수도 있다. 자연 안의 **우연적인 것에 대한** 헤겔 자연철학의 **입장**은 이런 경합 같은 것이 의도되고 있지 않다는 것을 보여준다. 칸트 이전 (마이어/바움가르텐의 §278) 이성적 우주론과는 반대로 그의 자연철학은 자연 내 맹목적 우연이 (또한 이에 상응해 우연하게 조건 지어진 필연성이) 있다는 것에 이의를 제기하지는 않는다. 게다가 자연으로서 “자기 자신에게 외적으로” 있다는(E§250) 이념의 자기 내 모순적 구성으로부터 헤겔에게는 다음처럼 밝혀진다. 그러한 우연성과 우연한 필연성은 “자연의 영역에서 자신의 권리를” 지닌다는 것이며 구체적 자연 형성물들에 있어 가장 큰 부분이라는 것이다(같은 곳). 이 문맥에는 “개념 규정들을 단지 추상적으로만 획득하고 특수의 실행을 외적 규정 가능성에 내맡기는 자연의 **무력함**”에 대한 헤겔의 악명 높은 언급도 속한다(같은 곳). “무력함”이란 말은 그 문맥이 보여주듯 반(反)낭만적인 정서를 표현한다. 또한 아마도 이 말은 자신의 기술이 상당히 못 미치는 재료에 대해 흥분한 개념 예술가가 내뱉는 경멸을 어느 정도 경고하는 신호이기도 하다. “무력함”이라는 말이 이런 것을 표현하는 경우, 이 말이 이념으로서의 자연의 철학에 현실적으로 적합한 것인지 의심해보아야 한다. 그러나 이 말에 우위를 차지하고 있는 것은 의심할 여지 없이 자연에 대한 우리의 입장에 해당하는 방법론적 요구이다. 방법론적 요구란 사변적 개념에 대한 많은 자연 형성물들의 무관심을 존중하고 자연에 있어 철학적으로 중요한 것의 영역을 제한해야 한다는 것이다. “개념의 실행에 있어 개념을 확고히 유지하는” 과제에 관한 것일지라도 이것을 수행하기에 무력한 자라면 배려가 필요하며 성가신 일에 대해 보호받기도 해야 한다. 헤겔이 자신의 자연철학을 실행하면서 이러한 요구를 정당하게 이행하고 있는지 하는 것은 다른 문제다.

작업의 방향을 잡기 위해 소개된 세 관점들은 동시에 자기실현 하는 개념을 갖고 진행하는 작업과 그 자기실현 안에 수용되어야 하는 자연학적 개념들의 처리를 위한 원리들이기도 하다. 그때마다 자연철학의 특수 부문들에 상관하게 되는 그 밖의 원리들은 자연철학 내에서 ‘논리학’의 사고 규정들과 개념 운동들이 지니는 방법적 의미가 밝혀질 때 드러날 것이다. 예를 들어 기계론과 화학론, 화학론과 목적론, 그리고 목적론과 생의 이념 간의 사변적-논리적 연관이 암시하는 것처럼 소재 통일의 원리들. 『논리학』의 판단과 추론의 체계 구조로부터 획득될 수 있을 소재 평가의 원리들. 본질 논리학이 포함하는 것처럼 탈—관계화와 탈—실체화의 원리들, 그리고 존재 논리학에서 타자 존재의 지양 및 탈-외면화의 원리들. 말하자면 사변 논리적 사고 진행을 위해 저장된 전체 수단들이 근본적으로 자연철학의 원리들을 위해서도 쓰일 수 있다.

『논리학』에 의해 해명된 이념의 개념으로 되돌아가 보면, 4. 자연 개념의 실현이 거치게 될 전체 도정은 중요한 것만 나타내면서, 그리고 자연에 대한 우리의 입장에 중요한 방식으로 미리 그려질 수 있다(E§251). (**능산적 자연**으로 사유된) 자연의 "단계 과정"을 통한 개념의 운동은 이념이

> **생동한 것**으로 있기 위해 **죽음**이기도 한 자신의 직접성과 외면성으로부터 벗어나 **자신 속으로** 나아간다(E§251).

는 데에 존립한다.

이렇게 해서 자연철학은 동물적 유기론으로 끝맺는 그 결말에서(E§352와 비교) 생의 이념에 도달하게 된다. 생의 이념은 "확고한 유형"으로서, 모든 유기적인 것은 이 확고한 유형으로부터 평가되어야 한다(E§250A). 그러나 이렇게 공언하는 것은 자격 제한과 보충이 필요하다. 단지 자신의 목적을 자신 안에 포함하는 과정인 이념 자체의 관점으로부터만 위에 인용된 것과 같은 목적문(目的文)이 개념의 실현에 앞서서 공식화될 수 있는 것이다. 개념의 실현 자체에 있어서나 자연학적 개념 재료의 수용 및 가공에 있어서는 그 명제가 표현하는 목적이 전제되거나 합목적성의 반성을 위해 가정되지 않는다. 더 나아가 이렇게 보충해야 한다. 언급된 목적은 이념이 자신 안에 포함하는 것이라 해도 유일한 목적은 아니라는 것이다. 왜냐하면 이념은 단지 생의 이념인 것만이 아니기 때문이다. 그래서 이념은 이 생의 이념에서 궁극적으로 자신에 이르는 것이 아니다. 오히려 이념이 **단지** 생일뿐인 규정성에 있어 이념은 자신을 여전히 지양해야 한다. 이렇게

> 이념은 …… 자신을 정신의 실존에 이르기까지 산출하는 것이며, 정신은 자연의 진리이자 궁극 목적이고 이념의 참된 현실인 것이다(E§251).

이러한 사정을 인식하는 것이야말로 자연철학의 전체 진행 방식의 종결점이다. 자연 내 보편의 **고유한 내재적 필연성**을 고찰함으로써 이 종결점이 도달될 수 있다면(E§246과 비교) 이 종결점의 관점에서 회고적으로 다음의 결말에 이를 수도 있겠다.

> 정신은 자신의 고유한 본질을, 다시 말해 개념을 자연 속에서, 자신의 대응상(對應像)을 자연 속에서 발견한다(E§246Z, Abs. 9).

이러한 통찰을 습관화하는 것은 우리가 자연으로부터 소외되고 이와 함께 결국 우리 자신으로부터 소외되는 입장들의 결과에 대항할 수 있는 가장 강력한 방어가 될 것이다.

4. 평가를 위해

자연철학을 공정하게 다루려면 자연철학의 실행을 그 과제들과, 그리고 과제들이 성취되어가는 방식과 비교해보아야 한다. 자연철학의 가장 큰 **강점**은 의심할 여지 없이 헤겔이 줄곧 위에서 가늠해본 자연에 대한 입장을 견지해가는 끈기이다. 만약 자연철학이 자신의 인식 계획을 단지 얼마만큼이라도 현실화한다면, 언급했던 저 실존적 문제는 결국 해결되는 셈이다. 자연학적 인식들은 (20세기는 말할 것도 없고) 17, 18, 19세기의 경건한 우주론자들을 뒤흔들어야 했으며, 단지 신의 탐구 불가능한 지혜에 대한 우주신학적 신뢰로나 보정(補正)될 수 있었다. 이러한 자연학적 인식들은 자연에 대한 철학적 입장에겐 부적절한 것이 된다. 예를 들어 우주에서의 우리의 주변적 위치에 대한 천문학적 확신도 그렇고, 또한 인간은 헤아릴 수 없이 많은 생물학적 피제약성들의 왕국 속에서 특히나 믿기 어려운 진화적 사건의 산물이라는 생물학적 이해도 그렇다. 왜냐하면 만약 자연 속에서 그 자체로 어떤 "나의 것"인 사변적 개념이 궁극적으로 질료를 조직하는 것으로 제시될 수 있다면, 이 사변적 개념에서 우연성, 악무한, 그리고 이러한 무한 속에서 우리의 상실이라는 모든 공포의 환영들은 사라지게 되기 때문이다. 그러한 나의 것은 시간의 부정성이 힘으로서 관계하지 못하는 "영원한 것"이다(E§258A). 왜냐하면 그 나의 것은 우리 안에 있는 부정성의 이러한 힘을 "근절시키기" 때문이다. 자연 존재들로서 우리가 꽃향기처럼 무상한 것들이라고 해서 우리가 다른 모든 자연 형성물들과 비교하면서 자연에 내재하는 개념에 비례해 스스로에게 부여해도 되는 가치가 절감되는 것은 아니다(E§258Z, Abs. 2). 이때 자연 속에서 우리의 정신이 바로 우리 자신의 자연적 실존의 소멸에 맞닥뜨려서도 정신 자신의 대응상을 발견한다는 것은 추측건대 헤겔의 가장 심오한 사고들에 속하는 것이다.

우리는 자연과 정신의 이중성 속에 실존하고 있다. 그러나 이 이중성은 결국 어떠한 이원론도 근거 짓는 것이 아니다. 왜냐하면 지금까지 말한 바에 따르면 이 이중성을 구성하는 두 항들은 결합되지 않거나 단순히 외적으로 모아놓은 것들이 아니기 때문이다. 두 항들은 하나의 원리적 통일 속에 합일되어 있고 합일된 것으로 머무른다. 이 통일로부터 두 항들은 출현하며 이 통일로부터 하나의 고찰은 다른 하나의 고찰로 이끌려 간다. 그래서 헤겔의 자연철학은 정당하게 전(前) 비판적 및 비판적 이성적 우주론에 대해 좀 더 확신을 주는 후임자로 (위의 7. 1. (3)과 비교!) 고찰되어도 된다.

헤겔의 자연철학은 또한 자연의 낭만적 "생동화", 주관화, 신성화(神性化)에 대해 또는 자연 형태들의 목가적 찬미에 대항해 더 성공적으로 경쟁할 수 있는 대안이다. 헤겔의 자연철학은 우리가 전체 우주 속에서 "고향에 있는 것처럼 느낄" 수 있다는 것을 보증하는 것과는 거리가 멀다. 헤겔의 자연철학은 자신의 실행 방향을 잡아가면서 그러한 감정들이 만족되리라는 희망은 좌절해야만 한다고 주의를 준다. 이미 위에서의 입장을 요구하면서 헤겔의 자연철학은 그런 희망이 문제가 아니라는 것을 알려주었다. 예를 들어 우리 은하계의 다른 곳에서나 다른 은하계 속에도 우리를 위한 “고향”이 있을지 모른다는 물음은 천문학적인 척도로 측정할 때 사려져버릴 정도로 짧은 시간 동안 충족된 생을 추구하고 있는 우리와 무슨 상관이 있겠는가? 우리에게 중요한 사안은 오로지 자연을 개념 파악하는 고찰의 도움으로 우리가 우리의 이론적 입장과 실천적 입장의 요구들 사이의 이율배반을 피하거나 아니면 해결마저 할 수 있는지 하는 물음일 뿐이다.

이러한 물음은 추정컨대 긍정적으로 답변될 수 있다. 왜냐하면 만약 사유하는 자연 고찰이 더욱이나 하나의 “개념 파악하는” 고찰이기도 하다면, 우리가 이론적 입장에 빚지고 있는 보편의 인식 덕택에 이러한 보편의 가장 보편적인 것으로서 “가장 내적인 것”이 발견되기 때문이다. 이 가장 내적인 것은 우리의 실천적 주관성에 속할 뿐만 아니라 또한 『논리학』의 객관적 사고 규정들처럼 주관성과 객관성의 대립 위에 있는 것이다. 그러나 “나의 것” 으로서의 이 가장 내적인 것에 부합해 우리의 실천적 입장의 작품들이 비롯되는 그런 내적인 것이 형성될 수 있다. 사유하는 자연 고찰이 개념 파악하는 것이라면 이 자연 고찰은 마찬가지로 보편의 그 가장 보편적인 것을 또한 가장 내적인 것으로도 인식하는데, 이것은 실천적 이념 속의 결핍에 대한 우리의 논리적 인식에 말미암은 것이다. 이 가장 내적인 것은 자연을 숭고하고 강대하게, 그리고 자신과의 평화 속에 있도록 한다. 내가 단지 그 개념 파악함을 너무 일찍 중단하지 않는 한 나는 그 가장 내적인 것의 자기규정 속에서 나 자신을 마침내 스스로 정신으로 인식하게 된다. 그렇지만 그 가장 내적인 것은 자연을 진정 이 자연 자체의 “타자 존재”에 머물도록 내버려둔다.

이때 요점을 말하자면 이러한 인식에 이르게 되는 것은 비로소 자연철학의 말미에서, 자연철학 단계들 중 마지막 단계를 기초로 해서라는 것이다. 바로 이 때문에 또한 나는 마치 자연이 자신의 모든 힘과 법칙과 유(類)와 함께 하나의 “우주” 인 듯이, 다시 말해 조화롭게 조율되고 우리에게로 집중된 하나의 아름다운 예술 작품인 듯이 이 전체 자연 속에서 고향처럼 편해질 것이라고 기대해선 안 된다. 물론 자연철학은 그 개념 파악하는 고찰이 요구하는 것보다 더 적은 것을 자신에 대해 요구해서도 안 된다. 자연철학이 우리에게 예를 들어 "사물들의 뒷면에서 만져보는 놀이"를(니체) 하는 심미적 만족만 준다고 한다면 이것은 충분치 못한 것이겠다. 자연에 대한 실천적 입장과 이론적 입장의 진지한 항쟁에 맞닥뜨리면 그러한 만족은 사라진다. 오늘날 인간성을 위태롭게 하는 생태학적 문제들은 이러한 점을 점차적으로 가르쳐야 한다.

다른 물음은 헤겔이 자신의 자연철학을 전개함으로써 요구된 철학적 인식을 명료하게 검토 가능하도록 만드는 데에 충분히 성공했는지, 그래서 간략히 묘사된 그 절차로 성과를 거두었는지 하는 것이다. 이 관점에서 보면 자연철학의 전개는 의심할 여지 없이 그 계획보다는 질이 좀 떨어진다. 개념적 규정들에 대한 작업과 이 개념적 규정들을 갖고 진행하는 작업은 전체로 보면 강점(强點)에 속한다. 그럼에도 불구하고 그 전개를 위해 수행된 『논리학』으로부터 논구된 원리들의 재수용은 사실 착수된 것보다 좀 더 분명하게 행해져야 했다. 이 재수용은 단지 즉각적으로 분명해지는 것만 아니라 이 외에 또한 이것의 성공이나 실패의 운용 가능한 기준들에 따라 평가되었어야 한다. 이러한 투명성을 자연철학은 그 절차에 있어 우리에게 보여주지 않은 채 머무른다. 이에 대한 관심이 있다면 자연철학은 점점 더 많이 연구될 것이다. 단지 그런 다음에야 자연철학을 구성하고 있는 탐구하는 정신이 정당하게 평가된다. 자연철학을 이렇게 정당하게 다루는 것은 물론 어렵다. 왜냐하면 자연철학의 가장 민감한 **약점들** 중 하나는 자연철학의 텍스트 대부분이 이 탐구하는 정신에 맞추어 정식화되어 있지 않고 오히려 강단 위에서 행해지는 참기 어려운 어조로 정식화되어 있다는 것이기 때문이다. 자연철학의 교과서로서의 특징과 이 교과서가 소용되고자 했던 강의들의 수업 기능이 그 어조를 설명해줄 수 있겠다. 그럼에도 진리를 모색함에 있어 회의주의도 참작한다는 구성적 과제와 관련해서 보면 이러한 어조는 적절한 것이 아니었다.

자연철학의 자료들을 본다 해도, 이 자료들에 의해 재현되는 이미 시대에 뒤처진 자연학적 인식의 지위를 본다 해도 헤겔의 자연철학 전개는 진부할 정도로 낡은 것이다. 그렇지만 이 점을 그의 자연철학이 지닌 약점들 중 하나로 보는 것은 오해일 것이다. 그의 자연철학 계획은 이 계획의 가장 함축적인 공식화들 중 하나로 표현하면 다음과 같았다.

> 정신이 자연 내에서 이념을 인식함을 통한 〔다시 말해〕 자기의식의 형식으로 정신 자체인 바〔의 것〕를 인식함을 통한 정신과 자연의 화해(NGi 145).

이러한 계획의 현실화는 올바로 이해된다면 무엇보다 우리의 정신에 현재적인 자연학적 인식에 있어 우리의 정신이 지니는 그때마다의 자기의식과의 관계 속에서만 의미를 지닌다. 그래서 이 현실화는 차후의 또 다른 현실화 단계들에 의해 **추월당하도록 설계되어** 있다. 이 현실화가 1820년경의 자연학들의 단계에선 무엇을 수행했는지, 그러나 무엇을 또한 동시대인들에게 밝히지 못한 채 머물렀는지 하는 것을 올바르게 평가할 수 있는 것은 본래 오직 그 시대에 이루어진 자연학들 및 철학 모두의 역사가로서의 능력과 오늘날의 철학적 대화 상대자로서의 능력을 자기 속에 합일시킨 자만이 해낼 수 있다. 이러한 결합이 얼마나 드문 일인지 고려해본다면 헤겔의 자연철학이 겪고 있는 나쁜 평판은 이런 평판을 퍼뜨리는 대부분의 사람들에게도 좋은 징표는 아니다.

그럼에도 모든 것이 최선을 다해도 그의 자연철학과 어울리는 것은 아니라는 또 다른 간접증거가 적어도 하나 더 있다면 기록해야 마땅하다. 자연철학이 해결하려고 하는 실존적 문제와 관련해 헤겔이 이론적 인식을 향하는 자연학들을 설득력 있게 취급할 수 있는지 하는 것은 이미 이러한 취급의 첫 단계에서부터 상당 부분 결정된다. 이 취급의 첫 단계는 자연학들의 개념들을 분석해 개념적 규정들에까지 진행해가는 것이었다. 연이어지는 철학적 작업은 이 개념적 규정들에서 실행될 수 있는 것이다. 분석되어야 할 개념들이 역학의 경우처럼 까다로운 설명들에 소용되는 학문적 이론의 개념들이라면 이곳에서 그 첫 단계는 개념들의 비교적 분명한 내용을 통해 억지로 진행한다는 평판으로부터 상당 부분 보호받는다. 다른 한편으로 그 첫 단계는 유기적인 것을 인식할 경우에도 유기적인 것을 이루는 부분들의 기능적 연관을 통해 마찬가지로 보호받는다. 이에 반해 자연철학의 두 번째 부분에서처럼 단순히 개념적으로나 이론적으로 상당히 미발전된 기술적(記述的) 분류적 학문이 다루어지는 곳에서는 비역학적 현상들의 이론적 설명들이 고려되었어야 했다. 아무리 이 설명들이 1830년경에야 제대로 사용될 수 있었다 해도 말이다. 그리고 기술적(記述的) 개념들의 철학적 분석을 보조하면서 이러한 설명들의 방법론과 수행 능력에 관해 분명 신중한 숙고가 이루어져야 했다. 헤겔은 결코 이런 종류의 숙고를 한 번도 안 한 것이나 마찬가지이다. 그는 마치 자신의 진행 방식의 이러한 행보가 거의 아무런 결점도 없다는 듯이 망설임 없이 이과적(理科的) 개념들을 해석한다. 그럼으로써 그는 자연학적 인식 방법론을 충분히 진지하게 취급하지 않는다는 정당한 비난에 자신을 노출시킨다. 그가 이론을 처음 착상할 때 불가피해지는 오성 형이상학에 대항해 논쟁하는 곳에서는 특히나 그렇다. 그러나 그의 고유한 개념적 분석 작업들은 방법론적 사려와 경계 설정을 통해 충분히 보증되지도 않은 채 너무나 숨김없이 현상들의 과감한 정언적 해석들로 이행한다. 종종 그의 분석 작업들은 이 철학자가 몽환적 명상을 즐기고 있다는 인상을 불러일으킨다. 토마스 만의 『파우스트 박사』(III장)에서 아드리안 레버퀸의 아버지에 관해 그가 탁상공론하면서 "요소들을 사변(思辨)하려" 한다고 이야기되듯이 말이다. 헤겔은 의미 있는 자연철학을 남겼다. 이에 반해 그는 데카르트, 라이프니츠, 칸트, 셸링과 비교해볼 때 위대한 자연 탐구자는 아니었다. 그가 철학을 이해했던 대로라면 자연 탐구자가 된다는 것이 그에게 필요한 것도 아니었다.

3. 정신철학의 체계 구조

볼프 철학에서는 형이상학의 세 분과들이, 즉 경험 심리학과 이성 심리학, 그리고 이성신학이 정신을 다루었다. 이 모든 분과들에 대해서는 "정기학(精氣學 Pneumatica scientia)"이라는 하나의 공통 이름이 있었다. 이 이름은 통일적인 정신철학을 약속하는 것으로 고찰될 수 있다. 헤겔은 이러한 정신철학을 발전시키고자 한다. 그러나 위에서 설명했듯이 정신철학은 이제 더 이상 어떠한 형이상학이어서도 안 된다. 그러므로 헤겔의 정신철학은 근대의 형이상학으로부터 접근할 수 있는 것이 아니다. 헤겔의 좀 더 적절한 지침은 칸트의 이성 비판을 경시하지 않으면서 자신에게 자체가 이성인 절대자를 인식하려 한다. 이를 위해서는 또한 정의들의 정돈된 순서가 통찰될 수 있어야 한다. 정의들 중엔 특히 절대자를 단지 실체로서만이 아니라 마찬가지로 주체로서도 파악하고 표현한다는 정의가 있다. 이것은 『정신현상학』에 따르면 절대자가 정신으로서 진술되는 경우에 표현된다. 헤겔은 이제 다시 자신이 그렇게 하겠다고 고백한다(E§384A). 게다가 그는 "**절대자는 정신이다**"라는 명제를 "절대자의 최고의 정의"로 특징지으며, 이 명제의 의미를 가장 두드러지게 다음처럼 강조한다.

> 이러한 정의를 발견하고 이것의 의미와 내용을 개념 파악하는 것, 이것은 사람들이 말할 수 있듯이 모든 교양과 철학의 절대적 경향이었다. 모든 종교와 학문은 이 점으로 돌진해 갔었다. 오직 이러한 열망으로부터만 세계사는 개념 파악될 수 있다. …… 기독교의 내용은 신을 정신으로 인식하도록 제시하는 것이다. 이것을, 즉 여기서 표상에 **주어진** 바의 것을, 그리고 **즉자적으로** 본질인 바의 것을 이것의 고유한 요소 속에서, 즉 개념 속에서 파악하는 것이 철학의 과제이다. ……

헤겔의 정신 이론이라는 씨앗을 씹지 않고 통째 삼키려는 게 아니라면 철학의 그 과제는 잘 이해되어야 한다. 그 때문에 이제 『철학적 학문들의 백과전서』 정신철학의 서론 텍스트가(E§§377~386) 가능한 한 정확하게 검사되어야 하겠다.

자신의 대상을 **포괄하는** 정신 이론이 단지 심리적인 것만 주제화해선 안 된다는 점은 정신 이론에 대해 문외한이라도 이미 알 수 있는 것이다. 또한 인간 정신의 객체화들, 그리고 문화적 실행들도 평가되어야 한다. 경험적인 정신학들에 대한 대응물로서 정신철학은 더 나아가 가치에 개의치 않는 묘사와 설명에 제한되어서도 안 된다. 철학이란 정신적 활동성과 내용에서 이성적인 것을 만들어내야 하며 여기에서 비이성인 것 자체를 알아볼 수 있게 해야 하고 이성적이지도 비이성적이지도 않은 것을 멸시되고 적대시되는 것으로부터 보호해야 한다. 철학은 올바른 방식으로 정신의 철학적 인식을 준비하는 것을 게을리 해선 안 된다. 그렇지 않으면 정신 개념에 대한 안내는 아무 도움도 안 되거나 잘못된 길로 이끄는 것이 된다. 이것을 피하려는 시도는 다음에 보듯 정확한 독서에 대한 두드러진 요구들을 정당화한다.

1. 요구되는 입장과 처음 방향 정하기

올바른 **입장**을 발견하기 위해 무엇보다 주시해야 할 점이 있다. 자연과 구별되게 정신을 가진 우리는 우리 자신에게 낯설지 않으며 오히려 마치 우리 자신만의 것이듯 그렇게 친밀한 대상과 내용을 지닌다는 것이다. 사변적 사유에 의해 요구되듯 만약 내가 정신을 인식하려 한다면, 나는 "**너 자신을 알라**"는 명령 아래 있는 것이다. 그리스인들에게 이 명령은 델포이 신의 최고 명령에 해당하는 것이었다. 델포이 신은 빛나는 아폴론(Phoibos Apollon)[20]으로서 또한 지혜로운 신(der Wissende)으로도 간주되었다(TW VIII, 502). 그 명령이 의미한 것은 단지 내가 나의 "**특별한** 능력들이나 성격과

20) phoibos, φοιβος는 '빛나는', '순수한'을 의미한다. 호메로스는 아폴론을 지칭할 때 포이보스 아폴로(φοιβος Απολλων)라 표현하곤 했다.

경향들, 그리고 약점들"을 알아보아야 한다거나 또는 우리가 다른 사람들로부터 "**인간 보는 안목**"을 획득해야 한다는 것만이 아니었다. 의미는 그 명령이 "역사상 말해진 것으로 나타나는" 플라톤이 기록한 소크라테스의 변명에서(20c~21e) 밝혀진다. 이 기록에 따르면 델포이 신탁은 말하자면 **소크라테스**가 지혜에 있어 가장 널리 성공을 거두었으며 그래서 아폴론의 명령을 가장 잘 충족시킨 자라고 새겨질 수 있다. 그러나 소크라테스는 다른 사람들 앞에서 오로지 자신의 무지의 지를 통해서만 자신을 표출했다. 그래서 정말 아무런 지도 없는 곳에서 지를 갖고 있다고 하는 한갓된 사념이 자신에겐 없다고 말이다. 그렇기에 델포이 신탁에서 문제시되는 것은 부정적이긴 해도 그러한 인식, 즉 "인간이 지닌 참다운 것의 인식"이다. 만약 소크라테스가 진술한 의미에 주목해 플라톤의 소크라테스적 자기 인식으로부터 어떠한 종류의 "영혼의 자기 염려"가 성공적으로 이루어지는 것인지 살펴본다면, 아마도 다음처럼 덧붙여도 될 것이다. 그 명령은 "즉자대자적으로 참다운 것의" 인식으로 또는 (그때까지 단지 자연에서 주제화되었던) "본질 자체의 정신으로서의" 인식으로 나아가기도 한다고 말이다. 즉, 그 명령은 우리에게 더 이상 "정신적인 것의 우연하고 무의미하며 **참되지 못한** 실존들에 몰두하지" 않는 입장을 획득하도록 지시한다(E§377과 비교).

따라서 자연철학을 시작할 때와 유사하게 단지 이론적 인식이나 실천적 인식만으로 도달할 수 없는 하나의 입장이 여기서도 요구된다. 왜냐하면 이러한 양자택일 자체로써 자신을 인식하려 의도한다면 이 의도는 위에서 상세히 설명된 자연 인식의 딜레마와 아주 유사한 딜레마에 이르게 되기 때문이다. 모범적인 사례라면 하나의 도덕적 자기 인식이어야 할 실천적 자기 인식의 명령은 나에게 "마음의 내적 심연으로 뚫고 들어갈 것"을 요구한다(KAA VI, 441). 이 명령의 충족은 "인간적인 모든 지혜의 시작"일 것이다(같은 곳). 단지 그러한 자기 인식으로부터 우리가 윤리적 자율성 속에 스스로 정립한 목적들을 현실화하는 데 성공하는 경우에만 우리는 우리 자신에 머물러 있는 것이다. 이렇게 해서 우리는 모든 인간 지혜의 시작 속에서 스스로를 유지한다. 하지만 위대한 도덕론자 칸트의 이해에 따르면 가장 진지한 노력에 있어서조차 우리는 우리의 마음이 선한지 악한지 하는 물음에 어떠한 긍정적 확실성에도 도달하지 못한다. 그래서 아무리 진지하다 해도 그런 노력은 자체 내적으로 난제이다. 그러나 이것만이 아니다. 냉정하게 이론적 인식으로 나아가는 모든 자기 경험은 그런 노력이 몹시 착각에 걸리기 쉬운 것이라고 우리에게 말해준다. 그런 노력을 안정시키는 것은 지극히 적은 부분만 나의 힘 안에 있다. 나는 이러한 힘을 강화하도록 해야 한다. 이를 위해 나는 이론적이고 임상적(臨床的) **자기**―인지에 의존한다. 그러나 나는 또한 자기―**인식**에도 의존하며 이 인식의 성장을 필요로 한다. 하지만 이론적 인식이 진전된다고 해서 이러한 진전에 대한 기대들이 충족되는 경향이 있는 것은 결코 아니다. 이러한 진전은 이미 도덕적 **목적** 실현의 성공에 대해선 극도로 문제시될 만한 유용성을 지닌다. 이론적 인식의 진전으로 우리가 우리의 **마음** 깊은 곳까지 뚫고 들어가 본다면 우리는 지반에서 **떨어져** 있는 그 마음의 심연(脫地盤 Abgrund)을 측정하기보다는 오히려 거기에서 단단한 **지반**(Grund)에 부딪혀 좌초해버리지 않겠는가!

우리가 자기 인식을 향하는 올바른 입장을 습득하는 데에 도움이 될 만한 것은 무엇일까? 그리고 여전히 해명돼야 할 정신 개념을 가지고 작업할 때 그 올바른 입장이 상실되지 않으려면 우리는 무엇을 준수해야 하는가? 이를 위해 전(前) 비판적 형이상학의 이성 심리학이나 경험 심리학이 사용될 수 없다는 것은 쉽게 알 수 있다(E§378과 비교). 왜냐하면 "정신의 인식은 가장 구체적인 것"이며(E§377), 그러나 이성 심리학은 영혼을 "몰과정적인 존재자"로서(E§34Z) 고찰했고 이 영혼에 단지 오성적 사유에나 수긍이 가는 두서너 개 추상적인 술어들만을 (단순하며 비물질적이라는 그리고 표상들을 갖기 위한 힘이라는 술어들만을) 부여했기 때문이다. 이성 심리학과 구별되게 경험 심리학은 "**구체적인** 정신을 자신의 대상으로" 지닌다(같은 곳). 그러나 경험 심리학도 "관습적인 오성 형이상학에", 다시 말해 정신을 "지니는" 존재자의 한갓 상이한 주관적 힘들과 활동성들의 가정에 머무른다. 그렇게 해서 경험 심리학 대상에서 형이상학적인 것은 "자기 내 어떠한 구체적인 규정과 내용에도" 이르지 못한다(E§378). 경험 심리학은 개념들 내에서 사유하고 자기 교정하지 않고 오히려 관찰과 경험을 인식의 원천으로 만들기 때문에 그러한 형이상학적 내용을 구체화할 수 없다. 이 인식 원천으로부터 무언가를 알아낼 때에는 우선 어떤 것에 관한, 예를 들어 의지에 관한 표상들이 전제된다. 그 다음에 시도되는 것은 그 표상들로부터 문제시되는 것에 관한 정의를 산출하는 일이며, 이 정의는 마땅히 인식해야 할 대상을 확정하는 데 적합한 것이라 하겠다. 마지막으로 일상적 의식의 추가적인 감각들이나 현상들에 의해 가능한 최선의 설명을 향하는 추론 원리에 따라 소위 증명이란 것이 수행된다. 이 증명은 인식해야 할 그 대상에 숙고된 어떤 속성이 속한다고 하는 증명이다. 예를 들어 감각들이나 의식 현상들은 결코 다르게 설명될 수도 여하튼 잘 설명될 수도 없기에 의지에는 자유롭다는 그런 속성이 속한다고 하는 증명 말이다(R§4A와 비교). 이러한 진행 방식이 얼마나 불만족스러운가는 불을 보듯 뻔하다. 따라서 사변적 관심으로써 추진되는 정신의 철학적 인식을 위해 마찬가지로 근대적 경험 영혼 이론에 의지할 수도 없다. 경험주의적 주관성 철학과 칸트의 주관성 철학은 자신들 편에서 이 근대적 경험 영혼 이론에 자신들의 능력 이론적 개념들을 신세지고 있다. 관심을 끌 만한 "가장 탁월한 또는 유일한 작품"은 오히려 "**영혼에 대한 아리스토텔레스의** 책들"이 (『영혼론』과 『소(小)자연론』) 보여준다. 이 책들이 어떤 의미에서 정신-철학을 위해 결실을 맺어주는지는 정신 개념이 해명되는 문맥에서 설명될 수 있다.

이미 이와는 독립적으로 다음처럼 말해질 수는 있다. 다행히 우리에겐 근대적 재앙들로부터 벗어나도록 우리를 격려하는 사람으로 단지 아리스토텔레스만 있는 것이 아니다. 또한 우리는 모든 철학과 개별 학문 이전에 실존하는 명증성들과 동기들에 의지할 수도 있다. 우리는 "정신의 **생동한** 통일에 관한 자기 감정"을 소유하고 있다(E§379). 이 감정은 "스스로 감정 산란에 대항해" 자신을 방어하며, 반면 그럼에도 우리에게 어떤 자연주의적 일원론을 불러일으키지 않는다. 왜냐하면 여기서 언급되는 생동성은 단지 자연적으로 살아 있는 자들로서 우리에게만 아니라 우리 안에서 현존을 지니는 "**정신의 생**(生)" 에도 속하는 것이기 때문이다(TW III, 36과 비교). 그러한 통일의 자기 감정을 억압하고 정신적인 것의 다원론적 이해로 만족하는 경향에 대항해 더욱 강력하게 작용하는 것은, 만약 이런 다원론적 이해의 대상들에 대해 숙고한다면 즉각 참을 수 없는 대립들이 나타난다는 사실이다. 예를 들면 정신의 자유와 자연법칙들 아래 모든 실재적인 것이 규정된다는 것 간의 대립. 또는 한편으로 신체와 영혼의 내적 통일이 존립하지만, 그러나 다른 한편으로 영혼은 또한 "자신에게 외적인 신체성으로부터" 자신을 구별하며, 정말이지 그 신체성으로부터 "자유로운 작용성" 안에 있다는 대립 등이 나타나는 것이다. 우리가 이러한 대립들을 단순히 그대로 내버려둘 수만은 없으며, 그렇다고 오성 형이상학의 개념적 수단들을 가지고 사고만으로 이것들을 극복하지도 못한다는 것은 "여기서 **개념 파악하려는**" 욕망을 불러일으킨다. 게다가 사변적 개념의 모색을 위해서는 어떤 하나의 지침이란 게 있다.

물론 우리는 여러 **어려움**도 각오해야 한다. 정신의 인식은 가장 구체적인 것이기 때문에 또한 가장 어려운 것이다(E§377). 철학적 자연 인식에 있어 우리는 좀 더 단순한 실재성의 단계들을 거쳐 사변적 개념의 구조를 지니는 좀 더 복잡한 실재성에 도달했다. 거기에서 좀 더 추상적인 형성물들은 오인할 여지 없이 무엇보다도 먼저 사유되어야 할 특수한 실존들로서 좀 더 구체적인 형성물들과 분명히 대조되었다. 이에 반해 정신의 개념적 발전에 있어 이후 국면들에 선행하는 좀 더 초기의 국면들은 대자적으로 실존하지 않는다. 이 국면들이 연속해서 단계들을 형성하는 곳에서조차 이 국면들은 "본질적으로는 단지 더 고차적인 발전 단계에서의 계기, 상태, 규정으로서" 있을 뿐이다(E§380). 비로소 이후에야 인식될 수 있는 더 고차적인 것은 "더 저급하고 더 추상적인 규정에서 …… 이미 경험적으로 현존하면서" 자신을 드러낸다. 그래서 문제시되는 것은 이미 더 저급한 것 속에서, 이 안에서 사유되어야 할 것의 특수한 **방식**으로 개념 파악되어야 한다는 가상이 발생한다. 특히 더 저급한 사고 단계에 대해 이것들에 상응하는 경험 현상들을 거론하기 위해, 그리고 더욱이 정말 이 상응이 사실상 존립한다는 것을 보여주기 위해 사람들은 더 고차적 단계의 내용을 상기해야 하고 이 단계를 사유 속에서 예견해야 하기 때문에 그러한 가상이 발생한다(E§§246A, 380). 그러한 상응들에 관한 확신은 그때마다 단지 사고 실험을 거쳐서만 성사될 수 있다. 사고 실험에서 우리는 매우 추상적으로 사유되어야 할 어떤 것에 관해 다음과 같이 숙고해야 한다. 즉, 만약 그 어떤 것이 당분간 배겨내야 할 추상 속에 이미 실존한다면 우리에게 친숙하고 구체적이며 이름 그대로 오래전에 알려진 현상들을 고려해서 그것을 어떻게 우리가 명명할 것인지, 또는 어떻게 우리가 지금 벌써 그것을 명명하려는 데로 기울어지게 된 것인지 하는 것을 숙고해야 한다. 그것이 어떻든 간 좀 더 구체적인 것에 통합된다고 하는 여전히 증명되어야 할 경우를 예상한다면 말이다. 그렇지 않으면 정신철학의 진행 방식은 자연철학의 진행 방식과 동일한 것으로 머물게 된다. 따라서 이젠 자연철학에서 다루어지듯 다루어져야 할 인식 물음들이 새롭게 제기되는 것은 아니다.

2. 정신의 개념

(1) 근본 규정들

자연철학의 결과에 따르면 정신은 타자 존재의 지양을 통해 “자신의 대자 존재에 도달해” 있는 절대적 이념이다(§381). 이제 이러한 **대자 존재**가 어떤 종류의 개념적 내용을 또는 더 나은 말로 “경로”를 지니는지 하는 것을 하나씩 밝혀내야 하겠다. 자연 개념의 규정과 비교해볼 때 큰 어려움은 이때 한갓 대자 존재의 사고 규정들보다 더 많은 『논리학』의 사고 규정들을 끌어와야 한다는 것만이 아니다. 더욱이 이젠 이념의 과정성이 〔그리고 정신으로서의 이념의 본질활동성(Aktuosität)[21]이〕 고찰되기 위해 이 규정들은 이것들의 운동에 있어서도 고려되어야 한다.

하지만 그것만으로도 충분하진 않을 것이다. 자연 개념은 이제 개념적으로 파악되어야 할 정신의 표상을 위해 어떻게든 넘어서야 할 것이 아니다. 오히려 헤아려봐야 할 것은, 정신이 자연으로부터 올바르게 분리된다는 점 외에 바로 처음에 적합한 방식으로 자연과 **함께 사유되기도** 한다는 점이다. 우리가 정신 개념을 자연 개념 이후에야, 그리고 자연의 철학적 인식 이후에야 비로소 사유한다는 것은, 정신이 자연 다음에 배치된 것으로 개념 파악되어야 한다는 것을 암시할 수 있을지 모른다. 그러나 정신은 "**우리에 대해**" **자연**을 전제로 지녔었으며 자연에 관해 획득된 인식에 비례해 정신은 이 "**전제**"의 진리이자 절대적으로 최초의 것인 것이다. 그렇기에 정신은 모름지기 "자연의 **진리**이자 자연의 **절대적으로 최초의 것**"이기도 하다(§381Z, 8과 비교). 그래서 정신은 더 이상 자연적 산물로서나 단지 순박하게 자연의 "타자"로서 사유될 수 없다. 우리는 자연으로부터 정신으로 전진해감으로써 한갓 어떤 것으로부터 다른 어떤 것으로의 "이행"과 관계하는 것만 아니라 또한 절대적 이념으로 **복귀**하는 하나의 탁월한 전진과 관계하게 되는 것이다. 이 전진은 사변적 **개념** 속에서 행해진다. 그 복귀에 맞추어서 논리적 이념, 자연, 그리고 정신의 삼중성은 이것들의 학문적 논의의 이런 순서를 보충해 이제 다른 하나의 순서에 따라서도 사유될 수 있다. 이 다른 순서의 처음에는 이전처럼 논리적 이념이 서게 된다. 그러나 신플라톤주의자들에게서 신 다음 **누우스**가 뒤따르는 것처럼 논리적 이념 다음에 정신이 뒤따르며 그리고 이 정신 다음에 비로소 자연이 이어진다. 이에 상응해 이제부터는 정말이지 자연 내 "논리적인 것"에 관해 언급하듯이 전체 자연에 관해 이 전체 자연에 배속된, **즉자적으로** (다시 말해 그 가능성에 따라) 존재하는 정신에 관해 언급하는 것도 허용되어야 한다. 왜냐하면 각각의 "대자"에게는 이것의 개념상 대자적으로 있는 것의 "즉자"가 있기 때문이다. 그래서

21) 풀다는 그리스어 energeia(ενεργεια, 현실태)의 라틴어 번역어 actus로부터 Aktuosität를 만들어 사용하고 있다. 이것은 단순한 일회적 자연적 활동성이 아니라 어떤 본질적 활동성을 의미한다.

우리는 정신 개념의 어떤 내용적 규정들이 이 즉자적으로 존재하는 정신에 속하는 것인지를 여전히 진술해야 할 것이다(§384, 첫 문장과 비교). 그러나 이로써 무엇이 사유되어야 하는지가 폭넓게 논구된 것은 아니다. 정신이 자신의 대자 존재에 도달한 이념으로서 개념 파악되고자 한다면 말이다.

게다가 이제 정신의 본질에 이르는 전진이 시야에 좀 더 정확하게 포착되어야 한다(§381). 자연 속에서 사변적 개념은 "자신의 완전한 외면적 객관성"을 지녔었다. "이러한 사변적 개념의 외화"는 이제 지양되어 있다. 이 사변적 개념을 실행하는 우리는, 또는 오히려 이미 이 사변적 개념의 자기 활동성을 지금까지 따라왔던 우리는 이제 더 이상 생의 이념과 관계하지 않으며 오히려 주체와 객체 속에서 자신을 차별화하는 이념과, 그래서 **인식함**의 이념인 하나의 이념과 관계한다. 자신의 대자 존재에 도달한 **절대적** 이념으로서 이 이념은 물론, 주체와 객체가 아직 개념 연관에 있어 서로에 대해 있지 않고 개념이 여전히 일면적으로 주체 편에서만 활동적으로 있는 이론적 인식함과 실천적 인식함의 그런 이념이 아니다(§§226, 233과 비교). 이념은 이제 "자신의 **주체**와 자신의 **객체**가 **개념**인" 하나의 이념이다. 이러한 이념의 **대자 존재**는 (자연으로서의 이념의) 한갓된 현존 다음에 옴으로써 하나의 "이행함"이 있은 후 우선 이 이행함이 힘입고 있는 개념 운동으로부터 벗어나게 되는 것이 아니다. 이 이행함을 그 자체로 주장하는 것은 이념과 관련해 단지 다음과 같은 것을 의미할 것이다. 즉, 이념이 모든 자연적 유한성의 피지양태를 거쳐 일자라는 것, 그러나 이념은 또한 많은 일자들 속으로 분리해 들어가 있으며, 이 많은 일자들에 대해 타당한 것은 이것들이 "**일자**이자 **타자**인 바"라는 것이다(§98). 말하자면 이제 그 대자 존재는 존재자를 특징짓는 것이 아니라 오히려 절대적 이념을, 그리고 이 이념과 함께 자신을 규정하는 **보편**이자 **개별**인 사변적 개념을 특징짓는 것이다(TW VI, 252와 비교; E§163). 그래서 일자와 다자의 연관 방식에 보충적으로 그 대자 존재는 또한 이러한 개념 계기들의 연관을 특징지어야만 할 것이다. 대자 존재는, 개념이 자신의 계기들에 있어 자신과 지니는 **동일성**의 한 방식이다. 그리고 이러한 연관 속에서 대자 존재가 지속적으로 결과로 생겨나듯 대자 존재는 이 연관을 다음처럼 특징짓는다. 즉, 언제나 다시금 다른 것이 되는 모든 유한한 실재성의 지양됨으로서, 이념이 자신의 타자존재 속에 지니는 각각의 현존재의 지양됨으로서, 뿐만 아니라 또한 그러한 타자 존재 속에 존립하는 (자연으로서의) 이념 자체의 피유한태의 지양됨으로서, 다시 말해 "관념성"으로서 그 연관을 특징짓는다. 말하자면 개념이 자연의 가장 내적인 것에 있어 운동의 주체였던 한, 이제 개념에 대해 다음처럼 말해질 수 있다. 즉, 개념은 자신의 객관성 내에서 "대자적으로 자신과 동일하게 생성되어" 있다고 말이다. 또한 다자들로 개별화된 개별성으로서의 개념은 스스로에게 외화되어 있는 것이 아니라 오히려 개념은 개념 자신이자 자신과 하나이다. 그러나 이로써 아무런 운동 없는 어떤 사실이 성취된 것은 아니다. "이러한 동일성은 **절대적 부정성이며**", 다시 말해 사변적 사유 내용에서 밝혀지는 완전한 부정의 활동성, (유일하게 긍정적인 것으로서의) 논리적인 것과 연관해선 전체 자연이기도 한 그러한 부정적인 것의 완전한 부정의 활동성이다. 사변적 개념은 그러한 부정성으로서 자신의 외화로부터 자기 내로 복귀하기 때문에 사변적 개념은 "동시에 단지 자연으로부터 되돌아옴으로써만" (객관성 내 자신의) 자신과의 동일성이다 (§381). 해명의 이러한 출발 규정들은 분명하다. 이 출발 규정들에 뒤따라서, 정신의 **본질**은 "그 때문에 형식적으로 **자유**이다"라고 주장하는 명제도 마찬가지이다. 이때 "그 때문에"라는 말을 설득력 있게 하기 위해 "자유"라는 용어는 그 다음에도 여전히 단지 "자신과의 동일성으로서의 개념의 절대적 부정성"이라는 말들로만 규명된다(§382 첫 문장과 비교). 나름의 반성 근거에 따라 사람들은 그러한 표현들을 중요치 않은 것으로서, 아니면 매우 비중 있는 것으로 느낄 것이다. 그러한 표현들이 도달하게 되는 그 밖의 규정들보다 먼저 숙고되어야 할 것은, 그 표현들이 정신의 역사에 있어 다른 경쟁자들보다 우월한 무언가를 지니는 것인지 하는 점이다. 따라서 여기에서 불충분한 인식 입장들로 되돌아가보아야 한다. 그러나 이제는 그 인식 입장들이 정신 개념의 규정을 위해 무슨 쓸모가 있는지 하는 물음과 함께 말이다.

(2) 난제들과 난제들의 예방

만약 우리가 **이론적인 또는 실천적인** 인식의 한계들 속에서 정신을 정당하게 취급하고자 한다면, 이것은 기껏해야 이미 칸트의 통찰에 따라 인식하면서 유한한 본질들에 관련해서만 행해질 수 있을 것이다. 유한한 정신과 잘 구별되어 있는 무한한 정신의 개념, 그리고 이와 함께 또한 이 양자의 구별 맞은편에 있는 여전히 무규정적인 정신의, 다시 말해 정신 일반의 개념과 같은 이런 개념들은 그 통찰에 따르면 단순히 개연적인 어떤 것의 개념들로서만 사유될 수 있을 것이며 그럼에도 유한한 정신의 규정적 개념을 위해서는 전제되어야 할 것이다. 그러나 단순히 전제하는 것은 철학적으로 인식할 가치가 없다.

이런 모든 문제들을 넘어서 이론적 인식이냐 아니면 실천적 인식이냐 하는 양자택일에 제한된 정신 개념의 규정은 해결 불가능한 추가적 난점들을 제공한다. 이론적 인식에 비례해 정신은 철저히 자연 속에 기반하고 있다. 정신은 그러한 이론적 인식을 수단으로 한다면 결코 자연에 속하는 모든 것과 원칙적으로 구별될 수 없다. 그러나 실천적 인식의 차원에서는 이미 주목했듯이(7.2.1.) 바로 이러한 구별이 행해질 수 있고, 정신은 '자유'라는 정신의 가장 내적인 규정에 따른다면 자연 속에 기반하고 있지도 않다. 그렇기에 우리가 이론적 인식이냐 실천적 인식이냐 하는 양자택일에 제한해서는 결코 정신 개념의 일관된 해명에 이르지 못한다. 우리는 현상들에 폭력을 가하고 규정들을 환원해야 한다. 이것이 자연주의를 위해서든 유심론을 위해서든, 일면적으로 이론적 인식을 선호하는 정의(定義)를 위해서든, 일면적으로 실천적 인식을 선호하는 정의를 위해서든 간에 말이다. 더 나아가 이러한 양자택일의 틀 내에서는 자유에 대한 우리의 이해는 (의지 규정의 자유로서의 또는 의지 규정의 객관화 자유로서의) 실천적 자유의 이해로 환원된다. 만약 이러한 자유의 개념이 자유 일반의 적어도 개연적 개념을 위해 우리에겐 여전히 미흡한 것으로 여기진다면, 우리는 기껏해야 우주론적 개념들의 도움을 받을 수밖에 없다. 그러나 우주론적 개념들은 스피노자적으로 우리의 의지의 자유를 부인해야만 하거나 아니면 칸트적으로 비자연적 ("지성적") 인과성으로서 사유하거나 하는 양자택일로 우리를 내몬다. 이 두 가지는 모두 실천적 자유의 개념이 믿기지 않는 방식으로 협소해지는 데에 이른다.

그러나 무엇보다 만약 우리가 인식함에 있어서 스스로를 유한한 정신에 제한한다면, 유한한 정신뿐만 아니라 또한 (예를 들면 자연과 같이) 이 정신과 구별되는 것이 인식에 접근할 수 있다는 가정을 또는 이런 주장을 정당화하는 것은 대체 무엇인가? 인식에 대한 접근이 아무리 초보적이라 할지라도 말이다. 그 접근 가능성이 일반적으로 존립한다면 그것은 왜 다른 종류의 생명체들을 특징짓는 접근 가능성보다 더 충전적이어야 하는가? 만약 그 접근 가능성이 인식 가능한 방식으로 더 충전적인 것이 아니라 한다면, 왜 그것은 자연현상들이 다른 생명체들에 접근 가능하게 있는 방식들보다 더 높게 평가될 수 있는 것이어야 하는가? 알다시피 우리가 우리의 철학적 지평을 유한한 정신으로만 협소화하거나 이 유한한 정신을 자연과 (그러나 또한 아마 유한하진 않아도 여전히 정신인 모든 것과) 분리하거나 하는 바로 이 때문에 우리는 으레 종족–국수주의적인 생각에 스스로를 내맡기게 되는 것이다. 이에 반해 만약 인식하면서 우리가 우선 유한한 정신과 무한한 정신의 차이에 앞서 놓여 있는 정신 개념에 도달하고 이 개념으로부터 비로소 유한한 본질로서의 우리 자신인 그와 같은 정신의 인식에 이른다면 우리는 그러한 종족–국수주의적 생각에서 멀어질 수 있다. 좋은 정신철학을 하나 마련하려면 이 정신철학의 시작에서 제일 먼저 사유되어야 할 정신이 본래 어떤 것인지에 대해 방향을 잘 잡아가는 것이 중요하다.

그러나 정신 개념의 규정에 있어서는 다음과 같이 다른 양자택일을 지닌 난점들도 위협적이다. 즉, 무한한 정신이 정말 표상하는 사유 속에 전제되므로 이론적 인식 아니면 실천적 인식이라는 양자택일의 틀에서 적어도 무한한 정신을 위해 가정되어야 하는 것처럼 자연과 정신은 단순한 존재자들인 것인가? 자연과 정신은 서로 상이한 두 존재자들인 (하나는 다른 하나의 "타자"인) 것인가 아니면 "근본에 있어서는" 단지 둘 중 하나만 있는 것인가? 달리 말하자면 자연과 정신의 이원론을 가르쳐야 마땅한가 아니면 자연주의적이든 유심론적이든 일원론을 가르치는 게 당연한가? 이러한 이중적 양자택일의 어떠한 항(項)도 설득력 있는 입장을 허용하지 않는다. 이원론에서 우리가 헛되이 묻게 되는 것은 예를 들어, 대체 어떻게, 그리고 왜 하나가 주어지면 다른 하나가 거기에 부가되는지, 어떻게 그리고 왜 둘 중 하나인 자연이 다른 하나의 편에서 인식 가능한 것이어야 하는지, 그리고 어떻게 신체로서의 자연의 한 부분이 영혼으로서의 정신의 생동한 개별화와 더불어 하나의 인격적 통일을 형성할 수 있어야 하는지 하는 것이다. 일원론에서 해결할 수 없는 수수께끼로 남는 것은, 자연적인 것에 대한 우리의 개념들과 정신적인 것에 대한 우리의 개념들이 왜 그렇게 종류가 상이한 것인지, 그리고 한편이나 다른 한편에 따라 행해지는 환원에 왜 그렇게 지속적으로 거역하는 것인지 하는 것이다. 게다가 유심론적 변형은 외부세계가 실재적인지 하는 물음에선 자신이 관념론임을 고백해야 한다. 이러한 관념론은 이미 "선험적 관념론자" 칸트가 하나의 추문(醜聞)이라고 불렀던 것이다(KrV, BXXXIX A). 그리고 이 관념론이 자연학의 실재론에 대항해 결코 유아론이라 주장되어선 안 되는 것이라면 그것이 주장될 수 있는 것은 단지 진지한 체하는 완고함을 통해서나 또는 고집 센 현상주의로 전체 철학을 환원시킴으로써뿐이다. 그러나 자연주의적 일원론에 대항해선 언제나 우리의 실천적 자기의식과 자유 의식이 저항할 것이다.

절대자의 정의를 갖고 **유한한** 정신 개념에서 끝맺어도 안 되며 **무한한** 정신을 유한화하는 표상에서 다 된 것으로 여겨서도 안 된다. 그러나 만약 무한한 정신이 단순한 한 존재자로서 취해진다면, 말하자면 자연들이 생겨나게 하지만 우주에 내재적인, 모든 유한자의 무한한 근원으로서 또는 모든 유한자와 여전히 상이한, 모든 유한자의 무한한 근거로서 취해진다면, 당연히 후자의 표상으로 끝내는 것이 불가피해진다. 이와 함께 정신을 철학적으로 주제화하려는 근대의 모든 **형이상학적** 양자택일들은 배제된다. 즉, 일원론적 유물론의 독단적 변형들이나 외부 세계에 회의적인 유심론의 독단적 변형들 또는 육체-영혼 이원론의 독단적 변형들에서 유한한 인간 정신에 속하는 본래의 **우주론 내적인** 양자택일들**뿐만 아니라 또한** 기독교 이성신학의 변형들과 유심론적 일원론의 변형들, 그리고 스피노자주의적 자연주의의 변형들에서 무한한 신적 정신에 해당하는 **신학적** 양자택일들은 제외된다. 게다가 이 스피노자주의적 자연주의는 조화로운 우주의 "신, 즉 자연" 이론으로서 제외될 뿐만 아니라 또한 헤겔에 의해 선호된 바 있는 "절대적 실체"의 "무우주론적(無宇宙論的)" 해석에서도 제외된다(§§80A와 비교; 573A).

칸트 식으로 말하자면 무한한 정신과 유한한 정신의 연관은 도대체 이성에겐 이해할 수 없다고 생각하는 것밖에 달리 생각할 수 없는 독단적 특징과 무능력 외에도 이러한 철학들은 다음과 같은 결점을 추가로 지닌다. 즉, 단적으로 보편적인 무한한 정신에 관해 이 철학들이 지니는 구상에 따르면 의식과 인륜적 정신의 진짜 인간 세계가 사유 가능하지 않게 된다는 것이다. 칸트의 저작과 야코비의 도전을 통해 철학에겐 불가결하게 되었듯이, 말하자면 각자가 자기 자신을 이러한 세계들 속에서 자신과 일치하는 자기로 현실적으로 인식하게끔 하지는 못한다는 말이다. 자신과 일치하는 자기란 바로 자율적 실천이성이다. 이 요구에 덧붙여 고려되어야 할 것이 있다. 근대적인 정신철학은 스피노자 이래로 존속하던 숙명적 양자택일로부터 우리를 해방시킨다는 점에 자신의 시금석을 갖고 있다. 이 숙명적 양자택일이란 앞서 어느 하나나 다른 하나로 변형된 자연주의를 신봉해야 하거나 아니면 우리 스스로에게 다음과 같이 논박을 가해야 한다는 것이다. 즉, 자연으로부터 독립적이며 자연법칙들과는 다른 법칙들 아래에 있는 정신을 주장한다면 주권적 자연의 "국가 속에 국가"가 시인되어야 한다는 논박 말이다. 이 논박에 따르면 그래서 자연법에서 그것을 허용하는 것이 현명하게도 가장 불유쾌한 일이던 바로 그것이 변호되어야 한다는 것이다.

만약 헤겔이 정신철학에 관한 자신의 착상을 유한한 **그리고** 무한한 정신에 관한 이론으로 발전시킬 수 있었다면 그는 언급한 그 난제들로부터 벗어난 셈이다. 말하자면 그는 정신의 일원론 내에서 이 정신을 전일적 존재자로까지 설명하진 않는다. 그의 일원론은 절대적 이념의 일원론이며, 다시 말해 이 절대적 이념은 헤겔에게 철학의 유일한 대상이자 내용이다. 그러나 절대적 이념은 어떤 존재자가 아니며, 다시 말해 가능한 타자 중의 어떤 것, 규정들과 성질들에 전제되어야 하는 어떤 것이다. 절대적 이념은 모든 것을 포괄하는 과정이다. 그리고 전체로서의 그 과정은 단지 정신만이 아니다(§577과 비교). 그러나 이제야말로 그 과정이 단지 자연인 것만도 아니다. 자연과 정신은 헤겔에게 서로 상이한 두 개의 존재자들, 서로에게 낯설고 서로에 대해 한갓 "타자들"인 것도 아니다. 절대적 이념인 하나의 과정의 국면들로서 자연과 정신은 또한 과정들이기도 하다. 양자의 근접은 너무 커서 단지 대략적으로만 사유 가능할 정도이다. 이 근접은 자연으로부터 정신으로의 전진에 연속성을 허용하며, 그리고 이 근접은 자연의 그러한 정신 개념과는 근본적으로 아무런 관련이 없는 (그리고 유한한 정신에 대해서는 스피노자의 비난을 받아야 하는) 하나의 정신 개념을 갖고 (형이상학의 알렉산드리아 전통과 기독교 전통처럼) 작업해야 하거나 아니면 경험주의적이든(흄) 합리주의적이든(스피노자) 정신과 정신의 실천적 자유에 대해 확신하는 어떤 자기 인식도 더 이상 허용하지 않는 자연주의에서 종결해야 하거나 하는 진퇴양난을 막아준다. 헤겔에게 정신 일반은 앞서 말했듯이 자연**의** 절대적으로 최초의 것이며, 그리고 이러한 자연이 실체로서 이해된다면 이 실체의 주체이다. 그러나 사람들이 신을 자연으로부터 독립적인 "존재자(ens)"로 고찰할 경우 신에 대해 주체를 표상하고 싶어 하듯이 주체가 사태상 자연보다 더 일찍 앞서 있다는 그런 식으로는 아니다. 정신이 자연의 모든 작용과 영향에 있어서 정신 자신의 목적에 따라 활동적인 것인 한, 정신은 자연의 절대적으로 최초의 것으로서 자연의 주체이다.

(3) 자유의 이해

여하튼 그런 식으로 "일하고 있는(am Werk)" 것은 정신이며, 정신 속에서 일을 수행하는 사변적 개념은 자신의 자기동일성을 지니고 있다. 정신은 자연으로부터 자신으로 복귀하며, 그리고 순수 논리적인 것으로서는 항상 이미 자신으로 복귀해 있기에 단지 그 때문에 그렇다. 본질 논리학에 따르면(TW VI, 239 이하) 그렇게 자연 속에서 지배적인 **필연성**은 이에 속하는 **우연성**과 함께 "자유에 이르기까지 고양되어" 있다. 그러나 여기서 언급되는 자유는 『논리학』의 설명에 따르면 자신과 동일한 사변적 개념의 절대적 부정성 속에 존립한다. 헤겔은 어떻게 이러한 자유의 이해에 이르렀는가?

그는 근대 형이상학의 가장 중요한 자유 개념을 교정해야 했다. 이때 이 교정은 형이상학적 우주론과의 결별과 더불어 거의 저절로 일어났었다(풀다 1996과 비교). 스피노자에 따르면 어떤 것은 바로 자신의 고유한 본성 필연성에 의해 실존하고 순전히 자기 자신을 통해 행위하도록 규정되는 경우에만 **자유롭다**(『윤리학』 I 부 정의 7). 바로 그 때문에 자연적 사물들과 이것들의 법칙들 세계에서 인간 의지의 자유란 스피노자에겐 하나의 키메라이다. 이에 반해 칸트에 따르자면 모든 현상들과 (자연법칙들인) 이 현상들의 법칙들로부터 독립적인 어떤 것이 바로 자신 고유의 법칙 자체를 스스로에게 부여하고 게다가 이러한 법칙에 따라 인과성을 지니는 경우에만, 다시 말해 자연법칙들에 의해 묘사되는 외적 조건들 아래서 현상하듯이 자신의 작용들을 야기하지는 않고 오히려 이 외적 조건들로부터 독립해서 그래서 무제약적으로 야기하는 경우에만 그 어떤 것은 "선험적으로" 자유롭다. 이로써 이미 한 본질의 〔가상적(假想的)〕 자유가 전체 자연에 대립해 설정된 셈이다. 그 본질이 어떤 것이든지 간에 말이다. 말하자면 전체 자연은 칸트에겐 자신들의 현상 법칙들 아래 있는 사물들의 현존이다. 이에 반해 자유는 무제약적으로 최초의 것으로 되어 있다. 자유는 이미 자연의 궁극 **목적**

이며, 그리고 자연 속에 포함되어 있지 않기에 자연보다 선행하는 것이다. 물론 자유는 아직 철학적 자연 인식을 근거로 그렇게 사유되지는 않고 오히려 윤리적 통찰에 의거하는 (유신론적) 우주신학 속에서, 그리고 "가상적" 인과성으로서 비로소 그렇게 사유되고 있다. 이러한 토대는 청년 헤겔이 가졌던 칸트 이후의 무우주론적 스피노자주의와 함께 제거되었다. 자연의 "절대적으로 최초의 것"은 우주론적으로, 그리고 인과성으로서 사유된 것이기를 멈춰야 했다. 자유는 개념의 자기규정함(Sich-Bestimmen)이 되었다. 이 자기규정함은 "맹목적" 필연성과 우연성에 대해 구성적인 대립 속에 있는 것이다. 개념은 개별성으로서 각각의 관점에서 자신의 규정들을 자기 자신을 통해, 그리고 자기 자신으로부터 타자에 대해 **부정적으로** 정립한다. 이 타자는 개별성으로서의 개념이 자신에게 자연스러운 것으로 전제한 것이다. 그리고 이것은 자연 속에 또는 자연으로서 있는 모든 것과 관련해 그렇다. 그래서 간명하게 말해 자유 일반은 "자기동일성으로서의 개념의 절대적 부정성"이다. 이때 자유로운 것으로 개념 파악될 수 있는 것은 이론적 인식 관점과 같이 다른 관점들에서 보면 또한 자연 법칙들 아래 있는 필연적인 것일 수도 (또는 우연적인 것일 수도) 있다. 그것을 자유로운 것으로 사유하는 것은 이러한 필연성 고찰과 양립 가능하다.

(4) 그 밖의 개념 규정들

위에 상세히 논의된 것으로써 개념을 정신의 인식 속에 다시 도입한다는 것이 무엇을 뜻하는지 하는 물음에 대해 중요한 것이 말해진 셈이다(§378). 그 밖의 규정들은(§382 두 번째 이하 문장들, §383) 새로운 사고를 통해 덧붙여져선 안 되며 단지 "이전에 언급했던 것의 발전"을 통해서만 덧붙여져야 한다(§383Z). 이 규정들의 파급 범위를 이해하려면 이것들이 놓여 있는 더 큰 역사적 문맥을 재차 주시해야 할 것이다.

ㄱ) 자유의 "형식적" 규정에 따르면 정신은 무엇보다 **할 수 있음**(Können)이다. 그래서 정신의 형이상학적 사고 규정에 따르면 정신은 가능성〔그리스

어로 뒤나미스(Dýnamis)]이다. 정신은 모든 외면적인 것으로부터 추상할 수 있으며 자기 고유의 외면성으로서의 (예를 들어 개별화된 한 주체에서의) 자신의 **현존**으로부터조차 추상할 수 있다. 왜냐하면 절대적 이념이 정신으로서 도달하는 대자 존재에 있어 사변적 개념 자체는 그때마다 정신의 고유한 현존인 부정적인 것에 대해 자신이 부정적으로 관계하는 곳에서도, 이러한 현존이 그래서 무화되는 곳에서도 여전히 자신과 동일하게 머무르기 때문이다.

이 점은 자신의 현실성과의 관계 속에 있는 정신의 가능성에 대해 의미심장한 것이다. 여기서 언급되는 가능성은 말하자면 어떤 물리적 현실성에 귀속되는 것일 수는 없고 오히려 정신 자체에 귀속되는 것일 수 있다. 그것은 정신 안에 있는 사변적 개념의 한 가능성이다. 그리고 자신이 지니는 그때마다 직접적인 현존으로부터 추상할 때에 정신은 "대자적으로 존재하는" 그리고 그러한 한에서 일(一)과 다(多)로 차별화되는 **보편성**이라는 점에 그 가능성이 존립한다. 정신이 지닌, 그리고 정신이기도 한 본질의 지금까지 단지 "형식적이기만" 했던 규정에 정신의 직접적 현존이 상응하는 것처럼 정신이 한갓 "추상적" 보편성이라 할지라도 말이다. 이러한 보편이 (**대자적으로** 존재하는 보편성 속에서) 스스로를 "**특수화해**"가는 **내용적 규정성**은 아직 여전히 진술되어야 할 것이다(§383과 비교). 그러나 이 내용적 규정성이 어떤 것이든지 간에 이것에 대해 매번 다음과 같은 점이 타당하게 여겨질 것이다. 즉, 내용적 규정성은 보편에 **외면적으로 부가되지 않고** 오히려 내적인 가능성으로서 보편 안에 함유되어 있다는 것이다.

ㄴ) 정신은 그때마다 현존으로부터 분리되어 흡사 "하늘 저편 너머의" 장소에 존립하는 보편이 아니다. 이럴 가능성이 있다 해도 말이다. 매번 정신의 가능성이기도 한 정신의 바로 그 보편성은 또한 정신의 현존이기도 하다. 그 보편성은 단지 "가능적으로" 자신을 규정하고 현실화하는 것으로서만 **있다**. 왜냐하면 만약 정신의 보편성 내에 있는 보편이 항상 **대자적**인 것이라면 이 보편은 "자신을 **특수화하는**" 것이며 "그 안에서" 자신의 자기

동일성을 지니는 것이기 때문이다. 따라서 이제 물음은 다음과 같다. 만약 그 "특수화"가 여전히 정신의 개념 자체에 속하며, 그래서 개념의 "실현"에 선행한다면 보편이 도달하는, 그리고 이 보편과 함께 정신의 지금까지 단지 형식적으로만 규정된 본질이 도달하는 내용적 규정성은 **어디에** 존립하는가? 헤겔의 답변은 이렇다. 그 내용적인 규정성은 '논리학'이나 '자연철학'으로부터 이미 알려져 있지 않은 하나의 **현시**(Manifestation) 속에 존립한다. 그리고 이 현시에 따르면 정신의 가능성은 직접적으로 현실성이다 (§383). 이제 이것이 규명되어야 한다.

정신의 본질이 단순히 형식적으로만 규정되는 한, 자유는 늘 대자적으로는 전적으로 추상적이며 무규정적인 것일 뿐이라고 생각되기 마련이다. 정신은 그런 종류의 자유로운 것으로서 대자 존재자들의 "공허한" 다수성이라고 말이다. "개념의 절대적 부정성"은 대자 존재자들의 이 공허한 다수성으로 되돌아갔으며 또는 계속 되돌아가고 있다고 한다. 또한 정신은 산재한 존재자들의 무규정적 다수성이라고도 생각된다. 이때 산재한 존재자들은 항상 대자적으로는 이미 정신이거나 또는 오히려 데카르트의 "사유하는 것(res cogitans)"이라고 한다. 자신의 자유의 그러한 부정성에 있어서도 정신은 개별화된 **현존**을, 그리고 이 현존 안에서의 자기동일성을 오직 하나의 활동성으로서만 가질 수 있을 것이다. 이 활동성을 헤겔은 언젠가 "파괴의 격노"로 명명했었다(R§5A). 자신의 대상에 대해 결함이 있는 규정을 갖고서는 정신철학은 올바로 시작하기도 전에 끝나버릴 것이다. 실재적 본질은, 즉 현실성은 지속적으로 들춰지지도 않은 채 남겨질 정도로 정신의 형식적 본질이 사유될 것이다. 그런데 지금 위에서 대자 존재는 이념의 (그리고 이념과 더불어 사변적 개념의) 대자 존재로 사유될 수 있도록 그렇게 도입되었던 것이다. 그래서 숙고해보아야 할 것은, 자연에 속하는 모든 실재적인 것에 대한 부정성에도 불구하고 또는 혹시 바로 그 부정성 때문에 이로써 정신의 형식적 본질이 아마도 특별하게 새로운 정신적 실재성에까지 자신을 **열어 보이는**(aufschließt) 것은 아닌지 하는 것이다. 어느 정도까지 그럴 수 있을까?

ㄷ) 이미 순수 논리적 형식에 따른다면 자유는 자신의 절대적 부정성 내의 사변적 개념이다. 그래서 이 점에서 인과적 연관 속에 있는 실체들이 서로에 대해 지니는 불명료함은 사라졌고 투명할 정도로 명료해졌다. "개념으로까지 해방된 실체"로서의 보편은(TW VI, 246 이하와 비교) 자신을 특수에 이르도록 규정해가기에 이 특수 속에서 **드러나는** 것이다. 이에 상응해 (자연으로부터의 복귀를 거쳐) **대자적으로 생성되는** 또는 대자적으로 존재하는 것으로서 **자신을 특수화하는** (그리고 이 속에서 자신과 동일한) 개념은 우리가 지니는 좀 더 구체적인 경우에 해당하는데 이에 대해서는 다음과 같은 점이 타당해진다. 즉, 개념은 자신이 즉자적으로 이미 자연 속에 있는 바의 것이 (말하자면 정신이) 대자적으로 됨으로써 **자신을 드러나게 만든다**(sich offenbar macht)는 것이다 〔그리스어로는 델로에이(dêlóei)이며, 한갓 아포칼륍테이(apokalýtei)만은 아니다. 이 후사에는 감춤이 선행해 있어야 할 테지만 이것은 또한 암시적으로도 일어날 수 있을 것이다.〕[22] 그래서 개념의 그런 드러내는 계시함(Offenbaren)은 사변적 개념의 **본질**에 속하며, 그리고 이와 함께 정신의 **본질**에도 속한다. **정신으로서** 표상된 신은 어떠한 **은폐된 신**(deus absconditus)도 아니다. 있을 수 있는 일은 기껏해야 예를 들어 나쁜 형이상학을 통해 내가 그를 나 자신 안에서 나에게 은폐시키는 것뿐이다. 이제 아마도 다음처럼 생각될지도 모른다. 그러한 계시함은 개념이 자신을 특수화하면서 정신의 **본질**을 규정하는 단지 그만큼만 도달한다, 그것은 그러나 개별화된 개별성에까지, 그리고 이와 함께 정신의 본질의 **현상들**에까지 또는 더욱이 정신의 **현실성**에까지 도달하진 못한다고 말이다. 하지만 사변적 개념은 (개념적) 개별성에까지 도달하는 완전한 자기-특수화함(Sich-Besondern)이다. 더 나아가 사변적 개념은 "모든 유한한 규정성과

22) 그리스어의 deloei, δηλωει는 가시적 · 현시적으로 만들다 또는 그렇게 되다, aphokalyphtei, αποκαλυπτει는 (숨겨져 있는 것을) 들춰내다, 노출시키다, 폭로하다를 의미한다.

다양성의 근거이자 원천"이며(같은 책 261), 그래서 또한 한편으로는 한갓 본질의 현상일 뿐이지만 다른 한편으로는 그러나 한갓 우연적인 것 그 이상의 것이기도 한 그러한 개념이다. 그리고 사변적 개념은 **개별화된** 개별성 속에서는 대자적으로 존재하는 것으로서 (또는 생성하는 것으로서) 자신과 동일하기도 하다. 그래서 사변적 개념은 단지 자기 자신과 맺는 자신의 단순한 관계에서뿐만 아니라 또한 그것이 추상적으로 대자 존재하는 보편성으로부터 벗어나 그러한 개별화를 구성하는 자신의 본질의 현상으로 나아가는 곳에서도 철저히 자신을 드러낸다. 이 본질의 현상은 우유적(偶有的)인 것과 외면적인 것을 포함한다. 따라서 실체의 우유들이 실체의 힘과 실체의 내용적 풍부함을 현시하는 반면, 실체가 이러한 우유들 속에서 반대로 자신을 **현시하는** 방식으로부터 사변적 개념의 계시함은 또한 떨어져야 한다(§§142 A, 151과 비교). 그럼에도 불구하고 이제 **명백하게** 현시함(ein **klares** Manifestieren)이, 그래서 드러나게 만듦(ein Offenbar-Machen)이 문제시된다고 하는 단지 이 점에서만 그 구별을 보려는 것은 충분치 않다. 게다가 결코 계시함의 활동성과 상이할지 모르는 "**어떤 것**"이 드러나는 것은 아니다. 종교적으로 신으로 표상된 정신은 참으로 자신의 계시함의 본질 활동성 배후에 은폐되어 있을지 모르는 아무런 것도 아니다. (다른 관점에서 보면) 신을 비밀에 가득 차 있도록 하는 것을 계시함과 계시하는 자와의 연관 속에서 찾아선 안 된다.

우리는 드러나게 되는 것에서 또한 이것의 표출과 외면성으로부터 (다시 말해 우유성들로부터) 떼어내어야 할 어떤 내적 내용을 앞에 갖는 것이 아니며, 그리고 (각각의 현시에 속하는) 그 표출과 외면성에서 규정성 내용에 덧붙여지는 어떤 형식을 갖는 것도 아니다. 형식과 내용의 통일은 실체와 이것의 우유성들의 경우보다 훨씬 더 내적이다. 내용은 자기 자신 속에 형식을 포함하며(§383 Z와 비교), 그리고 형식은 한갓 비자립적인 것, 내용에 외면적인 것만은 아니다. 왜냐하면 내용은 **개념이 자신을** 그 안에서 특수화하는 그러한 규정성이기 때문이다. 즉, 내용은 형식을 자기 안에 포함하며 여기서 자신과 일치하는, 그래서 참된 내용이다. 말하자면 개념의 자기 특수화가 그 안에 존립하는 "이러한 계시함 자체"이다. 우리가 이 계시함에서 "내적인 것과 외적인 것의 직접적으로 생성된 통일"을 앞에 갖고 있듯이 이 통일을 헤겔은 이제 "현실성"이라 부른다(§142). 그래서 드러나게 만듦의 규정으로부터 다음과 같은 점이 귀결된다. 즉, 정신의 가능성이란 여기서 이미 자신을 특수화하는 보편의 그러한 가능성으로서, 다시 말해 **직접적으로** 현실성이라는 것이다. 그리고 정신의 가능성은 질료에 의해 질적으로나 양적으로 제한되지 않으며 그러나 자신의 현실화를 위해 제한적이거나 현실성을 유한화하는 조건들에 의존하지도 않기 때문에, 그 가능성은 직접적으로 **무한한, 절대적인** (다시 말해 각각의 관점에서 자기 자신을 통해 규정된) 현실성이다.

(5) 개념사적인 배후로

헤겔이 자신의 정신 개념으로써 근대 형이상학의 정신철학적 변형들로부터 어떻게 자신을 구별하는지 설명된 셈이다. 이제 다음과 같은 것을 알 수 있다. 만약 우리가 자유를 정신의 형식적 본질로 고찰하고 이때 비록 교정된 것이라 할지라도 근대적인 자유 이해로부터 출발한다면 헤겔은 우리에게 또한 아리스토텔레스를 정신의 **실재적** 본질을 적합하게 사유하도록 권유하는 그러한 사람으로서 상기시키려 한다는 것이다. 말하자면 사변적 개념을 정신의 인식에 도입하려는 지금까지 가늠해본 진행 방식으로부터 헤겔이 어떻게 영혼에 관한 아리스토텔레스 저서들의 의미를 "다시금 밝혀내기"(§378) 시작하는지가 분명해진다. "주관적인" 정신의 철학이라면 (아래 참조) 아리스토텔레스에게서는 자연철학에 속하는 섭생하는 영혼, 감각하는 영혼, 그리고 사유하는 영혼에 관한 이론을 정신철학적으로 해석하고 이 세 영혼들의 연관을 아리스토텔레스에게 구비되어 있는 사변적 사고들을 통해 개념 파악하는 것이 제일 먼저 해야 할 일은 아니다(TW XIX, 198과 비교). 그에 앞서 먼저 아리스토텔레스의 그러한 저서들로부터, 그리고 이와 함께 그의 **'형이상학'**의 부문들로부터 정신〔누우스(nous)〕에 대한, 그리고 정신의 자연과의 연관에 대한 원칙적인 통찰도 획득되어야 한다. 정신 개념에 관한 자신의 규정에 있어 헤겔은 자기 나름의 이해에 따라 적어도 세 주장들을 아리스토텔레스의 누우스 규정들과 공유하고 있다. (1) 정신은 이것의 개념 해명에서 현실성으로 규정되는데, 이 현실성은(§383) 하나의 **가능태**(dýnamis)에 대한 **현실태**(enérgeia)이다. 왜냐하면 이 현실성은 사변적 개념의 한 현실성으로서 아리스토텔레스의 누우스처럼 사전에 할 수 있음(Können, dýnamis)이 또한 부가되어 있는 정신의 일하고 있음(Am-Werk-Sein des Geistes)이기 때문이다. (2) 할 수 있음과 함께 또한 하나의 목적이-헤겔에게서는 자유가-확정되어 있으며, 그리고 이 목적 속에서 정신의 일하고 있음이 유지된다. 즉, 정신의 일하고 있음은 동시에 **실현태**(Entelechie)이다.[23] (3) 헤겔에게서 정신이 자신의 가능성에 있어 직접적으로 절대적인 현실성이듯이, 아리스토텔레스에게서도 헤겔의 해석에 따르면 뒤섞이지 않은 단적으로 활동적인 누우스는 정신의 본질〔우시아(ousía)〕에 속하고 질료 없이 있는 하나의 가능태인 반면에 누우스는 단지 일하고 있는 경우에만 그 자체로 있는 것이다. 또한 현실태와 실현태도 누우스의 본질에 속하며, 그래서 가능태와 현실태, 그리고 실현태는 누우스 안에서 하나라고 말할 수 있다(같은 책 185 이하와 비교; 213).

헤겔은 물론 비로소 자신이야말로 이 세 주장들에 대해 (말하자면 §382와 §383에서 간략히 묘사된) 논증을 제공하고 있다고 생각한다. 그리고 이를 위해 그는 주된 역할을 사변적 개념에 부여한다. 이렇게 그는 아리스토텔레스가 과감히 파악하려던 가장 심오한 사고들을 자기 나름의 인식 속에서 확인하고 싶어 한다. 그렇지만 그는 이러한 인식의 중요한 진일보가 이미 아리스토텔레스에게서 준비되어 있다고 여긴다. 여기서 언급된 것들과

23) 목적 안에 있는 일함 내지 활동함은 자체가 목적 내에 있음(εν τελω ειναι)으로서의 실현태(Entelechie)이다.

다른 것들도 여전히 그에 해당한다. 이 점은 헤겔의 철학사 강의들로부터 추정될 수 있다.

헤겔이 명백히 아리스토텔레스에게 돌리지 않는 점이 있다(TW XIX, 413). 헤겔은 자기 자신을 사유하는 누우스를 전일(全一)로서 취하고 전체로서의 철학을 이 전일을 개념 파악하는 것으로 만든다는 것이다(같은 책 164와 비교). 아리스토텔레스의 누우스에 대한, 그리고 (이 개념을 거쳐) 정신에 대한 이러한 관점은 철학이 고대 후기에야 비로소 겪었던 경험에 빚지고 있다. 이 경험은 회의주의를 거쳐 알렉산드리아의 신플라톤주의로 (또는 아리스토텔레스주의로) 철학을 이끌었던 것이다. 이 경험이 망각되어선 안 되겠다. 물론 철학은 헤겔에 따르면 여전히 결정적인 결핍 하나를 앓고 있다. 즉, 철학은 "무한한 주관성"의 깊이 속으로 침투해 들어감에 따라 완성되어야 했던 고대의 세계 지향적 철학함과의 "절대적 단절"을 고려하지 않는다. 그리고 철학은 이를 통해 가능해진 자유 의식에 있어서의 또 다른 진보의 시작을 고려하지도 않는다. 이러한 진보의 시작은 기독교에서 이루어진 것이다. 단지 정신을 "부정적인 평온"에, 그 다음 "자기 자신 내에서의" 긍정적 "평온"에 이르게 하는, 모든 특수와 유한의 회의적 해소만이(같은 책 414) 새로운 인식 기회를 제공한다. 물론 이 회의적 해소마저도 개념 파악을 위해 자신을 열어놓지는 않는다. 개념 파악함이란 절대적인 추상적 자유의 사고로부터 출발해야 할 것이다(488). 하지만 이 방향에서 아리스토텔레스를 넘어서는 중요한 일보를 알렉산드리아 학파는 내디뎠다. 이 학파는 플로티노스에 이르러 처음으로 누우스를 "열려 있지 않은 것으로부터 계시로 전진해감"으로서 구상했다(같은 책 477).

3. 방향을 정하기 위해 보충적인 것

정신 개념을 갖고 어떻게 작업해야 하는지 알려는 사람은 표상적으로 사유하려는 유혹에 굴복해선 안 된다. 그리고 정신의 자유나 정신의 할 수 있음과 드러나게 만듦이 그 성질로 여겨질 수 있는 알려진 대상들을 너무 성급하게 찾아서도 안 된다. 오히려 이제 숙고해야 할 것은, **어떻게** 그리고 **무엇을 향해** 계시함이 수행되는 것인지(1), "절대자의 최고 정의"를 위해 지금까지의 모든 것으로부터 무엇이 **의미와 내용**에 있어 분명하게 밝혀지는지(2), 정신 개념의 실현을 위해 무엇이 그렇게 정신 개념의 **구분**으로서 출현하는지(3), 그리고 정신 개념의 예증들은 이것들의 **인식 가능성**의 관점에서 어떻게 평가되어야 하는지(4) 하는 것이다.

(1) 계시함 – 어떻게 그리고 무엇을 향해?

"무엇을 향해서"인지를 멀리서 찾을 필요는 없다. 개념 실현의 진행 방식은 여하튼 다음과 같은 점을 입증하는 데로 나아가야 한다. 즉, 전체로서 정신은 자신의 개념에 상응하지 않은 형식들로부터 자신이 완전히 해방되어 있는 하나의 현존을 획득한다는 것이다(§382Z). 만약 정신이 정신 자신의 현실적 본질을 형성하는 자기 계시하는 자유를 실존하는 것 속에서 궁극적으로 "끄집어내 보여" 주었다면 그리고 정신의 대자적으로 생성됨 또는 자연으로부터 "절대적 대자 존재"로 복귀함이(§384Z) 완결되었다면, 그 입증 목표는 달성된 것일 수 있다. 이를 위한 출발점으로서 우리는 아리스토텔레스 『영혼론』의 근대화된 판본을 기대해야 한다. 그러나 이 기대를 충족시키기에는 정신의 해명된 개념은 여전히 너무 무규정적이다.

우리는 자연에 이미 속하고 있는 즉자 존재하는 정신에 관한 위의 언급에서 정신이 자신 자체에 있어서도 그 밖의 규정을 필요로 한다는 암시를 했다. 왜냐하면 정신은 그러한 즉자 존재하는 것으로서도 자신을 드러나게 만듦이기 때문이다. 정신이—대자적으로 자유롭지 않은 것으로서—해명되어야 했던 그 개념 아래에 놓이지 않을지라도 말이다. 그래서 우리에겐 다음과 같은 점이 결여되어 있다. 즉, "자유로운"(§384) 정신의 계시함은 이 즉자 존재하는 정신과 경계 지어짐으로써, 그리고 이 경계 지어짐을 통해 철학적 정신 인식의 개별 분과들의 대상을 확정하는 데에 유용해진다는 것이다. 자신의 발전 속에 있는 자유로운 정신에 특징적인 것으로서 **계시함의**

두 형식들은 우리가 이미 즉자 존재하는 정신에 속하는 것으로 간주해야 할 계시함과는 대조되어야 한다. 이때에 그 두 발전 형식들 중 첫 형식에서(말하자면 **반성**으로 정립하는 전제함에서) (정신의 자기 연관적 발전 항으로서의) 최초의 구분항(區分項)이 제시 가능하게 되며, 그리고 이 최초 구분항의 그 다음 두 번째 항에 대한 (말하자면 정신은 자신에 의해 산출되어야 하는, 그리고 산출되어 있는 정신적 세계의 형식 속에서 자신을 계속 발전시킨다는 그런 두 번째 항에 대한) 대립이 제시 가능하게 된다. 그러나 단지 이것만이 아니다. 익숙한 이해로부터 벗어나긴 하지만 사실상으론 적합한, 유한한 정신과 무한한 정신의 구별에 대한 하나의 전망이 열린다. 왜냐하면 이 두 구분항들과 계시함에 관한 이것들의 형식은 본질 논리적 규정들에 의거하여 함께 **유한한** 정신을 형성하는 반면에, 계시함의 이후 형식은 (스스로 발전하는 **개념** 속에서의 계시함의 형식으로서) 세 번째 구분항을, 즉 **무한한** 정신을 구상하도록 요구하기 때문이다. 그러나 이렇게 구상됨으로써 무한한 정신이 유한한 정신과는 다른 존재자의 정신이 되는 것은 아니다. 오히려 무한한 정신은 단지 정신 자체에 의해 유한한 정신에게 정립되어 있는 한계의 지양되어 있음 내지 지양되어 생성함(Aufgehoben-Sein bzw. -Werden)일 뿐이다. 정말이지 단 하나의 정신의 일하는 방식들이 유한한 정신으로, 그리고 무한한 정신으로 구별되는 것일 뿐이다. 그리고 단지 그 방식들과 그 방식들에 상응하는 정신의 활동성과 이 활동성의 산물들만이 다루어지는 것이다. 그러나 "정신들"이 다루어지는 것은 아니다. 따라서 올바른 이해를 위해 중요한 것은 계시함의 형식들을 서로 구별하는 것이며, 그 다음 이 형식들이 어떻게 그 구분을 근거 짓는 것인지를 파악하는 것이다.

또한 자연을, 그리고 자연 속의 자기 자신을 드러나게 만드는 하나의 정신으로서 정신을 개념 파악하려는 기획은 자연을 철학적으로 인식할 수 있어야 한다는 요구를 인식 대상으로부터 정당화하는 데 일조해야 한다. 만약 인식 의도가 향하고 있는 그런 대상에 관해 어떤 무언가가 인식 가능성을 보증한다면 이 어떤 것은 그 해당되는 대상을 드러나게 만듦(Offenbar-

Machen)이자 또한 그 해당되는 대상이 드러나도록 만들어져 있음(Offenbar-Gemachtsein)이다. 그러나 우리에게 그러한 정당화의 토대를 제공하는 드러냄, 즉 계시함(Offenbaren)은 자연의 **상호 외재** 속에 "유입되어" 있는(§384Z) 즉자존재하는 정신에 대해선 단지 **존재의 형식**으로만 존립할 수 있다. 이 존재 형식에 따라 사변적 개념은 자신이 자연의 내적인 것 중 가장 내적인 것인 한에서 이 자연 속에서 지속한다. 즉, 계시함은 자연 규정들 중 그때마다의 한 규정에서 바로 그 다음 규정으로 **이행함**의(§240) 형식으로만 존립할 수 있다. 이러한 형식에 자연은 자신의 **생성**과(§384) 인식될 수 있음을 빚지고 있다. 또는 오히려 자연이 하나의 생성으로서 이러한 형식**이다.** 이 생성은 이해하기 쉽게 인식될 수도, 개념적으로 인식될 수도 있으며 이 때문에 또한 이 생성으로부터 출현하는 규정들과 함께 자연에서 인식될 수도 있다. 그러나 그러한 계시함이 토대가 되는 인식은 자연의 인식으로서는 이미 우리 배후에 놓여 있다. 우리 앞에 놓인 정신의 인식을 위해 우리는 대자 존재하는 자유의 규정으로부터 비롯되는 계시함의 형식들과 관계해야 한다. 이 형식들을 적합한 방식으로 방금 언급한 형식들로부터 떼어놓기 위해 주시해야 할 바를 지금까지보다 좀 더 정확하게 하나의 논점으로 다시 말한다면, 어떻게 대자 존재하는 자유의 규정이 결과로 생겨난 것인가 하는 점이다.

자연철학의 이 결과에 대한 해석은 지금까지 다음과 같은 점에 의거했었다. 즉, 자신의 대자 존재에 도달한 이념 속에서 자연은 "사라졌다"는 것이다(§381). 이에 상응해 정신의 본질이 **형식적으로** 자유라는 주장은(§382) "형식적"이라는 이 표현이 우리의 고찰과 정신의 본질에 형식적인 성질을 부여하지만, 그러나 자유에 부여하는 것은 아니라는 식으로 해석되었다. 그러나 좀 더 자세히 주시해본다면 다음처럼 말해야 한다. 즉, 자유가 대자 존재하는 것으로 밝혀지게 되었듯이 자유 자체는 우선 아직 단순히 형식적인 것일 뿐이다. 자유는 전체 자연에 대립된 것으로서 자신 내로 반성되어 있으며 그래서 여전히 전체 자연에 대해 반성연관 속에 있다. 이에 따라 계시함의 활동성도 우선은 **본질의 형식**으로 수행되어야 한다. 그렇게 자유는 반성의 형식적 규정들을 통해 상세히 논의되어야 한다. 반성의 이 형식적 규정들은 **정립함**과 **전제함**이다(TW VI, 26). 정신은 **우리에 대해** 자연을 자신의 전제로 지닌다는(§381) 확인과 함께 그래서 적어도 다음과 같은 점을 유념하는 것은 당연하다. 즉, 정신은 자연을 우선 **자신의** 세계로 **정립하는** 반면, 세계를 동시에 자립적인 자연으로 **전제한다**는 것이다(§384). 유한한 인식함은 진정 그것의 이념상 "객관적인, **현존하는** 직접적인 세계"로(§224) 지향되어 있다. 이로써 "문화주의"는 배제된 셈이다. 문화주의는 자연 자체를 문화의 산물로 설명하거나 또는 우리의 정신적 활동성들에 있어 우리가 이러저러한 세계뿐 아니라 세계 일반까지도 "형성" 또는 산출하는 방식들에 관여하는 것이리라 주장한다. 자신의 자유를 현실화함에 있어 정신은 단지 **자신의** 세계만을 스스로에게 창조하는 것이며, 더욱이 자연을 이러한 자신의 세계로 "정립함"으로써, 다시 말해 이러한 세계 건립의 목적에 종속시킴으로써 그렇게 창조하는 것이다. 그렇지만 정신은 오로지 자연을 세계 일반으로 전제함으로써만 자연을 그렇게 정립할 수 있다.

계시함은 자연을 그렇게 정립함과 전제함에 존립하는데, 이 계시함을 토대로 해선 대자 존재하는 정신은 자연이 감추기도 하고 계시하기도 하는(§384Z) 즉자 존재하는 정신과 자신과의 통일을 아직 인식하지 못하며, 따라서 아직 자신의 자기 자신과의 통일을 인식하지도 못한다. 이 때문에 여기에서 발전이 마무리될 수는 없다. 발전은 처음부터 "개념 속에서의" 계시함을 향해, 다시 말해 **개념의 형식** 속에서의 계시함을 향해 나아가야 한다. 이 개념의 형식 속에서 자유는 순전히 형식적이기를, 그리고 자연에 배타적 부정성이기를 멈춘다. 자연철학은 이미 이에 대한 하나의 사례였다. 그렇기에 개념의 형식으로 하는 드러나게 만듦이 "**있다**"는 주장은 여기서 더 이상 어떠한 논증도 필요로 하지 않는다. 물음은 단지 이렇게 드러내는 계시함이 어디에 존립하는지 하는 것뿐이다. 이에 대한 답변은 자연과 정신의 공속에 관한 그 밖의 규정에까지, 즉 지금까지의 규정들과 조화 가능하고 자유 개념에 의거하여 근거 지어질 수 있는 규정에까지 나아가야 한다. 이 규정으로 인해 정신의 앞으로의 철학적 인식이 정립하고 전제하는 계시함에만 의지할 수 있다고 또는 해명된 것과 전혀 다른 정신 개념에만 의지할 수 있다고 생각하려는 유혹이 예방된다. 이 규정은 계시함의 셋째 형식을 향해야 하기에 결국 이 셋째 형식 속에 근거 지어져 있는 셈이다.

이 셋째 형식을 특징짓기 위해 헤겔은 다음과 같은 명제 하나를 사용했는데, 그것은 위협적인 압박 조건에서도 기교 넘치게 공식화된 범례가 되는 명제이다. 즉, 자유로운 정신에게 있어 개념 내 계시함은 자연을 자신의 (다시 말해 정신의) "존재"로서 **창조함**이며, "이 자신의 존재 속에서 정신은 자신의 자유의 **긍정**과 **진리**를 스스로에게 제공한다"는 것이다(§384). 이 말은 한편으로는 마치 이런 내용이 헤겔의 『논리학』으로부터 기대되어야 하는 것처럼 들린다. 왜냐하면 보편으로서의 사변적 개념의 특수를 향하는 활동성은 "창조적 힘"이기 때문이다(TW VI, 279). 보편은 "자신을 자유롭게 규정한다(같은 곳). 보편이 만약 이념이라면, 적어도 그렇다면 보편은 특수를 창조함이다(TW VI, 279, 265; E§214 A와 비교). 다른 한편으로 "자연을 창조함"이란 말 때문에 들게 되는 생각은 지금 (신의) 자연 창조에 관해 말하고 있나보다 하는 것이다. 창조함이 여기서는 그렇게 생각된 것일 수 없다는 점을 알려면 반드시 꽤 정확하게 독서해야 하며 문맥을 주시해야 한다. 말들을 하나하나 음미해보면 그 공식화는 그렇게 생각된 것일 수 없다고 말한다. 게다가…… 으로서의 자연(Natur als ……)의 창조라는 헤겔의 언급에 전통적인 창조 정리(定理)를 집어넣어 해석해선 안 된다는 것을 다음 두 절들이 보여주고 있다. 왜냐하면 이 절들에 대한 상세한 설명은 자유로운 정신에 속하는 것으로 간주되는 계시함의 두 형식들의 구별을 토대로 지니기 때문이다. 오로지 예술, 종교, 철학일 뿐인(아래 참조) 하나의 "절대적인 정신"이 어떻게 자연의 창조자로서의 신일 수 있단 말인가? 지금까지 우리 앞에 놓였던, (자연의, 그리고 자연으로 시작하는 만큼, 정신의) 참다운 철학적 현실 인식의 유일 사례가 대체 어떻게 무로부터 신의 자연 창조라고 할 계시적으로 드러나게 만듦(Offenbar-Machen)에 의거한단 말인가? 그래서 우리가 헤겔의 자연철학과 정신철학을 가지고 추진하는 인식함은 무엇보다 특히 "개념 내의 계시함"에 대한 창조신학적 해석을 거부한다.

그 밖의 정신 인식을 방향 잡는 데에 무용하고도 잘못된 이해를 배격한다고 해서 아직 자연과 정신의 연관이 긍정적으로 규정되는 것은 아니다. 이 연관은 개념 내 계시함과 더불어 사유되어야 한다. 그러나 헤겔이 우리에게 제공하는 규정의 규명은 이제 손 안에 가까이 있다. 우리가 앞에 지니고 있는 사례에서 이미 지금 다음과 같은 점이 밝혀진다. 자연이 단지 (최종적으로 자유로운 정신으로의) 생성일 뿐만은 아니라는 것, 그리고 정신이 단지 자신의 세계 건립 목적을 위해 자연을 정립함 및 이 정립함과 하나인 것으로서 세계 일반을 자연으로서 전제함일 뿐만은 아니라는 것이다. 이 세계 속에 자기 자신의 한 존재를 만들어**내는**(erschafft) 한, 정신은 이 세계 속에서, 그리고 이 세계로부터 자신을 해방시킴으로써 이 세계 속에서 전체로서의 자연을 **만들어 바꾸는**(umschafft) 것이다. 자기 자신의 한 존재 내에 정신은 더 이상 자연에 부정적으로 향하면서 자신의 자유를 실행하지 않으며 오히려 자연 속에서 "자신의 자유의 …… **긍정**"을 스스로 부여한다. 그리고 바로 이 때문에 정신의 자유는 자연 속에서 정신 자신과의 충전적인 일치에, 그리하여 자신의 자유의 진리에 도달한다. 이러한 진리에서는 대자적으로 존재하는 정신은 즉자적으로 존재하는, 즉 이미 자연 속에 일하고(am Werk) 있던 정신과 합일되어 있다. 단순한 정립함과 전제함, 그러나 자연의 생성도 또한, 즉자 대자적으로 존재하는 정신의 한 존재 속으로 지양되어 있는 것이다. 정신의 이 한 존재는 본질적으로 정신이 자신을 계시하는 이러한 과정이다.

정신은 결국 이러한 과정으로서 자연의 절대적으로 최초의 것이자 이미 그런 최초의 것으로서 개념 내 계시함을 향해 나아갔기 때문에, 아마도 정신에 대해서 다음처럼 주장될 수도 있겠다. 정신은 자연을 자신의 그러한 한 존재로 **창조한다**는 점에서 자신을 드러나게 만든다고 말이다. 정신은

"영원히" 자신을 향해 겨우 생성되고 있는 전체 자연을 소재로 〔그리스어로 "휠레(hyle)"로서〕 사용하며, 이 소재로부터 스스로 이러한 계시함의 형식을 형성한다. 그리고 이 형식은 자신 편에서 자연에 대한 유한한 이론적 실천적 인식 입장과는 다른 입장을 — 미학적으로 종교적으로 철학적으로 — 성취해낼 것이다. 이미 한창 일하고 있는 철학적 인식의 사례에 의거해 여하튼 이제 벌써 그 인식을 가능하게 하는, 정신의 자신을 드러나게 만듦에 대해, 그리고 이와 함께 정신철학의 구분 토대에 대해 그만큼이나 결말지을 수 있는 것이다.

(2) **"절대자는 정신이다"는 무슨 뜻인가?**

이 정의의 **의미와 내용**에 대해, 그리고 절대자의 **최고** 정의로서의 정의에 대해 이제 다음처럼 말할 수 있다. 일단 우선 그 **의미**는, 일찍이 플라톤에 의해(TW XIX, 91과 비교) 이미 발견되었고 단지 표상들로서이긴 하지만 기독교에 의해 확산된 진리를 개념 파악함 속으로 가져오는 데에, 그럼으로써 진리의 규정들이 교정되고 증명되는 데에 존립한다. 이를 통해 기독교적인 서양 근대 철학의 정신철학적 난제들이 예방되어야 한다. 그리고 고대가 정신의 인식을 위해 수행했던, 그러나 근대에는 계속 잊히게 되었던 중대한 준비 작업이 다시금 자신의 권리를 되찾아야 한다. 이를 위해 고대 사상가들이 논증을 보증할 필요는 없다. 고대 사상가들의 준비 작업은 오히려 수정과 새로운 논증을 통해 보충된다.

만약 의미를 더 개념 파악하려고 그 정의의 **내용**을 함께 끌어들인다면, 그 외에도 다음과 같은 점이 밝혀진다. '정신'이라는 개념은 정신적 활동성의 모든 특수화가 도외시될 수 있고 그 개념 아래 놓이는 것이 즉자 존재하는 정신일 수도 대자 존재하는 정신일 수도 있는 추상적 보편개념이 아니다. 정신 개념은 자유가 작용하며 일하고 있음의 개념으로서 정의하는 정의항(definierend)이다. 자유가 작용하는 일함은 전적으로 산출되는, 그리고 자신과 일치하게 되는 자유의 목적을 향해 지향되어 있다. 우선 단지 즉자적으로만 존재하는 정신이 자신의 일하고 있음을 향해 대자적으로, 그래서 또한 자기 연관적으로 생성되며, 그 다음 이러한 정신으로서 자신을 하나의 정신적인 세계로 객관화하고, 이 정신적인 세계를 자신에 충전적인 것으로 만든다. 일단 먼저 자신의 "내면을 상기해내고(er-innern)" 그 다음에 자신을 객관화하는 정신의 이 이중 국면을 지닌 과정은 실행되기 위해 헤겔 철학을 기다릴 필요도 없는 것이며 오래전부터 행해지고 있는 것이다. 고대 인륜적 세계에서 처음으로 출현했던 정신은 이 고대 세계의 몰락으로부터 자신을 구출해 당장 처음엔 "세계 없는" 실존으로, 즉 고대 후기의 회의주의와 알렉산드리아 신플라톤주의로 탈출했다. 그러나 고대 말기에 그 정신은 대상적인 정신적 세계로 복귀했다. 이제 정신이 자유롭게 자기 대상화를 통해 이 대상적인 정신적 세계를 자신과 화해시키고 자신에 충전적인 것으로 만들기 위해서 말이다(TW XIX, 412와 비교). 이에 대해선 역사철학의 맥락에서 더 많은 것이 말해질 수 있을 것이다.

정신으로서의 절대자의 정의 속에는 자연과 정신의 (유한한 정신뿐만 아니라 무한한 정신의, §386Z와 비교) "통일"이 사유되고 있다. "모든 종교와 학문"이 달려들었던 이 통일의 "지점"은 우리에게 그 정의가 무엇 때문에 **최고의** 정의인지도 설명해준다. 정의되어야 할 "절대자"를 언급하면서 사람들은 막연하게 그러한 통일의 개념을 찾는다. "절대자"라는 표현에서 그 통일 개념의 대상은 단지 불충분하게만 확정되어 있다. 절대적인 대자 존재로 발전하는 이념으로서 정신을 정의하는 개념 내에서는 그 대상이 분명하게 형성되어 있으며 적절하게 표시되어 있다. 그렇다면 정의에서 "더 고차적인" 무언가가 그 대상에 대해 제시될 수 있을까? 물론 정신을 단지 표상적으로만 사유하는 것은 정의를 위해선 충분치 않은 일이다. 철학의 과제는 정신을 "정신의 고유한 요소 속에서, 즉 개념 속에서 파악하는" 것이다. 헤겔은 유일하게 이 과제만이 궁극적으로 성취되지 않은 것으로 보고 이 과제 해결을 자신의 일로 삼았다. 왜냐하면 **개념**은 기독교적 표상들에 의거하지 않는 하나의 **내재적인** 해결을 요구하기 때문이다. 그러나 자유가 또한 (살펴본 근본 의미에 있어) 그 과제의 대상이 아닌 한, 그리고 자유로서의 개념이 추가적으로 그 과제 해결의 "영혼"이 (= 운동 원리가) 아닌 한, 그 해결은 성취되지 않는다. 오직 여기까지 성취해내는 성과만을 헤겔은 자기 스스로에게 부여한다.

물론 철학적 인식의 체계적 행로에 있어 그 "정의" 다음에 오는 것은 세부적인 정신철학 전부보다 적은 것이 아니다. 세부적인 정신철학 전체는 절대자의 더 이상 능가할 수 없는 충전적 정의를 우리에게 제공해야 한다는 과제 규정 너머에 놓여 있다. 세부적인 정신철학 전체는 그 정의를 **확증한다**는 특징을 지닌다. 절대자는 정신이라고 말하고 이로써 자연과 정신이 어떻게 공속하는지를 표현하고자 하는 자는 원래 다음과 같이 말해야 할 것이다. 정신으로서의 절대적 이념은 자연인 타자 속에서 자신을 단지 자기 자신과만 결합시켰던 것이라고 말이다. 이 결합은 하나의 추론 속에서 이루어지는데, 이 추론의 두 항들 간에 중심 매사(媒辭)가 되는 것은 플라톤의 "아름다운 결속"이다. 이로써 헤겔의 이해에 따르자면 플라톤 철학에 이미 포함되어 있는 그 "최고의 것"이 비로소 충전적으로 표현되기에 이른 셈이다(TW XIX, 91과 비교). 그렇기에 우리의 정의의 불완전성을 통해 우리가 한 정의에서 가질 수 있는 자기 인식보다 더 나은 자기 인식을 준비하는 것도 또한 우리의 정의의 의미에 속하는 것이다.

(3) 정신철학의 구분

Ⅰ. 만약 정신이 세계를 자립적인 자연으로 전제하고, 그러한 한에서 자연에서 자신을 실행하지 않거나 또는 자연과 단지 관계만 하는 반면에 그런 전제함의 **이쪽 편에서는** 자연을 **자신의** 세계로 정립한다면, 정신은 사변적 개념으로서, 그리고 또한 이것에 의해 개념 파악된 것으로서 우선 **자기 자신과의 관계 형식**으로 있는 것이다. 그리고 사변적 개념 자체는 주관적인 것으로 표본화되므로 이러한 형식에 제한된 자신의 활동성에 있어서의 그 개념은 "주관적인 정신"으로 가장 잘 명명될 것이다. 주관 정신의 발전이

란, 정신의 **개념**인 바의 것이 (즉, 이념의 타자 존재의 모든 규정들의 관념성이) **정신에 대해** 생성한다는 것이 된다. 이로써 정신에게 그의 본질만이 아니라(§382) 그의 존재이기도 한 것은 바로 "이것, 즉 자신에게 머물러 있다는, 다시 말해 자유롭게 있다는 것"이 된다.

Ⅱ. 다음으로 자신의 존재에 있어 자유로운 정신으로부터(§481) 하나의 활동성이 비롯되는데, 이 활동성과 함께 정신은 자신의 자유의 "실재성 형식으로" 있게 된다. 이 실재성은 계시함의 두 번째 형식에 따르면(§384) 정신에 의해 산출되어야 하는, 그리고 산출되어 있는 하나의 **세계**이다. 그때마다 현실화된 자유의 실재성을 형성하는 이러한 세계는 "현존하는 필연성으로서의" 자유이다. 왜냐하면 자유는 자신의 현실화에 있어 산출을 위해 법칙들을 제공하고 이로써 현존하는 필연성임에도 불구하고 정신의 필연성이기도 한 하나의 필연성을 창조해내기 때문이다. 그러나 필연성은 개념의 "주관적" 자기 관계의 대응물로서 개념의 **객관성**에 속한다. 따라서 앞서의 활동성 및 이 활동성의 결과에 있어 정신은 "객관적인 정신"으로 적합하게 명명될 수 있게 된다.

Ⅲ. 만약 전체적으로 세 번째인 계시함의 형식이, 그리고 위의 처음 두 발전 국면들의 개념적 규정이 형성되어 있다면 마지막 구분항을 특징짓는 것도 납득할 만해진다. 근저에 놓여 있는 계시함에 따라 여기서는 그 **진리** 속에 있는 자유의 활동성이 중요해진다. 그러나 이 진리는 주관성과 객관성, 그리고 이것들의 통일로 차별화되는 개념 논리학에 따르면 "정신의 객관성과 정신의 관념성 또는 정신의" 주관적 "개념"의 통일일 것이며, 따라서 개념에 상관적인 모든 관계에 있어서의 진리, 그러므로 "절대적인 진리"일 것이다. 이러한 진리 속에 있는 정신에게 들어맞는 이름은 "절대적인 정신"이다.

(4) 정신의 인식 가능성

정신에 대해 이렇게 입문적인 안내를 마치면서 정신의 철학적 **인식 가능**

성 물음에 대해 무엇이 말해질 수 있을까? 적어도 "하나의" 정신 또는 몇몇 "정신들"을 인식하는 것이 의도가 아니라고 말할 수 있겠다. 그런 의도라면 이 정신들이 우리 자신과 상이할 경우 도대체 "있는" 것인지 하는 물음에 부딪혀 곧바로 좌초해버릴 것이다. 또한 헤겔은 전(前) 비판적인 형이상학적 정신론의 주제였던 정신들을 우리가 인식할 수는 없다는 칸트의 비판 결과를 개정하려 하지도 않는다. 이 형이상학적 정신론으로부터 벗어나는 헤겔의 방향 전환은 더욱이 칸트의 방향 전환보다 훨씬 더 급진적인 것이다. 그의 방향 전환은 이 형이상학적 정신론의 이성적 의미를 문제 삼는다. 이러한 정신론의 기획은 칸트의 형이상학 구상에서와는 달리 헤겔에게서는 더 이상 어떠한 역할도 하지 않는다. 전제된 어떤 것에 관해 그것이 있다는 것이, 그리고 그것이 하나의 정신이라는 것이 증명되어야 할 것은 아니다. 인식해야 하는 것은 이제 정신의 개념을 형성하며 이 개념을 "이 개념의 생동한 발전과 현실화에 있어" 예증하는 바의 것이다(§377Z). 이러한 인식 과제 내에서 문제시되는 정신 개념의 발전 국면에 따라 매번 인식의 의도는 상세히 논의된다. I. 주관 정신에 대해 인식 의도는 다음과 같은 통찰을 노린다. 즉, 정신의 자기 관계 속에서 정신의 활동성 방식들은 마치 한 생명체의 기관들처럼 협동하는 부분들로부터 하나의 전체를 (하나의 "총체성"을) 형성하는 것만이 아니라는 것이다. 오히려 이때 전체의 체계적 구성은 하나의 활동성 방식으로 완결되는데, 이 활동성 방식은 그러한 정신적 자기 관계의 **형식** 내 정신의 단순한 대자 존재라는 것이다. 즉, 전체의 체계적 구성은 자신의 모든 목적들을 자신의 자유의 현실화를 향해 정렬시키는 즉자대자적으로 자유로운 의지로서의 자유로운 정신의 그와 같은 활동성 방식으로 완결된다(§481). II. 객관정신에서 중요시되는 통찰은, 이러한 현실화가 단지 일반적으로 "현존하는 필연성으로서의 자유"에만 이르지 않으며 오히려 더욱이 정신의 전체 세계를 꿰뚫는 그러한 현실화의 **가장 포괄적인** 방식에까지, 즉 "세계사의 사유하는 정신"이 일하고 있는 방식에까지 도달한다는 점이다(§552). III. 마지막으로 절대정신에 관해선 마땅히 다음과 같은 점이 인식되어야 한다. 즉, 절대정신은 자신을 대체로 절대정신이란 어떤 것인지 하는 하나의 지에로만 고양시키는 것이 아니라는 것(같은 곳), 절대정신은 이러한 지의 일련의 형식들을 거쳐 가면서 오히려 "개념의 형식"에까지 도달하며 자신의 지와 우리의 자기 인식의 형식들의 전체 계열을 이 개념의 형식으로 완결시킨다는 것이다(§§573, 577).

이 모든 형식들에 있어 자신의 개념으로부터 인식되고자 하는 정신은 "현상들의 산더미 뒤에 머물면서 눈에 띄지 않는 본질"이 아니다(§378Z). 정신은 우리 자신에게서 우리에게 전부 알려져 있는 수많은 현실적인 성질들, 상태들, 활동성들 그리고 활동성의 산물들이다. 이것들은 다만 체계적으로 **드러내어** 알려져야(erkannt) 한다. 그렇기에 이것들은 회의적인 개념 교정과 사변적인 개념 교정을 진행하는 방식의 계속적인 실행과 결합됨으로써 우리의 개념들이 충족된 것이 아닐지 모른다고 우리가 우려할 만한 동기를 제공하지도 않는다. 우리가 표상하는 사유로부터 익히 알고 있으며 일상적으로 정신에 속하는 것으로 고찰하는 실례들을 우리의 그 개념들에 부속시키는 것은 자연철학의 경우에 개념 규정들에 상응하는 경험적 현상들의 이름을 드는 것과 본질적으로 다른 과제도 아니며 또는 원칙적으로 성취하기에 더 어려운 과제도 아니다. 이에 반해 이념인 하나의 정신 자체에 관해 우리는 이미 자연에 대한 우리의 철학적 인식에서 이론(異論)의 여지가 없는 사례를 가지고 있다. 그렇기에 정신의 개념은, 그리고 정신의 특수화의 개념들은 확실히 공허하지 않다.

4. 주관정신 : '인간학' 그리고 '심리학'

주관적인 정신에 관해 헤겔은 입문적으로(§387과 비교) 발전 **행로**의 **구분**과 주요 노선 외에 자기 실현하는 개념이 다시금 이념에 도달하는 곳만 진술했다. 이때 문제시되는 이념은 **인식**의 이념이다(§223~225). 따라서 무엇보다 우리는 다음과 같은 점을 식별해야 한다. 정신은 "자신의 관념성 속에서 자기 발전하면서" 또한 "인식하는 것으로서도" 현존하게 될 것이라는 점, 그리고 어떻게 그렇게 될 것인지 하는 점이다. 따라서 이미 (생의 이념을 지닌) 자연철학의 경우에서처럼 논의되어야 할 것의 **셋째** 부분이, 즉 자기규정함에서 이성을 발견하는 **지성**의 활동성이 먼저 이해되어야 한다. 지성의 이 활동성은 자기규정함 속에서 **대자적으로** 이성이기 위한 것이다 (§445와 비교). 지성의 활동성은 우선 이를 위해 요구되는 정신적 활동성들의 협력 속에서 이론적으로 이해되어야 하며, 그러나 그 다음엔 실천적으로도, 그리고 즉자대자적으로 자유로운 이성적 의지 속에서도 이해되어야 한다(§482). 사유하는 고찰은 이 즉자대자적으로 자유로운 이성적 의지로부터 전체 정신철학의 특수한 둘째 부분으로 전진해간다. 주관정신철학 안에서 이 주관정신철학의 주요 세 부분들 중 마지막 부분은 전체 정신철학의 그 둘째 부분까지 도달해야 한다. 헤겔은 그 마지막 부분을 **심리학**으로 명명한다. 왜냐하면 여기에서 (그리고 근대 경험 심리학에서) 정신은 지성적 활동성들을 지닌 "대자적 **주체**로서" 연구 대상이 되기 때문이다. 정신의 지성적 활동성들은 인식함에서, 그리고 의지적 목적 현실화에서 배열될 수 있는 것들이다. 그러므로 사유하는 고찰에서 이 연구 대상에 선행해야 하는 바는, 정신이 인식함에 이르기까지 자신을 규정한다는 것을 성취하도록 되어 있다. 사유하는 고찰은 다음과 같은 점을 고려해야 한다. 즉, 정신은 단지 주관적인 것일 뿐 아니라 또한 동시에 "구체적인" 것, 다시 말해 생동한 동물적 유기체와 함께 성장한[24] 것이다. 그럼에도 정신은 이것의 해명된 개념에 따르면 우선 자기 자신과의 관계 속에 있기에 무엇보다 먼저 어떻게 정신이 동물적 유기체에 있어서 자신을 그 자체로 서술하는지 하는 점이 숙고되어야 한다.

자연과 정신 사이의 경계는 단지 정신 개념을 통해서만 표시되며, 그러나 동물과 인간 사이의 경계와 일치하지는 않는다. 그러므로 먼저 고려되어야 할 수많은 현상들이 인간 생의 정신적 측면들에 제한되어 있는 것은 결코

24) 아래 역주 30 참조.

아니며, 오히려 그 현상들은 또한 동물류들의 생의 정신적 측면들도 포함한다. 이 정신적 측면들에 이제 새롭게 고찰되어야 할 개념적 규정들이 들어맞는 만큼은 말이다. 그래서 인간적으로 정신적인 본성과 동물적인 본성을 경계 짓는 것은 주관적인 (그리고 객관적인) 정신의 이론 **내부의** 과제가 된다. 헤겔은 이러한 경계 짓기에 그다지 관심을 지니진 않으며 이것을 필요로 하지도 않는데, 왜냐하면 그는 아리스토텔레스처럼 인간들을 동물들과 가르는 경계를 형이상학적으로 너무 높이 세우려고도 그 경계를 감각론적으로 평준화하려고도 하지 않기 때문이다.

그럼에도 불구하고 주관정신 이론의 **첫째** 주요 부분은 **인간학**이라 불린다. 왜냐하면 그것은 심신의 사태들을 주제화하기 때문이다. 이 사태들의 비자연주의적인, 그러나 또한 비이원론적인 구상은, 단지 우리가 우리 자신으로부터 출발해 "정신의 생동한 통일에 관한" 우리의 "자기 감정"을(§379) 지침으로 사용하는 경우에만 안전하게 지켜질 수 있다. 이러한 사용은 또한 동물들에서 그에 상응하는 현상들의 이해를 위해서도 필요하다. '유심론이냐 유물론이냐' 하는 잘못된 양자택일 너머에서, 그리고 **연장된 사물**과 **사유하는 사물**의 이원론 없이도 "자연 안으로 침잠된" (인간들의 또는 동물들의) 정신을 개념 파악하는 것은 타당하다. 이 정신을 "영혼"으로서 사유하고 이러한 영혼을 살아 있는 신체의 현실태 및 실현태로서, 그래서 신체-영혼의 통일로 사유함으로써 말이다. 이때 문제시되는 현상들에서 이 현상들의 묘사의 신체적 측면들과 영혼적 측면들은 **구상(構想)에 따르자면** (Konzeptuell) 서로 연결된다. 예를 들면 (잠으로부터 깨어 있음으로의 이행) 과정을 함께 생각하지 않으면 깨어남에 관해 의미 있게 말할 수 없을 것이다. 이 과정은 그 개념상 수많은 생리학적 진행들을 포함할 뿐만 아니라 또한 꿈으로부터 또는 꿈 없는 잠으로부터 "자신이 정신 차리게 된다는 것(zu sich zu kommen)"이 **어떠한 것인지** 하는 특별한 방식도 의미한다. 그러한 현상 묘사들을 아리스토텔레스는 『소(小)자연론』에서 이미 실행했다. 이 묘사 사례는 다음과 같은 점을 보여준다. 즉, 인간학이 탐구해야 하는 것은 자연 안으로 침잠된 정신인데, 사람들이 아직 이러한 정신을 갖고서 영혼을 우선 활동성들의 "주체"로 고찰해서는 안 된다는 것이다. 오히려 영혼을 사유하는 고찰은 사람들을 무엇보다 먼저 주체의 개념으로 인도해가야 한다. 이 주체의 개념은 감각들 또는 감정들에 대한 것이거나 의식 내용들을 의식적으로 "가짐(Haben)"과 참으로 간주함(Fürwahrhalten)에 대한 것이다.

그러한 고찰에서야 아리스토텔레스도 18세기의 (경험적이거나 이성적인) 심리학도 주시하지 않았던, 오히려 비로소 칸트를 통해 철학이 주목하게 되었던 관점 하나가 고려될 수 있다. 즉, 의식적으로 참으로 간주함의 **주체**에 관한 설득력 있는 언급은 단지 **객체**와 상관해서만 있을 수 있다는 것이다. 객체에 **관해** 이러저러한 것이 참으로 간주되는 것이며 이 객체**에서** 그 참으로 간주함이 정말 참인지 아닌지가 판명되어야 하는 것이다. 그러한 객체에 관한 훈련된 언급은 단지 참으로 간주함의 **객관성** 조건을 고려해서만 이루어질 수 있다. 이 객관성 조건들의 체계는 이미 (신체의 특별한 활동으로 "일하고 있음"으로서의, 그리고 신체가 "완성된 구성 속에서 자신을 유지함" 으로서의) 영혼 안에 있는 것이 아니다. 그러한 체계가 요구하는 것은 오히려 유기체와 유기체의 구성이, 그리고 영혼의 기분이나 편애 또는 혐오가 즉시 도외시될 수 있어야 한다는 것이다. 그리고 주어진 것 속에 사로잡히는 대신 이 주어진 것을 심신적인 통일이 아닌, 그래서 결코 영혼이 아닌 하나의 "객관적" 통일에 이르기까지 의식적으로 **해석해야** 한다는 것이다.

이러한 객관적 통일은 다른 한편으로 참된 것의 이론적 인식함과 선한 것의 실천적 현실화를 위해 정렬되어야 하는 모든 지성 활동성들의 표본적인 "주관적인" 통일도 아니다. 그렇기에 이 객관적 통일은 아직 헤겔 심리학이 그 개념 파악을 목표로 하는 복합적인 주관성이 아니다. 그러므로 영혼으로부터 인식으로 계속 규정해가는 어느 한 국면에서 주관정신이 (**의식**을 "지닌") 한 주체와 그의 객체로 나누어지게 된다는 관점을 설명하려면 인간학과 심리학 사이에 분과 하나가 더 삽입되어야 한다. 이 분과를 건설하기 위해 아리스토텔레스에 의지할 수는 없다. 그렇다고 이를 위해 근대의 경험 심리학으로부터 충분한 조언을 받을 수도 없다. 충분한 조언은 오히려 단지 칸트로부터만 받을 수 있는 것이다. 헤겔은 이 분과를 "**의식**론" 또는 "**정신현상학**"이라 명명했고 곧바로 처음에 이것의 관점이 칸트의 (그리고 라인홀트와 피히테의) 철학에서 취해진다고 강조했다(§415A). 그러나 위에서 논구한 입문학으로서의 현상학과 비교해보면 '현상학'의 이 논의는 "시원들과 근본 개념들" 에(§16과 비교) 제한되어 있다. 이 논의는 위에서의 여덟 개 의식 단계들 중 단지 앞의 다섯 단계들만 고찰하고 있으며, 이 때문에 다섯째 단계, 다시 말해 이성의 단계 바로 다음에 심리학이 이어지게 된다.

주관정신의 각 분과에서 중요한 것은 이원론을 피하거나 극복하는 것이다. 그러나 각 분과 속에는 매번 특별한 이원론이 있다. 즉, '인간학'에서는 영혼과 신체의 이원론, 그리고 주관 정신으로서의 인간과 그 외의 특히 동물적인 자연의 (추정적) 이원론, '현상학'에서는 (의식적 또는 자기의식적) 자아와 그 외의 모든 실재성의 이원론, '심리학'에서는 이론적 실천적 지성 내지 사유함과 의지함의 (마찬가지로 단순히 추정적인) 이원론.

주제들과 계획들에 있어 엄청나게 큰 구별들에도 불구하고 세 분과들은 자신들의 공통 목표 이외에 하나의 통일적인 전진도 지닌다. 개념의 실현에 있어 새롭게 부가되는 각 규정은 단지 자신에 상응하는 특별히 입증되어야 하는 경험적 현상에 이르는 것만이 아니다(위의 7.2.2.과 비교). 정신은 자신의 대자 존재에 도달한 이념이기에 이제 각 규정은 또한 인식하는 활동성의 주체인 영혼에 **대해**, 의식에 **대해** 또는 지성에 **대해** 있는 어떤 실재적인 것에도 이르게 된다. 그리고 그 인식하는 활동성을 위해 그때마다 새롭게 "정립된", 다시 말해 이제는 **영혼의** (내지는 **의식의**) 개념에 속하는 그 "대해 있음(Sein-für)"을 갖고서 그 다음에 영혼, 의식, 이론적 또는 실천적 인식의 주체는 또한 "더 고차적인 규정을 획득한" 것이다(§387A). 이것이 주관정신철학에서 “외면적인 것을 내면성으로” 부단히 “소급”하게 되는 전진을 형성한다.

(1) ‘인간학’

헤겔의 인간학을 연구하고 싶은 사람은 무엇보다 『철학적 학문들의 백과전서』의 확실한 몇몇 절(節)들에(§§388~441) 의거해야 할 것이다. 더 나아가 인간학이 그 발생 시기 특정 범위 내에서 아리스토텔레스로부터 직접 물려받은 소재에 관해서는 『영혼론』과 『소(小)자연론』이 좀 더 깊이 이해할 수 있는 중요한 영감의 원천들을 제공해준다. 그러나 이 저작들 자체는 헤겔 인간학의 그 절(節)들보다 더 쉽게 이해될 수 있는 것이 아니며, 이 저작들로 인해 헤겔 정신철학의 방향들이 아리스토텔레스적인 것은 아니라는 점이 잊혀서도 안 된다. 이 방향들은 본래 인간학의 내용을 밝혀주는 적어도 세 개의 다음 물음들이 답변될 것을 요구한다. 즉, 영혼이 살아 있는 유기체의 현실태이자 실현태여야 하는 반면 정신은 아무튼 자신을 자연의 진리이자 절대적으로 최초의 것으로서 드러낸 곳에서, 왜 (그리고 어떤 의미에서) 정신은 자신을 우선 영혼으로서 전제하는 것인가? 동물 유기체처럼 죽음과 정신으로의 이행에 이르기까지 형태화 과정, 동화 과정, 그리고 유의 과정으로서가 아니라면 영혼은 무엇으로서 (그리고 무엇에까지) 자신을 규정하는 것인가? 왜 (그리고 어떻게) 영혼 개념의 발전 결과는 정신철학의 구상 속에 들어맞는 것인가? 유감스럽게도 여기서는 이 물음들에 헤겔이 어떻게 답변하고 있는지를 보여줄 만한 여지가 없다(보충적으로: 풀다 2001).[25)]

(2) ‘심리학’

헤겔의 심리학은 이미 아리스토텔레스가 구별했고 “경험영혼 이론”에서

---

25) 원문엔 2000년으로 되어 있는 것을 역자가 고친 것이다. 뒤의 선별 참고 문헌을 보면 지시되고 있는 풀다의 논문은 2001년도 *Anthropologie und Psychologie in Hegels Philosophie des subjektiven Geistes*이다.

도 다루어졌던 그러한 정신적 소질들과 실행들, 즉 **직관**과 **표상**, 그리고 **사유**를 주제로 한다. 지성은 직관으로서 이러저러한 감관 영역의 감성적으로 지각되어 소여된 것 안으로 "침잠해" 있으며, 그래서 이것과 함께 하나의 "구체적 통일"을 형성한다(§449). 표상은 우선 하나의 형상(Bild)을 가짐을(§452) 의미한다. 형상은 직관적 인상으로부터 비롯되는 것이지만 내적으로 만들어져 있는 것이며 또한 무의식적인 것이라 해도 보존되는 것이다〔**상기**(Erinnerung)〕. 표상은 다음으로 무의식적으로 보존된 것의 그러한 토대로부터 길어 올린 표상 형상들의 재생산을 의미하며, 그러나 또한 재생산된 형상들을 가지고 자유로이 상상함도 의미하고, 끝으로 기호를 만듦도 의미한다(**구상력**). 상기와 구상력에 대해 제3의 것으로서 이러한 기능들에 새롭게 덧붙여지는 것은 명명하는 기호들을 보존하고 재생산하며 결국 이것들을 기계적으로 처리하는 특별한 **기억**(Gedächtnis)이다. 이 이름 기억을 별도로 하면 헤겔에게서 언급된 기능들은 이미 아리스토텔레스에게서 지녔던 순서대로 나타난다. **이론적** 정신으로서의 이 기능들에는 이제 그 밖의 기능들이, 게다가 우선 (본래적 의미의) **실천적** 정신을 상세히 설명하는 그러한 기능들이 뒤따를 뿐이다. 즉, 어떤 것이 있어야 한다는, 그리고 있어야 하는 바대로 그렇게 있다는 편안함의 **실천적 감정**, 그리고 그것이 바로 그렇게 있지 않아서 존립하는 상태를 변화시키려는 욕망이 깨어나게 된다는 불편함의 **실천적 감정**. 더 나아가 욕망들의 만족을 향해 있는 **충동들** 및 욕망들에 자신을 내맡기거나 또는 대항해 결단하는 능력으로서의 **자의**. 그리고 마지막으로 자의의 영리한 결정들의 도움으로 이상적인 **행운**의 상태에서 충동 만족의 최대치에 도달하고자 하는 노력(Streben). 의지 자체는 아직 이러한 노력의 근거와 활동성으로서 단지 "즉자적으로"만 자유롭다. 하지만 이렇게 전통적으로 규정된, 행복으로 나아가는 실천적 정신과 사유에까지 이른 이론적 정신을 이제 전적으로 새로운, 칸트에서도 예시되어 있지 않은 방식으로 보충하는 것이 제3의 것으로서의 **자유로운** 정신이다. 이러한 자유로운 정신으로서 의지는 즉자대자적으로 자유롭다. 왜냐하면 의지는 자신의 세속적 현존에 있어 행복의 규정되지 않은 이상 대신에 자유를 스스로의 목적으로 만들기 때문이다. 의지는 그 본질에 따른다면 자유이다.

낡은 철학적 심리학과 근대 경험영혼 이론과는 달리 헤겔은 명명된 기능들을 단지 열거하고 서로 간에 올바로 구별하며 이것들의 근본 연관들에 따라 배열하거나 또는 이 기능들이 어떻게 하나의 공통적인 최고 목적을 위해 함께 작용하는지를 이 기능들에서 고찰하려고만 하지 않는다. 반대로 (이 고찰이 그럼에도 결국엔 자유의 목적으로서 도달하는) 바로 그러한 목적과는 별도로 어떻게 그 기능들이 서로 간에, 그러나 또한 영혼의 규정들과 (이성에 이르기까지의) 의식 단계들과 함께 "필연성에 따라 …… 합일되어" 있는 하나의 전체를 형성하는 것인지가 제시되어야 한다(TW XIX, 199). 이 전체의 개념은 무엇보다 우선 주체를 특징짓도록 해주어야 한다. 그로부터 정신이 (이와 함께 **객관적으로** 생성하면서) 스스로 자신의 자유의 규정들의 체계를 창출하게 되는 그러한 주체를 말이다. 이로써 주체성의 철학에서 이루어지는 혁신들은 단번에 인식 가능한 것보다 훨씬 더 멀리까지 미치게 된다.

그 혁신들 중 가장 중요한 것은 헤겔 자신이 부각시켰다. 그것은 이름을 처리하는 기억의 지위와 사유를 위한 기억의 구성적 기능(§464 A와 비교) 및 사유 자체의 개념에 관한 것이다. 아리스토텔레스와 근대 경험 심리학은 "기억"(Gedächtnis, memoria, mnêmê)이라는 표제 아래 단지 어떤 표상 형상들의 보존만을, 또는 자의적 기호들을 수단으로 해서 이 표상 형상들을 처리 가능하게 보존하는 기술(기억술)만을 다루었다. 그렇기에 그들은 상기 기능들이나 기껏해야 구상력 기능들에 속하는 현상들만을 다룬 것이며, 그러나 사유와 구성적 연관을 맺기에 원칙적으로 이 현상들과 구별되는 더 고차적으로 발전된 그러한 현상들을 다룬 것은 아니다. 그러나 비로소 그 구성적 연관으로 인해 헤겔에게는 본래적인 기억이 문제가 된다. 본래적인 기억은 이름들을 보존하고 재생산하며 기계적으로 처리하는데, 이 이름들은 형상적 표상들이 아니라 오히려 임의적으로 사용되는 경우 그 자체로서 취하면 아무 의미도 없는 전적으로 외적인 기호들이다. 이 기호들의 형상적 표상들을 갖지 않는다면 기억은 결국 더 이상 상기와 구상력의 재생산적 활동성에도 의존하지 않게 된다. 하지만 기억을 적절하게 규정하는 것은 (주관)정신 이론에서 가장 어려운 점들 중 하나이다(§464 A). 다른 표현에 따르자면 (주관)정신 이론에서 "유일하게 흥미로운" 것임에도 불구하고 말이다.

기억의 적절한 규정에 걸맞은 것은 기억과 사유의 유기적 연관을 파악하는 것이다. 이것은 무엇보다 특히 다음의 이유에서 쉬운 일이 아니다. 즉, 우리는 이제 인간 지성의 감성적 실행들과 지성적 실행들의 통일을 사유해야 하면서도 경험 심리학이 헛되이 찾았던 "근본 힘"의 개념을 다루어서는 안 되기 때문이다. 또한 다른 한편으로 우리는 어떻게든 "보편적인" 표상들의, 다시 말해 여러 가지를 자신 아래에 포섭하며 그래서 주체적이고 형상적인 표상들의 사용으로 사유를 이해하는 것에 만족할 수도 없기 때문이다. 칸트는 여전히 개념에 관한 (그렇기에 또한 사유에 관한) 자신의 일반적 이해를 위해서 그렇게 만족하고 말았다. "객관적 지각들(Perzeptionen)"로서의 개념들은 (객체 일반에 관한) 사유 속에서 실행된 것이어야 한다는 점을 바로 그 자신이 보여주려 했음에도 불구하고 말이다. 그 (객체 일반에 관한) 사유에 있어 범주로서의 지성의 주관적 규정은 객관적으로 사유된 것과 상이한 것이 아니며 오히려 소박하게 그 사유된 사실인 것이다. 이 점을 헤겔은 고려하고자 한다. 이를 위해 그는 기계적으로 이름들을 사용하는 기억, 즉 "이미-사유된 것으로서의 기억(Ge-dächtnis)"을 통해 사유의 새로운 개념을 도입한다. 따라서 답변하기가 극히 어려운 물음은 다음과 같은 것이다. **주관적인** 표상들 중에는 이름들을 사용하는 기억 속에 있는 이름들의 표상들도 정말 속속들이 들어 있는데, 어떻게 이러한 **주관적** 표상들로부터 출발해 사유를 위한 기억의 불가피성을 문제 삼지 않고서도 사유의 개념에 도달하게 되는가? 이 사유 개념이란 이에 따른다면 사유 안에서 갖게 되는 사고들이 주관적이면서 마찬가지로 **객관적으로** 있는 그러한 개념이다.

그 물음에 대한 답변은 무엇보다 구상력뿐만 아니라 기억도 또한 하나의 재생산 과정이라는 점에 주목하게 한다. 그러나 이 재생산 과정은 이제 지성이 그 안에서 자신을 재생산하는 하나의 과정이다. 지성이 어떻게 달리 개별적 주체들의 삶보다 더 오래 살아남겠는가? 이 과정에서 이름들이기도 한 기호들은 자신들이 조건으로 지니는 연관을 변화시킴으로써 지성이 결국엔 주관적인 것과 객관적인 것의 통일이게끔, 더 이상 단지 즉자적으로만 그런 통일이 아니라 **대자적으로** 지성**에게서** 정립된 것으로서의 통일이게끔 한다. 이미 이성은 그러한 통일로서 자신을 드러냈었다. 말하자면 사실(Sache)을 대변하는 이름들은 이 과정 속의 자신들의 의미를 통해 안정적이고 상호 주관적인 지성 자체를 특징짓는 방식으로 단지 그 사실의 표상을 그 사실의 직관과 결합시키는 것만이 아니다. 이 결합으로써 어떤 것이 직관되거나 상기되거나 형상적으로 표상되거나 사유되거나 또는 인식되거나 하는 것이 **무엇**이든지 간에 그때마다 명명된 것은 이름 기호들을 다루는 사람 각자에게 동일하게 알아볼 수 있게 되는 것이지만 말이다. 그 재생산 과정 아래 있으면서도 이름들은 지성을 매번 직관하고 표상하는 주체들의 개인적 성벽에 속박되지 않게 만든다. 기호들의 기연적(機緣的)인 의미들은, 즉 적용 사례에 의존적인 의미들은 부차적인 것이 된다. 이름 기호와 의미의 연관은 한갓 외면적인 것이길 멈추고 지성 자체에 고유한 것이 된다. 명명된 사실은 각자에게 실행 가능한 보편적 방식으로 표상되며 그럼으로써 기호 사용에 있어 이미 주관적인 것과 객관적인 것의 동일성에, 아직은 피상적이라 해도 어떠한 하나의 동일성에 이르게 된다. 그러나 기계적으로 사용되는 기호들에 대한 힘으로서 지성 자체는 자신의 최고의 외화로서의 이 기호들 내에서도 **자신 속에**, 게다가 정말이지 자신의 표상함의 최고의 "상기" 속에 있는 것이다. 그렇기에 기억의 과정은 지성을 단지 외면화하는 것만이 아니다. 또한 기억의 과정은 지성의 극한도의 내면화이기도 하다. 지성은 이제 자신의 기호 사용의 외적 매체이자 동시에 전적으로 추상적인 가장 내적인 주관성이다. 즉, 지성은 이러한 주관성의 순수하게 자신에 머물러 있음(das reine Beisichsein)이며, 그렇지만 또한 가장 객관적인 것이기도 하다.

이것은 (이론적) 지성에 관한 우리의 (철학적) 인식을 위해 무엇을 의미하는가? 이름 기억의 과정은 우리를 모든 직관함과 표상함의 근저에 놓여 있는 그와 같은 것으로서의 가장 내적인 것으로 인도한다. 이것이 없다면 그 양자 중 전자인 직관함도 후자인 표상함도 인식하는 것이지 못할 것이다. 즉, 이름 기억의 과정은 우리를 의식의 객체와 주체 속의 동일적인 것으로 인도한다. 이성은 말하자면 즉자적으로 이미 이러한 동일적인 것이다. 그러나 그 과정은 이 동일적인 것에서 종결되며, 이제 그럼으로써 이 동일적인 것이 어떻게 현실성에 있어 〔현실태에 따라서(kat' enérgeian)〕 있는지, 즉 **근원적으로** 가졌던 것(Gehabtes)으로서 있는지 하는 것이 밝혀진다. 그렇게 해서 인식함에 있어 이성이 여전히 제일 먼저 발견되어야 한다는 지금까지 존립하던 가상은 소멸한다. 이와 함께 사유되어야 하는 것과 사유되고 있는 것은 분명 더 이상 표상 개념 아래 놓이지 않는다. 왜냐하면 표상은 "여전히 일면적 주관성을 지닌 지성 **자신의** 것" 으로서 구상되어 있었기 때문이다(§451). 그러나 이제 사유되어야 하는 바처럼 지성은 "**주관성**과 **객관성**의 **통일**로서 **자신에**" 머물러 있다(§463 A). 또한 지성은 그럼에도 "하나 안에서" 이름들과 이 이름들의 표상된 객체들의 "그런 외면적 객관성" 이자 "그리고 그 **의미**" 이기도 하다(§464). 이러한 한에서 또한 지성은 여전히 가졌던 것을 가지고 있음(ein Haben von Gehabtem)이기도 하다. 그러나 이 가졌던 것은 더 이상 하나의 기호 체계로 이루어진 것만이 아니며, 그리고 이미 결코 하나의 기호 체계로 이루어진 것도 아니다. 이 기호 체계의 기호들은 직관들이나 형상적 표상들을 대변하는 것이기에 말이다. 가졌던 것은 기호 체계 내에서도 마찬가지로 대변되는 주체-객체의 통일 자체에 속하는 것도 포함한다. 이것은 바로 **사고들**이며, 이 사고들을 **가짐**이 바로 **사유**

로서의 지성이다(§465). 그렇게 지성의 재생산은 사유의 개념인 바의 것에 도달한다. 기억의 이 사유와의 연관은 **유기적인** 연관이다. 이러한 연관으로서의 지성이 유기적인 모든 것과 마찬가지로 자신을 두 개의 "보편적 극단들"로 분열시키면서도 이 극단들의 중심으로 있는 한에서는 말이다(§342 및 Z와 비교). 이 극단들은 말하자면 한편으로는 이론적 지성의 "비유기적 자연"으로서 자신에 속하는 모든 것을 지니는 기호 사건들의 체계이며, 다른 한편으로는 하나의 "유"를 특징짓듯이 내면화에 있어 가장 극도의 것으로서, 그리고 "자신을 목표 내에 유지함"으로서 (다시 말해 실현태로서) 사고들의 사유이다.

계속해서 그 다음엔 물론 사유도 또한 추가적으로 자신의 개념적 근본 규정에까지 (사고들을 가짐에까지) 생성되며 이 근본 규정으로부터 하나의 과정으로서 규정된다(§466~468). 왜냐하면 사고들은 **전유하는**, 그리고 인식하는 **작용력**을 지니기 때문이다. 이 작용력은 한갓 형식적으로만 사유하는 인식함 속에 존립할 수도 있을 것이다. 이 인식함에 여전히 주어져 있는 내용은 "사유하기 위해 상기된 표상들"이다(§466). 그리고 이러한 인식함은 사고를 "판단하면서" 지도하거나 자신으로부터 "추론" 내용을 규정함으로써 구별된 개념 계기들의 판단에 있어 연관의 필연성에 대해 통찰하면서 전진해갈 수도 있을 것이다(§467). 특별히 말해질 필요도 없겠지만 사고들은 또한 자신들의 작용력을 사변적으로 개념 파악하는 사유 속에서 지닐 수도 있다. 그러나 전체에 있어서, 그때마다 특별한 방식으로 언급된 수정들에 있어서 사유의 과정은 객관성 덕분에 전유될 수 있는 모든 것의 그러한 인식 과정이다. 이때 객관성이란 가졌던 사고들의 총괄로서의 지성 자체이다.

두 번째로 중요한 점은 이론적 정신과 실천적 정신의 연관에 관한 것이다. 이것들의 구별로부터 이원론을 만들어내지 않고 헤겔은 양자의 이중성을 유지한 채 알고자 하며, 그러나 또한 사유함과 의지함 사이에 존립하는 개념적 연속성도 유념해서 알고자 한다. 이를 위해서는 이론 정신과 실천

정신의 통일이 결국 다른 어떤 목표 내에서가 아니라 바로 자유의 목표 내에 존립할 수 있다는 점을 마땅히 보여주어야 한다. 사유함과 의지함이 여전히 참된 것과 선한 것의 이념의 문맥 속에서 사유되는 한, 사람들은 이것들 간의 이율배반적 연관 너머에 도달할 수 없으며 따라서 또한 양자의 이원론을 주장하지 않을 수 없다. 그러나 이러한 이율배반적 구조는 인식함의 논리적 이념으로부터 절대적 이념으로의 전진 이후엔 극복된 것이다. 이 이율배반적 구조는 주관정신의 개념에서 분명 반복되지 않았다(§387). 이론적 지성과 실천적 지성은 자신들의 전유 과정에 있어 유한한 내용들에 제한되어 있기 때문에 이율배반적 구조는 또한 주관정신의 개념적 발전에서 다시 나타나지도 않는다. 게다가 이론적 인식함의 전유 과정으로부터 의지함으로의 전진은 주어진 인식 내용과 연관해 "완수된 점유"로부터 비롯되는 것이다(§468). 왜냐하면 이 전유 과정 말미에 지성에 **대해** 정립되어 있는 것은 내용이 지성을 **통해** 규정되어 있다는 것이기 때문이다. 이것은 의지함에서와 마찬가지로 정립되어 있는 것이다. 그리고 이로써 도달되는 지성의 자기 자신과 **함께** 연결되어 있는 결합(Zusammenschluß)으로부터 논리적으로 다음과 같은 점이 귀결된다. 즉, 지성은 존재하는 것으로 규정되어 있는 내용에까지 자신을 **열어** 밝힌다(aufschließt)는 것이다. 그리고 지성은 자신을 **떼어내** 그 내용을 변화시키기로 결단한다(entschließt)는 것이다. 인식 내용 점유의 "완수"는 이론적 인식함의 이념의 "악무한"적 과정 끝에 가서야 비로소 나타날지 모르겠지만 그러나 결코 나타나지는 못하는 어떤 허구적 완성이 아니다. 그 완수는 한 사유가 자신의 사고들을 이론적으로 인식하는 작용에 있어 사태에 맞게 중지하는 곳 어디에서나 일어난다. 왜냐하면 그러한 한에서 일어나는 이 인식 활동성의 종료가 없다면 사유는 의지함에 도달할 수 없을 것이기 때문이다. 그리고 사유는 자신의 내용 속에서 전적으로 편안하며 자신과 조화를 이루고 있는 바로 그런 한에서만 의지함으로 이행하기 때문이다.

이러한 이행으로 인해 다른 한편으로는 사유함과 의지함에 관해 다음처럼 말하는 것이 배제된다. 즉, 이것들 중 전자에서 문제시되는 어떤 것은 후자에서 문제시되는 것과 전적으로 다른 것이라고, 인간은 한 주머니 속에는 사유함을, 다른 주머니 속에는 의지함을 지니는 것이라고 말하는 것을 말이다(R§4Z). 오히려 의지함은 이것의 추상적인 개념적 규정상 사유함의 특수한 한 방식이다. 즉, 의지함은 스스로에게 현존을 부여하고 스스로를 그러한 현존에로 "옮겨놓으려는" 충동으로서의 사유함이다. 그러나 의지함은 이것의 실존상 이론적 사유함과의 연관에 있어서는 이 사유함의 필연적 조건이며, 마찬가지지만 반대로 그 연관에 있어 의지함은 자체가 조건을 지니는데 이 조건의 진술 내용은 의지함 속에 전제되어 있고 부분적으로 포함되어 있는 것이다. 양자는 분리 불가능하다(§445 A). 인식 과정들은 (이 과정들에 속하는, 사고들의 전유하는 작용과 함께) 사유함과 의지함 양자에 있어 서로 대향적(對向的)이다. 이론적 인식 과정들은 주어진 내용을 자신 속에 존재하는 것으로 발견하는 것부터 시작해 다음에까지 도달하게 된다. 즉, 이론적 인식 과정들은 지성이 이러한 내용을 자신의 것으로 정립하고 그럼으로써 자신을 자기 자신 내 개별성으로서 규정하는 데에까지 도달한다. 이에 반해 실천적인 것들로서 그 과정들은 이렇게 규정하는 것으로 시작해 다음에까지 이르게 된다. 즉, 그 과정들은 지성이 목적 정립과 현실화에 있어 보편성의 형식을 획득하는 데에까지 이른다. 그러나 두 번, 그래서 또한 두 방향들에서 지성은 앞서 존립하는 자신의 일면적 주관성으로부터, 즉 직관함과 표상함 또는 한갓 표상적으로 사유함의 일면적 주관성으로부터, 그리고 실천적 감정과 자의적이거나 단순히 행복을 지향하는 의지함의 일면적 주관성으로부터 자신을 해방시킨다. 이러한 자기 해방은 양편에서 보자면 내부를 향해서도 있고 외부를 향해서도 있는 산물들에서 이루어진다(§444). 이때 과정들을 완수하고 촉진시키는 활동성들은 살아 있는 유기체 기관의 활동성들처럼 서로 맞물려 있을 수 있다. 이 활동성들은 게다가 객관화와 내면화의 복합적이며 자기 교정적인 단 하나의 과정에 협력할 수도 있을 것이다. 하지만 이 활동성들은 (이론적 인식으로서 이해된)

참과 (행복한 삶으로 이해된) 선을 향해 구축되는 이것들의 배열을 통해 그때마다 하나의 과정의 다른 과정에 대한 파괴적 결과들로부터 안전하게 지켜지고 있지는 못하다. 증가하는 이론적 인식 속에 존립하는 전유의 최적화가 우리의 행복의 기회들을 수포로 만들 수도 있으며, 반대로 이러한 행복의 기회들을 최적화하는 의지의 도야가 가능한 최선의 이론적 인식을 향하는 노력에 방해가 될 수도 있다.

두 과정들이, 그리고 이 과정들 내 함께 작용하는 활동성들이 이념 속에서 충전성에 도달될 수 있고 안정화될 수 있다면, 이 **이념**은(§482) 비로소 자유의 이념이다. 또는 이 이념은 오히려 즉자대자적으로 자유로운 의지의 이념이다. 따라서 이념은 자신의 작용을 **자유로운 정신** 안에서야 비로소 지니는 것이다. 자유로운 정신은 행복이라는 목적 대신에 즉자적 의지이기도 한 자유에 현존과 객관적 현실성을 부여하려는 목표를 스스로 정립한다. 이에 따라 자유로운 정신은 행복을 향한 노력뿐 아니라 이론적 인식을 향한 추구도 상대화한다(§480 이하). 단지 이렇게 규정된 주관정신에서만 이론적 지성과 실천적 지성의 모든 활동성들은 이율배반 없이 단 하나의 목표를 향해 정렬될 수 있으며, 참된 것은 이론적 지성의 모든 세 단계들에서 (다시 말해 직관함, 표상함, 그리고 사유함에서) 완수될 수 있고, 반면에 선한 것은 의지의 모든 세 단계들에서 (다시 말해 실천적 감정, 자의적 충동 만족, 그리고 행복의 노력으로서) 그다지 좋거나 그다지 나쁘진 않더라도 언제나 다시금 새로이 자유의 현실화에 합체될 수 있다. 선한 것에 대해 열려 있는 의지는 오직 즉자대자적으로 자유로운 의지로서만 그 자체로도 참된 내용을 향해 결단한다. 그러므로 자유로운 정신으로서의 주관정신에서야 비로소 자기 자신을 인식하라는, 위에서 언급한 요구가 진정성 있게 고려될 수 있으며, 그럼으로써 이때의 인식은 잘못된 기대들을 품을 정도로 탈선하지 않게 된다. 즉, 정신의 자기 인식 요구에 완전하게 상응하는 계획이란, 내가 나 자신의 참된 내용을 나의 주관적인 이론적 또는 실천적 지성의 내용**으로** 인식하고, 그리고 여기서 내가 그러한 내용을 가진다는 것이

어떠한 것이라고 확언할 만큼 그 정도로 실현될 수 있는 것이 아니다. 오히려 자유로운 정신으로서 나는 **나로부터 벗어나야** 하며 나라는 그 자유로운 정신을 자유의 객관화들 속에서 개념 파악해야 한다. 나는 자유로운 정신을 위해 몰세계적인 또는 초세계적인 실존을 직접 접근 가능한 것으로 요구하는 대신에 자유로운 정신을 이 정신의 세속성 속에서 (그리고 세속성의 극복 속에서) 인식해야 한다. 그러나 무엇보다 우리는 소크라테스처럼 (『정치학』 368d 이하; §474 A와 비교) 객관적 연관들의 커다란 글씨에서 권리와 의무와 정의를 해독해야 한다. 철학함에 있어 우리는 이것들을 우리 내면에 기입되어 있는 실천적 인식 내용들의 보잘것없는 소소한 자구(字句)들로부터 추출하려 해선 안 된다. 이러한 이유에서 헤겔은 "너 자신을 알라"라는 것을 자아론(自我論)의 일로 삼지 않았다. 그럼에도 그는 델포이 신전의 이 요구를 가지고 단적으로 더 이상 우리 자신과 구별되지 말아야 할 것을 논의했다. 이것과 비교해볼 때 게다가 이론적 인식함의 자아와 실천적 인식함의 자아는 여전히 옷을 갈아입듯 바뀌는 우리의 "형태"인 셈이다.

5. 객관정신: 법, 도덕성, 인륜성 및 『자연법과 국가학 요강』 또는 『법철학 개요』

이 절을 위해서는 사전에 두 가지 주의가 필요하다. I. 또한 객관정신도 본래 이 객관정신의 가장 중요한 개념들이 지닌 내용과 연관에 이르기까지 명료화되어야 할 것이다. 왜냐하면 이렇게 함으로써 헤겔은—『철학적 학문들의 백과전서』 세 번째 판본에서—또한 '법철학'의 체계 구조에 가장 함축적이고 최종적인 형태를 부여했기 때문이다. 하지만 (1821년에 발행되었던) 1820년의 훨씬 더 방대한 책으로 인해 이에 상응하는 『철학적 학문들의 백과전서』 부분은(§§486~552) 독립적인 영향력을 발휘할 수 없었다. 주제상 동일한 『철학적 학문들의 백과전서』의 그 부분을 다루려고 이러한 사실이 간과된다면, 헤겔의 **네 번째 주요 저작**인 『법철학 개요』에 대해 안내받을 수 있다는 소망은 좌절될 것이다. 이것만이 아니다. 다루는 절차 역시

『법철학 개요』의 영향사에 견주어볼 때 터무니없는 불균형에 빠지게 될 것이다. 그러나 1820년의 저작과 이에 상응하는 『철학적 학문들의 백과전서』의 부분은 둘 다 여기서 매번 그 자체로 고려될 수는 없다. 따라서 이것들은 상이한 저작들을 논의할 때의 논리를 무시하고 아래의 설명에서는 하나로 다루어진다. II. 『철학적 학문들의 백과전서』처럼 **법철학**도 또한 헤겔이 "자신의 강의를 위해 사용하려고" 작성한 하나의 "요강"이다(첫 표제지와 비교). 아울러 법철학은 두드러지게 "논리적인 정신 속에서" "이해되고 평가된" 것이고자 했으며, "전체와 전체의 부분들의 형성"은 이 논리적 정신에 의존하고 있다(R, V쪽). 이렇게 논리적인 정신에 의거한 작품 수용은 오늘날에 이르기까지 법철학에는 거의 이루어지지 않았다. 그러나 하나의 짧은 이 입문서가 이러한 미진함을 일소하지는 못할 것이다. 이 외에도 (정신 개념에 대한 위의 설명들에서처럼) 무엇보다 개념적인 것을 먼저 다듬어내려는 의도는 이제 그만두어야 하겠다. 개념적인 것을 다듬어가는 이러한 절차의 단조로움은 충분히 고된 것이었다. 따라서 법철학에서 나는 형이상학적인 개념적 편성보다는 법철학의 **이념사적 문맥**을 더 강하게 조명할 것이다. 이 문맥에 관한 암시들은 헤겔에게는 단지 근소하게만 발견된다.

(1) 가장 넓은 의미에서의 법

철학적 법학은 헤겔에겐 **법의 이념**과 연관된다(R §1). 법의 이념을 향해 가면서 철학적 인식은 사전에 연역될 수 있었던 **법의 개념**이 어떻게 이 개념에 충전적인 객관성 속에 **현실화되는지**를 보여주어야 한다. 아주 간단히 말해 이것은 **계획**이다. 말하자면 주관정신의 서술을 끝맺고 있는 자유로운 정신은 **현실적으로** (또는 "즉자대자적으로") **자유로운 의지**이다(R §21과 비교). 이러한 자유로운 의지로서 의지는 더 이상 자유를 자신의 본질로 지니는 것만이 아니며(§4) 오히려 자유는 또한 유한한 **현상들** 속에 현실화되어야 할 "의지의 **내적** 규정이자 목적"이기도 하다. 유한한 현상들은 의지의 **현존**을 위해 형태화되어야 할 **재료**를 형성한다. 즉, 유한한 현상들은 (욕망 충족의 의식 지평 내) 특정한 욕망들과 외적인 자연 사물들로, 그리고 개별적 의지들 간의 다소 복잡한 연관으로 이루어진 "눈앞에 찾아지는 외면적 객관성"을 형성한다(E §483). 더 이상 단순히 주관적인 정신만이 아니라 "객관적인" 정신도 또한 자신의 내적인 규정을 형태화되어야 할 재료 속에 실현하는, 그래서 자유로운 정신으로서의 정신이라는 우선은 추상적이던 이념을 "이념 체계의 총체성에 이르기까지" 규정하는(R §28) "목적 활동성"으로서(§484) 현실적으로 자유로운 의지이다. 이에 상응하는 실재의 **객관성**은, 자유로운 의지가 보편적이고 이성적인 의지로서 자신의 현존의 상이한 단계들에서 자신의 실행 요소를 앞서의 재료에서 형성해내는 개별적 의지와 그때마다 하나의 통일을 이룸으로써 성취된다(§485). 이렇게 통일을 이룸으로써 자유로운 의지는 스스로에게 부여하는 현실성으로서의 이 통일 속에서 자신과의 일치에 도달한다. 이러한 통일의 모든 단계들에서 현실적으로 자유로운 의지의 현존으로서의 그러한 실현의 실재성 "일반"이 이른바 **법**이다(E §486; R §29와 비교). 왜인가? 아마도 사람들은 자유로운 정신이 그 자체로 의지라는 것을 (그리고 의지와 여전히 상이하지 않다는 것을) 받아들일 것이다. 하지만 자유로운 정신이 이것의 목적 활동성의 "객관적 측면"에 따르자면 그렇기에 곧바로 법이어야 한다는 것은 무엇 때문인가? 이러한 법은 분명 "제한된 법률상의 법"만 의미하는 것이어서는 안 되며 또한 "자유의 **모든** 규정들의 현존을 포함하는 것으로서의" 법도 의미하는 것이어야 한다(E §486). 그렇지만 자유의 모든 규정들의 이 현존은 법과 무슨 관계가 있는가? 현실적으로 자유로운 의지의 현존이 법이라고 하는 주장은 루소에 의해 영감을 얻은 의미 있는 자연법 구상의 관점에서야 비로소 어느 정도 설득력을 얻게 된다. 아무튼 그 주장은 여기서 이러한 관점에서 규명되어야 한다.

루소는 이성적으로 조직된 "정치체"를 위해 이 정치체의 "일반의지"를 특정 욕망의 만족을 향하는 개별자들의 의지와 합일시켜 사유했다. 칸트는 의지의 이 통일을 자율 윤리적인 의지 규정과 의지 현실화의 새로운 구상의 토대로 삼았고 이를 통해 루소의 『사회계약론』(=CS)을 제일 먼저 자연법의 체계적 이론이 되도록 확충했다. 이때 (자기 입법으로서의) 자유는 단지 (순수 실천이성으로서의) 의지의 본질일 뿐만 아니라 이에 덧붙여 하나의 **목적**이기도 했다. 이 목적을 현실화하려면 인간들은 자신들의 "법률 없는 야만적 자유를 전적으로 떠나"야만 한다. 이것은 자신들의 본질을 형성하는 자신들의 "자유 일반"을 "법률적 의존성 속에서 감소되지 않은 채 다시 찾기" 위해서이다(KAA VI, 315 이하; CS Ⅰ, 7장과 비교). 똑같은 논조로 피히테는 자유를 우리의 가장 내적인 윤리적 충동이 우리에게 설립하도록 요구하는 객관적인 상태라고, 게다가 "최종적인 절대적 궁극 목적"이라고까지 설명했다(FGA Ⅰ, V권, 143). 헤겔은 스스로 이렇게 말할지 모른다. **현실적으로** 자유로운 의지는 그토록 상당히 자신의 자유를 목적으로 삼는 것 아닌가? 아무튼 이 목적 현실화가 이제 의지의 목적 활동성의 현실성(현실태)이지 단지 당위로 여겨지는 어떤 것만이 아닌 곳에서라면 말이다.

이와 마찬가지로 현실적으로 자유로운 의지의 그러한 성공적인 목적 활동성으로부터 출현하는 객관적 실재성이 법이라고 하는 주장은 피히테와 칸트에게서는 준비된 채로만 발견된다. 이미 자신의 『모든 계시 비판』의 두 번째 판본(1793)을 위해 피히테가 기획한 초기 의지 이론에는 상위 욕구능력 앞에 주어진 것이 아니라 오히려 이 능력 자체에 의해 (이 능력에 근원적으로 규정되어 있는 이 능력의 형식을 통해) 주어지는 그러한 객체의 표상이, 즉 "**단적으로 옳은 것**의 이념"이 있다(두 번째 판본, §2 II). 이 이념은 그래서 자연법론의 옳은 것과 도덕론의 옳은 것으로 전부 차별화되기 이전에 있는 옳은 것의 이념이다. 끝으로 칸트는 '도덕 형이상학'의 긍정적으로 규정된 최상의 대상을 "법"(라틴어 nefas의 반대말인 fas)[26]이라 명명한다. 게다가 이 법은 한 인격이 책임져야 하는 행실로서의 그러한 대상과 사람들이

26) nefas는 '윤리적으로 허용되지 않은'을 의미하며, 반대말인 fas는 '윤리적으로 허용된'의 의미를 지닌다.

책임지게 할 수도 책임질 수도 없는 "사실" 간의 구별 이전에 있는 것이다 (KAA VI, 218; 223과 비교). 자유로운 정신을 전적으로 독창적으로 표현한 방식에도 불구하고, 그리고 자유로운 정신을 실천적 정신과 대조했음에도 불구하고 헤겔은 자신의 법철학적 기획을 갖고 칸트와 피히테가 이미 잘 준비해놓은 영역에서 움직이고 있는 것이다.

이 때문에 『**법철학 개요**』가 단지 법론과 덕론으로 된 또는 자연법론과 도덕론으로 된 칸트 – 피히테적 이원성의 한 변형일 뿐이라는 인상이 생길 수 있을 것이다. 삼분되어 있는 헤겔의 이 저작이 또한 『자연법과 국가학 요강』이라는 제목을 지닌다는 점에서 이미 밝혀지듯 그 인상은 잘못된 것이겠다. 이 저작의 중간 부분이 "도덕성"의 관점을 다루기는 한다. 그러나 이 "관점"의 서술에는 도덕에 관한 어떠한 논의도 포함되어 있지 않다 (RWa §§10A, 62와 비교; RHe 54). 그리고 또한 세 번째 부분에서도 어떤 윤리적 의무론이나 덕론이 그 자체로 진술되지는 않는다(R §§148 A, 150 A와 비교; RGr 404). 자연법과 국가학에 대한 논의에서 도덕성과 인륜성의 정확한 의미는 헤겔이 이미 앞서 제시한 철학적 분과들의 구상들로부터 추출될 수 없다. 그 의미는 『법철학 개요』의 내용과 구성을 연구함으로써만 비로소 밝혀질 수 있는 것이다. 이 『법철학 개요』의 내용과 구성을 기획하는 것은 하나의 비상한 모험이었다.

(2) 자연법

헤겔에게서도 "자연법"이라는 표현은 한 국가 내에서 타당하고 아마 법전화도 되어 있는 **실정적인** 법과 두드러지게 대립된다. 근대의 전체 자연법론에서와 마찬가지로 그 표현은 모든 법전화의 근저에 놓여 있는 (그럼에도 법전화 **가능한**) 법을 나타내야 하는 것이다. 자연법은 철학적으로 인식될 수 있다고 가정되는데, 왜냐하면 이 자연법의 개념들은 우리들 각자 속에 (다소 의식적으로) 주어질 수 있으며, 그리고 실정법을 **체계화하고** 개정하며 정당화하기 위해서 그 개념들이 이성 인식을 통해 다듬어질 수도 있기 때문이다. 전근대적인 이론들과 구별해 이때에는 1. 더 이상 자연 질서에 근거하거나 신적인 창조 계획에 따라 존립하는 법이 문제라고 가정되지 않는다. 이런 법이 문제라면 실정법은 이 법의 요구들을 넘어설 경우 본래가 단지 (아마 불가피하게) 악(惡)한 것일 뿐이겠다. 이제 자연법은 오직 인간의 가장 내적 본질로서의 **이성**에만 근거하는 "본성으로부터의(von Natur aus)" 법이어야 한다.

그러나 칸트 이전의 전통과는 달리 법의 그러한 토대로서의 이성은 이제 2. 더 이상 자연적으로 주어진 욕망들의 만족과 교화를 통해 개인적으로나 집단적으로 추구되는 영리한 자기 경험과 개선의 기능으로 환원되지 않는다. 칸트와 피히테에서처럼 이성은 오히려 법을 자기 자신으로부터 자신을 규정하는 자신의 순수한 이성성의 실현으로서 근거 짓는다. 그렇기에 자연법 학문의 목적은 이러한 실현을 인식하는 것이다. 그렇지만 칸트의 『법론의 형이상학적 시원 근거들』(=KMR)에 따르면 법 이성의 현실화는 "분배적" 정의의 최대화에만 (다시 말해 분배적 정의에 이를 때까지 논란거리가 되는 법 요구들과 법 의무들을 법정에 의해 "배분" 함으로써 성립될 수 있는 최대화에만) 봉사한다. 그러나 이러한 정의는 단지 사법적(司法的) 형태의 외적으로 강제 가능한 엄격하게 법률학적인 요구들만을 충족시킨다(KMR §§E, 36, 41, 45, 49와 비교). 이에 반해 헤겔에 따르면 법 이성의 현실화는 실질적 정의를 위해 3. 엄격한 법률학적 법 요구들을 최대화되어야 하는 공통적이고도 개인적인 복지 요구들과 화해시켜야 한다. 그래서 복지의 관점을 고려할 수 있기 위해 자연법이기도 한 현실적으로 자유로운 의지의 실현은 한갓 "형식적인" 법의 영역 너머에까지 나아가야 한다. 결정적인 물음은 이 의지의 실현이 그러한 정의 요구들의 충족을 위해 인식과 힘의 원천을 어떠한 다른 실재성의 영역에서 찾을 수 있을지 하는 것이 된다.

근대 자연법의 합리주의적 전통과 대립되게 헤겔에게 4. 결정적인 것은 "자연법"이 일단 우선 "자연 상태에서의 법"과 같은 것을 말하는 것일 수 없다는 점이다. 이제 이 자연 상태가 허구적인 것이든 지나가 버린 것이든 또는 아마 어딘가에 여전히 현존하는 것이든 간에 말이다. 자연 상태가 인위적으로 창출된 국가 제도들 내 공동 삶의 "시민적" 상태와 대립될 수 있는 상태로 사유된다면, 이 상태에 해당하는 자연법의 가정을 갖고 다음과 같은 점을 명확히 해야 할 것이다. 즉, **우리가** 살고 있는 상태를 위해서 어떻게 자연법의 요구들로부터 법 요구들과 의무들이 근거 지어질 수 있는지 하는 점이다. 이러한 근거짓기는 작은 문제가 아니다. 그러나 좋게 끝나든 나쁘게 끝나든 이러한 근거짓기는 이미 애덤 스미스나 데이비드 흄에게서도 그랬듯이 헤겔의 자연법 구상에서 더 이상 아무런 역할도 하지 않는다. "자연 상태로부터 벗어나야 한다(exeundum est e statu naturae)"는 것에 의거하는 정치적 지배 이론의 비좁은 궤도는 버려진다. 그렇다고 이로써 개별자의 국가에 대한 귀속성이 의무이길 멈추진 않을 것이다. 이 귀속성은 오히려 "최고의 의무"가 된다(R §258). 모색되는 정당화는 정치적 공동체와 그 구성원들 자체가 지닌 법들에도 결코 제한되지 않기에 이제는 다음을 통해 성취되어야 한다. 즉, 시원적 자연 상태를 가정하는 그러한 추상들과는 **다른 추상들**이 지양되어야 한다는 것을 통해서 말이다. 지양되어야 할 것은 또한 모든 정치적 공동체들이 도외시되는 개별화된 "인격들"의 (다시 말해 법적 요구와 의무의 담지자들의) "추상적인" 법의 추상만이 아니다. 개별화된 인격들의 의지는 자신들에게 외적인 어떤 대상들과 관계하거나 다른 개별화된 인격들과 관계한다. 그 외에도 지양되어야 할 추상[27]은 게다가 여전히 이러한 관계맺음을 도외시할 수 있다. 의지함의 특별한 성질들에 집중하기 위해서, 그리고 행위하는 의지 주체들을 책임지우기 위해서 말이다. 그리고 이 추상의 지양은 곧바로 정치적 공동체성을 고려하는 데에 이르러선 안 된다. 그래서 다음과 같은 물음이 생긴다. 한갓 법적 인격성의 추상들과 다른 것들이라면 어떠한 추상들이 어떠한 근거들로부터 어떠한 종류의 공동체를 고려하기 위해 지양되어야 한다는 것인가? 그리고 이

---

27) 헤겔 법철학의 중간 부분을 이루는 도덕성의 추상을 의미한다.

에 대한 답변은 완전히 새롭게 근거 짓는 과정 속에서 근대 고전적 자연법론의 주제들을 새로이 배열하는 데에까지 이르게 된다.

근대 자연법의 가장 명망 있는 이론가들에게 자연법 이론은 원칙적으로 소위 모든 시대에 걸쳐서, 그리고 문화를 초월해서 존립하는 규범들의 확정으로 여겨졌다. 이에 반해 헤겔의 구상에서는 5. 규범들의 확정이라는 이러한 요구가 더 이상 자연법 자체에 대해 제기되지 않는다. 오히려 이 요구는 기껏해야 현실적으로 자유로운 의지 내에 있는 자연법의 기원에 대해서만 여전히 제기될 뿐이다. 자연법의 체계적인 철학적 인식은 단지 **현재 속에서** 자신을 현실화하는 법 이성의 규정들에만 해당해야 한다는 것이다. 이러한 인식은 현재 현실적으로 생성되고 있거나 이미 현재 현실적으로 있는 이성적인 것을, 그리고 현재 이성적으로 있거나 여전히 이성적으로 생성되고 있는 현실적인 것을 개념 파악하는 데에까지 나아간다(R, XIX쪽, RHe 51과 비교). 물론 이것이 (어떤 법 규정들의 출현이나 존립에 관한) 역사적 설명과 혼동되어선 안 된다. 그리고 이 법 규정들의 그 밖의 시대적 문화적 타당성 영역에 대해 진술하려고 (그리고 또한 이 타당성 영역과 관련된 오류들을 방지하려고) 모색되는 인식은 별도의 역사적 확신들에 의존하는 것이며 이런 확신들은 철학적 개념 파악의 일이 아니다. 현재 정당하게 현실적인 것 또는 현실화되는 것이 전체 인륜적 세계를 형성하는 어떠한 것인 한, 적어도 그 원리들에 있어 역사적 유래로부터 개념 파악된 것이고자 하는 어떠한 것인 한, 자연법의 철학적 인식은 결국 가장 구체적인 것을 개념 파악해야 마땅하다면 그러한 역사적 확신들을 수단으로 해서 하나의 **세계사** 철학을 포함해야 한다.

그러나 자연법의 철학적 인식은 곧바로 처음부터 법의 법칙들(Rechtsgesetze) 중 "본성적으로" **옳은** 것을 6. 단순히 자의의 상호 제한을 거쳐 정의해선 안 된다. 근대 전체 자연법 전통은 이미 오랫동안 이렇게 정의해야 한다고 가정해왔다. 칸트와 피히테가 **말 그대로** 이렇게 정의하는 걸 가르치기 훨씬 전에도 말이다(KMR §§B, C; FGA I 편, 3권, 358). 규정은 충전적 해명의 결과로서야 제대로 된 것일 수 있다. 그러나 그 개념적 기원에 따라서, 그리고 그 개념적 발전의 전체 지평에 있어서 법이 무엇인지 하는 것은 그렇게 파악될 수 없다. 왜냐하면 법은 우리가 다른 사람들에 대해 갖는 상호적 요구나 의무 및 이 요구를 근거 짓는 법칙들로만 구성되지 않기 때문이다. 게다가 근원적으로 법이란 상호주관성을 표시하는 것이 결코 아니며 자의적으로 정립되거나 자의를 제한하는 상호 인격성을 표시하는 것은 더더욱 아니다. 오히려 그 개념적 기원에 따른다면 법은 필연적인, 그래서 결코 어떠한 자의도 허용하지 않는 목적 정립을 위한 근거로서, 그리고 자의의 제한적인 부정적 규정을 위한 근거로서 **의지의 긍정적 피구성성(Verfaßtheit)이자 실재성**이다. 법은 이미 (그의 의지가 스스로에게 외적 현존을 부여하는) 한 개별자의 **자기 자신과의** 연관 내에 존립한다. 이것은 다음에서 즉각 인식될 수 있다. 자기 자신을 인격으로 다루지 않고 오히려 자신의 의지를 통해 자기 자신을 한갓된 물건으로 만드는 활동성은 이 인격이 다른 인격들과 맺는 연관으로부터 전적으로 독립적인 것이라 해도 하나의 불법일 것이며 그렇기에 자기 자신에 대한 법 의무를 손상시키는 것과 마찬가지일 것이다. 그러나 마지막으로 법은 **존립하는** 상호주관적 연관과 공동체의 이쪽 편에서 스스로에게 현존을 부여하는 의지의 긍정적 규정이다. (소크라테스가 자신의 고향 도시와 겪은 갈등 같은) 세계사적 갈등들 속에서 법이 의지를 그러한 연관과 공동체의 요구들을 뛰어넘어 성장하게끔 할 수 있는 한에서는 말이다. 따라서 자연법은 7. 소위 **사태의 본성**에(RGr 76과 비교) 어울리는 하나의 법으로 고찰되는 경우에만 적절하게 긍정적으로 규정된다. 말하자면 스스로에게 **현존**을 부여하는 현실적으로 자유로운 의지라는 그러한 사태의 본성에 들어맞는 법으로 고찰되는 경우에만 말이다. 그러한 사태의 "본성"은 이 의지의 자유의 — 자기 현실화하는 — **개념** 속에 존립한다.

(3) 국가학

그렇다면 그 책 제목에 나오는 "국가학"이라는 용어는 무엇이란 말인가?

책 제목에서 "자연법"으로는 대략 철학적 법론 전체의 대상이 특징지어지고, 그러나 이 외에 "국가학"으로는 그 대상 인식의 한 부분이 특징지어지는 것인가? 그렇다면 이건 얼마나 기이하겠는가? 내용 목차에 따라 판단하자면 단지 셋째 부분의 셋째 절만이 분명 국가를 주제로 지닌다. 그럼에도 불구하고 그 제목은 우리에게 자연법의 대상 인식이 전체로서는 국가학이라고 의미하려는 것인가? 그렇다면 적어도 아무 요점이 없는 말이겠다. 그렇지 않다면 ("국가"라 이름 붙여진) 이 셋째 절만은 "학문"의 전개로서의 자연법의 그 밖의 이론과 다른 것이라는 암시를 우리에게 준다는 말인가? 전혀 이와 같은 어떤 것이 암시되진 않는다. 추정컨대 우리는 그 제목으로 인해 새로이 파악되는 자연법 개념을 갖고 이 개념과 국가의 본성의 체계적 인식 간의 연관마저 새로이 숙고해보도록 요구받는다. 근대적 견해는 자연법을 단지 자연 상태 내 인간들의 법으로만 이해하거나, 아니면 이에 상당하게 국가 내 이성 원리들에 의거하는 (공적 및 사적) 법으로만 이해하거나 하는 양자택일에 직면해 있었다. 이러한 견해의 가장 일관적인 저자들, 예를 들어 아헨발(Achenwall)이나 칸트 같은 이들은 분명 그 양자택일의 둘째 항을 택했다. 그 자체로 보자면 이러한 양자택일의 결정으로 인해 헤겔의 그 책 제목이 사리에 어긋나 보이는 것이겠다. 그러나 이와 같은 결정 때문에 도달한 점도 있다. 두 종류의 자연법(국가 이전 상태의 자연법과 국가 상태의 자연법)은 한 상태에서 다른 상태로의 이행을 근거 지음으로써 이 두 이론의 대상들에 관한 다소간의 통일적인 한 이론 속에서 서로 결합되어야 했다는 점이다. 이러한 반성의 결과는 국가 상태 내 법의 이론이 단지 이 상태로의 이행 이론이 허용하는 그만큼만 구체적으로 생성될 수 있었다는 것이다. 국가론은 너무나 추상적으로만 머물렀기에 어떤 하나의 국가**학**에 관해 당당하게 말할 수조차 없을 지경이었던 것이다. 학문의 대상은 전체이어야 하며 학문이란 전체의 체계성과 전체의 구체화되는 인식을 요구하기에 말이다.

이러한 한계 속에서 가장 일관적이었던 이는 바로 칸트이다. 그는 자신의 철학적 국가론을 순전히 법률학적인 공법의 형이상학적 시원 근거들로 환원했으며, 공공복지나 개인 복지와 같은 국가 목적을 고찰하지는 않았다. 이에 반해 헤겔은 자신의 철학적 국가학으로써 완벽한 이론을 펼치고자 한다 (그리고 그렇게 할 수 있었다). 헤겔이 국가학이라는 이름을 자신의 책 제목에 넣음으로써 표현하고자 하는 것은 다음과 같다. 즉, 국가가 자체로 (**자유**의 현존으로서의) **법**이 되는 그와 같은 자격 조건에서만 국가가 주제화되어선 안 된다는 것이다. 그러한 자격 조건은 이미 칸트나 아헨발의 이론 같은 자연법 이론들에서 어느 정도 잘 논의될 수 있었다. 오히려 또한 국가에 이중적으로 대립된 어떤 것마저 주제화되어야 한다. 즉, 시민사회와 이 제도들 속에서 자기 나름의 특정 욕망과 관심을 지니고 있는 자기 자신에게 목적들 자체인 구체적 인격들에 대해서는 **제약된** 필연성이 주제화되어야 한다. 그리고 또한 세계사적 관점에서는 **더 고차적인** 필연성도 주제화되어야 한다. 이 세계사적 관점에서 "그"라는 정관사가 붙은 국가("der" Staat)는 하나의 유(類)이며 이 유의 과정은 개체적 국가들을 뛰어넘는다. 이에 반해 앞서 인격들의 개별화된 목적들과의 연관에 있어서는 국가는 (예를 들어 경제적) 강제들로 채워진 강철 용기(容器)이자 (법 및 관료적 행정) 제도들의 집성체이다. 이것들이 없다면 사적이면서 사회적인 힘들의 상호 대립적으로 활동하는 정념들은 정치적 국가와 이 국가의 공적 지배력들의 결합을 폭파시켜버릴 것이다. **자연법과 국가학**이라는 제목은 다음과 같은 것을 알려주는 것이어야 한다. 철학적 법론은 전체로서 새로운 자연법 개념의 현실화를 내용으로 삼는다. 이때 철학적 법론 내부에서는 새로운 자연법 개념을 갖고 이 개념의 구분을 가로질러 하나의 경계가 그어져야 한다는 것이다. 즉, 그 자체가 자연법적 법 개념을 **충족시키고 있는** 한에서의 국가와 인간들의 "사적" 공동 삶에 있어 한갓 필연적 기능으로서의 국가 사이에 경계가 그어져야 한다는 것이다. 사적인 공동 삶은 국가의 법 개념과는 상이한 법 개념 아래, 말하자면 시민사회의 법 개념 아래 놓이는 것이다. 그렇지만 국가에 관해 말할 때 그 경계의 이쪽 편과 저쪽 편에 있는 대상들 양자가 비로소 철학적 국가학의 범위를 형성한다. 즉, 이른바 **필요 국가 또는 오성 국가**(R §183) 그리고 본래적으로 **정치적인 국가**(R §267), 이 두 대상들이 말이다. 앞으로 보여야 하겠지만 **세계사**마저 그 아래에 놓이는 국가 개념도 이 두 대상들이 함께 취해질 때에만 허용되는 것이다. 이 두 대상들을 통일해 적절하게 특징지으려면 물론 8. **자연법**이라는 이름을 "포기하고 '철학적 법론'이나 …… 객관정신 이론이라는 명칭으로 대체하는 게" 당연하다(RWa §2A).

자연법론은 **전체로서** 국가학이다. 이 자연법론에 관한 헤겔의 계획은 어떻게 강의를 위한 강요(綱要) 안에 **상세히 논의될** 수 있었을까? 헤겔의 계획은 '국가'라는 주제로 시작할 것을 요구하지 않았다. 만약 이 주제에 선행하는 모든 것만 결국에 이 주제의 논의 속에 통합된다면 말이다. 헤겔의 진행 방식은 정말 이와 같은 결과를 가져온다. 시작은 "추상법"으로 한다. 즉, 개별 인격들 내 현실적으로 자유로운 의지의 현존으로 시작한다. 개별 인격은 자신 속에 있는 자신의 자의적 의지에 외적 대상들을 설정한다(자의에 대한 외적 대상들에는 인격 자신의 육체도 속한다).

(4) 추상법

그에 따라 **첫 부분**이 이렇게 제목 붙여진 것이다. 어떤 하나의 법철학을 추상법으로 시작한다면 확실히 인격이 국가 이전 상태에 있는 것이리라는 가정을 덧붙이도록 요구되지는 않는다. 이렇게 덧붙인다면 더욱이 진행 방식이 요구하는 추상에 낯설 것이다. 그렇기에 철학적 법론의 **축조**는 자연상태의 가정 없이 시작되어야 한다. 그러나 그렇다고 쳐도 철학적 법론의 축조는 개별 인격들의 "타고난" (그럼에도 타당하게 형성되어야 하는) 법 및 외적 대상들의 보유, 취득, 양도에 관한 법으로 시작해야 한다. 이미 칸트와 칸트 이전의 유명한 저자들은 자신들의 자연법론을 이러한 법으로 시작했다. 특히 아헨발과 칸트에게서는 추상법 논의를 위해 다듬어진 재료가 발견된다.

첫 부분의 끝이자 두 번째 부분으로의 이행 대목에서 헤겔은 자신의 선행자들로부터 강렬하게 벗어난다. 아헨발은 자신의 『자연법 요소들』(=AEI)에서 대략적으로 헤겔의 "추상법"에 상응하는 첫 권을 (관련되는) 법의 손상과 이 손상의 징벌에 대한 장(章)으로 끝맺었다(AEI §§458~534). 법 손상과 징벌을 위한 전제들은 본래 인격 개념을 좀 더 규정적으로 만들 것을 필요로 하며 불법을 사정에 따라 한갓 우연적이지만은 않은 어떤 것이 되도록 한다. 그런데 이 전제들은 아헨발의 관심을 끌지 않았다. 그렇다면 그의 다음 단계는 (혼인과 가족의) 좀 더 작은 결합체들(Sozietäten) 내의 법을 논의하는 것이었다. 이에 반해 칸트에 의해서는 불법이 거의 주제가 되지 못했고, 불법의 전제들 및 불법의 법률학적 법과의 연관은 결코 주제가 되지 못했다. 그러나 그 다음에 공법으로의 이행을 근거 짓는 데에 있어서는 (KMR§42) 다음처럼 논증되었다. 실질적으로 완전히 불법적이지 않으며 미리 추상해본다면 게다가 자신을 보호하기 위해 불가피한 행위들은 그렇게 공적으로 사유된 취득 가능한 전체 법의 파괴에 이르는 경향이 있으며 불법을 인식하게 해준다. 이 불법은 이미 "형식적으로" 최고도에 있는 그러한 불법, 다시 말해 행위의 질료와 동기화로부터 독립되어 있는 불법이다. 이때 불법은 결코 비로소 외적인 태도에 있는 것이 아니라 오히려 이미 의도에 놓여 있는 것이다. 칸트의 법 개념에 따르자면(KMR §B, C) 의도가 의도된 목적과 더불어 아주 보잘것없는 것임이 틀림없을지라도 말이다. 조금 앞서 출판된 피히테의 『자연법의 토대』(=GNR)에서 이 문제들은 해당 지면에서(§7) 한층 더 폭넓게 첨예화되지만 이 문제들의 해결을 위해선 칸트에게서보다 훨씬 더 적은 것이 수행된다. 의심할 여지 없이 헤겔은 이렇게 파손된 사고 재료를 법철학 첫 부분 말미에서 튼튼한 새 형식 속에 놓고자 한다. 그가 보여주려 하는 것은 다음과 같다. 즉, 행해질 수 있었던 추상의 조건들 아래서라면 불법은 전적으로 불가피하며, 불법이 초래하는 징벌은 복수의 특징만 지닐 수 있다. 복수는 무한히 치닫는 일련의 복수 행동들로써 자체가 새로운 불법을 창출하는 것이다. 이 복수 의향에서 복수하지 않고 오히려 처벌하는 정의의 — 물론 무력한 — 보편적 이념이 출현해야 한다(R §102 이하). 이렇게 법은 그 추상의 특징에 상응해 극도로 불완전한 방식일 뿐일지라도 법의 손상이 초래하는 제재 조치를 통해 **유효하다**. 이 유효성과 묶여 있는 점이 있다. 즉, 한갓 형식적인 법을 위해서만 스스로에게 현존을 부여하는 의지의 전체 **형태**가 와해된다는 것이다. 그러고는 이러한 현존 중에 단지 (타고난 법과 동일한) 최소치의 것만이 보존된다. 그러나 여전히 단지 이렇게만 작용하는 법 의향의 핵심은 더 이상 **도덕적** 관점에서의 개별 의지와 개념적으로 구별될 수 없다.

(5) 도덕성

두 번째 부분에 부여된 이름은 "도덕성"이다. 말하자면 "도덕성"이라는 이 표현이 뜻하는 것은 가장 넓은 의미에서 다음과 같다. 의지는 자신의 자유 실행의 장애들에 대립해 스스로를 행위하도록 규정한다는 것이다. 이러한 행위들 중 적어도 몇몇만이 고의적인 것이지만, 그러나 모든 행위들은 개별화된 "주체"의 행위들로서 (주체로부터 행위들은 출발한다) 이 주체의 자유의 현존에 속한다. 여기서는 그래서 의지가 행위함과 상이한 외적 대상 안에 설정하는 (그리고 이 때문에 이 대상 안에 지니는) 그와 같은 현존은 도외시된다. 게다가 인격으로서의 주체까지도 도외시된다. 왜냐하면 주체는 이제 자신의 의지 표명 자체와 더불어 이미 현실적으로 자유로운 의지가 스스로에게 부여하는 현존이기 때문이다. 하지만 바로 이러한 부가적 추상으로 인해 (자유의 현존의) 법 관점들 아래서 이제부터 의지의 **내적 연관**(Innenverhältnis)이 구체화된다. 이렇게 구체화되는 근거는 하나의 철학적 법론이 귀책 능력의 원리들을, 그러나 또한 귀책의 원리들을, 그래서 법적 책임의 원리들 및 행위에 제약되거나 부작위에 제약된 행실 정황들의 확정 원리들을 다루지 않을 수 없는 한에서 존립한다. 실질적 정의(正義)를 최대화하는 것이 문제시된다면, 더 나아가 행위들에 대한 동인(動因)과 특정 목적들의 정당성 및 의무 지워진 자의 인식적 자격 권리도 또한 논의되어야 한다. 이것들은 칸트에서처럼 그렇게 기초적으로 고려되어선 안 된다. 이것들의 정당한 요구들은 엄격한 (외적으로 강제 가능한) 형식적 법의 요구들에 대립해 타당하게 이루어져야 하고 더 고차적 원리들 아래 형식적 법의 요구들과 중재되어야 한다. 우선은 단지 이것만이 『법철학 개요』 두 번째 부분에서 중요시된다.

헤겔은 이를 위한 착상과 그 실행의 첫걸음을 마찬가지로 이념사적으로 떠올렸다. 이미 아헨발은 자유로운 행위들의 "내적 도덕성"을 주제화했으며(AEI §§60 이하) 단지 구속력을 위해서만 이 행위들에 관심을 가지지는 않았고(§§82 이하) 게다가 또한 귀책을 위해서도 그런 관심을 가졌다(§§121 이하). 헤겔에서도 도덕적 의지의 법에 이르기까지 상세한 설명들은 귀책으로 시작한다(R §§114 이하). 아헨발은 더욱이 지금의 헤겔과 마찬가지로 행실로서의 한 행위의 귀책을 위해 (그리고 행실 정황이 위법일 경우 죄의 판결을 위해) 우선 부주의와 대립해 있는 행위의 **고의**-특징을 부각시켰으며(R §§105~118과 비교) 이것을 아마 더 멀리까지 미치는 **의도**와도 대조시켰다. 행위하는 자가 귀책에 있어 책임져야 하는 행위 결과들을 연관시켜가면서 말이다. 그럼에도 아헨발의 이 상세한 설명들은 자연법의 단순한 "예비 지식들"로 방치되어 있으며, 이 예비 지식들조차 긴급 상태에 관한 몇 단락들로 끝을 맺고 있다. 헤겔도 자신의 두 번째 도덕성 절을 ("의도와 복지") 긴급 상태로 끝맺는다. 아헨발에게서처럼 그렇게 법론 앞에 놓인 채로는 법적 귀책의 특별한 의미가 정확히 말해 아직 고려될 수 없었던 것이다. 그러니 법적 귀책의 범위 또한 결정될 수 없었다 하겠다. 더구나 긴급 상태엔 어떠한 긴급권도 상응하지 않는다는 테제는(AEI §206) 허공에 떠 있었다. 이 테제의 논증은 자신의 복지와 타인들의 복지를 스스로 목적으로 만드는 법을 사전에 토론하는 데에 의존할 것이다(R §§121~126과 비교). 이와 마찬가지로 정말 실질적 정의를 구상하는 데에 도달할 가능성도 우선은 먼저 이러한 법이 (그리고 이와 더불어 긴급권이) 허용된다는 사실에 의존한다. 이것이 세 번째 절을 예비한다. 이 절은 (셋째 주요 부분으로의 이행과 더불어) 이미 추상법에서도 그랬듯이 다시금 헤겔의 가장 독창적인 기여를, 이 경우엔 게다가 아마도 자연법 전체에 대해 가장 독창적인 기여를 포함한다.

말하자면 긴급권으로부터 추상법과 적법하게 의도된 복리 사이의 갈등이 비롯된다. 이 갈등을 피하기 위해서는 도덕성에 특유한 일반화 절차가 필요해진다. 그러나 이 절차는 결국 도덕성 관점 일반의 해소에 이른다. 우선 (나의 그리고 타인들의) 복지를 지향하고 있는 도덕적 의도가 형식적으로 불법적인 어떠한 행위도 정당화할 수 없다는 것은 타당하다(R §126). 다른 한편으로는 (남의 재산에 대한 일시적 개입을 통해 도모되는) 긴급권이 존립한다(R §127). 긴급권은 게다가 재산 침해를 금지하는 추상법보다 우위를 지닌다. 그러나 전체를 주시해보면 긴급함이란 추상법의 유한성과 우연성뿐만 아니라 또한 복지의 유한성과 우연성도 "보여준다"(R §128). "전체법(summum ius)"이 "전체 불법(summa iniuria)"을 결과로 갖게 되지 않도록 또는 법이 자기 자신과의 갈등에 들어서지 않도록 추상법과 복지 양자의 이론 기반들이 심화되어야 한다. 도덕성의 지반에서 기초짓기는 포괄적이며 정당하게 현실화되어야 할 복지라는 외적으로 구성된 목적을 "실체적 보편"으로서의 즉자대자적으로 존재하는 **선(善)**의 단순한 목적으로 대체하는 것에서만 있을 수 있다. 실체적 보편은 "실현된 자유"이며 이러한 자유로서 "세계의 절대적 궁극 목적"이다. 다시 말해 기초짓기는 의지에 관해 단적으로 객관적인 것을 "의무로부터" 규정하고 실현하는 데에 있다. 이때의 의지는 (의지의 **개념**과 **특수한** 의지의 통일로서) 칸트의 순수 실천이성과 동일시되어도 된다. 사심 없이 본다면 순화된 이 도덕성의 관점에 선에 대한 **통찰의 법**이(R §132) 상응한다. 말하자면 추상적으로 법적이거나 도덕적인 책무에 대해 이 책무의 내용이 선한 것으로 통찰되는 그 만큼만 요구될 수 있는 자격이 상응한다. 이때의 자격은 물론 그 어떤 무언가가 아니라 바로 이성적인 것이 주체에 의해 알려지고 의지되어야 한다는 요구와 균형을 이루어야 한다. 이 두 관점들을 견지하기 위해선 개별자에 대해 충족되어야 할 의무가 **구체적으로** 어디에 존립하는지 하는 물음에 대한 답변이 필요해진다. 이 물음에 답변을 시도하는 데서 서로 어울릴 수 없는 입장들이 어렵지 않게 발생할 수 있다. 여하튼 칸트의 정언명법 같은 판정 원리들을 통해서는 그때마다 특수한 법 의무들의 "내재적" 연역에 이르지 못한다. 의무를 규정하는 칸트의 진행 방식의 수행 능력이 어떻게 평가될 수 있든지 간에 말이다. 이 내재적 연역은 **단지** 의지의 개념으로부터 의지의 자기규정으로서 획득되어야 하는 것이다.

이와 함께 도덕적 주체는 앞서 불법에 대항한 법의 항쟁 내 인격처럼 대립 속에 들어선다. (자기 자신 안에서 또는 타인들과의 담론 속에서 도덕적 주체의) 대립을 넘어 나아가고자 하는 모든 노력들은 역으로 갈등하는 도덕적 숙고 결과들 중에서 최종적으로 결정할 수 있은 유일 가능한 도덕적 심급으로서 **양심**을 지시한다. 그러나 양심은 단순히 **판단하면서** "내용에 대해 단지 자신으로부터만 무엇이 선한지를 규정하고" 이렇게 규정된 것에 **현실성**을 마련하는 힘일 뿐인 것은 아니다(R §138). 자신이 점점 더 반성되면서 양심은 또한 객관적 규정들의 고정된 모든 것을 풀어버리는 부정성이기도 하다. 이러한 "주관성은 추상적 자기규정이자 자기 자신의 순수한 확실성으로서 … 자기 내 권리와 의무와 현존의 모든 **규정성**을 **휘산(揮散)시켜 버린다**"(같은 곳). 극단에까지 추진되면 이 주관성은 "자신을 **절대자로까지 주장하는 주관성**"이다. 이 주관성은 어떤 탁월한 의도를 위한 것이라는 각각의 행위를 (위선과 마찬가지로) 타인들에 대해서뿐만 아니라 더욱이 "**자기 자신**에 대해서도 선한 것으로 주장할 줄" 안다(R §140). 예를 들어 "러시아 스파이"라는 악(惡)의 제거를 위해 잔트가 행했던 작가 코제부의 암살처럼 말이다[28](RHo 460과 비교). 그렇게 절대화된 양심에 있어 도덕성은 **불합리에까지** 이르게 된다. 도덕성은 자신의 개념 해명의 무규정적 기원에까지 되돌아간다. 양심의 흡사 "난해한 궤변"을(RHo 451) 분명하게 보여주는 현상들이 있다. 이것들은 (피히테 주변에서 발생했고 프리드리히 슐레겔에 의해 실행된) **낭만적 아이러니**이기도 하지만, 또한 행위하기엔 무능력한 **아**

름다운 영혼이기도 하고(R §140A, 다음 쪽), 사라져버린 객관적인 것을 향한 동경으로 말미암아 스스로를 전제정의 품에 내던지려거나 권위적인 낯선 종교에 내맡기려는 경향이기도 하다(RHo §475).

그 다음 단계를 밟으려면 추상적 도덕성의 자기 파괴를 지시하는 위에 언급된 현상들을 새로운 기반 위에 법을 세우는 사고와 혼동해선 안 된다. 왜냐하면 이 사고는 새로운 기반을 바로 그 현상들의 불안정성에서 비로소 나타나게 하며 그 현상들로부터 구별하기 때문이다. 사변적 사유를 통해 획득되어야 할 법의 새로운 지반은 도덕성을 (그리고 도덕성과 더불어 형식적인 법을) 몰락하게끔 하지 않는다. 법의 사유는 오히려 형식적인 법과 도덕성을 제한된 자격을 지닌 관점이나 실재성으로서 새로운 법 지반의 실재성에 부가 가능하게 만듦으로써 (그리고 형식적인 법과 도덕성에 여기서의 특정 기능들을 지정해줌으로써) 이 형식적 법과 도덕성을 "지양한다." 이렇게 하고자 결정하는 사고는 (자신을 계속 규정하는) 개념으로 복귀한다. 말하자면 이 사고 속에서는 다음과 같은 일이 **즉자적으로** "이미 일어난" 것이다. 즉, 한갓 추상적 선의 객관성은 지반을 잃게 되었고 주관성으로 급변했으며, 반면에 양심의 주관성은 그 개념에 따라 자체가 지양되었고 실체적 보편으로서의 선에 대한 자신의 거리를 포기했으며 그래서 선과 **하나가** 되었다는 것이다. 이것이 또한 도덕적 주관성에 대한 반성에 해당된다는 것, 그리고 이것이 도덕적 주관성의 관점에서 좀 더 자세히 무엇을 뜻하는지 하는 것은 앞서 묘사한 현상들에서는 마치 슬랩스틱 코미디의 "개

---

28) 에어랑엔 학생조합(Burschenschaft) 회원이자 신학과 학생이었던 카알 루드비히 잔트(Karl Ludwig Sand)는 1819년 3월 23일 만하임에서 작가이자 러시아 국가 추밀원(樞密院) 위원이었던 아우구스트 코제부(August Kotzebue)를 러시아 스파이라는 이유로 암살한다. 이 암살은 풀다도 뒤에서 언급하고 있듯이(10.2.) 독일 근대사에서 계몽적인 개혁의 시기와 결별하고 반동적인 왕정복고의 시기를 초래하게 한 — 더 나아가 나치의 국가주의와도 연속성을 가지는 — 매우 중요한 사건이다. 중요한 사건인 만큼 이 사건을 둘러싸고 헤겔의 하이델베르그 시기와 베를린으로 이주 후 시기 간의 그의 철학적 입장 변화 여부가 한창 논쟁거리가 되기도 했다. 대표적인 것은 그의 철학적 입장이 프로이센 왕정복고에 순응주의적으로 변했다는 주장과 그렇지 않다는 주장이다. 예를 들면 Ilting, K-Heinz Hg. Hegel: *Vorlesungen über Rechtsphilosophie* Bd. I , 44쪽 이하 참조.

그" 처럼 드러난다. 계속해서 이 현상들이 고찰되어야 하겠다.

도덕성을 불합리로 이끄는 양심에게 더 이상 악은 없으며, 게다가 양심 속에서뿐만 아니라 양심 밖에서도 악은 없다. 그래서 있는 바대로의 세계는 지금 문제시되는 사고 안에서는 **화해되어** 있다(RHo 465). 나를 지나치게 도덕성의 정상에 세우는 대신 나는 그렇게 취해진 도덕성을 구체적이지만 자의적으로 나의 입장을 세우는 "나를 거기에 세움(Michdahinstellen)" 으로 인식해야 하며(RHo 430), 다시금 나를 선에 대한 공평한 입장으로 되돌려 취해야 한다. 나는 또한 현실적으로 자유로운 의지의 행해지는 목적 활동성의 객관성에까지 나를 **방면할 수 있다**(RWa 80 이하). 왜냐하면 나는 이때 그럼에도 나 자신을 권리와 의무의 주체로서 완전하게 확신하면서 머무르기 때문이다. 그러한 통일의 사유 결과는 그래서 선을 형성하는 실체적 보편성이다. 이 실체적 보편성은 (많은 주체들 속에 실존하는) 현실적으로 자유로운 의지의 주관성에 의해 전적으로 **삼투되어** 있기에 더 이상 추상적이지 않으며 오히려 구체적인 것이다. 즉, 그 사유 결과는 현실적으로 자유로운 이 의지에 충전적이게 된 객관성이다. 이 의지를 예증하는 주체들은 자신들 편에서 그 객관성에 부합하게 있다. 헤겔은 이러한 실체적 보편성 또는 객관성을 "인륜성(Sittlichkeit)" 이라 명명한다. 헤겔이 부여하는 이 이름은 그래서 그때까지만 해도 단지 "도덕성(Moralität)" 이라는 차용어에 대한 동의(同義)의 독일어였지만 여기서야 처음으로 그 의미가 부각되고 있는 것이다(R §33 A와 비교). 이 이름의 사용은 우리가 이제 오래전부터 친숙한, 관습에 의해 두드러진 어떤 것과 관계한다는 것을 말하려는 것 같다. 우리는 그 속에서 전적으로 우리 자신에 머물러 있기에 말이다.

(6) 인륜성 일반

이 제목 아래 『법철학 개요』의 **셋째 부분**은 **가족**과 **시민사회**, 그리고 **국가**를 주제화한다. 가족과 국가는 헤겔 이전의 자연법에선 (동일한 이름으로) 각각 좀 더 작은 **사회체**(societas)로 그리고 가장 큰 **사회체**(societas)로 논의되고 있다(예를 들어 AEI §§595 이하). 이 때문에 신뢰할 만한 기반에서 이제 다시금 이념사적으로 잘못 생각할 수 있다. 하지만 헤겔은 이러한 사회체의 형태들을 그 당시까지 눈앞에 있던 바대로 취하지는 않는다. 더구나 그는 자신 이전의 자연법론자들이 사회체를 다루던 것처럼 그렇게 자신이 새롭게 구상한 인륜성에 접근하지도 않는다. 말하자면 가족과 국가는 이것들을 위한 법적 근거로서 계약이 생각되지 않았던 곳에서조차 철저히 **의도적으로 산출된** 사회 형성물들로 이해되고 있었다. 이 사회 형성물들은 도덕성으로부터 기획될 수 있고 단지 협동적으로만 현실화될 수 있는 특정 목적들을 향해 자신의 구성원들을 합일시킨다는 것이다. 이에 반해 헤겔에게서 의도적 산출은 인륜성 자체나 시민사회 전체, 그리고 국가에 대해 아무런 역할도 하지 않는다. 그것은 가족에 대해 단지 주변적 역할만 하는 정도이다. 헤겔이 보기에 게다가 인륜성과 시민사회에 대해서는 다음처럼 말해져야 한다. 즉, 도덕성에 의해 기획된 어떠한 목적들의 집단적 성취를 위해 인륜성과 시민사회를 의도적으로 형성하는 것은 불가능하리라는 것이다.

다른 무엇보다 바로 이 점에서 더 실재성에 접근함으로써 헤겔은 철학적 자연법의 근대 합리주의적 이론가들보다 뛰어나다고 할 수 있다. 왜냐하면 이 이론가들의 학설은 단지 그때마다의 사회체뿐 아니라 또한 그들이 부여하는 권리와 의무를 오로지 선행하는 목적정립에 의거해서만 주장할 수 있었기 때문이다. 마치 타인과의 계약 체결을 통해서나 적어도 행위 순서의 의도적 산출을 통해 그 실행을 노릴 수 있을 뿐 아니라 또한 도덕적 주관성 외에 다른 어떠한 것도 선행해서는 안 되는 그러한 목적들이 문제되는 것처럼 말이다. 그러나 **이러한** 목적들은 인륜성 일반을 위해서나 시민사회를 위해 우리가 재량껏 해낼 수 있는 것들이 아니다. 시민사회란 모든 인간적 목적 정립들을 초월하는 것이며 그 자체가 의도되지도 않은 채 단지 이 인간적 목적 정립들을 현실화한 결과로서만 실존하는 것이다. 정관사가 붙은 "그" 국가에도 사정은 비슷하다. "그" 국가는 개별화된 국가들과 혼동되어선 안 되며 오히려 최종적으로 개별화된 국가들의 유(類)로서 사유되어야 한다. 이 유는 또한 개별 국가들이 의도적으로 추구하는 목적들을 항상 넘어서고 가로질러 간다. 그러나 우리는 개체적인 국가와 개별적인 가족을 위해 적합한 목적 정립들을 단지 좀 더 보편적 목적들의 세분화를 경유해서만 재량껏 해낼 수 있다. 이 좀 더 보편적 목적들은 인륜성 일반에 내지 추가적으로 가족 자체에, 그리고 국가 자체에 속하는 것이다. 이 목적들과 관련하여 적어도 인륜성에 대해서는 이미 다음과 같은 점이 분명해졌다. 즉, 이 목적들이 도덕적 의향으로부터 획득될 수는 없으리라는 것이다. 이 목적들은 도덕적 의향이 이성적이라면 이 도덕적 의향에 선행하며, 마찬가지로 안정화하지만 또한 제한하기도 하는 확고한 어떤 것으로서의 인격들의 추상적인 법적 배치에도 선행한다.

그 밖에 한 가지가 덧붙여진다. 인륜성이 이러저러한 형태로 존립하는 곳이라면 확실히 언제나 몇몇 사람들이, 종종은 게다가 많은 사람들이 전체의 구성원들로서 이 전체 속에서 이 전체의 목적 현실화를 위해 합일되어 있다는 것이다. 그러나 사회성은 인륜성의 유일한 특징이 아니며 결코 기초적인 특징도 아니다. 인륜성이 존립하는 것은 **핵심적으로 말한다면** 오히려 자유로운 정신의 주관적 자유가 성품과 실행에 있어서 (관습과 풍속으로서) "직접적이고 보편적인 현실"이 되었다는 데에, 그리고 그러한 자유 속에서 사는 자의 **제2의 본성**이 되었다는 데에 있다(E §513). 이것이 요점만 말해 실체적 보편은 주관성에 의해 전적으로 **삼투되어** 있으며 **구체적인** 것이라고 언급할 때의 의미이다. 객관적으로 인륜적인 것의 규정들은 주체에게 "낯선 것이 아니다." 주체는 "그 규정들이 **자신의 고유한 본질**이라는 **정신의 증언**"을 제시한다. 이러한 자신 고유의 본질 "안에서 주체는 자신의 **자기감정**을 지닌다"(R§147). 많은 사람들이 합일되어 있음은, 그래서 그들의 사회체는 단지 이러한 사실의 결과로서 얻어지는 규정일 뿐이다. 개별화된 사람 한 명이 자유로운 정신의 그러한 "실체적으로 보편적인" 현실에 도달하지 못할 것인 한에서 말이다. 이 점에서 헤겔의 인륜성 철학과 인륜성 내에 기초하는 법 연관들의 철학은 사회체에 관한, 그리고 사회체와 그 구성원들에 부여되는 권리들과 의무들에 관한 근대의 낡은 이론들로부터 가장 현저하게 구별된다. 헤겔 철학은 이 점에서 고대 정치철학의 통찰을 다시금 타당하게 한다.

다른 한편으로 헤겔의 인륜성 개념은 종종 간과되는 또 하나의 계기를 포함하는데, 이 계기는 그의 인륜성 개념을 근대의 계약론적 사회체 이론들과 결합시키고 근대 이전의 모든 이론들로부터는 분리시키는 것이다. 인륜성 개념은 이 개념의 고대적 표상들과의 유사성에도 불구하고 전부 해명해보면 근대적인 법을 위해 도모된 철저히 근대적인 구상이며, 단순히 고대 폴리스 공동체나 이 공동체의 철학적 반영에 따라 모사된 것이 아니다. 인륜성의 각 형태의 인륜적 실체성 안에는 "자신들의 **특수성**에 대한 개인들의 권리"가 포함되어 있다(R§154). 보편의지와 특수의지의 동일성이 존립하며, 이 동일성 안에서 **의무와 권리는 하나**로 놓이게 되고, 그럼으로써 인간은 인륜적인 것을 통해 의무를 지니는 한에서 권리를 소유하고, 권리를 소유하는 한에서 의무를 지닌다(R §155). 물론 이때 각 의무의 구체적 내용은 (예를 들어 가족 구성원들 상호 간의 관계에서나 시민의 국가기관에 대한 관계와 국가기관의 시민에 대한 관계에서) 그 의무를 보충하는 권리의 구체적 내용과 상이하다. 그러나 한 강의에서 헤겔이 규명하듯이 그 양자, 즉 권리와 의무는 **이것들의 가치에 있어 동일해야** 한다(RGr 413). 이제 사안들 내지 이 사안들의 이행에 대한 법적 교류에서(R §§63, 77, 196, 214), 그래서 궁극적으로는 시민사회의 근대적 법 제도 속에서 가치 비교를 위한 가치 평가들과 척도들이 형성되어 나온다(R §§215~218). 그러므로 권리와 의무의 분배는 인륜성 자체에 속하며 실질적으로 정의로운 것으로서 철저히 근대적 법 원리들에 따라 구상되는 것이다. 그리고 헤겔 자신도 이 점을 의식하고 있다고 표명했다. 왜냐하면 조금 전 인용된 지면에서 그는 계속해 다음처럼 말하고 있기 때문이다. "사정은 계약에서와 마찬가지이다. 조세, 세금 등등은 하나의 의무인데 이것을 나는 다시 돌려받지 않으며, 그렇지만 그 대가로 나는 나의 재산의 안정과 다른 많은 이익들을 갖고 이것들에 대한 권리도 지닌다 …… 이러한 상호 연관에서 세세한 것은 아주 상이할 수 있지만, 그러나 그 가치는 그대로 있어야 한다"(RGr 413 이하). 오늘날 대중 선택 이론가[29]라 할지라도 요구되는 이 상호 연관을 더 냉철하게 확립할 수는 없을 것이다.

(7) 가족

가족에 대해서도 헤겔이 이것을 인륜성의 근대적인 형태로 다룬다고 할 수 있다. 구성원들의 서로에 대한 의무와 요구는 (결혼을 체결할 때 계약이 관여될 수 있다 해도) 계약을 법 근거로 지니지 않으며, 그렇다고 단순히 배우자들 간의 사랑 감정만을 법 근거로 지니는 것도 아니다. 그것들은 (선행하는 또는 혼인에서 생겨나는) 상호적이며 자기의식적인 인륜적 사랑에 기초하며 사랑을 인륜적인 힘으로 보존하는 목적에 소용된다. 이 인륜적 힘은 가족 구성원 각자를 넘어서는 것이지만 그럼에도 구성원들 모두에게 낯선 어떠한 것도 아니다. 형식적인 가족법은 가족의 인륜적 관심사들과 목적들에 조율되어 있는 반면, 그러한 의무들과 요구들과 나란히 있는 특별한 도덕적 요구들이 명명할 만한 가치가 있는 무언가를 상실하는 것은 아니다. 형식적 가족법은 무엇보다 가족의 해체와 구성원들의 탈퇴 및 이들의 새로운 가족 건립을 지배하는 규칙이다. 두 번째 절의 대상인 시민사회는 이와는 다르게 법, 도덕성, 인륜성과 관계한다.

(8) 시민사회

시민사회는 전체로 보면 여하튼 단지 근대적 현상일 뿐이다. 시민사회의 원리와 그 최초 현상들은 고대국가들에겐 불운이 되었다(R §185A). 처음으

29) 대중 선택 이론(大衆選擇理論, Public Choice Theory)은 1986년 노벨 경제학상을 받은 제임스 뷰캐넌(James McGill Buchanan)의 개인주의적 경제 관점에 입각한 정치 이론이다. 즉, 경제 외적인 정치 영역에서조차 개인은 공익이 아니라 이기적 이익을 위해 행위한다는 것이 이 '대중' 선택 이론의 핵심이다.

로 헤겔이 시민사회의 구조와 시민사회의 정치적 국가와의 상이성을 발견한 셈이다. 앞서 도덕성과 인륜성을 차별화하지 않았다면 그는 그렇게 할 수 없었을 것이다. 가족과 개별 국가와 구별해서 전체 시민사회는 말하자면 인륜성의 어떠한 제도가 아니며 더구나 어떠한 **형태**도 아니다. 시민사회는 하나의 형식으로 된 인간 공동 삶의 영역이며 경향상 세계적 규모를 지니는 영역이다. 이 공동 삶의 형식을 향해 (개별화된 가족들과 개체적 국가들의) 인륜성은 개념적 극단들로 상실되었으며, 그렇기에 이 극단들로부터 다시 획득되어야 한다. 따라서 다음처럼 물어보아야 한다. 시민사회의 기원과 그 원리들은 어디에 존립하는가? 이것들은 얼마만큼이나 인륜성을 상실케 하며, 그러나 인륜성 개념의 발전에 있어 이 개념의 실재성 내부에서 얼마만큼이나 인륜성을 다시 발견할 것을 허용하는가? 이때에 법과 도덕성은 어떠한 종류의 역할을 하는가?

시민사회의 **기원**을 **역사적으로** 말하자면 방대한 이야기가 될 것이다. 『법철학 개요』는 이에 대해 거의(R §185A) 아무것도 말하지 않으며, 세계사 철학 강의들 또한 단지 암시만 해줄 뿐이다(그러나 RWa 169와 비교). 이에 반해 그 **개념적** 기원은 번거롭지 않게 가족의 본성과 결합된다. 하나의 가족으로부터 후손들과 이들의 가족 형성을 통해 많은 가족들이 생긴다. 이와 함께 가족들과 그 구성원들 간의 추상법 관계에 대해 이미 무언가가 언급되어 있을 필요는 없다. 부가 조건들 아래서 이렇게 중간 구성원들을 넘어 "국민들(Nationen)"의 조직망이 형성된다. 이에 반해 성장하고 있는 가족 구성원들이 성숙과 더불어 자립적으로 되며 법적으로나 경제적으로 자기 자신을 돌본다는 것은 추상법상 자유로운 인격성 개념에 속한다. 이렇게 자기 자신을 돌봄 속에서도 그들은 여전히 단지 인간들로서만 서로 대면하게 된다. 그렇다면 이로부터 이미 시민사회의 (두 원리들 중) **한** 원리가 비롯된다. 이 원리는 "구체적" 인격이 ("욕망들의 전체로서 그리고 자연 필연성과 자의의 혼합으로서") "스스로에게 **특수한** 목적으로 있다"는 데에 존립한다(§182). 인격은 주관적 자유의 권리를 인지한다(§124). 이 주관적 자유의 권리는 "**고대**와 **근대** 시기를 구별할 때 전향점이자 중심점"을 형성하는 것이다. 이 권리는 사적 (자신만의 또는 타인들과 나누어 갖는) 복지를 향해 노력할 때에 도덕적 주체로서의 자신을 만족된 것으로 발견할 수 있는 권리이다. 그렇기에 이러한 원리를 지닌 시민사회 속에서 도덕성의 관점이 다시 나타난다. 그러나 도덕성의 관점은 이제 **다른 원리**를 통해, 즉 **보편성**의 형식을 통해 상대화된다. 보편성 형식을 통해 매개됨으로써 각 인격은 자신을 타당하게 만들고 보편성 형식에 의존하면서 자신의 복지를 추구한다. 왜냐하면 자신의 특수성을 지닌 인격은 본질적으로 다른 인격들이 지닌 특수성과의 **관계 속에** 있기 때문이다. 인격은 자신의 욕망을 만족시키기 위해 다른 인격들을 필요로 한다. 이러한 매개를 통해서, 그러나 우선은 단지 이러한 매개를 통해서만 각 인격에게는 이제 도덕적 의지 규정을 실행하는 데 있어 어떠한 **한도**가 정해져 있다. 사적인 목적을 추구할 때의 이 상호적 제한은 인격들 서로 간의 전면적 의존성의 **체계**를 근거 짓는다. 그들의 활동성들은 이 체계 속에 광범위하게 뒤얽혀 있다. 그리고 이 "체계"에는 (다시 말해 자신의 부분들의 결합으로 구성되는 하나의 전체에는) 동시에 공통 업무들이 추진되는 어떠한 "상태"가 속한다. 따르지 않는다면 위협적인 필요가 생겨서 단순히 이러한 필요에 따라 형성된, 그 때문에 단지 외적인 연관들 속에 있는 어떠한 상태일지라도 말이다. 외적 연관들에서일지라도 "공통의 본질"은 이미 오성을 통해 각자에게 강요된다. 다른 말로 하자면 그 체계는 또한 "필요 국가와 오성 국가"를 포함하는 것이다(§183).

왜 인륜성이 그러한 체계와 함께 자신의 극단들에 이르기까지 상실되어 버렸는지 알기 위해서는 단지 그 체계 내 활동성들의 (예를 들어 경제적인) **역학**만 주시해보아야 하며, 그럼에도 위에서 가늠해본 인륜성 개념을 유지하고 있어야 한다. 인륜성은 그때마다의 특수한 주관성과 실체적 보편성의 상호적인 삼투로서 규정되었다. 이제 특수성, 즉 인륜성의 한 개념적 계기가 진술된 경계들 내부에서 극도에 이르기까지 발전하며, 이때에 다른 계기에 대한, 다시 말해 보편성에 대한 자신만의 고유 관점에 있어 여전히 단지 외적 필연성의 의존성 연관 속에만 자리 잡게 되고, 그렇기에 이 보편성의 다른 계기와는 바로 더 이상 상호 삼투의 통일 속에 있지 않게 된다. 이에 반해 보편성은 특수성을 지배하는 힘을 지니며 이 힘을 부단히 증시한다. 극단에까지 나아가는 특수성의 전개와 함께 이 힘은 (또한 자신을 이러한 힘으로서, 게다가 진정 특수성의 최종 목적으로서 증시하는 이 힘의 권리도) 마찬가지로 최고도에 이르기까지 상승한다. 이 두 개념적 계기들이 서로 간에 극단적으로 소원(疏遠)해질 때 보편성은 더 이상 특수성 속에서 자신을 구체화하는 식으로 특수성과 하나가 아니다. 인륜성은 와해되며 그래서 이러한 극단들로 상실되어버리는 것이다. 두 계기들의 통일에 관해서는 단지 보편이 또한 모든 특수의 **내적** 필연성이기도 하다는 점만 남겨진다. (이 점은 정치적 국가에 대해 중요하게 된다.) 그러나 이러한 통일이 오성에 의해 포착될 수는 없다. 이러한 통일은 (기껏해야 상대적이기만 한 전체 내의) 특수성들의 외적 필연성에서 출현하지 않는다(§184). 그만큼 이 통일을 철학적으로 개념 파악하는 사유를 통해 의식할 수 있게 만드는 것이 더욱 절박해진다. 그렇지 않으면 사람들은 똑같이 불만족스러운 두 입장들에 사로잡힌 채 머무르게 된다. 즉, 시민사회를 인간 자유의 가능한 최대 전개로서, 그리고 모두의 안녕의 가능한 최대 촉진으로서 찬미하고 시민사회의 자립적 행로에 대한 모든 간섭을 경계하게 되거나, 그렇지 않으면 또는 인간의 권리와 부르주아의 권리를 자유의 가상으로만 여기게 된다. 이 가상 속에서는 억압적 의존성이 입법을 통해 제어 가능하지 않은 채 두드러지기만 하기에 경제적으로 지배되는 상호작용의 그러한 형식으로부터 벗어나 가능한 한 자급자족으로 도피하거나 전체 체계를 "혁명적으로" 극복할 것을 권유하게 된다. 이 혁명적 극복이 대체 어떤 다른 체계를 만들려고 그러는지 알지 못한다 해도 말이다. 이 두 입장들은 헤겔 당시 자유주의적 방임 속에, 그리고 자코뱅주의의 지배 속에 드러나 있었다. 이 입장들은 그 이후에도 시사성을 잃지 않았으며 오히려 극단화되기만 했다. 헤겔은 이 입장들의 교정을 위해 무엇을 고려하게 되는가?

헤겔은 어떠한 것도 얼버무리지 않는다. 그는 주관적 자유의 생산성을 부인하지도 않으며 경제적 실행에 대한 체계 외적 개입들의 유해성을 부인하지도 않는다(R §§185, 243, 245, 253A). 더구나 그는 주관적 자유의 파괴적 경향도 이 자유의 체계 순응적 전개의 파괴적 경향도 부인하지 않는다(R §§185, 195, 244/246, 253 A). 그렇지만 그는 자유주의 입장의 옹호자들에게 시민사회는 국가를 전제한다는 것을, 그리고 시민사회가 "존립하기 위해서는" 국가를 "자립적인 것으로서 자신 앞에 지녀야 한다"는 것을(R §182 Z), 바로 그렇기에 국가를 한갓 필요 국가이자 오성 국가로만 지녀서는 안 된다는 것을 상기시킨다. 그에 반해 반자유주의적 입장의 대변자들은 헤겔에 의해 다음과 같이 훈계받는다. 개별 인격들의 욕망 만족을 위해 이들에게 수행되어야 하는 **노동**은 이러한 노동이 행해지는 활동성들의 그물망을 통해 그때마다 특수한 주관성으로 하여금 단순한 자연성을 넘어서도록 한다는 것이다. 그럼으로써 특수한 주관성은 **앎과 의지함**의 여전히 **형식적**이긴 해도 사실적인 **자유**와 형식적 **보편성**에까지 고양된다. 그러므로 노동은 사회화되었을 뿐 아니라 더욱 인간답기도 한 성격을 **형성한다는** 것이며(R §187) 개별자들의 욕망은 노동 분업을 통해 그러한 성격을 획득한다는 것이다(§§196 이하와 비교). 욕망들은 개별자에서나 개별자에 대해서 곧바로 이해할 만한 어떠한 체계를 형성하진 않지만, 게다가 정말 개별자가 그때마다 개인적으로 도야할 수 있는 능력들을 위축되게까지 하지만, 그럼에도 불구하고 욕망들은 **총체적으로 욕망들의 체계**가 된다(§189 이하). 이러한 체계는 충분히 폭넓게 분석되어야 하며, 그리고 특수한 규정들"에서" "가현(假現)하는" 이성적 보편성이 언급되어야 한다(RGr 488, 475; §189와 비교). 그런 다음에 밝혀지는 것은 다음과 같다. 즉, 전면적으로 거부하거나 세계 혁명을 도모하라고 선전하는 이상향적 선동가들이 시민사회 뒤에서 험담하는 그러한 문화적 혼돈을 시민사회가 창출하진 않는다는 것이다. 그러나 이미 경제적 법칙들이 발견된다고 해서 시민사회의 구조가 이를 통해 상세히 묘사되는 것도 아니다. 시민사회 속에서 관철되는 노동 방식과 이때에 이루어지는 이론적 및 실천적 도야 과정들은 다음과 같은 점에 이르게 된다. 즉, "**주관적 이기심**은 **모든 타인들의 욕망들을 만족시키기 위한 기여로**" 급변한다는 것, 그리고 "모두의 의존성의 전면적 착종 속에서" 자신의 현존을 돌보도록 하는 필연성은 "각자에 대해 **존립하는 보편적 자산**"이라는 것이다(§§197~199). 이러한 자산은 상실되지 않기에 각자는 (원칙적으로 충족 가능한 추가 조건 아래서, §200) 자신의 생계 보장을 위해서 도야와 숙련을 통해 이 자산에 참여할 가능성을 지닌다. 이때 각자에게 가능한 참여는 전체의 필요에 따라 세분된다. 그럼으로써 이 전체는 "인간의 욕망들과 이 욕망들의 운동 체계 안에 있는 내재적 이성을 통해" 개별 실행 분야들의 **하위 체계들**로 구분되며 각자는 이러한 하위 체계들 중 한 곳에서 자신의 직업과 함께 자신의 "**신분**"을 지니게 된다(§§201~207). 이렇게 구별되는 직업 신분들은 정치적 의미도 지니게 된다(§§288, 297, 300~315). 그러나 무엇보다 직업 신분을 특징짓는 것은 이 직업 신분과 더불어 **인륜적 성품**이 시민사회 속에 **복귀한다**는 것이며 여기에서 근대적인 다원주의 성격을 획득한다는 것이다. 각각의 개별자는 특정 직업에 따라 다음과 같은 점에서 자신의 **정당성**을 지니게 된다. 즉, 각 개별자는 "자신에 고유한 사명으로부터 그가 지닌 활동성과 근면과 숙련을 통해 스스로를 시민사회의 한 계기의 일원으로" 만든다는 것이며, "단지 보편과의 이러한 매개를 통해서만" 자신을 돌본다는 것이다. 이것을 성공적으로 이루어내는 만큼 그는 "자신의 표상 속에서나 타인들의 표상 속에서" **인정**을 발견한다. 그렇기에 그 체계는 이 속에서 노동하는 자들의 고삐 풀린 무정부도 아니며 서로 간의 노예화도 아니다. 앞서 시민사회의 첫째 원리로 인해 그 체계 속에서 두드러진 역할을 하는 우연성들에 대해선 또한 **도덕성**이 "이 영역 속에서 자신 고유의 자리"를 차지한다(§207). 우연성들에 대처하는 이러한 자리에 제한되었기에, 그리고 기능상 법적인 정당성의 요구들을 비켜 가야 하기에 도덕성은 시민적 사생활의 인륜성 안으로 "지양되어" 있는 셈이다.

『법철학 개요』 첫 부분에서 해명된 형식적인 **법**도 마찬가지로 전면적 의존성 체계의 구성 부분이다. 반자유주의적 입장 에서 주장된 것과 달리 형식적인 법은 원리상 법으로부터 자유로운 지배적인 경제의 이데올로기적 상부구조가 아니다. 형식적인 법은 좀 더 오랜 역사적 기원을 지님에도 불구하고 이 형식적 법의 전 세계적 지평과 진정한 사회적 장소는 노동 및 재산 관계들로 이루어진 전면적인 의존성의 체계이다. 왜냐하면 비로소 여기에서야 형식적인 법은 **인간 자체**에 속하게 되는 것이며 그럼에도 "타당한 현실성"을 지니기 때문이다(§208). 형식적인 법의 타당한 현실성이란 침해당할 경우에 행해지는 그러한 복수가 더 이상 아니다. 오히려 그것은 (로마 황제 시대에 형식법이 처음 표본적으로 형성될 때처럼) 재산을 보호하는 데에 기여하고 강제로써 보강된 법정상의 **사법(司法)**이다. 욕망들의 체계 내 이렇게 타당한 현실성으로서 법은 어떤 이물체(異物體) 같은 것이 아니다. 이와 달리 (애덤 스미스를 제외한) 자유주의 입장의 급진적인 경제주의적 변형에 따르자면 법은 그런 이물체로 간주된다. 법은 욕망들의 체계 속에서 이미 (앎과 의지함의 고유한 특수성에까지 **해방된** 실존이라는) 이 체계 원리의 한 통합적 계기이며, 이와 함께 매 지점마다 체계의 개입 필요를 예방하는 데에 도움을 주는 안정화 요인이다. 형식법을 사법제도의 한 구성 부문으로 형성하는 것은 특히 다음과 같은 관점 아래 있다. 즉, 법에 대한, 그리고 정의를 돌보는 법의 능력에 대한 시민들의 **신뢰**가 보장되어야 하며 불법을 징벌할 때엔 이 신뢰가 회복되어야 한다는 것이다(§§244 Z, 228). 추상적인 법 요구들의 단순한 형식적 관철과 비교해볼 때 이러한 점은 또한 시민사회가 이 시민사회 개념의 실현에 있어 다시금 인륜적인 것에 접근하게 되는 하나의 진일보를 나타낸다(§§147, 229와 비교).

인륜적인 것을 향한 이러한 접근은 단지 개별적인 경우들에만 해당하는 것이며 이때엔 법의 관철을 지향하는 것이지, 그렇다고 동시에 개별자들의 **복지**를 지향하는 것은 아니다. 그러나 특수성의 관심들에 내재적이기에 (정부의 법 감시 아래) 전면적 의존성의 체계 속 오성 국가 내지 필요 국가에 의해 관리되어야 하는 보편에는 단지 법만 속하고 있는 것이 아니다. 그러한 보편은 의심할 여지 없이 또한 보편적 자산의 최적의 증대와 이 자산에 대한 개별자들의 정당한 몫의 획득을 위해 **외적인 질서**의 보존과 개선을 필요로 하는 용무들도 포함한다. 이를 위한 제도들이나 조치들은 헤겔에 의해 **공공복리 증진**("경찰")의 개념 아래 포섭된다. 이 제도들이나 조치들이 따라야 할 명령은 욕망들의 체계 속에서 법과 복지가 내맡겨져 있는 **우연성들**에 대처할 예방 수단들을 강구하는 데에 존립한다. 그리고 이를 통해 인격과 재산의 가능한 한 방해받지 않는 안정성을 도모하는 것만 아니라 또한 개별자들의 생계와 복지를 보장함으로써 **특수한 복지가 법으로서** 다루어지고 가능한 한 잘 실현되도록 하는 데에도 존립한다(§230).

반자유주의적 입장과 자유주의적 입장에서 번갈아가며 경시되는 두 관점들이 여기에서는 원칙적 의미를 지니게 된다(§231~249). 즉 사회 시설들은 (이 시설들의 수취인들에게서 정당한 성품을 촉진하진 못할지언정 부패만이라도 시키지 않기 위해서) **첫째** 권리와 의무의 가치 등가성 원리에 따라 개별자를 "**시민사회의 아들**"로 간주해야 한다. **시민사회**는 **개별자가** 시민사회에 대해 **권리를** 지니는 것**과 마찬가지로** 개별자에 대해 **요구를** 지닌다(§238, §242와 비교). **둘째 빈곤**과 소수 사람들에게만 이루어지는 **부**의 축적은 단지 우연적 원인들만 지니는 것이 아니다. 빈곤과 사치는 바로 체계적으로 산출된 것이기 때문에 성품을 파괴하는 결과를 초래한다. 개별자에 맞서는 외적 질서의 시설들을 갖고 이러한 결과에 대처할 수는 없다. 그렇기에 시민사회가 "**부의 과잉**에도 **충분히 부유하지 않다**는, 다시 말해 빈곤의 과잉과 천민의 산출을 제어할 만큼 자신 고유의 자산을 충분히 소유하지 못한다는"(§245) 변증법이 추동되는 것이다. 이 변증법은 특정한 각 사회의 경계들을 넘어서버린다. 다른 한편 이러한 변증법의 세계화 과정은 헤겔이 보기엔 각 특정 사회 **내부 어디에서** 상실된 인륜성이 회복될 수 있는지를 (그리고 되는 대로 빈곤화 및 사치의 문제가 **내부적으로** 완화될 수 있는지를) 보여준다. 즉, 특수하지만 법적인 복지를 현실**화**하기 위해선 특수성은 자신의 관심들에 내재하는 보편을 **스스로** "자신의 의지와 자신의 활동성의 목적과 대상으로" 삼아야 한다(§249). 특수성은 특정 직업 부문에 따라 **자치체**(**自治體**, **Selbstverwaltungskörperschaften**)를 형성해야 한다. 이 자치체의 규정성은 욕망들의 체계 내에 있다. 이러한 협동체에겐 다음과 같은 원칙적 의미가 부여된다. 즉, "자신의 특수를 지향하는 **이기적** 목적은 동시에 보편적" 목적으로서 자신을 실행하며, 반면 이 목적의 보편은 협동체 구성원에 의해 그의 **특수한 숙련**에 따라 실행되기에 "전적으로 **구체적으로 있다**"는 것이다(§251). 각자는 하나의 보편 속에서 자신의 특수성을 지니는 자신의 협동체의 구성원으로서 유지된다. 그리고 이러한 보편의 공통적 관심은 구성원들의 관심이라는 특정 형식으로 **현실적으로** 실존한다. 한 협동체 내 빈곤에 처한 구성원에게 이 협동체의 정관에 따라 배려되는 도움은 마음 내키는 대로 도울 때 자존심을 손상시키곤 하는 부작용이 없다. 이에 반해 도움을 주는 부자는 자신의 명예를 공통적인 것 안에 두며 더 이상 개별자로서 사치스러운 낭비로 잘난 체하려 들지 않는다. 그는 자신의 교만을 포기하며 또한 교만하다고 간주되지도 않고 그렇기에 더 이상 타인들에게서 자신에 대한 시기심을 조장하지도 않는다. "정당성은 자신의 참다운 인정과 명예를 획득한다"(§253). 이렇게 "**인륜적인** 것은 내재적인 것으로서 시민사회 안에 **복귀한다**"(§249). 따라서 국가는 자신의 뿌리를 추상법이나 도덕성이 아니라 인륜성에 둔다는 원칙적 테제를 보충해 다음처럼 말해질 수 있다. 가족 다음으로 협동체가 국가의 두 번째 **인륜적** 뿌리이다(§255).

(9) 국가 자체

이 절을 이해하려면 바로 처음부터 잘못될 수 있는 예측들을 스스로 삼가는 것이 지금까지 그랬던 것보다 훨씬 더 중요하다. 특히 주의해야 할 것은 다음처럼 생각하는 것이다. 즉, 개인주의적 (계약론적으로나 반계약론적으로 구상된) 착상의 경우 그렇듯이 시민사회로부터 국가로의 **이행**은 자신들의 특수한 복지를 추구하는 자들에게 국가의 전제된 보편을 한갓 이러한 특수 목적의 현실화 수단으로만 사용하려는 입장이 이와 정반대되는 입장으로 전도된다는 것을 (그리고 왜 전도되는지 하는 것을) 보여주어야 한다는 것이다. **아니면 또는** 국가 이론을 위해 개별자로부터 출발할 때 수단과 목적의 그러한 뒤바꾸기가 필요하지 않다는 것을 보여주어야 한다는 것이다. 왜냐하면 어차피 국가란 이것의 "부르주아" 구성원들이 이익 편취를 위해 행한 성공적 착취 결과와 결코 다르지 않기 때문이라는 것이다. 이 후자의 생각은 아무 전망도 주지 않을 것이다. 그러나 또한 전자의 생각도 헤겔에 의해 다음과 같은 하나의 요점으로 대체된다. 즉, 협동체들 내 인륜성의 복귀와 더불어 그 입장은 (단순히 몇몇 사람들의 입장이라 할지라도) **이미 정반대로 뒤집어진** 것이다. 처음엔 단지 한 협동체의 목적이 되는 그때마다 특수한 보편을 위한 것일지라도 말이다. 그 입장은 특수한 보편을 더 이상 오로지 수단으로만 삼지 않는다. 오히려 특수한 보편은 그 자체로 하나의 목적을 서술하며 더욱이 개별자들에겐 **자기 목적**이다. 비록 다른 사람들에겐 도덕적으로 판정받아 마땅힌 도딕적 자기의식의 "대자적으로 있는 **자기 내 존재**"에 이르기까지(§256A) 자신들의 특수성을 극도로 고양시키는 것만이 문제라 해도 그렇다.

헤겔에 따르면 여기서부터 **국가로의 이행**은 아주 간단하다. 더 이상 "자연 상태로부터 벗어나야 한다"는 명령을 도덕성의 세분된 법 근거들로 구체화해야 한다는 문제 때문에 부담을 가질 필요 없이 그 이행을 위해서는 다만 여전히 『논리학』에 기반을 둔 다음과 같은 통찰만 있으면 된다. 즉, 그때마다 협동체 내 이 협동체의 보편적 목적이 되는 특수는 자신의 **진리**를 (다시 말해 자신과의 일치를) "즉자대자적으로 보편적인 목적과 이 목적의 절대적 현실성" 속에서 갖는다(§256; RGr 630과 비교). 말하자면 목적을 보편화하는 그러한 과정 끝에서 자신들을 실현할 수단이나 활동성이 없는 목적들의 "외적" 목적론은 하나의 최종 목적의 "내적" 목적론으로 급변한다. 이 최종 목적은 자신의 현실성에 **내재적으로** 작용하는 것이다. 그렇게 급변하는 것은 최종 목적의 이 현실성이 모든 관점에서 최종 목적에 의해 지배되므로 최종 목적을 외부적인 전제로 지니지 않기 때문이다. 그러한 한 이 현실성은 "절대적"이라 불릴 수 있다. 지금까지 "객관정신"으로 다루어진 모든 것이 어떻게든 이 현실성에 속하고 있는 만큼 이 현실성이야말로 완전히 **국가**라는 이름을 얻을 만하다.

그 다음으로 피해야 할 오해가 있다. 이 국가라는 이름은 당장에 이미 하나의 개체적 국가만을, 그리고 좀 더 정확히 사유되어야 할 구조도 갖추지 못한 국가만을 말한다는 것이다. "시민체(Civitas)", "정치체(Politeia)"가〔"시민성(Bürgerheit)", "시민임(Bürgersein)"이〕 제일 먼저 일단 "정신"으로서의 "그" 국가이다. 이 정신은 "의식 내에서 세계 속에 있고 세계 속에 자신을 실현한다". 이 정신이 의식 내에 있다는 것은 다시 말해 우연과 자의와 오류의 영역들 내에 있다는 것이다(RGr 632 이하; §270 A와 비교). 그럼에도 그것은 **자유로운** 시민의 확고한 신분〔지위(status)〕을 형성하는 그와 같은 현실성으로서의 "그" 국가이다. 이러한 현실성이 어떻게 개체화되는지 하는 것은 비로소 이제 국가로서 사유되어야 할 구조에서 여전히 밝혀져야 한다. 그러나 만약 단체적 공동 삶의 인륜성이 (이 인륜성이 허용하는 도덕적 주관성의 형성과 함께) 내적 목적론의 사고 속으로 옮겨진다면, 그 구조는 이제부터 충전적으로 실현되는 (그래서 이념에까지 발전하게 되는) 인륜성 개념으로 밝혀진다. 그러한 내적 목적론의 현실성에 속하고 있는 개별자들의 의지 의향들은 이제 실체적으로 보편적인 하나의 의지 안의 개별자들의 **합일**이라는 가장 보편적인 목적을 향해 배열되어 있다. 그렇기에 개별자들은 실체적으로 보편적인 의지의 목적을 단지 자신들 밖에만 지니는 것이 아니라 또한 하나의 목적으로서 자신들 안에 포함하는 것이다. 이 하나의 목적은 개별자들 속에서 알려지고 의지되며, 그러나 이들의 인륜성을 형성하면서 이미 또한 일하고(am Werk) 있다. 그러므로 이들의 인륜성은 더 이상 시민사회의 개념에 (그리고 시민사회의 두 원리들에) 속하는 것이 아니다. 이 인륜성은 직접적으로는 개별자의 의지가 그 안에 닻을 내리고 있는 **풍속**(Sitte)으로서 실존한다. 그러나 개별자의 의지로서 이 인륜성은 또한 개별자들의 자기의식 자체 속에 스스로 명료화되어 있는 "계시적인" 정신이다(§257). 이렇게 인륜성은 그 **개념**에 따른 국가 일반이며, **특수한** (한갓 협동체적인) 실체적 의지를 참으로 실체적이며 즉자대자적으로 **보편적인** 의지**로** 넓히는 **확장**이다. 왜냐하면 이러한 보편적 의지는 특수성의 완전한 전면적 도야에서야 비로소 존립하기 때문이다. 그리고 이 보편적 의지의 존립은 유기적 총체성의 과정 내에서(§256A) 자신을 급진전시키는 특수성으로부터 산출되어야 하지만 또한 이 특수성의 파괴적 경향들에 대항해 보존도 되어야 하기 때문이다(RHe 270 이하와 비교). 이 인륜성 개념에 대해 **이념**은 아무리 꼼꼼히 한 자 한 자 읽어낸다 해도 여하튼 단적으로 실체적인 보편성의 현실성(다시 말해 "일하고 있음")이다. 더욱이 개별화된 특수한 자기의식조차도 여전히 이 현실성 속에서 "자신의 보편성으로 고양되어" 있을 정도로 말이다(§258). 그리고 개별화된 특수한 자기의식이 이러한 보편성으로서 이쪽 편에서 실체의 존립이 산출되고 보존되는 특수성을 규정할 정도로 그렇다. 이념은 "부동(不動)하고" 있는 절대적 **자기** 목적이 된다. 다시 말해 의지는 목적 현실화에 속하는 모든 변화들을 자신으로부터 산출하지만, 반면에 이념은 이 의지로부터 비롯되는 어떠한 변화에도 종속되지 않는 절대적 자기 목적이다. 그리고 이 절대적 자기 목적은 동시에 현실성에 내재적인 **궁극** 목적이며, 이 목적은 위에서 특징지어진 합일 속에 존립한다.

헤겔의 국가철학에서 상세히 설명된 것을 이러한 이념을 향한 **발전**으로 이해하려면 자주 혼동되곤 하는 다음 단계들이 구별되어야 한다.

ㄱ. 국가 **이념**의 **예비 개념**에 대한 안내(§258 이하). 여기서 표준이 되는 사고는 국가 일반이라는 "유기적" 총체성의 내적 목적론에 있어 자기 목적과 궁극 목적의 사고이다. 이 사고로부터 전체 국가철학에 대한 구분이 비롯된다(§259).

ㄴ. 이 구분의 **첫 항**에 대한 **입문적** 해설들(§§260~270). 이 해설들은 우선 **개체적인** 국가를 (국가 일반의 개념으로부터) 근대 국가의 원리를 갖추고서야 비로소 실존하게 된 "**구체적** 자유의 현실"로서 특징짓는다. 그 다음엔 개별자들에 대해, 그리고 가족과 시민사회와 더불어 이미 논의된 제도들에

대해 그 개별 국가가 지니는 연관이 설명된다. 이 제도들은 국가 전체와 보존 연관 속에 있는 사회화의 대행자들로서 특별한 헌법 등급을 지닌다. 이 제도들은 "**특수 내의 헌법** …… "으로 명명되며 "국가 및 국가에 대한 개인들의 신뢰와 성품의 확고한 기반"으로서 이해된다(§265). 추가적으로 한 걸음을 더 나아가야 비로소(§266) 인륜성의 이념이 어떻게 자기 내 특유한 **정치적** 성품으로서, 그리고 본래적으로 **정치적** 국가와 **국가의 헌법**을 형성하는 그 밖의 제도들의 **유기 조직체(Organismus)**로서 발전하는지가, 말하자면 시민들의 자유가 그로부터 스스로를 참되게 규정하게 되는 그러한 국가 권력들로서 발전하는지가 말해질 수 있다(§§267~270). 단지 이 입문적 해설들만이 국가라는 사회적 삶과의 연관에 있어 단순히 전제되는 근거 그 이상이라는 점을, 말하자면 사실상 가족과 시민사회에 대해 "참다운 최초의" 것이라는 점을 밝혀준다(§256). 루소와 후기 마르크스가 생각했듯이 국가가 단순한 근거라면 이것은 경제의 풍속 파괴적 폭력과 (비)도덕적 주관성에 내맡겨질 수 있으며 또는 이미 내맡겨져 있는 것일 수 있다. 이러한 힘들을 견뎌낼 수 있다고 인식 가능한 것은 단지 이념으로서의 국가뿐이다. 왜냐하면 오직 이념만이 자유가 **구체적으로** 있는 것을 허용하기 때문이다. 게다가 오직 이념만이 주관성의 원리가 "인격적 특수성의 **자립적 극단**에까지" 완성되는 것을 허용하기 때문이다. 반면 주관성의 원리는 동시에 "**실체적 통일로 되돌려**" 보내짐으로써 의지의 객관적 통일이 주관성의 원리 안에 보존된 채 머무르게 된다(§260). 여기에 말하자면 "구체적" 자유가 존립하는 것이다.

ㄷ. **개별자들**과 (시민사회의 제도들 속에서 만족되는) 그때마다 **특수한** 욕망들과 (이러저러한 보편성 단계의) 실체적으로 **보편적인 것**을 결합시키는 **자유로운 기제(機制)**(E §198 ; TW VI, 425와 비교). 자유로운 이 기제는 여기의 입문적 해설들 속에선 읽어낼 수 없다. 이 기제는 이제 개체적 국가로서 논의되어야 할 그러한 유기적 총체성의 **비유기적 본성**에만 해당하는 것이다. 이 기제는 구체적 자유의 현실로서 묘사되는 총체성 전체의 **하부**구조뿐

아니라 특히 권력 유기 조직체의 **하부**구조도 형성한다. 그러나 비로소 이 권력 유기체가 그 구조 및 실존을 보존하는 교환 관계들에 의거하고 있는 “유기적” 피드백 연관을 보장한다. 왜냐하면 이 권력 유기체는 본질적 계기들이 “총체성 안에 수용된 채로”(§302A와 비교) 머무르도록, 그리고 보편이 본질적 계기들에서 산출되도록(§269) 도모하기 때문이다.

ㄹ. **정치적** 헌법에서의 **하위 구분**. 특징지어진 권력들의 유기 조직체로서 인륜성의 이념은 (또는 국가의 개념은) 우선 한 개체적 국가의 자신과의 관계 내에서의 이 권력들의 차별화와 이 권력들의 유기적 “생”의 과정에까지 발전하며(자신에 대한 내적 헌법), 그런 다음에야 비로소 국가 고유의 개체성에서 배제되어 있는 외적인 다른 것과의 관련 속에서의 국가의 주권적 활동성에 이르기까지 발전한다(“외부에 대한 주권”). 이러한 활동성을 위해서는 유기 조직체를 형성하는 “시민 권력”이 “군사 권력”을 통해 보충되어야 하며, 군사 권력과 시민 권력은 “균형 속에” 놓여야 한다. 그러나 시민 권력은 특수 헌법과 함께 유기 조직체를 형성하는 것이 아니듯 군사 권력과 함께 유기 조직체를 형성하지도 않는다(§271). 따라서 시민 권력은 군사 권력과 다만 하나의 “유기적 연관” 속에 있는 것이다.

ㅁ. 이와 같은 개념적 규정들을 고려해야 하는 내적 국법의 상세한 설명(§§272~329). 이 설명은 헤겔 정치철학의 중심을 형성한다. 이것이 제시하는 풍부한 규정들과 미묘한 건축술은 이 책과 같은 입문서 한 권으로 적절하게 다루어질 수 없다.

(10) 내적인 국법

헤겔의 정치적 헌법 구상은 그의 시대 특정 국가의 법전화된 공법이나 더욱이 이러한 공법의 실천을 반영하지 않는다. 이미 이와 같은 근거에서 그의 구상은 프로이센의 이데올로기적 변호라고 비난받을 만한 것이 아니다. 그의 구상은 그가 베를린으로 떠나기 전에, 그리고 그가 (나폴레옹에 패한 후 개혁을 추진하기 이전) 그곳 계몽 절대주의적 체제에 대해 여전히 매우 경멸적 입장을 표출하던 무렵에 이미 기획되어 있었다. 그렇다면 그 구상은 어떤 종류의 현실을 고려하려는 것일까? 무엇보다 "헌법" 이라는 표현은 여기서 문서적으로 확정된 법 규범들을 대표하지 않는다. 이러한 법 규범들은 "헌법 법률들" 로서(RWa §131) 헤겔 법철학에 있어선 단지 주변적 역할만 한다. 그렇지만 "헌법"이라는 그 표현은 단지 신분 국민 대의제를 위한 이름인 것만도 아니다. 프로이센 왕이 개혁 시기에(1810년) 약속했던, 그럼에도 그 후 자신의 신하들에게 완고하게 재가하지 않았던 신분 국민 대의제처럼 말이다. 이러한 제도는 헤겔이 보기에 단지 "헌법의 한 계기" 일 뿐이다(RGr 655). 헌법에 대응하는 전체는 개체 국가의 **모든** 정치적 권력을 포괄한다. 물론 이 전체는 헤겔의 시각으로는 (아무튼 간에 허구적인) "헌법 제정 권한(pouvoir constituant)" 의 결과가 아니다. 이 전체는 어떠한 명목상의 창립자도 갖지 않으며, 또한 그 창립자가 민족 속에 있는 것도 아니다. 만약 그렇다면 민족의 구성원들은 자신들의 성품에 희망도 없는 과도한 부담을 안게 될 것이다. "국가시민(Citoyen)" 의 애국심은 국가와 그 제도들에 선행할 수 없으며 오히려 그 제도들 내에서 성장하고 살아온 결과일 수 있을 뿐이다(§268). 따라서 애국심은 몇몇 사람들이 플라톤과 루소에 의거해 암시할 수 있음 직한 전체주의적 교육 제도를 통해 생길 수도 없다. 그러나 정치적 성품의 교양은 존립하는 상황들에 대한 적응 속에서 다 설명되지도 않는다. 오히려 이러한 교양은 **도야된 통찰**을(§268) 산출할 수 있으며 이와 함께 (소크라테스에게서 그랬듯이, 그러나 또한 헤겔에게서도 그랬듯이) 제도들이나 이 제도들의 실천에 대해 비판적 거리를 산출할 수도 있다. 이러한 교양의 객관적 대응물로서 정치적 헌법은 한 국가 속에서 개별자들이 시민으로 있다는 또는 시민으로 되어간다는 사실과 더불어 이미 항상 현존하는 것이다. 따라서 정치적 헌법은 단지 이러저러한 방식으로만, 그렇지만 특별히 입법을 통해서만 **계속 형성될** 수 있다(RGr 697 이하). "누가" 헌법을 "만들어"내야 하는지 묻는 것은 의미 없는 일이다(§273 A). 헌법은 언제까지나 역사의 성과물이며 만들어질 필요가 없다. 마치 한 민족의 법 감정과 상태가 헌법에 적합하지 않는 경우 (아무리 진보적인 것이라 할지라도) 이 헌법을 그 민족에게 강요하는 것이 불가능하듯 말이다(§274). 다른 한편으로 헌법은 또한 제조 과정으로부터 분리되어 나오는 생산물처럼 성취되지도 않는다. 헌법의 성취는 헌법의 자기 보존 과정으로서 개체적인 국가들 안에 설치된 채로 계속된다. 그러한 한, 헌법이란 자기 자신을 규정하는 개체적 국가의 산물이라고 말할 수 있으며 또한 그렇게 말해야 한다. 헌법에 대해 설명하면서 헤겔이 해명하고자 하는 것은 나폴레옹 이후 유럽 국가들에서 개체 국가의 그러한 자기규정적 현실이 어떠한 헌법 초안을 이성적 방식으로 취하는지 하는 것이다.

헤겔은 현재하는 이성성을 갖고 있어 이 이성성이 개념 파악되어야 하는 헌법을 "**입헌군주제**"라 명명한다. 그러나 도대체 이것은 무엇을 말하는 것인가? 이것을 알고자 한다면 『법철학 개요』에다 대고 역사적으로 알려진 상황들에서 거론되는 이름들을 물어선 안 된다. 또한 이때 그러한 이름들에 의거해 이 『법철학 개요』의 저자 헤겔의 정체가 이데올로그임을 폭로할 수 있으리라 생각해서도 안 된다. 오히려 스스로 헤겔의 사고 관점을 취해 보고 이 관점에서 무엇 때문에 그가 그런 이름들을 사용하게 되었는지를 밝혀내야 한다. 이러한 방식을 취해야만이 비로소 그 이름들이 『법철학 개요』에서 지니는 의미가 결정될 수 있다. 이런 방식을 취해보면 처음부터 이미 확고해지는 확신이 있다. 한 국가의 "입헌적" 형식이 그 국가를 특징짓는 것은 무엇보다 다음에 의해서라는 것이다. 즉, (체제라는 넓은 의미의, E §541과 비교) "정부"는 **자신의 지배가 유기 조직되는 방식을 통해** 자신의 정치적 **권력**을 (인륜적 이념의 "객관적 현실"로서, §269와 비교) **오직 법적으로 보증된 방식으로만** 투입하며, **단지 위법성**의 경우에만 사적인 사회적 힘들이나 개별자들의 노력**에 대항해** 조치를 취한다. 그렇지만 정부는 전체적으로 보면 국가를 실체적인 보편의지로서 보존하려 힘쓰며, 국가 속에서 보편이 드러나도록 하고 시민들의 구체적인 자유를 현실적으로 만들며 이 자유를 지속적으로 보장하려 힘쓴다.

다음 단계를 위해 마땅히 주시해야 할 것이 있다. 그러한 목적은 단순히 정부에 의해 **정립된** 것으로서, 그리고 (아무리 이성적인 것이라 해도) 정부에 의해 추구되는 것으로서 하위에 규정되어 있을 것이다. 이렇게 본다면 그 목적이 현실화되는 실재성과 그 목적과의 연관은 한갓 외적인 목적론이 될 것이다. 그러나 앞서 밝혔듯이 정부의 활동성은 내적 목적론의 구상 속에서 사유되어야 한다. 그렇기에 정부의 활동성은 헤겔 『논리학』의 설명에 따르면 단지 **유기적으로만 헌제화(憲制化)되어** 있을 수 있고, 더구나 정확히 말해 단지 한 **유기 조직체**의 활동성일 수만 있다. 그러므로 입헌적으로 헌제화된 국가 내 이성적 정치권력이 유기 조직체로 규정되는 것은 유기적 은유법을 쓰려는 애착 때문이 아니라 불가피한 개념적 연관들에 대한 통찰에 의거한 것이며 전적으로 비은유적으로 말해진 것이다. 개념 파악되어야 할 근대국가와 같이 국가는 같은 이유에서 자신의 보존과 자신의 보편의 산출을 **자기 안에 차별화되어 있는** 유기적인 지휘 조직체를 통해서 보장해야 한다. 이미 동물 유기체들은 그들의 자기 보존과 자기 회복을 조종하는 기관들이 차별화되어 있는 경우에 더 완전하게 스스로를 형태화하고 재생산한다. 그리고 이때 동물 유기체들은 발전은커녕 환경의 좁은 단면에 우연히 들어맞게 되어 이 협소한 단면에만 의존한 채로 있는 경우보다 훨씬 더 성공적으로 내적 및 외적 우연들에 대처하고 있는 셈이다. 한 개체적 국가인 그러한 "유기적 총체성"에서의 정부 유기 조직체도 마찬가지이다. 가뜩이나 내적으로 우여곡절이 많은 비유기적 본성을 지닌 근대국가는 훨씬 더 그러해야 하지 않겠는가! 이러한 국가에서는 단지 자연적 · 인륜적 덕성의 탁월성에만 의거해 (그리고 이러한 덕성이 얻는 인정에만 의거해) 최선자(最善者)들이 통치하게끔 해선 안 된다. 정부 유기 조직체 자체가 자기 내 풍부한 지절들을 갖추고 속속들이 도야되어 있어야 한다. 그럼으로써 이 조직체의 기능 담지자들은 "공직(公職)"에 들어서기 이전이나 또는 적어도 공직에 종사하면서 동시에 공직 수행을 위한 이해력을 획득하게 되며, 수행 능력의 최대화는 한갓 우연의 일이 아니라 (또는 헌법과 분리된 교육 시설의 일이 아니라) 오히려 체계적으로 산출되게 된다(§§150, 273 A와 비교). 마찬가지로 **제도적인 보증들**을 통해 개별 기관들(Organe)의 영향력이 헌법에 따른 일정한 틀 속에 머물러 있도록 해야 한다. 그러나 이를 위해 요구되는 것을 인식하기엔 유용성을 숙고하거나 기능적으로 고찰하는 것만으로는 충분하지 않다. 이러한 숙고나 고찰만으로는 내용적으로나 방법적으로 외적 목적론의 연관들에 제한된 채 머무르게 될 것이다. 단지 사변적 개념만이 여기에 설정되어 있는 과제를 해결할 수 있다.

정부 유기 조직체 또는 지배 유기 조직체는 그 개념에 따르면 **세 개의** 정치권력들로 차별화되어야 한다. 그리고 이 정치권력들 서로 간의 관계는 상호 제동(감시)과 평형(균형)의 기계적 관계여선 안 된다. 이렇게 되면 흡사 효율성을 최대화하기보다 오히려 최소화하는 것이, 그리고 오직 정치권력들 서로 간의 불신만 촉진하는 것이 당연해질 것이다(§273 A). 또한 **한 사람이** 지배해야 하는지(군주제), 아니면 **몇몇의** 가능한 최선의 협력 집단이 지배해야 하는지(귀족제), 아니면 가능한 한 **모두가** 지배해야 하는지(민주제) 하는 비교적 외적이며 단지 고대국가에만 적합했던 물음이 우선적으로 문제시될 수도 없다. 왜냐하면 지배 유기 조직체의 이성성은 지배자들이나 공동 지배자들의 수(數)에서 총체적으로 측정되는 것이 아니기 때문이다. 이 유기 조직체의 기관들에서 세 개의 고전적인 정부 형식들은 모두 계기들로서 작용해야 한다. 말하자면 그 기관들 중 하나는 의심할 여지 없이 **입법적** 권력이어야 한다. 이 권력에서는 **보편**을 발견하고 법률들을 통해 보편을 규정하는 것이 중요시된다. 이를 위해서는 가능한 한 많은 사람들이 지배에 참여하고 있어야 한다. 그러나 단순히 대중처럼 다루어지는 시민 집단의 원자들로서가 아니라 오히려 사회 각 직업 분야의 대변자들로서, 그리고 국가 전체 내 각 직업 분야의 기능에 비추어 그때마다 특정 비율로 구성된 대변자들로서, 그러므로 상이한 **정치적 신분**의 구성원들로서 말이다. 다른 또 하나의 기관은 행정부라는 좁은 의미에서 **정부 권력**을 행사해야 한다. 이 기관은 이미 발견되어 있는 보편으로부터, 그러나 또한 자신이 그 밖의 보편을 발견하도록 노력하면서 **특수한** 영역들과 이 영역들 내 개별 사례들을 그 보편 아래로 포섭시켜야 한다. 이 기관 속에서는 필연적으로 한 사람 이상이 활동한다. 그러나 분명 모든 사람들이 필요한 것은 아니며 오히려 특별히 이 기관을 위해 양성된 자들의 가능한 최선의 협력 집단이 필요하다. 즉, 특정 과제 영역들에 상응하여 구성된 활동성들의 위계 조직에 속하는 기능 엘리트가 필요하다. 이에 반해 세 번째 권력은 **개별** 사례들과 관련해 보편 아래로의 포섭을 통해서는 성취될 수 없는 **최종 결정**들을 내려야 한다. 이 권력 내에선 **오직 한 사람만**이 지배 기능을 행사해야 하는데, 이것은 전체 국가가 하나 이상의 것이 되지 않도록 하기 위해서이다. 이러한 권력은 **사법적** 권력일 수 **없다**(이에 반해 KMR §45와 비교). 왜냐하면 판결은 개별 사례들에 관한 것이긴 해도 단지 법적으로 분쟁 중인 사례들에 관한 것이며, 게다가 이 개별 사례들을 결정하는 것은 (보편을 산출하고 구체적 자유를 현실화하는) 정치권력들의 과제 영역 밖에 있기 때문이다. 사법 권력은 "통치기관"을 형성하는 지휘 과정에 속하지 않고 이미 특수 헌법과 더불어 고려되고 있다. 사법 권력이 판사의 독립성에 상관없이 여전히 법 감시를 필요로 하는 단지 그만큼만 사법 권력은 경찰 권력과 마찬가지로(§287) (협의의) 정부의 관할 아래에 있는 것이다. 또한 사법 권력의 결정들은 **몰근거적으로 최종적인** 것들이 아니다. 정반대로 이 결정들은 항상 객관화하는 근거 확증을 필요로 하며 그 때문에 합의제적으로, 즉 **법정**을 통해서 내려져야 한다(§§219~227). 이에 반해 개별 국가 용무들에 관해 결정하는 과정에 있어서는 정치권력이 최종 절차를 행해야 한다. 이 최종 절차는 남김없이 모든 근거들로 완벽하게 정당화될 수 없는 것이다. 그럼에도 이렇게 최종 절차를 행해야 하는 정치권력은 이 절차의 **주관성**을 위해, 그리고 이 절차에 관한 자기 책임을 위해 하나의 개별적 자연적 인격이어야 한다. 헤겔은 이것을 **군주** 권력으로 명명한다. 군주 권력의 작용을 통해서야 비로소 전체적인 개체 국가는 하나의 행위하는 **주권적** 주체가 된다. 군주 권력이 책임지고 있는 그 절차는 국가적으로 의지를 **형성**하는 과정에 있어 최종적인 것이다. 그리고 그 절차가 매듭지어지는 결정과 동시에 그 절차는 국가적 의지 **실행**의 **시작**이 된다. 이 국가적 의지는 실체적 보편적인 것이며 보편의 산출을 지향하고 있다. 따라서 앞서 지칭된 권력들의 업무와 협력에 관해 좀 더 자세히 고찰하는 것은 이 군주 권력과 함께 시작되며 (이로써 이제 맨 마지막 권력으로 고찰되어야 할) 입법 권력의 기능에 따른 작용에 이르기까지 진행된다.

그 다음 이 세 권력들에 관해 좀 더 자세히 밝혀지는 것은 다음과 같다. 즉, 어떻게 각각의 권력이 그 자체 정치적 지배의 세 계기들을 (헌법의 **보편**, 보편 아래로 **특수**의 포섭, 그리고 **개별자**의 최종 결정을) 자기 속에 포함하는지, 그리고 자신의 특정한 기능 행사에 매번 다른 두 권력들을 참여시키는지 하는 것이다. 이렇게 함으로써 권력들은 이것들 간의 상이성에도 불구하고 "관념적으로" (다시 말해 각자 자신의 그때마다의 사안과 함께 전체 지배 유기 조직체 속에 "지양되어") 있게 된다. 그러나 이렇게 함으로써 권력들 각각은 또한 자신의 특수한 본성과 활동성 방식을 갖게 되며, 적절한 보장을 통해 언제나 가능한 남용 및 그때마다 특정하게 위협적인 기능 장애에 대해 보호받게 된다. 이러한 관점들에 있어서도 헤겔의 세세한 설명들은 "시대 제약적"이지만은 않으며 탁월한 예리함을 지닌다. 물론 몇몇 관점들에서 그의 설명들은 과거의 것과 관계하고 있다. 많은 유럽 국가들에서 이를테면 "군주" 권력이 왕조 체제에 결부되는 것은 과거에 속한다 (§280 이하). 그리고 무장 병력을 지휘하는 그렇게 왕조제적으로 결속된 권력의 독점적 역할은 의심할 여지 없이 모든 유럽 국가들에서 과거의 것이다(§329). 시대에 뒤처진 것, 그리고 언제나처럼 여전히 납득시키려는 것, 이 양자는 그 특징으로 인해 여기서 더 이상 서술 대상이 될 수 없다.

그럼에도 지금까지 자세히 설명된 것만으로도 다음과 같은 점이 분명하게 밝혀진다. 즉, 헤겔의 "입헌군주제"는 절대주의적으로 통치하는 계몽 군주의 지배가 아니라는 것이다. 이러한 군주는 자신의 신민들을 국민 대의제로써 행복하게 해주려는 자비를 지녔으며 국민 대의제의 의결에 의거하려는 법적 성품을 우연히 소유한다. **외부에 대한 주권**을 설명하는 곳에서 쉽게 인식될 수 있듯이(§§321~329) 헤겔의 입헌군주제는 황제적 "강권 국가(Machtstaat)" 도 아니다. 강권 국가는 자신의 힘을 가능한 한 증대시키라는 명령에 정치와 자신의 시민들을 내맡기며 또는 다른 국가들을 우방국과 적국으로 양극화시키는 데에서 정치의 의미를 본다. 헤겔에 대한 온갖 곡해들 중에 아마도 이러한 곡해가 가장 틀린 것이겠다. 이러한 곡해는 (독일이 이후에 특히나 호전적으로 제국주의에 참여한 것과 함께) 제국주의 속에 근거하고 있기도 하지만, 그 외에도 추정컨대 19세기에 이르기까지 전쟁을 통해 이에 휘말린 민족들이 인륜적으로 혁신된다는 전쟁의 의미를 심오하지만 모험적으로 개진했던 헤겔의 관점들 속에도 근거하고 있다 (§§323, 324A ; 337 및 KKU §28과 비교). 그러나 이러한 곡해가 가능했던 것은 헤겔이 단지 그렇게만 숙고하고 전쟁을 결정하려 들지 말라고 또는 정치적으로 정당화하려 하지 말라고 특별히 경고했다는 사실이 간과되었기 때문이다.

(11) **외적 국법**

국제법에서 헤겔이 강조해 부각시킨 것은 원리상 주권을 지니고 있는 국가들 간의 시설들이 지닌 한갓 계약론적이기만 한 기반이었다. 이러한 강조가 헤겔에 대한 오해에 한몫했더라도 말이다. 왜냐하면 그는 체결함으로써 국가 간 설립된 기관을 위해 국가들이 자신들 주권의 한 부분을 상호적으로 포기하게 되는 조약들과 이러한 포기가 일어나지 않는 수많은 협정들을 구별하지 않았기 때문이다. 협정과 더불어 국제적인 법이 효력을 갖게 되는 것은 아니며 오히려 주권적 국가들 간에 단지 유효**해야 하는 당위적인** (§333) 법이 실행되는 것이다. 하지만 전자와 달리 협정이라는 좁은 의미의 이 국제법에 대해서도 마찬가지로 이 법을 관철함으로써 타당하게 보존할 수 있을 어떤 "법무관"이(§333) 있는 것은 아니다. 국제적인 법은 단지 주권적 계약 당사자들의 지속적이고 자의적인 결정에 의거할 뿐이며, 그러한 한 마찬가지로 한갓 당위의 특징만 지닐 뿐이다. 국제적인 법이 합의를 본 협력과 이익 공동체에 의해 지지되고 있든 아니면 아마도 분쟁 중재를 위해서 국제 법정에 의해 감독되고 있든 간에 말이다.

끝으로 영구 평화 이상에 반대하는 헤겔의 논쟁 또한 나폴레옹 이전과 이후에 떠돌던 환상들을 비판하는 문맥 속에 있다(§§324 Z, 333 A). 이 논쟁은 다음과 같은 보충적 확신 없이 인식되어선 안 될 것이다. 즉, 국가들 상호 간의 교류는 국가 "처신(Betragen)의 내적 …… 보편성"을(§339) 통해 스스로를 "수정해"감으로써 인간적인 것에까지 이르게 되며, 전시(戰時)에도 덜 야만적인 것이 된다. 그렇지만 국가 처신의 이 내적 보편성은 일치하는 입법 원리들이나 공통적 교양, 그리고 친숙한 풍속들 덕택에 상이한 국가들에서 전쟁을 배제하지 않은 채 이루어지는 국가 상호 간 법 연관들과는 독립적으로 있는 것이다. (비로소 20세기가 되어서야 유럽인들은 이러한 국가 상호 간 법 연관들의 보호가 얼마나 믿고 의지할 수 없는 것인지를 경험했다.)

(12) 세계사

헤겔이 외적 국법의 한갓 당위적 특징을 주장할 때 그 요점은 냉정한 실재론 속에 있지 않고 오히려 이와 함께 부가되는 한 문제 속에, 그리고 이 문제를 다루어가는 유일무이한 방식 속에 있다. 만약 추상법에 대한 상세한 설명들 끝 무렵을 상기해본다면 본래부터 그 문제가 틀림없이 눈에 띄었을 것이다. 그리고 칸트가 저술한 공법의 "형이상학적 시원 근거들"에(KMR §43 이하) 헤겔처럼 몰두했던 저자라면 분명 칸트에 대해 다음과 같은 입장을 취하는 것이 불가피했다. 즉, 국제법이 이것의 관철과 관련하여 "법무관"을 결여하기에 추상법의 틀에서 불법의 정당한 징벌처럼 한갓 당위시된 어떤 것으로만 머무르는 반면에, 각 국가는 다른 국가들과 함께 그러한 법 연관들 속에 들어서지 않을 수 없다면, 결국엔 모든 자유의 현존이 단지 사실적으로 위협받는 것만 아니라 또한 **타당한 현실성**으로서의 자유 현존의 법 지위에 있어 미심쩍은 것으로도 보이게 된다. 왜냐하면 외적 국법의 연관들 속에서 정치적으로 헌제화된 민족은 고유한 존립 및 이와 함께 원칙적으로 이 존립에 속하는 모든 것을 **싫든 좋든 간에** 잃어버릴 위험에 처하기 때문이다. 그렇기에 위태로운 것은 단지 외적 국법 요구들의 관철만이 아니다. 또한 통제 불가능한 불리한 조건들 아래 모든 법 요구들의 관철 및 이와 함께 법의 모든 현실성이 위태로운 것이다. 정말 단지 그 관철만 아니라 또한 단적으로 한 민족에게 법적 보호의 가치가 있는 것으로 보일 수 있는 모든 것이, 더 나아가 그러한 법적 보호를 제공해야 하는 법률들의 **정신**이(몽테스키외) 위태롭다. "법적 상태"의 취약성에 관해 칸트는 공법 전체가 국법과 국제법, 그리고 국제국가법(Völkerstaatsrecht)이나 세계시민법으로 구분되어야 한다고 가르쳤다. 그리고 만약 법률을 통해 외적 자유를 제한하는 원리에 있어 법적 상태의 이 세 형식들 중 단 하나라도 결여한다면 결국엔 공법의 전체 건축물이 틀림없이 "붕괴할" 것이라고 한다. 그러나 이러한 건축물마저 없다면 자연적 권리와 의무를 소지한 자들이 인간 일반의 법까지 "전복시킬" 것이라 한다(KMR §§43, 42). 하지만 칸트는 세계시민법에 대해서도 국제법에 대해서도 법률을 통해 외적 자유를 제한하는 이 법들의 그때마다의 "원리"가 어떻게 주권적 민족들 속에서 한갓된 당위 이상의 힘을 획득할 수 있는지에 대한 설명을 거들떠보지도 않았다. 그의 세계시민법도 국제법도 실재론적이었다. 그러나 만약 우리가 법을 단지 삶에 유용한 일종의 규약이나 본능의 작용으로만 고찰하지 않는다면, 철학자들로서 우리는 법을 그렇게 내버려둘 수 없다. 서로 갈등하기에 이른 민족들이나 국가들이 지닌 "유한성의 현상하는 변증법"이 마지막 단안(斷案)은 아니라는 것을, 민족은 정신 속에서 그때마다 스스로 자신의 법을 유기 조직하고 관철하려 하는데 정말 (훨씬 그 이상으로) 이 "정신"의 "유한성의 현상하는 변증법"이(§340) 마지막 단안은 아니라는 것을 우리는 어떻게 확신할 수 있을까? 또한 그 대신 어떠한 설득력 있는 설명이 우리에게 법의 현실성에 관해 철학적으로 궁극적인 통찰을 제공할 수 있을까? 무엇이 법의 인종 중심적인 혹은 문명주의적인 상대주의로 우리를 내몰지 않고 "세계시민적 이념들"의 무력함을 대체할 수 있겠는가? 언급된 변증법에도 불구하고 정관사로 지칭되는 "그" 국가가 자신이 지닌 유한성의 운명에 단순히 계속 내맡겨져 **버리는** 대신에 어떻게 세계 속에 **서 있는** 하나의 정신일 수 있는가? 이에 대한 답변을 제시할 때의 어려움이 헤겔의 세계사 철학이 풀고자 하는 문제이다.

헤겔이 제안하는 해결책에서 무엇보다 흥미로운 것은 논의의 커다란 노선들이다. 관점들의 다양성과 (무엇보다 강의에서의) 상세한 논의 소재의 충만함은 쉽사리 나무들 앞에서 숲을 보지 못하게끔 일조한다. 그렇기에 여기서는 가능한 한 세부적이지 말아야 한다! 말하자면 "개념의 발전"에 있어 단지 새로운 국면만이 계속 도움을 줄 수 있다. 그러나 새로운 국면은 유감스럽게도 헤겔에 의해 단 몇 줄로만 간략히 묘사된다. 그럼에도 불구하고 『논리학』의 전제 이래 새로운 국면은 이제 불가피한 것이다. 즉, 개체적 민족정신들이 지닌 유한성의 현상하는 변증법은 여전히 또한 특수한 실체적 의지가 보편의지로 확장되는 ― 정의상(定義上) 국가에 속하는 ― 과정에서(§§257 이하 절들에 대한 위의 설명과 비교) 또는 이제는 몇몇의 이러한 과정들에서 완수된다. 따라서 **유한성**의 변증법으로서 이와 같은 변증법은 개념상 특수한 민족정신들의 한계를 넘어(TW V, 142~148) **무제한적으로** 보편적인 하나의 정신에까지 이른다(§340). 그에 반해 이 변증법은 **현상하는** 변증법으로서 자신의 현상으로부터 하나의 **본질적 연관**이 출현하는 데에까지 이른다. 무제한적으로 보편적인 정신은 특수한 민족정신들의 객관화에 대해 바로 이러한 본질적 연관을 지닌다. 이 본질적 연관에 있어 보편 정신은 자신의 부분들인 특수한 민족정신들에 대해 상대적으로 하나의 **전체**이며 또한 자신의 부분들에서 자신의 표출을 산출하는 **힘**이기도 하고 이와 같은 표출물들 전체와 함께 동일한 하나의 사태이기도 한 **내적 근거**이다(TW VI, 124~182).

이렇게 사유되어야 하는 보편정신은 **세계정신**이라 불린다. 왜냐하면 이 보편정신의 보편성은 전체 인륜 세계를 포괄하기 때문이며, 게다가 이 보편정신은 우연과 자의와 오류의 영역인 세계 속에서 자신을 실현하기 때문이다. 그러나 알다시피 이 보편정신은 자신의 **현존**을 오직 이러저러한 민족정신과 이 민족정신의 인륜적 현실 속에서만 지닌다. 또한 이 정신은 바로 정신으로서 민족들의 "정신들" 못지않게 주체성과 자기의식의 특징을 소유한다. 이 정신은 보편화 과정으로부터 무제한적인 것으로서 개념적으로 출현한다. 이때 보편화 과정은 더 나아가 정신의 현존 **요소**가, 그래서 정신의 현존 매체가 더 이상 배타적으로 그때마다 특수한, 더구나 이미 정치적으로 유기 조직화된 국가들의 헌법 현실성만이 아니라는 결과를 가져온다. 민족들의 유한성은 진정 이 민족들에 잠재적으로 속한 모든 것을 몰락 속으로 끌고 들어간다. 이러한 유한성의 변증법은 보편 정신을 위한 현존의 요소를 "그 내면성과 외면성의 전 범위에 있어" 정신적 현실로 형성한다(§341). 그렇기에 세계정신은 민족들의 **모든** 객관정신적 실재성을 포괄하는 것이다. 그러나 내면성에 관해 이제 또한 우리의 숙고 지평 속에 들어와야 하는 것이 있다. 그것은 민족들 내 **주관**정신이 민족들의 객관정신적 현실성 내부에서 이 현실성을 능가하는 의식 대상들에 대해 지니는 **연관**이다.

정치적 헌법 이론이 시작될 때(§270A; 그에 반해 E §552와 비교) 국가가 종교와 어떻게 관계하는지 하는 물음은 주해적인 방식으로 다루어진다. 그리고 어떤 의미에서 종교가 국가의 토대라는 관점이 찬성을 얻을 수 있는지가 해명된다. 인륜성 내에서 어떻게 또한 어디에서 취소 불가능한 확고부동한 법이 발견될 수 있는지 하는 물음은 확실히 불가피하게 **국가와 종교**의 연관을 고찰하게끔 한다. 그리고 만약 세계정신의 개념이 이 세계정신에 고유한 역사의 개념에, 그래서 세계**사**에 이르게 되면, 우리는 다음과 같은 점에 주목해야 한다. 이러한 역사는 단지 개체 국가들의 헌법사로서만 구조화되어 있지 않으며 오히려 인륜성이 종교적 의식의 특정 대상들과 지니는 연관 속의 부침(浮沈)으로도 구조화되어 있다는 것이다. 아직은 결코 어떠한 종교 개념도 해명되어 있지 않지만 그럼에도 그러한 예상은 단연코

합당한 것이다. 왜냐하면 사변적 개념에 따라 종교가 어디에 존립하든지 간에 (예술 및 철학도 사정은 이와 비슷하다) 절대정신의 **이념** 및 **개념**이 되는 내용에 대한 의식으로서 주관정신의 **연관**은 약간의 추가 전제들 아래 **자유로운 정신** 이후 오래전에 벌써 우리의 테마일 수 있었기 때문이다(E §482와 비교).

그러므로 자유로운 정신 개념 속에 조성되어 있는 주관정신과 객관정신의 결합에 의거해야 한다. 자유로운 정신의 객관화 외에 또한 **스스로를 자유롭게 알고자** 하는 자유로운 정신의 의향도 고려되어야 한다. 그리고 주관정신이 객관정신 속에서 자신의 자유의 지(知)에 어떻게 도달하는지 하는 물음에 대해 추구되는 답변은 인간이 자신에게 최고인 것과의 연관 속에서 자신의 고유한 본질을 어떻게 파악하는지 하는 것을 도외시하면 결말지어질 수 없다(§482 A와 비교). 이로 인해 세계정신의 이론에서는 더 이상 법철학과 국가철학이 문제시되지 않는 듯해 보이는 일이 벌어진다. 그러나 진정 관건이 되는 것은 여전히 인륜성에 속하는 좀 더 포괄적인 테마로부터 철학적 **법 문제**에 접근하는 것이다. 이 문제는 자유에 관한 우리의 앎의 근거로 회귀하지 않고는 해결이 불가능할 것이다.

세계정신이 민족들의 정신 그리고 민족들의 그때마다 특정한 "법률들의 정신(esprit des lois)"과 지니는 연관은 이러한 상황들 아래 어떻게 지금까지보다 더 자세히 규정될 수 있는가? 가장 중요한 주장은 의심할 여지 없이 다음과 같다. 보편정신의 표출이 자유에 현존을 마련해주는 **한에서** 각 민족정신의 표출과 비교해 보편정신의 표출에는 **최고의 법**이 부여된다는 것이다(§340). 이러한 주장은 불가피한 것이다. 왜냐하면 보편정신의 표출이 마련해주는 현존은 법의 보편적 개념을 충족시킬 뿐만 아니라 (앞의 "~한에서"의 문장과 비교하라!) 또한 그러한 최고의 법으로서 이 법이 스스로를 관철시킬 수 있는 경우 이 법의 타당성을 갖고 비로소 그 외 모든 법의 (언제나 이 최고법을 통해 제한되어 있는) 존속을 보장하기 때문이다. 위에서 의도된 법 문제 해결을 위해 세계정신의 개념이 도입되었다면 이에 추가적으로 세계정신 개념의 도입은 또한 인종적으로 결부된 인륜성이 지닌 상대성을 이 인륜성 편에서 상대화하며 헌법 물음들에서 이루어졌던 (예를 들어 루소와 낭만적 법학파의) 법철학적 인종 중심주의의 용납을 제한하는 의미를 지닌다. 어떤 한 민족에게 낯선 헌법을 이 민족에게 강요하려는 것은 부질없는 짓이다. 그러나 이 말은 어떤 한 민족이 발전하는 특정 국면에 있어 이 민족에게 적합한 헌법보다 더 높은 자격을 갖춘 헌법이란 있을 수 없다는 것을 의미하지 않는다. 더욱더 곤혹스러운 물음은 세계정신의 "최고" 법이 관철되**는지**, 그래서 타당한 현실성을 가지**는지** 그리고 **어떻게** 세계정신의 최고법이 이러한 현실성을 가질 수 있을지 하는 것이다. 이 물음은 우선 세계정신같이 보편적인 정신의 **구조**에 해당하는 물음이다. 그 다음 이 물음은 이와 같은 구조를 지닌 정신이 하나의 민족정신에 상관적으로 행해지는 활동성들에, 민족들과 국가들과 개별자들의 이 활동성들에 어떻게 개입할 수 있으며 또한 불가항력적으로 **개입하는지** 하는 것을 설명하는 데에까지 진척되어야 한다.

세계정신이 **작용하고** 있다는 (그리고 추상법 이론 말미에 정의(正義)의 이념처럼 무력하지 않다는) 것은 민족정신들과 이들의 객관화에 대해 세계정신이 지니는 본질적 연관의 사고 규정 속에 놓여 있다. 즉, 세계정신은 민족정신들 및 이들의 객관화에 대해 "세계 법정"으로서 자신의 법을 실행한다(§340). 그렇지만 세계정신이 표출되는 **힘**은(§342) 무슨 이유에서 어두운 근거의 힘이 아니란 말인가? 어두운 근거의 작용이라면 **맹목적 운명**일 것이며, 그렇기에 무턱대고 인식할 만한 아무 이유도 없이 자신의 "결정들"을 내릴 것이다. 이럴 경우 칸트와 피히테가 실천이성의 요청을 갖고 정당화하고자 했던 "신의 세계 지배에 대한 믿음"은 전혀 아무런 근거도 없게 될 것이다. 어떤 한 결정에 대해 본래 아무 말도 할 수 없을 것이며 기껏해야 하이데거에서처럼 "숙명"에 대해 말할 수 있을 것이다. 그리고 이 숙명을 통해 선고된 필연성은 동시에 자유가 아닐 것이다. 세계정신이 자신의 표출에 대해 지니는 본질적 연관의 개념은 사실상 이러한 점을 배제할 수 없다. 그러나 여느 때와 같이 우리는 여전히 "인륜적 이념의 현실성"에 관여하고 있다(§257). 즉자대자적으로 자유로운 의지는 자유의 현실화 아래에 그 외의 모든 목적들을 배열한다. 이 자유의 현실화가 아무리 가장 포괄적인 방식으로 무제한적으로 보편적 정신으로부터 출발해 완수된다고 해도 실체적 의지의 현실성은 그 보편적 정신 제일 안쪽에 "즉자대자적으로 이성적인" 것으로 머무른다(§258 ; §342와 비교). 그렇지 않다면 실체적 의지의 이 현실성은 아무런 법도 아닐 것이며, 하물며 최고의 법일 수도 없을 것이다. 더 나아가 "정신 내에서" 이렇게 즉자대자적으로 이성적인 것이 이성 "자신에－대해－있음(Für-sich-Sein)"은 하나의－함축적인(implizit)－앎이다. 이 앎은 자유의 객관화 속에서 **명시적으로** 자신을－자유롭게－앎(ein **explizites** Sich-frei-Wissen)에까지 나아간다. 따라서 세계정신의 활동성은 객관화하는 것이면서 또한 주체성을 산출하는 것이다. 세계정신의 활동성은 객관화와 주체성 산출의 이 두 활동성 방식들이 교착되는 가운데 보편정신을 "내보이는 해설"(ex-plicatio)이자 보편정신의 "현실화"이다(§342).

이로써 보편정신의 구조가 이전보다 더 정확히 묘사될 수 있다. 세계정신은 현실화로서 **행실**(Tat)이며 단지 자신이 행하는 바의 것으로만 **있다**. 이것은 원래가 이미 §258로부터 예견될 수 있었던 것이다. 그러나 자신을-자유롭게-앎에까지 나아가는 내보임, 즉 해설(Auslegung)로서 그 행실은 다음과 같은 점에 존립한다. 즉, 자신에게 최고인 것을 의식하는 세계정신은 인륜적인 것 속에서 스스로를 자신의 그 의식의 대상으로 만들며 자신을 내보이면서(auslegend) 거기에서 자신을 **대자적으로 파악한다**는 것이다. 그렇기에 전체적으로 본다면 그 행실은 직접적인 감성적 의식으로부터 표본적으로 지각하는 의식과 그 다음 오성적 의식을 거쳐 자기의식에 이르기까지 (이 네 단계들로 이루어진) 상승과 **진보**의 특징을 지닌다. 그러나 이 모든 것은 인륜적인 것 속에서 그때마다 가장 구속력 있는 의식 대상과 이것의 요구들의 충족과 관련된 것이다. 의식은 자신의 "도야의 역사"에서 단계에서 단계로 진전한다. 이때 파악함은 그때마다 완성된 참된 파악함을 향해 나아가며 또한 그때마다 자신의 **완성**을 성취한다. 그러나 이것은 그로써 동시에 다시금 새로운 한 의식 대상으로의 정신의 **외화**가 되며 인륜적인 것에서 더 높은 단계로의 **이행**이 된다. 더 높은 이 단계에서는 새로운 의식 대상 외에 선행하는 단계의 파악함도 이 높은 단계의 "**새로운** 파악함에 의해" 파악되며, 이렇게 하여 정신은 이때 외화로부터 벗어나 "자신 속으로" 들어간다(§343). 정신이 자기 — **자신**에게 — 돌아옴이자 그 다음 정신이 자신을 — 절대적으로 — 앎이기도 한 하나의 의식 운동에 도달하기까지 말이다(§352). 이러한 구조가 민족정신에 상관적으로 행해지는 개별자들과 민족들과 국가들의 활동성에 연관된다면 이로부터 다음과 같은 점이 잘 이해될 수 있다. 서로 연속되는 네 단계들에서 전체 운동이나 "행실"은 그때마다 특정한(§353에서 명명된) **원리들**에 의거해 완수된다. 그리고 이 원리들은 네 개의 "세계사적 왕국들"로 형태화된다. 이 왕국들은 **동양의** 왕국, **그리스** 왕국, **로마** 왕국 및 끝으로 (지중해 지역에서 보면) 북부 유럽의 **게르만** 민족들의 왕국이다. 이 왕국들의 특징들은 『법철학 개요』의 마지막 여섯 절들로부터 추출될 수 있다(§§355~360). 또한 셋째와 넷째 왕국 사이엔 가장 깊은 휴지기와 가장 높은 시대적 문턱이 놓여 있다는 것도 쉽게 알아볼 수 있다. 왜냐하면 넷째 왕국에서 처음으로 인륜성은 절대자가 정신으로 파악되고 인간이 **인간으로서** 타당시되며 그러나 이미 그 자체로서 인간이 "**즉자적으로** 최고의 자유에까지 규정되어" 있다는 것에 의거하기 때문이다(E §§384A, 482A와 비교). 이러한 휴지기에 이르기까지는 의식은 절대자의 최고 정의를 발견하려는 "열망(Drang)"에 (E §384A) 휩싸여 있다. 이에 반해서 그 다음에 중요시되는 것은 무엇보다 우선 그 최고 정의의 의미와 내용을 파악하기 위해 이미 획득되어 있는 자신을 – 자유롭게 – 앎을 객관화하는 일이다. 이미 헤르더가 그 시대 다른 역사철학들로부터 이탈해 세계사를 동일한 이 네 시기들로 나눈 적이 있다. 그러나 단지 헤겔만이 이렇게 구분하기 위한 원리들을 진술했으며 이 원리들이 보편정신의 구조와 갖는 연결을, 그리고 이 구조로부터 이해되는 주요 휴지기와 갖는 연결을 발견했다. 그럼으로써 동시에 그는 세계사적 왕국들과 이 왕국들 간 "제국 이동"에 관한 옛날 이론에 새로운 해석을 부여했다. 새로운 이 해석은 (법에 대해 표준적 형태이어야 하고 다른 형태에 대립해선 자신을 관철해야 하는 인륜성 형태의 요구라는 의미에서) "지배하려는 요구"가 이 "세계 왕국들" 중 하나에서 그 다음 것으로 어떻게 이전되는지를 보여준다.

그러나 세계정신이 자신의 구조를 통해 민족정신에 상관적으로 행해지는 개별자들과 민족들과 국가들의 활동성에 **개입하며** 이 점에서 본질적으로 **역사적인** 정신이라는 주장은 무엇에 의해 정당화되는가? 이 물음에 대답해야 비로소 헤겔 역사철학의 출발 문제가 해결된다. 세계정신이 역사적이라는 것, 그리고 이 세계정신이 민족정신들의 현실성에 개입할 수 있는지 또 어떻게 개입할 수 있는지 알고자 한다면 세계정신은 그 역사성 속에서 고찰되어야 한다는 것, 이것은 다음의 사실로부터 단순하게 드러난다. 즉, 민족들은 역사적으로 실존하며 각각의 특정한 민족정신은 이미 "자신 내부에" 하나의 역사를 지닌다는 것이다(E §548). 내용적으로 특수한 한 원리에 제한된 채 각각의 민족정신은 자체가 자신의 의식과 자신의 현실성의 발전을 거쳐 가야 한다(같은 곳). 그리고 이러한 발전이 특수한 한 원리로부터 출발하고 이 원리의 틀 내에 머무름에도 불구하고 그 자체로서 보면 이 발전은 이미 그 특수 원리 속에 설계되어 있는 것의 해설이자 현실화라는 이중적 특징을 지닌다(R §344). 발전은 또한 이 발전에 속하는 모든 것과 함께 **그 자체로 취해** 역사적으로 고찰될 수도 있다. 이러한 고찰을 통해 개인의 생과 민족의 생에는, 개별자들과 국가들에게는 단지 "불완전한 정의(正義)" 만 부여된다는 것이 확인될 것이다(§345). 그리고 이러한 고찰은 자신들의 원리가 자연적이어서 "상호 외부의 다수성으로서" 실존하는 **많은** 민족들에까지 연장될 수 있을 것이다(§346). 그렇지만 이렇게 고찰하는 방식은 **세계사적인** 방식이 아니다. 이러한 고찰의 성과들은 단지 자료들이나 전제들로서 진짜 세계사적인 고찰들 안에 귀속된다. 처음엔 **지리학적** (문화)**인류학**

적 토대들의 묘사에서, 그리고 세계사가 지녔던 시초의 규정에서 (§§349~351) 그 다음엔 또한 세계사가 전진해온 모든 단계들에서 말이다.

다른 한편 이렇게 포괄적인 연구 재료에서 세계정신과 이 세계정신의 구조를 고려해보려는 고찰이 행해질 **수 있다.** 왜냐하면 개인들이 속하고 있는 민족들로부터 추상된 좀 더 소규모의 개인들에게서 밝혀지듯이 마찬가지로 대규모의 민족들에게서도 (그리고 그렇게 추상되지 않은 민족들 속의 개인들에게서도) 다음처럼 밝혀지기 때문이다. 즉, 민족이 (또한 개인이) 깊은 관심을 갖고 있는 **행위들**, 그리고 그들이 보기에 자신들의 국가적 (또는 개인적) 운명에 중차대한 **변고(變故, Widerfahrnisse)들**은 그들이 의식하는 의미 외에도 **여전히 다른** 의미를, 그리고 그들 자신의 운명이 아닌 **다른** 운명**에 대한** 의미를 지닌다는 것이다. 그리고 민족은 (또는 개인은) 그러한 행위들과 변고들을 (또는 그들에겐 결코 두드러지지 않았던 그 밖의 것들을) 겪고 나서 보면 이 다른 것을 위한 "몰의식적 도구들이자 지절들"이었다는 것이다. 추가적인 평가 기준들 아래서는 바로 이 다른 것이 중요시된다. 여기서의 고찰 관심사에 따르자면 민족은 (또는 개인은) 말하자면 세계정신의 "내적 업무"를 위한 몰의식적 도구들이자 지절들인 것이다. 이들에게 세계정신의 업무는 내적으로 있다. 세계정신의 이 내적 업무

> 그 안에서는 이러한 형태들이 사라지지만, 그러나 즉자대자적인 정신은 자신의 좀 더 고차적인 그 다음 단계로의 이행을 준비하고 성취해낸다(§344).

우리는 세계정신이 개별자들과 민족들과 국가들의 활동성에 불가항력적으로 개입할 수 있다는 것을 통찰할 수 있다. 왜냐하면 세계정신의 이러한 개입을 보여주는 묘사들은 이에 휘말린 자들의 제한된 의식 지평에 놓이지 않기 때문이다. 그러나 이러한 묘사들이 놓이는 다른 의식 지평이 진술될 수 있다. 즉, 인륜성 속에서 **사유하는** 세계사 정신의 지평 말이다(E§552와 비교).

종종 헤겔 역사철학에 대해 제기되는 이의(異議)는 이 철학이 지난날 개별자들과 민족들과 국가들에 닥쳤던 이루 헤아릴 수 없는 고난과 불법과 까닭 없는 불행을 충분히 진지하게 취급하지 않는다는 것이다. 게다가 헤겔 역사철학은 세계정신으로 "세속화된" 계획이라 해도 신의 구원 계획을 역사 속에서 인식한다고 참칭하기 때문에 특히나 선동적인 방식으로 그 고난, 불법, 불행과 화해하고 만다는 것이다. 만약 위에 설명된 문제와 헤겔이 제안한 간단히 살펴본 그 해결책이 예리하게 주시된다면, 이러한 이의 제기가 오해에 의존하고 있다는 것은 분명히 밝혀질 수 있다. 고난, 불법, 까닭 없는 불행이 하찮게 다루어지는 것은 아니다. 철학은 그러한 것에 자신을 고착시키지 않을 뿐이며 결국엔 그러한 것으로부터 추상한다. 덧붙이자면 철학은 또한 개별자들과 민족들의 행운으로부터도 추상한다. 왜냐하면 그러한 행운에 주목하든 그 반대의 것에 주목하든 이것은 법 문제를 해결하는 데에 아무 기여도 하지 않기 때문이다. 그렇다고 자신이 제안한 해결책으로써 헤겔은 우리가 인지하거나 인지할 수 있는 과거의 모든 악이 세계사의 궁극 목적에 쓰인 것이라고 또는 이 궁극 목적에 의해 정당화된 것이라고 주장하는 것은 아니다. 엄밀히 본다면 세계사의 궁극 목적과 이 궁극 목적의 현실화 일반에 관해 어떠한 목적론적 설명들도 착수되지 않는다. 소위 정당화라면 목적론적인 설명에 의거해야 했을 텐데도 말이다. 정당화를 위해서라면 궁극 목적의 현실화가 어떻게 가능한지 하는 것을, 그리고 이러저러한 일이 이 궁극 목적"을 위해" 발생했다는 것을 경험적 연구 자료에 의거해 말하려는 설명들일 것이겠기에 그렇다. 그러나 헤겔 역사철학이 지향하는 철학적 개념 파악은 목적론적인 설명이 아니다. 또한 이 철학적 개념 파악은 일어난 악에 어떤 은폐된 의미를 부여하지 않는다. 그렇다면 철학적 개념 파악은 이 은폐된 의미를 정당화해야 할 것이다. 철학적 개념 파악이 우리에게 요구하는 것은 다만 배타적으로 악만 취급하지 말라는 것이다. 일상생활에서 우리는 매우 쉽사리 이렇게 악만 거론한다. 어떤 문제를 해결하려면 우리는 긍정적인 것도 주시해야 한다. 긍정적인 것은 부정적인 모든 것**과 나란히** 이 부정적인 것보다 덜 눈에 띈다 해도 우리의 반성하는 고찰 대상 속에서 인식될 수 있다. 이것은 우리가 **사유 속에서** 부정적인 것과 결합된 악을 좋게 여기지 않고도 이 부정적인 것과 화해하는 것을 가능하게 한다. 그러나 무엇보다도 헤겔이 추구하는 세계사의 개념 파악하는 인식으로 인해 라이프니츠의 신정론(神正論) 같은 어떤 요구가 제기되는 것은 아니다. 헤겔은 자신의 역사철학을 딱 한 번 결론적으로 "참다운 신정론"이라 특징지었다. 그러나 이 "참다운 신정론"은(TW XII, 540) 신의 예견, 지혜, 은혜, 정의의 상(相) 아래서 다음처럼 바라보려는 시도가 아니다. 즉, 역사를 통해 우리가 알게 되는 악들은 모든 가능 세계들 중 최선인 이 세계에 있어 불가피한 것들이었다고 말이다. 참다운 신정론이 역사에 있어 종교적 의식에 의해 표상되는 신의 정당화로서 자신의 "진리"를 지니게 되는 것은 오히려 바로 다음과 같은 점에 있어서이다. 즉, 이 신정론이야말로 의식으로 하여금 그렇게 바라보려는 가망 없는 시도를 넘어서도록 한다는 것이다. 게다가 이 신정론은 피히테가 한 것처럼 우리가 실천이성의 요청들 속에서 "신의 세계 통치에 대한 우리의 믿음의 근거"를 찾는 것을 삼가도록 해준다.

헤겔은 보편정신과 민족정신들의 객관화 간의 연관을, 내지는 보편정신과 민족정신들의 지리학적 · 문화인류학적 · 시대적으로 제한된 인륜성 간의 연관을 오로지 **역사적으로**만 고찰했다. 그는 현재의 인륜성을 다루는 자신의 철학을 단지 이 인륜성의 과거와만 연결시켰으며, **미래**에 대한 어떠한 그림도 구상하지 않았다. 이로써 헤겔은 (프랑스 계몽의 대변자들 중 역사에 대해 철학하고 있는 몇몇과 가까운) 칸트와 피히테와는 반대로 자신의 세계사 철학을 일관되게 미래주의적 요소들로부터 보호했다. 그렇기에 그의 개념 파악하는 인식의 모색은 개념 파악하는 이 인식에 이미 현재에 접근할 수 있는 대상에만 제한되었다. 이러한 대상은 미래를 자신 안에 감추고 있는 모든 것과 구별되는 것이다. 그렇다고 이것이 헤겔에게서 미래의 일에 대한 (예를 들어 아메리카와 러시아에 대한) 추측들이나 (예를 들어 혁명 이후 새로운 단체의 형성에 관한) 인륜적 요구들을 배제한다는 것은 아니다. 이미 내적 국법과 보편정신의 개념에 대해 헤겔이 말한 것을 덧붙여 추산한다면, 그가 자기 시대 정치적 현상태(現狀態)의 변론인이 되었다는 비난은 확실히 부당한 것이다. 그러나 추측건대 세계정신과 (시간적으로 현재적인 이 세계정신의 과거로서) 세계사의 중첩적인 전개는 앞서 언급한 근거에 덧붙여 여전히 특별한 인식론적 근거를 하나 더 지닌다. 즉, 국가가 왜 세계 속에서 단순히 쓰러질 듯 위태롭게 있지 않고 그 대신 세계 속에 "서 있는" 정신으로 고찰되어도 되는 것인지 의문시된다면, 의심할 여지없이 역사가, 그렇기에 민족들의 과거와 민족들의 인륜적 문화의 과거가 커다란 표본적 검토 영역이 되며, 그러한 의문은 가능하다면 바로 이 검토 영역과 관련하여 답변되어야 한다. 이런 식의 답변은 또한 현재에도 타당하게끔 모색될 수 있고 헤겔에 의해 실제로 그렇게 모색되고 있다. 이 경우 사람들은 철학자로서 이후에 언제인가 제기될 만한 문제들을 안심하고 후손들에게 맡길 수가 있다. 철학이란 "**사상 속에 파악된 철학 자신의 시대**(ihre Zeit in Gedanken erfaßt)"이다(R, XXII쪽). 사상 속에 파악된 "철학의" 시대는 말하자면 철학이 어떻게 지금 있는 바의 것으로 생성되었는지 하는 것에 대한 개념적 지식〔이야기(historia)〕도 포함한다. 이렇게 개념 파악하고자 하는 사람은 자신 안에 떠도는 역사주의의 유령을 추방할 준비를 갖추는 셈이다. 그럼에도 그는 이렇게 개념 파악함으로써 인륜적 현실성에 관해 모든 미래에 타당한 초시간적 인식을 가져야 한다고 믿지도 않는다.

6. 절대정신

인간학, 심리학, ("자연법"으로서의) 법철학과 달리 절대정신 이론은 이미 존립하던 것이기에 헤겔이 단순하게 개혁하려고만 기획한 낡은 분과가 아니었다. 오히려 『논리학』과 『정신현상학』을 갖고 그랬듯이 절대정신 이론을 갖고서는 완전히 새로운 분과가 기획되었다. 그렇지만 『철학적 학문들의 백과전서』에서 이 이론의 전개는 저작 전체를 이루는 총 577절 중 단지 25절만 포함한다.

『철학적 학문들의 백과전서』의 이 마지막 부분의 간결함은 절대정신 이론을 수용하는 데에는 매우 불운이었으며 오늘날까지 그렇게 머물러 있다. 절대정신의 영역은 "일반적으로" **종교**로 특징지어질 수 있다고 바로 두 번째 절에서(§554) 헤겔이 시인했을 때 오류의 위험은 더더욱 큰 것이었다. 말하자면 이 새로운 분과의 개별 대상들에 대해 헤겔은 강의들에서 광범위하게 상세한 설명을 했으며 이 대상들 중에 예술, 철학과 나란히 종교가 또한 속해 있었다. 이것은 이중적인 오해를 불러일으켰다. 많은 사람들에게 절대정신의 전체 이론은 단지 기독교를 참다운 종교로 증명해내려는 보편적 종교철학으로만 보였다. 셋 중 두 부분들에 명백히 "예술"과 "철학"이라는 제목이 붙어 있음에도 불구하고 전체를 헤겔의 종교철학 강의에 의거해 해석하려거나 또는 게다가 (1970년 미하엘 토이니센에서처럼) 하나의 기독교론으로 해석하려는 시도가 행해졌다. 만약 헤겔의 절대정신 이론이 이렇게 해석된다면 어떻게 이 이론이 기독교 진리 내용의 인식 외에도 여전히 고전 그리스의 자율적 예술철학을 포함할 수 있는 것인지 자문하는 것은 헛된 일이 된다. 그리고 기독교적이지 않고 오히려 스스로를 기독교 신앙의 실정성으로부터 해방시키는 근대 철학에 관한 하나의 메타 철학을 이 절대정신 이론이 어떻게 포함할 수 있는지 하는 물음도 헛되게 된다. 그러나 절대정신 이론은 분명히 이러한 것들을 노리고 있다. 단지 그렇게 해서만 이 이론은 대체로 기독교 내재적 해석과 변론에 머무르는 대신에 기독교의 중심 신앙 내용의 이성성과 진리에 대해 현실적인 철학적 통찰에 도달할 가망을 갖게 될 것이다. (예술의 진리 내용을 인식하여야 한다는, 그리고 철학을 이 철학의 역사로의 회귀를 통해 자기 자신에 이르도록 해야 한다는 절대정신 이론의 요구도 사정은 마찬가지이다.) 또한 많은 것이 다음처럼 말하도록 해준다. 즉, 단지 예술, 종교, 철학의 완성 형태들에 대한 인식만이 이 예술, 종교, 철학을 다루는 특정 철학들에 대해 떠받칠 만한 기반을 제공한다는 것이다. 헤겔이 절대정신의 특수 영역들에 대한 자신의 강의에서 그렇게 구상했던 것처럼 말이다. 즉, 단지 표본적인 사례에 주목해야만 하나의 유(類)에 무엇이 본질적인지가 인식된다. 그렇기에 절대정신의 어떤 특수 영역을 다루는 강의들만 남도록 전체 절대정신에 관한 헤겔의 철학이 포기될 수는 없다.

또 다른 오해는 이렇게 포기해도 된다고 생각하는 것이다. 신중치 못한 해석자들은 이러한 오해에 희생되었다. 이들의 이해에 따르면 절대정신의 철학은 세 개의 자립적인 분과들로 나누어진다. 하지만 이렇게 자립화되면 이 분과들은 결코 자신들의 과제를 정당하게 다룰 수 없을 것이다. 달리 예상될 수 없듯이 이 분과들은 그 다음엔 자주 이것들의 역사적 관점에서만 고려되며, 반면 『철학적 학문들의 백과전서』 내 해당 절(節)들의 텍스트는 주목받지 못한 채 남게 된다.

이 두 가지 오해 경향들은 잘못된 것이다. 이로부터 벗어나려면 (1) 객관정신에서 절대정신으로의 헤겔의 이행을(§552), 그리고 (2) 절대정신의 상세한 입문적 설명들을(§§553~555) 가능한 한 정확히 검사해야 한다. 왜냐하면 이것들은 어떻게 절대정신의 개념이 앞서 세계사적으로 고찰된 객관정신으로부터 규정될 수 있는지를 우리에게 말해주고자 하기 때문이다. 그리고 이것들은 절대정신을 구성하는 지(知)가 하나의 과정으로 통찰될 수 있기를 원한다. 이 과정은 절대정신 개념의 실현에 있어 이중적인 방식으로 차별화된다. 즉, 심리학에 있어서는 **체계적으로** (그러나 단지 원리상으로만) 구별되는 특징적 형식들에 관하여 차별화된다. 그러나 이 과정은 이러한 형식들에 따라 그때마다의 인륜성에 상응하고 이 인륜성과 더 이상 대립 속에 있지 않는 **역사적으로** 잇따르는 구체적인 지의 형태들로 지를 완성하면서 차별화된다. 즉, 그리스에 폴리스가 번성하던 시기의 고전 예술로서, 고대 후기에 공동체로 있던, 그러나 근대에 이르기까지 발전 전망을 갖춘 기독교로서, 그리고 근대 철학으로서 말이다. 이렇기에 근대 철학은 고전 예술의 직관 원리들 및 기독교 신앙의 이성적 핵심을 통합하며 더 이상 근대적 삶의 인륜성과 불만족 속에 있지 않다. 그래서 또한 (3) 이 모든 것이 어떻게 결과로 생기는 것인지 하는 것도 연구되어야 하겠다. 그리고 이를 위해 앞서 해명된 절대정신 개념이 하나의 발전 관점에서 고찰되어야 할 것이다. 발전 궤도는 주관정신과 객관정신의 합일을 통해 이미 주어져 있다. 이러한 고찰에 대해 여기서는 여전히 두서너 개의 지침들만 가능하게 될 터인데, 특히나 헤겔 자신이 광범위하게 암시만 하는 것으로 그쳤기에 그렇다.

(1) 객관정신에서 절대정신으로

또한 객관정신에서 절대정신으로의 이러한 전진도 불가피성을 통해 해결되어야 하는 **문제**로부터만 개념 파악될 수 있다. 정신 개념의 처음 해명과 구분은(§§381 이하) 유한한 정신 외에 무한한 정신도 실제로, 그리고 인식 가능한 방식으로 실존한다는 것을 증명하지 못했다. 또한 그 해명과 구분으로부터 무한정신의 절대성이 어떻게 좀 더 자세히 사유될 수 있는지도 밝혀지지 않는다. 그러한 한에서 문제는 무한정신에 대해 실존 증명 하나가 또는 이러한 실존 증명들 중 몇 개가 행해져야 한다는 데 있는 것처럼 보인다. 마치 칸트가 비판하기 이전 자연신학에서 신이 있다는 주장을 위해 논증들을 수집하려 시도되던 것처럼 말이다. 이 시도는 동시에 신의 본질이 어디에 존립하는지 통찰하도록 하기 위한 것이기도 했다. 칸트의 비판에 따른다면 물론 이러한 통찰 가망성은 변변치 못한 것이겠다. 20줄밖에 안 되는 분량의 절(節) 하나로 그 문제를 해결하려는 것은 허무맹랑한 짓일지 모른다. 그럼에도 불구하고 여기서 다시금 위에서 간략히 묘사된 헤겔의 전략이 생생하게 그려져야 한다. 헤겔이 이전 정신철학의 난제들을 피해 가던 전략 말이다. 그런 연후에 명확해지는 것은 다음과 같다. 즉, 우리의 문제는 다른 것이어야 한다, 우리와 상이하며 정말이지 우리로부터 독립적인 무한한 대상의 실존과 본성에 대한 이론적 인식이 문제되는 것은 아니다. 그렇다고 실천적으로 부득이하게 행해지는 무한한 대상의 전제가 문제되는 것도 아니다, 말하자면 칸트와 피히테가 단지 주관적으로 충분한 근거들로부터만 정당화된다 해도 여하튼 정당화되어 있다고 자신들의 요청 이론에서 증명하고자 했던 그러한 전제가 문제되는 것은 아니다. 헤겔이 보기에 이 두 문제들은 해결이 불가능하다. 이 문제들은 자연 상태의 추상들로부터 헛되이 국가철학을 축조하려던 것과 마찬가지로 추상들로부터 비롯된 것이다.

자유로운 정신은 우리 자신이며 자유로운 정신의 목적 활동성은 객관정신이다. 이러한 자유로운 정신의 전제 아래서는 전적으로 다른 것이 타당하다. 자유로운 정신의 목적 활동성으로부터 사유된다면 우리가 실제로 관계하는 문제는 단지 무한한 정신의 실존과 본성을 매우 특정한 두 연관들로부터 통찰하는 데에만 존립할 수 있다. 즉 (ㄱ) (자유 의식에 있어 유한한 진보를 야기하는) 목적 활동성은 인륜적 실체의 **사유**에까지 이른다는 연관으로부터. 객관정신이 보편적인 정신인 한 이 사유는 결국 인륜적 실체를 (다시 말해 그 보편적 정신이 자신의 활동성을 발휘하게 되는 바의 것을) 이 실체의 본질 속에서 파악한다. 그리고 (ㄴ) 인륜적 실체의 사유는 (항상 유한자를 지향하고 있는) 단순 목적 활동성의 **외적 목적론**만 갖고서 이 활동성에 머물러 있을 수 없으며, 오히려 그 사유 속에서 의지가 자신의 목적들과 맺는, 그리고 자신에 외재적인 전제들과 맺는 관계는 **무한한** 정신의 **내적 합목적성**에까지, 그리고 무한한 정신의 **아는 자기**-관계에까지 전진해가야 한다는 연관으로부터. 이러한 자기 관계 안에 우리는 자유로운 정신으로서 포함되어 있다. 반면 자연과 역사에서 자유롭지 않고 오히려 필연적인 모든 것은 자유로운 정신에 대해, 그리고 이 정신의 지에 대해 함수적이다.

이러한 문제를 해결할 방도가 더 이상 불가능하진 않다. 왜냐하면 정신에 관해 설명된 모든 것에 따르면, 그리고 헤겔의 『논리학』을 전제하면 위의 (ㄱ)과 (ㄴ) 두 주장들은 잘 근거 지어져 있기 때문이다. 첫째 주장은 정신철학의 상세한 논의 맥락에서(§552, 두 번째 문장) 고대 그리스의 시인들과 철학자들의 사유에서 표본적으로 밝혀진다(TW XII, 101 이하). 둘째 주장은 예배나 제식의 종교적 활동들 속에 준비되어 있고 함축적으로는 이미 완성되어 있는 것이다. 종교적 활동들 속에서 인륜적 의식은 늘 자신의 유한성으로부터 벗어나 자신에게 최고의 것이자 동시에 자신에게 인륜성의 무한한 근거에 해당하는 것에까지 스스로를 고양시킨다. 물론 이러한 고양이 역사적으로 출현했던 곳에서 고양은 온갖 상황들 속에서도, 그리고 아주 상이하게 규정된 인륜적 실체로부터도 일어날 수 있었다. 고양은 늘 사유 속에서, 그리고 사유의 내재적 필연성에 따라서 행해져야 했던 것은 아니며 오히려 고양시키는 매체를 주관정신의 다른 활동성들 속에 가질 수도 있었다. 그리고 이에 따르면 고양은 그 결과로서 결코 참된 통찰을 보증하지 않는 그러한 종류의 것일 수도 있었다. 그렇지만 자신을-고양함이 인륜성의 세계 형태의 **실체에 관한 사유 속에서** 행해지는 곳에서는 자기 고양은 세계정신의 행로를 따르면서 그러한 세계 형태 각각의 제한들을 넘어서 나아갈 수도 있다. 그렇다면 자기 고양은 (ㄱ)의 논증에서처럼 현상들이 이미 다른 묘사 속에 알려져 있을 때 이 현상들의 최선의 설명에 이르기까지 행해지는 단지 이런 추론의 성격만 형식적으로 지니는 것은 아니다. 자기 고양은 오히려 "필연성의" 추론으로서 수행된다(§192 ; §204A4와 비교). 이 필연성의 추론이 보편정신 내의 사유로부터 무한정신의 사유로의 전진을 불가피하게 만든다. 이미 시민사회에서 국가로의 이행에서처럼(위 내용 참조) 이제 보편화 과정은 말하자면 다시금 외적 목적론으로부터 내적 목적론으로의 과정이다. 왜냐하면 우리는 이념 속에서 세계사도 사유해야 하는데 이 이념 속에서 의지의 목적 활동성을 위한 보편정신의 모든 외적인 재료는 의지의 이 목적 활동성과 이 활동성의 객체 및 주체와 결합되어 있는 반면에 이 목적 활동성의 주체는 자기 자신과 결합되어 있기 때문이다. 그러나 목적 현실화의 "재료"에 속하는 것은 이제 더 이상 단지 인간적 욕망들의 인류학적 존립과 유한한 정신인 개인들과 제도들의 상호 주관적 관계들의 넓은 영역만이 아니다. 거기에는 (의지적으로 행위하는 자의 의식 지평 속의) 자연도 또한 하나의 자립적인 전체로서 속하고 있다. 이 자립적인 전체는 주관정신과 객관정신의 전제이다. 따라서 더 이상 이 전제에 머물러 있을 수 없다. 그러나 이것은 주관정신과 객관정신의 차이에 관해 다음과 같은 것을 의미하기도 한다. 즉, 우리가 사유 속에서 도달하는 지는 더 이상 늘 유한하기만 한 의지 목적들에 제한된 것이 아니다. 그 지는 자체가 다시금 자유로운 정신이자 이 정신의 자신을-앎이다. 그리고 이러한 지의 주체 및 객체는 또한 유한한 정신의 상대성으로부터 벗어난 것이며 그렇기에 **절대적인** 정신이다. 지금까지 자연 속에서, 그리고 객관정신의 역사 속에서 단지 필연적인 것으로 규정되던 것은 이제 합목적적인 어떤 것으로서 절대정신의 내적 목적론에 속하게 된다.

(2) 절대정신 이론의 입문(§§553~555)

절대정신의 철학을 이해하려면 이 철학의 기초적인 세 절(節)들이 어떻게 구분되어 있는지 명료화하는 것이 도움이 된다. 절대정신의 개념 파악하는 인식에 적합한 **입장**이 소개된(§553) 후에 절대정신 개념에 대한 본래적 **해명**이(§554) 이어지며, 이 해명 다음엔 절대정신 개념을 갖고 진행하는 작업의 **정향**이(§555) 뒤따른다. 헤겔은 자연철학과 정신철학을 시작할 때에도 이런 식으로 했었다. 그는 이제 이 세 과제 각각에 절을 하나씩 할애한다.

§553의 첫 문장은 이미 우리가 무엇을 바라야 하며 무엇을 더 이상 두려워할 필요가 없는지 알려준다. 즉, "정신의 **개념**은 정신 속에서 자신의 **실재성**을 지닌다." 그래서 우리가 지금까지 그 해명과 실현을 추적할 수 있었던 모든 개념들과 구별되게 정신 개념의 "실현"은 여기에 있는 우리를 이 개념의 범위를 넘어 이 개념 아래 놓이는 그러한 실재성과는 다른 실재성에 이르도록 하는 것이 아니다. 절대정신의 개념 파악하는 인식에 적합한 그 **입장**은 이제 긍정적으로 규정된다면 다음을 지향해야 한다. 정신 개념의 영역에서 새롭게 고려되어야 하는 실재성은 (절대정신의 지이기도 한데) "그러한" 정신 개념"과 완성된 동일성 속에"(E[1] §453) 있다는 것이며, 그래서 참으로 "절대이념의 **지**로서 **있다**"는, 다시 말해 우리가 이미 『논리학』 말미에서 도달했던 것과 같은 하나의 지로서 있다는 것이다. 이 지는 이전 절에

서(§552) 진술된 지의 내용에, 특히 "아는 이성이 그 안에서 대자적으로 자유롭게" 있는 "진리"로서의 지의 내용에 이미 상응한다. 그러나 이 지는 또한 자신의 "필연적 측면"도 지닌다. 이제 문제시되는 것은 지의 이 필연적인 측면이다. 특수한 방식으로 철학적 인식을 노려야 한다는 요구가 근거지어져야 하고 내용적으로 자세히 규정되어야 하는 한 그렇다. "즉자적으로", 따라서 그 가능성에 따라 자유로운 지성은(§§443 이하와 비교) "자신의 현실에 있어" (다시 말해 풍속으로서 **본성**이 된 자기의식적 **자유**에 있어, §513과 비교) "자신의 개념에까지 해방되어" 있어야 한다. 자신의 이 개념에 "품격이 맞는(würdig) **형태**이기" 위해서는 말이다(§553). 말하자면 최고의 본유적 가치를 지니는 것만이, 그리고 이때 지배하는 정신의 표현인 것만이 **품격**(Würde)을 소유한다. "품격 있는(würdig)" 것은 이렇게 이해된 품격에 참여하고 있는 것을 뜻할 수 있다. 단지 이러한 가치를 지닌 지의 형태만이 절대정신에게 영원히 현실적인 진리라는 이 절대정신에 합당한 명예를 표하는 것이다. 그러나 지의 그러한 형태는 지금까지 고찰된 주관정신과 객관정신이 없다면 성취될 수도 개념 파악될 수도 없을 것이다. 따라서 이 양자, 즉 주관정신과 객관정신이 절대정신의 사변적으로 개념 파악하는 인식에 대한 우리의 입장과 무관하리라는 것은 당치도 않다. 오히려 주관정신과 객관정신은 요구되고 있는 우리의 이 입장에 있어 이제 절대이념의 지의 필연적인 "이 측면이 …… 형성되는 도정으로 간주되"어야 한다(같은 곳). 이렇게 주관정신과 객관정신은 이것들 속에 포함된 정신적 본성 및 역사의 필연성과 더불어 정신을 드러나게 만듦(Offenbarmachen)에 기여한다. 이렇게 정신을 드러나게 만듦은 절대정신의 계시이다. 그렇기에 절대정신의 철학에서 유한한 주관적 (특히 심리학적) 정신과 객관적 (특히 세계사적) 정신의 새롭게 해석된 규정들과 마주치게 된다고 놀라면 안 된다. 그러나 이때에 무엇이 어떻게 해석되는지 말해주는 것은 무엇보다 『철학적 학문들의 백과전서』의 상세한 설명들이지, 종교철학 강의들이 아니다. 자신의 현실에 있어 자신의 개념에까지 "해방되어" 있는 지성의 개념에 단 하나의 지의 형태만이 "품격에 맞는" 것인지, 아니면 절대이념의 논리적 지의 형태 외에도 여전히 다른 형태들이 그 품격에 참여할 수 있는 것인지 묻는 것은 수긍이 간다. 답변은 미리 주어질 수 없다. 답변은 그 필연적 측면의 형성 "도정"에 의존한다. 이 형성이 끝날 무렵에는 지성의 해방되어 있음(das Befreit-Sein)이 하나의 순수한 지 속에 있게 될 것이다. 그러나 어쨌든 이러한 도정에 주목해야 한다.

이제 §552에서 간략히 살펴본 개념 연역에 의거해 절대정신의 **개념**을 **해명하는** 데 더 이상 어려움은 없다. 이미 논리적 이념으로서의 절대이념에 관해 그랬듯이 헤겔의 진술들은 이 해명을 위해 "신"이라는 이름을, 더욱이 특수한 모든 신의 이름을 피하고 있다. 만약 어떤 무신론자가 객관정신의 철학 끝까지 진행된 논증들을 진지하게 취급한다면 헤겔의 진술들은 이 무신론자마저 납득시켜야 한다는 요구를 제기할 수 있다. 절대정신은 단지 "영원한" (그래서 시간에 상관적이지 않은) "진리"인 것만이(§552), 다시 말해 자신의 실재성에 있어 개념의 자신과의 일치인 것만이 아니다. 절대정신은 영원히 **현실적인** 진리로서 절대이념처럼 개념의 자신과의 일치인 진리이다. 즉, 이 일치는 "영원히 자기 내에 존재하고 마찬가지로 자기 내로 복귀하며, 그리고 복귀해 있는" 일치이다. 절대정신은 가장 밀도 있는 형식의 절대이념처럼 (자신의 실재성에 있어서의 개념이 순전한 개념으로서의 자신과 갖는, §553과 비교) **"동일성"**으로서의 이러한 일치이다. 그리고 이때 절대정신은 절대이념과 마찬가지로 **지**이기도 한 동일성이다. 말하자면 절대정신은 더 이상 이러저러하게 참으로 간주함과 함께 있는 또는 그 안에 있는 이러저러하게 특수한 인륜적 실체가 아니다. 오히려 절대정신은 자기 내 무한한 "보편적 **실체**"이며 "정신적인 것으로서의" 보편적 실체이다. **정신적** 실체로서 절대정신은 자유이다. (다시 말해 "자기와의 동일성으로서 개념의 절대적 부정성"이다, §382와 비교). 이 자유는 "**자신으로** 그리고 **하나의 지로**" 스스로를 **근원적으로 나눈다** (그래서 "판단"을 수행한다). 그러면서 "이 지**에 대해** 자유는 그 자체로 있다." 그러므로 절대정신"의"

지는 단지 절대정신에 "관한" 지인 것만이 아니다. 이러한 지는 절대정신에 단순히 외면적일 것이다. 절대정신의 지는 또한 절대정신의 자신을-앎(Sich-Wissen)으로서 이 절대정신 자체에 속하는 것이다. 게다가 근원적 분리의 과정이 없다면 지도 없을 터인데 이 근원적 분리의 과정과 이 과정에서 실체로부터 구별되던 유한한 주체는 하나 안에 "다시 묶여" 있다. 이 하나야말로 진정 자기에게 복귀하는 것이다. 따라서 정신적 실재성의 이 전체 "영역"은 (다시 묶는 재결속의 가장 보편적 의미에서) "**종교**"로 특징지어질 수 있다. 그러나 이때 숙고해야 할 것이 있다. 즉, 종교는 단지 유한한 주체에서 출발해 (절대정신의 지에 이르는 유한한 주체의 고양을 거쳐) 진전해가는 것만이 아니다. 그리고 종교는 단지 주관정신으로서의 이 유한한 주체 내에 있는 것만도 아니다. 그렇다면 반면에 실체는 유한한 주체에 의해 건드려지지도 않은 채 이 유한한 주체의 피안에 있게 될 것이다. 마찬가지로 종교는 "객관적으로 절대정신으로부터 출발하는 것으로서도 ……" 고찰되어야 한다. 절대정신은 "자신의 공동체 내에서 정신으로서 있다." 그렇지 않다면 종교는 앞서와 같은 지의 형태를 형성할 수 없을 것이다. 이 지의 형태에 대해 즉자적으로 자유로운 지성은 **자신의 객관적인 인륜적 현실 속에서** 자신의 개념에까지 해방되어 있어야 한다. 그렇기에 절대정신 개념의 해명은 이전에(§552에서) 연역된 개념이 분석됨으로써 성취되지 않는다. 절대정신의 개념을 해명하려면 철학적 사유가 자신의 대상에 대해 취해야 할 입장을(§553) 고려해야만 한다.

절대정신의 개념이 해명되면 이 해명된 개념을 갖고 작업을 진행하기 위해(§554, 두 번째 문장) 다음과 같은 격언이 제시된다. 즉, "종교"는 (그래서 하나의 실체로 다시 묶이는 지의 재결속은) 단지 "객관적으로" 절대정신으로부터 출발하는 것으로서가 아니라 **마찬가지로** 주체로부터 출발하며 주체 내에 있는 것으로서도! 고찰되어야 한다. 무엇보다 앞서와 같은 지의 "품격 있는" 형태의 필연성이 또는 이러한 몇몇 형태들을 모색할 필연성이 우리에게 그 격언을 지적해준다. 왜냐하면 마땅히 드러나야 할 참다운 종교성은 "자신의 구체적 본질의 자유로운 보편성을 의식하게 되는 인륜성"이기 때문이다(§552A, 2). 따라서 이제 그 개념 작업의 **정향**을 위해서는(§555) "절대정신의 주관적 의식"이 좀 더 면밀히, 게다가 이중적인 관점에서 주시되어야 한다. 즉, 절대정신의 주관적 의식이 "자기 내에서는" 무엇이며 또한 무엇이 되는지 하는 관점에서, 그리고 이 주관적 의식과 더불어 무엇이 객관적으로 발생하는지 하는 관점에서 주시되어야 한다. 그러한 객관적 발생이 품격 있는 지 형태를 형성하는 데 중요한 것인 한 그렇다. 여기에서는 실재성들의 한 "구면(球面)"이, 다시 말해 원환 궤도가 문제시된다. 그러나 이 궤도는 이중적이긴 해도 잘 규정되어 있는 하나의 출발-종착점을 지니기 때문에 이러한 의식이 "본질적으로는 자기 내의 과정"이라는 것을 알게 된다고 해서 놀라운 것은 아니다. 그리고 참다운 종교성 및 이 종교성의 지의 품격 있는 형태는 이 과정 말미에서 기대해야 한다.

과정(Prozeß)이란 말하자면 단순히 어떤 것이 그 안에서 하나의 길을 거쳐 가는 운동 그 이상의 것이다. 과정은 그 개념상(§326) 동일적인 것의 차별화의 진행 그리고/또는 상이한 것의 무차별화 및 공동 성장[30]의 진행이다. 이 양자는 함께 하나의 원환 과정을 이룰 것이다. 이때 원환 과정은 직접적 실체적 통일로부터 차별화, 연관, 아마 더욱이 대립까지 거치면서 매개된 통일로 복귀한다. 이 매개된 통일은 근원적 통일보다 "더 고차적이며" 더 구체적인 통일이다. 따라서 내적 합목적성의 개념 아래 절대정신이 사유되어야 할 때 이 내적 합목적성은 단순하게 화성학적으로 구상되어서는 안 된다. 이 점은 의심할 여지 없이 "즉자적으로 자유로운 지성"에도 해당된다. 즉자적으로 자유로운 지성은 앞서와 같은 "도정"상에 있는 절대정신의 주관적 의식 속에 있다. 이제 주관정신과 객관정신은 앞서의 그러한 도정으로 간주되어야 한다. 왜냐하면 맨 처음에 즉자적으로 자유로운 이

30) 공동 성장으로 번역된 Zusammenwachsen이라는 말은 여기서 갑자기 사용된 것이 아니다. konkret(구체적)의 어원인 라틴어의 concresco는 in sich zusammenwachsen(자기 내 함께 성장하다), sich verdichten(밀도 있게 되다, 농후해지다)의 의미를 지닌다.

지성은 자신의 인륜적 실체 속에 있는 주체의 **자기감정**이며, 따라서 인륜적 실체 및 이 실체의 지배력들이 자신 고유의 본질이라는 증언을-제시함(Zeugnis-Geben)이기 때문이다. **정신의** 이러한 **증언**에서 주체가 자신의 실체와 지니는 통일은 "**믿음과 신뢰** 자체보다 직접적으로 훨씬 더 동일적인 것이다(R 147). 그러나 여기서부터 멀지 않은 곳에서 절대정신의 주관적 의식이기도 한 그 과정의 개념적 도정이 시작된다.

이 과정의 "직접적인 실체적 통일"은 말하자면 "정신의 증언 내 객관적 진리의 **확실성**으로서의 **믿음**"이다(§555, 첫 문장). **의식**으로서 이 믿음은 그럼에도 단지 이러한 직접적 통일인 것만은 아니다. 이 믿음은 또한 절대정신 개념 속에 구별된 규정들의 **연관**으로서의 통일도 "포함한다." 이와 같은 규정들에는 주관적 확실성의 규정과 객관적 진리의 규정이 있다. 그렇기에 이 믿음은 자기 안에서 실체적 통일로부터 이 통일의 연관들로의 차별화에 이르는 (개념적) 과정이다. 실체적 통일이 차별화되는 그러한 연관들의 특정 규정들 아래서 믿음은 하나의 지일 수 있다. 그러나 이 지는 내용적으로 참된 앎이 아니라 오히려 한갓 추정적인 앎일 뿐이다. 이러한 앎으로서 믿음은 또한 "정신적 해방"과 대립될 수도 있다. 정신적 해방은 인륜성에서 성취되거나 종교적 의식의 영역과는 다른 절대정신의 영역들에서 성취된다. 그러나 참다운 종교성과 이 종교성의 지의 품격 있는 형태를 고려해보면 믿음은 단지 하나의 통과 국면일 뿐이다. 왜냐하면 믿음은 또한 항상 직접적 통일이자 이 직접적 통일의 종교적 수행으로서 "재-통일(re-unio)"이기 때문이다. 아무튼 "함의적인 …… **제식**"으로서의 **기도** 속에서, 그리고 풍속에 속하는 행위들로 이루어진 제식의 좀 더 명시적인 형식들 속에서 믿음은 매번 이미 대향적(對向的)인 과정으로 이행해 있다. 그리고 이것은 단지 종교적 의식의 내부 관점에서만 그렇다는 것이 아니라 또한 이 의식에게 객관적으로 발생하는 것에 관해서도 그렇다는 것이다. 예를 들어 희생제와 같은 제식을 통해 성취되는 것은 인간이 자신의 주관성을 벗겨낸다는 것이다(TW XVI, 218). 만약 "정신적 해방과의 대립"이 의식 속에서, 그리고 이 의식의 관계를 맺는 실행들 속에서 형성되었다면, 그러한 대립은 제식을 통해 원리상 다시 지양되며, "이러한 매개를 통해 앞서의 최초 확실성은" **확증된다**. 이러한 과정은 경향적으로 적어도 최초의 확실성에 대해 "정신의 구체적 규정을, 말하자면 정신의 화해와 현실성을 획득하는" 데에까지 나아간다(§555 결론). 그러므로 절대정신의 개념에서 참다운 종교성을 인식하고 이 종교성의 지의 형태를 자유로운 지성 개념에 품격이 맞는 한 형태로 개념 파악하려면 이 양자, 즉 참다운 종교성과 이 종교성의 지의 형태는 에둘러 설명해본 이 과정처럼 한 과정의 말미에서 찾아져야 한다. 종교는 자신을 인륜성으로서 완성한다(TW XVI, 236과 비교). 정신적 해방의 전진이 완결되지 않은 한, 물론 지의 한 형태가 인륜적인 한 특정 시기의 현실 속에서 소유하는 품격성을 다른 시기의 현실 속에서 상실하는 일이 있을 수도 있다. 그렇기에 사람들은 다음 시기의 것을 위해 믿음의 확실성을 확증한 채 이전 시기의 그러한 지 형태 이상의 것을 곧잘 목표로 삼곤 한다. 그리고 사유나 세계사마저 한 형태에서 다른 형태로 전진해가야 하는 근거들을 가늠해본 위의 맥락 속에서 찾곤 한다.

(3) 전개 요약

세계사 철학을 충분히 넓게 세부에까지 들여다본 자는 지금까지(§§553~555에서) 말해진 것을 전제한다면 더 이상 절대이념의 지를 보충해 구상되는 절대정신의 지에 대해 적어도 "품격 있는 형태"를 하나 더 만들어내는 것이 어렵지는 않다. 이러한 지의 형태는 이것의 인륜적 세계 속에 **직접적으로** 실현되어 있는 것이며 인륜적 세계들의 역사적 순서 내에서 우연히 **최초의** 것으로 출현한 것이 아니다. 이를테면 그리스 문명의 "아름다운 인륜성"에서 (즉자적으로 자유로운) 지성은 적어도 최초로 자신의 근본적 활동성들 중 (또한 가장 일찍 형성될 수 있었던) 하나와 관련해 자신의 개념에까지 해방되어 있을 수 있었다. 아마도 다음처럼 말해도 될 것이다. 지성은 사실상 거기에서, 그리고 이 관점에서 자신의 개념에까지 해방되어 있었다고 말이다. 이것을 알아보려면 형성되어야 했던 품격 있는 그 지 형태를 위해 지성의 어떠한 근본적 실행이 관건이 되었는지를 숙고해보기만 하면 된다. **아름다운** 인륜성을 지배하던 정신의 표현은 특별히 이러한 특징에 관여하던 지여야 했다. 이때 이 지는 (삶의 세계로부터 마치 꽃처럼 개화하여) 주관정신에 의해 완수되듯이 그렇게 자유롭게 직접적으로 완수된 것이다. 즉, 이 지는 미의 지각을 위해 특별히 제작된 아름다운 작품들을 직관함이자 이 속에서 가능한 한 분명하게 직관적으로 신성(神性)을 표상함이다. 그때마다의 작품 속에서 인간적인 형태가 표본적으로 신성에 부여되었으며, 주관적 의식은 그러한 직관에 기여하던 제식에서 자신을 이 신성의 정신과 합일시켰다. 그렇기에 주관적 의식은 제식적 희생 제물에서 성취되는 통일보다 더 고차적인 통일 속에, 바로 정신적인 것과 자연적인 것의 통일 속에서 있었다. 그리고 이것은 작품을 개별적으로 제작하는 것이 공동체적인 정신적 해방에 대한 자신의 대립을 포기해야만 했다는 것을 고려해보아도 그렇다. 이 때문에 그와 같은 지는 간단히 말해 "**즉자적으로** 절대적인 정신의 **이상**으로서의 구체적 **직관**이자 표상"이다(§556). 여기에서 "이상"이란 표현은 단지 직관과 표상의 대상 속에서 지각되는 유한한 실재성이 극복되어 무한한 이념에 이르게 된다는 것만을 뜻하지 않는다. 그 표현은 또한 이념이 이 점에서 "개체 속에", 즉 "**미**의 형태"를 지니는 하나의 구체적인 본보기 속에(§556) 소유되고 성취된다는 것을 말한다(KKU §17과 비교). 그러한 지는 종교의 제식 속에서 자신의 객관적인 정신적 장소를 지녔었다. 이때의 종교는 "아름다운 예술의 종교"로서(§557) 평범하게 보자면 자신을 인륜성으로 완성한 종교였다. 이 종교는 정말이지 인륜적으로 구성된 세계의 풍속으로서 실행되었으며 결코 이와 달리 실행되지는 않았다.

그럼에도 불구하고 종교의 요점들이 지금 문제시되고 있는 지를 설명하게 되는 것은 비로소 다음과 같은 점에서이다. 이러한 지는 **주관적** 정신의 활동성 개념에까지 해방되어 있기에 이 지가 자리 잡고 있는 예술 **종교**의 인륜적 제식으로부터는 여전히 구별되어야 하는 것이다. 이 지는 (예술가와 그의 작품 수용자들이 나누는) 아름다운 예술을 직관함 속에서 완성되어야 할 지로서 우선 그렇게 해방된 지성으로부터 나타나는 고유한 규범들 아래에 있다. 그렇기에 헤겔이 『철학적 학문들의 백과전서』의 둘째와 셋째 판본에서 이러한 지의 형태에 관해 논할 때 더 이상 (첫 판본에서처럼) "예술의 종교"라는 제목을 달지 않고 단지 "예술"이라는 제목만 붙인 것은 저절로 이해된다. 유일하게 단 한 절만이(§558) 오직 예술을 다룸에도 불구하고 여기에서는 예술의 보편개념을 위한 기반이 발견된다. 예술의 보편개념은 형식적 미의 특정한 개념을 형성할 수 있게 해주기도 한다. 그 다음엔 이 보편개념 아래서 (헤겔의 예술철학 강의에서처럼) 예술과 기예들의 전체 실재성 영역에 대해 상세한 설명이 행해질 수 있다. 이러한 설명은 고전 그리스 예술이 자신의 인식론적 열쇠 기능을 상실하지 않은 채 또는 반대로 고전주의와 형식주의에 대한 설명이 외면당하지 않은 채 행해질 수 있다. 설명이 아무리 심미적인 것의 "자기 자율성"을 고려하려는 동안이라 해도 말이다. 그럼에도 헤겔 예술철학의 포괄적인 인식 지평은 『철학적 학문들의 백과전서』에서는 단지 암시만 될 뿐이다. 완성된 미의 고전적 예술이 이 예술에 역사적으로 선행하는 (그리스 이전과 그리스 초기의 인륜적 세계 내) 숭고함의 **상징적** 예술로부터, 그리고(§561 이하에서) 이 고전 예술 다음에 오는 **낭만적** 예술로부터 구별됨으로써 말이다.

지배적인 정신의 자유롭고 충전적인 표현이라는 것은 아름다운 작품을 직관함에 지성 개념에 해당하는 품격성을 부여해주는 그와 같은 것이다. 하지만 바로 이것이 그러한 직관함에 있어 대자적으로 존재하는 진리의 내용적 결핍을 이루기도 한다. 직관함 속에서 표상되는 신은 그 정신적 내용 규정성에서 "동시에 그 자신 속에 여전히 자연적 요소나 현존의 규정"을 지닌다(§557). 직관함 속에 알려지는 자연과 정신의 **통일**은 "정신적 통일이 아니다. 정신적 통일이라면 그 안에서 자연적인 것은 단지 관념적인 것, 지양된 것으로만 정립되어 있을 것이며 정신적인 내용은 단지 자기 자신과의 관계 속에서만 정립되어 있을 것이다"(같은 곳). 미의 형태에선 즉자적으로 절대적인 정신이 신으로 표상됨에도 불구하고 이때 의식 속에 "들어서는", 그래서 의식을 충족시키고 자신을 의식과 합일시키는 그와 같은 정신은 절대적인 정신이 아니라 "단지 제한된 하나의 민족정신" 일 뿐이다(§559). 절대정신은 예술 작품들을 "형태화하는 개별성 속에서" "명시될" 수 없다(같은 곳). 이와 반대로 예술 작품들 속에서 정신의 **화해**는 직관하고 직관되는 주관적 자기의식 내에 "직접적으로 …… 성취되어 있다고 하는" 그런 어떤 것으로서 현상한다. 그럼으로써 이 주관적 자기의식은 "자신 안에서는 안전하고도 쾌활하게" 있겠지만, 그러나 "아무 깊이도 없이, 그리고 즉자대자적으로 존재하는 본질에 대한 자신의 대립의 의식도 없이 있는" 것이다(§561). 하지만 단지 이러한 결핍들만이 "아름다운 예술 및 이 예술의 고유한 종교가 …… 자신들의 미래를 참다운 종교 속에" 지닌다는 결과를 낳은 것은 아니다(§562). 이러한 결과에 결정적이었던 것은 이런 식으로 주장하기 위해 특별히 진술되기도 하지만(같은 곳) 그러나 또한 자신들만의 세계사적 국면들도 지니는(§562A) 근거들이었다. 이 근거들을 극도로 축약된 이 텍스트에서 알아보려면 §554에 (두 번째 문장으로) 제시되었던 그 격언을 상기해보아야 할 것이다.

그 결과를 근거 짓는 논증은 이 책과 같은 입문서에 적절한 간결함으로써는 설명될 수가 없다. 논증은 다음과 같은 점을 보여주어야 하겠다. 즉, 참된 **종교**는 계시적인 종교로서, 그리고 신에 의해 계시되는 종교로서 파악되는 것이 정당하다는 것이다. 참된 종교의 신앙은 아름다운 종교의 제식에서 직접적으로 직관하는 지와 달리 이제 "자신을 자기 속에서 매개하는" 지이며, 이 지의 내용은 "자유로운 지성의 규정을 원리로 지닌다"는 것이다(같은 곳). 따라서 우리는 이제 정신 개념의 실재성에 도달하는 셈인데, 이 실재성은 지이면서 동시에 **계시함을 개념 속에서** 실현한다. 이 계시함의 규정은 이미 정신철학을 시작할 때 정신 개념 안에 포함된 것으로 인식되었던 것이다. 이제 관건이 되는 것은 이러한 지의 형식을 개념 파악하고 이 지의 내용을 이성적인 것으로 통찰하는 것이다. 만약 우리가 이 점을 스스로 분명히 한다면, 우리는 기독교가 이제 다음과 같은 종교로서 다루어지는 것에 대해 놀라진 않을 것이다. 즉, 이 종교의 신앙적 지에 있어 신은 비록 **표상**의 방식으로 알려지긴 하지만(§565) 더 이상 어떤 숨겨진 신이 아니라 **계시적으로 드러내고** 있는(§564) 신이다. 따라서 지 안에서 매개되는 삼위일체적 신앙 내용들은 한 사건의 현상들로서 의식되는데, 이 현상들은 서로에 대해 전제되어 있으며, 마치 인격들처럼 자립적이면서도 연속되고 있는 것들이다. 이에 반해 철학적으로는 그 신앙 내용들이 이것들의 이성적 내용에 따라 개념의 계기들의 구체화로 파악되어야 한다. 개념의 계기들은 세 개의 "**특수 영역들** 또는 요소들"로(§566) 구체화된다. 그리고 그 신앙 내용들은 이것들의 지의 매개 운동에서(§§569 이하) "정신의 자기 자신과의 절대적 매개라는 하나의 추론을 형성하는 세 개의 추론들"로(§571) 파악되어야 한다. 그래서 전체적으로 보면 이러한 지의 매개 운동은 반성 규정들 아래의 다양성으로부터 스스로에게 현실적으로 현재하는 정신의 통일로 되돌아온다. 이 정신의 통일은 믿음에서, 그리고 "제식의 기도에서" "유한한 표상 방식의 형식" 없이 처음부터 현재하는 것이기도 하다(§565와 비교). 지의 매개 운동은 예술의 지 형태를 특징지었던 진행 과정에 대향적으로 자신을 완성한다. 말하자면 예술에서의 진행 과정은 전체적으로 보면 "실체적 내용을 자립적인 많은 형태들로 주관적으로 생산하고 분산시키는 것"이었다(§572). 즉, 그리스 예술 종교에서 직관 가능하게 만들어진 신들과 같은 형태들로 말이다.

이 두 형태들로 있는 지에는 객관적 특징을 지닌 과정과 주관적 특징을 지닌 과정이 있는 셈인데, 그렇다면 이 과정들의 대향성(對向性)은 또한 "학문"으로 생성되고 있는 근대 **철학**이(§§572 이하) 형식상 예술과 종교의 통일로 개념 파악될 수 있는 관점을 형성하기도 한다. 말하자면 기독교와 달리 근대 철학은 "전개되는 것이 자기 전개하며 흩어지고 매개하는" 와중에도 참된 종교의 지 내용들과 원칙상 동일한 자신의 지 내용들을 단지 표상 방식에 따라 "하나의 전체로 모아" 두지만은 않는다. 근대 철학은 또한 "단순한 …… **직관** 속에서도" 자신의 지 내용들을 "합일시키며", 그런 다음 이 합일 속에서 내용들을 "**자기의식적인 것**"으로까지 고양시킨다. 이로써 자기의식적인 것이 이제 더 이상 단순한 직관함이 아니라 **사유함**이게끔 말이다(§572, §571과 비교). 그리고 이로써 합일은 더 이상 순전히 감성적 직관 속에 있지 않고 오히려 "단순한 정신적" 직관 속에 있게 된다. 이러한 확신의 도움을 받아 두 선행하는 지 형태들과 계속 대조됨으로써(§573) 철학 개념이 해명될 수 있다(§574). 이 철학 개념의 해명을 통해서 엔치클로페디적으로, 즉 통섭 교육적으로 상론되던 학문은 "자신의 시원으로 되돌아"간다. 이 시원에 있던 "논리적인" 것은 이제 "**정신적인** 것으로서의 학문의 **결과**"이다. 그 다음 남겨진 절들이(§§575~577) 여전히 보여주려는 것은 단지 얼마만큼 그 결과가 (논리적인 것이 학문 속에서 지녔던 "**현상**"의) 세 추론들을 또한 포함하고 있는지 하는 것뿐이다. 그리고 이 추론들 중 셋째 것과 함께 철학의 **개념**은 철학의 **이념**에까지 실현되어 있다는 것뿐이다(§577). 그렇다면 여기에서 정신의 개념이 정신 안에 지니는 실재성이 이 정신 개념과의 동일성 속에서 "절대이념의 **지**로서 있다고 하는"(§553) 인식 목표가 궁극적으로 성취된 셈이다. 좀 더 자세히 안내하려는 입문서라면 이 마지막 단계마저 그 자체가 §555에서 이루어진 규칙들을 여전히 지키고 있다는 것을 보여줄 수 있을 것이다. "정신의 화해, 현실"을 획득하기 위해 정신적 해방과의 대립의 지양을 통해 매개됨으로서 믿음의 최초 확실성을 "**확증하려는**" 규칙들 말이다.

7. 몇 가지 계속되는 물음들

헤겔 『철학적 학문들의 백과전서』의 정신철학은 이 책에선 가능한 한 이 정신철학의 고유한 관점에 입각해 소개되어야 했다. 즉, 헤겔이 중요하게 여긴 이념사적 연관들을 고려해서, 특히 헤겔 자신이 발전시킨 개념성에 의거해서 말이다. 이때 무엇보다 주목해야 했던 것은 매번 한 주제에서 그 다음 주제로의 "전진을" 확증하는 잠재된 가능성들이었다. 또한 개념적으로 특징지어진 한 대상과 (이 대상의 개념의 "발전"을 통해) 마침내 도달되는 새로운 대상의 개념 간의 "이음새"에 대해 헤겔이 단지 암시만 했던 논증들에도 주목해야 했다. 이와 같은 것에 주목함으로써 말하자면 전체의 체계적 구성이 쉽게 접근할 수 있게 되어야 한다. 전체의 체계적 구성에 대한 이해 없이 헤겔의 텍스트는 성공적으로 연구될 수도 없다.

이렇게 진행해오면서 아마 『철학적 학문들의 백과전서』의 셋째 부분이 헤겔 전체 저작 중 가장 의미 있는 업적이라는 인상이 생겼을지 모른다. 이 셋째 부분은 추측건대 실제로 그렇다. 여하튼 이 부분은 『논리학』 못지않게 존경을 받을 만하다. 물론 『논리학』이 없었다면 『철학적 학문들의 백과전서』의 어떠한 부분들도 이루어지지 않았겠지만 말이다. 마찬가지로 헤겔은 자신의 논리적 대과업을 이것이 정신의 인식을 위해 요구되지 않았다면 확실히 떠맡지도 않았을 것이다. 정신의 인식에서야 비로소 『논리학』의 내용을 형성하는 개념적으로 "형이상학적인", **그리고** "논리적인" 것이 그 구체적 의미에 도달한다. 비로소 이와 함께 (정신의 철학적 학문에 입문적인) 『정신현상학』의 약속이 다소 이행되는 것이며, 『법철학 개요』에도 하나의 기반이 주어지는 것이다. 이러한 기반과 비교될 만큼 많은 것을 떠받칠 수 있는 기반은 근대 철학 전체를 보아도 찾을 수가 없다. 하지만 단지 이 때문에만 『철학적 학문들의 백과전서』의 정신철학이 대단한 찬사를 받는 것이 아니다. 이 정신철학이 모든 경쟁 철학들보다 탁월한 점은 무엇보다 다음과 같은 점에 있다. 즉, 이 정신철학은 근대 정신 형이상학의 난점들로부터 벗어나서 하나의 철학적 일원론에 이르는 유일한 철학이다. 이때의 일원론은 자연의 일원론도 정신의 일원론도 아니며 오히려 오직 절대이념의 일원론일 뿐이기에 정신을 자연으로 환원하거나 자연을 정신으로 환원하지도 않는다. 그렇다고 이 일원론은 자연과 정신 이 양자를 결합하지 않은 채 병렬적으로 있게 해서도 안 된다. 이와 같은 근대적 정신철학만이 고대의 퓌지스(Physis) 이론과 누우스(Nous) 이론에 상응하게 되며, 그럼에도 논쟁의 여지가 있는 근대의 인식 진행 방식을 플라톤이나 아리스토텔레스의 권위로 대체하지 않는다. 게다가 『철학적 학문들의 백과전서』의 정신철학은 유한한 정신과 무한한 정신의 통일적 인식이라는 볼프의 약속도 충족시키며 그러면서도 전체 존재신학에 대한 칸트의 비판을 가볍게 여기지도 않는다. 헤겔은 더욱이 그의 모든 동시대인들보다 더 단호하게 칸트의 이 비판을 급진전시킨다.

칸트의 비판을 『논리학』을 넘어서까지 속행하려는 구상이 바로 이전엔 결코 고려된 적이 없는 정신 개념의 구상이자 주관적, 객관적, 절대적인 것으로서 정신의 개념적 발전의 구상이다. 이 구상은 결코 진부한 것이 아니며, 그 자체에 있어서나 또한 그 전개의 섬세함에 있어 이미 완전히 속속들이 꿰뚫어 본 상태도 전혀 아니니다. 경탄할 만한 예술 작품처럼 그 전개는 언제나 다시금 자신에 관해 비밀에 가득 찬 새로운 뉘앙스를 드러낸다. 그러나 그 전개는 사상의 한 작품으로 다루어져야 하며 이러한 작품으로서 논증상의 강점들과 약점들에 이르기까지 면밀히 검토되어야 한다. 다만 면밀한 검토라는 이 후자만은 입문적으로 안내하려는 이 책에서는 좀처럼 성취될 수가 없었다. 하물며 더더욱 이제는 외부적 전제들로부터 비롯되는 비판이 기대되어서도 안 되겠다. 결국엔 단순히 긴급하게 내부적으로 제기되는 의문들만이 여전히 이 책에 자리를 차지하게 된다.

이 의문들을 위해 배치된 몇몇 지면(紙面)들은 이미 『철학적 학문들의 백과전서』의 강요(綱要)라는 특성에서 비롯된 것이다. 철학적 학문들의 이 요약본은 단지 헤겔이 강의에서 다룬 모든 대상들을 간결하게 서술함으로써 개관할 수 있게끔 하나의 전체로 접합시키고 이를 통해 전체의 부분들에서 이들 간의 연관을 이해하기 쉽도록 해야 하는 것만이 아니었다. 또한 이 요약본은 반대로 개별적 대상들 및 분과들을 강의하기 위해 충분히 차별화된 기초 텍스트를 제공하려고도 했다. 이것은 간결한 서술이라는 앞서의 의도를 희생함으로써만 이루어졌다. 무엇보다 이 앞서의 의도에 관해서는 이미 1807년의 『정신현상학』과 마찬가지로 『철학적 학문들의 백과전서』도 헤겔이 보기엔 불만족스러운 점이 많았다(III, 126; II, 161과 비교). 이러한 결점이 없었더라면 정신에 관한 위의 설명은 추정컨대 더 짧게 끝날 수도 있었을 것이다. 주관정신, 객관정신, 그리고 절대정신의 발전 국면들에서 정신 개념의 "실현"은 좀 더 분명하게 되었을 것이며, 특히 자유로운 주관정신은(§481 이하) 이것의 객관정신과의 연관에 있어 (그리고 이 객관정신 **내에서의** 주관정신 개념의 지속적 규정에 있어) 헤겔 텍스트에 의한 것보다 더 잘 밝혀졌을 것이다. 그럼으로써 또한 주관정신과 객관정신이 절대정신 내 절대이념의 지가 형성되는 "도정으로서 간주될" 수 있는 방식에 대해 좀 더 많이 조명되었을 것이다(§553).

처음 보기엔 위에 언급된 결점과 대립된 것처럼 보이는 결점이 하나 더 기록될 수 있다. 이 결점은 거의 마찬가지로 강조되며 부분적으로는 게다가 동일한 지면들과 관련된다. 말하자면 어떠한 관점에서는 세부 사항이 "더 이상 제한되지" 않고 오히려 좀 더 마무리되기를 원하게 된다.『철학적 학문들의 백과전서』의 정신철학의 체계 구조는 완전하면서도 미완성된 하나의 전체이며, 그렇기에 완공되지 않은 건축물 속의 골조 건물이라 할 수 있다. 이 골조 건물의 벽면은 여전히 미장이나 벽면 세공, 그리고 벽토 회반죽이 필요하며 마지막엔 여전히 초벌 벽 칠까지 해야 한다. 이 "요강(要綱)"은 진정 이러저러한 방식의 강의들을 통해서 보충되어야 한다. 그러나 대부분의 강의들은 단지 규명하고 세분화하고 구체화하고 외부 연관들을 수용함으로써만, 간단히 말해 자료를 고려함으로써만 보충 기능을 떠맡는다. 그것들은 아주 드물게만 절(節)들로 이루어진 텍스트의 개념적 논증 잠재력을 명시적 논증으로 전환시킨다. 그렇기 때문에 그것들은 더욱이 이러한 **형식적** 보충이 헤겔의 생각에 따르면 결코 필요한 것이 아니라는 불길한 암시까지 주게 된다. 사실 헤겔에게 이러한 보충은 수업을 위해서는 너무 어렵기만 한 것으로, 그리고 학생들을 내용적으로 가르치는 것과 연관해서는 특별히 절박하지 않은 것으로 보였다. 이에 반해 철학적 학문의 인식 요구를 정당화하려면 이러한 보충은 스프에 필요한 소금 같은 것이다. 그리고 이 소금이 이루어내는 맛에 관해선 항상 절들로 이루어진 텍스트가 강의보다 더 많은 예감을 준다. 그러나 한 가지 맛만 단순히 예감하는 것은 충분하지 않다. 그러므로 『철학적 학문들의 백과전서』의 정신철학에는 상세한 논증적 명시성마저 결여된 것이다. 골조 건물의 재목들은 알맞게 잘려 있고 서로 끼워 맞춰져 있지만 거의가 쐐기로 죄어져 이가 맞물려 있는 것은 아니다. 이러한 결점은 특히 결정적 이음새들에서 감지될 수 있다. 예를 들어 **주관적** 정신의 철학 내부에선 현실적 영혼으로부터 의식으로 전진하는 데서(§412) 감지될 수 있으며, 그렇지만 다른 규정들을 통해 의지로서의 지성을 보충할 가능성과 연관해서는 자유로운 정신에서도(§481) 감지될 수 있다. 말하자면 이 다른 규정들이 없었다면 객관정신으로부터 절대정신으로의 전진도 절대정신의 발전도 가능하지 않았을 것이다.

객관적 정신의 철학에 있어서는 『법철학 개요』가 사고의 전진을 좀 더 잘 이해되게끔 해준다. 『법철학 개요』는 여기서 이루어지는 전진들이 마땅히 관심을 받아야 하는데도 유감스럽지만 충분히 이러한 관심을 일깨우지는 못하고 있다. 그럼에도 불구하고 『법철학 개요』는 『철학적 학문들의 백과전서』보다는 좀 더 명료하다. 그런데 『법철학 개요』는 그 외에도 **내용**에 해당하는 물음들을 제기하게끔 일련의 동기들을 유발하기도 한다. 몇 개만 거론해보자.

1. 헤겔은 자신의 현재의 정치적 인륜성이 겪는 고뇌를 다음처럼 기록했다. 자유주의는 민족 내 "분별 있는 자들"의 영향과 이들에 대한 나머지 사람들의 신뢰에 대해 "원자들, 즉 개별 의지들의 원리"를 대립시킨다. 이 원리에 따르면 국가 내의 모든 것은 개별 의지들의 "분명한 권력과 분명한 동의를 …… 거쳐" 이루어져야 하지만, 개별 의지들은 "유기적 조직에 관해 확고한 어떠한 것도 출현하게" 하지 못한다.

> 역사가 직면해 있으며 미래의 시기에 해결해야만 하는 것은 바로 이러한 갈등, 이러한 곤란, 이러한 문제이다(TW XII, 535).

이때 시민사회의 이론은 이미 헤겔보다 더 분명하게 개별자들의 사회적 권리에 의해 초래된 원자화의 예기치 못한 결과들이 어떻게 제지되어야 하는지를 보여준다는 사실이 중요하지 않았겠는가? 또한 개별자들의 자유를 위해서는 정치철학이 정치권력들의 유기적 연관 속에 포함된 것보다도, 그리고 정치권력과 군사권력의 균형으로부터 기대될 수 있는 것보다도 더욱 세세한 권리 보장을 공식화해준다는 사실도 중요했을 것이다. 이 양자는 헤겔의 인륜성 원리들 아래서라면 가능했을 것이며 게다가 정확히 말해 필요한 것이기도 했을 것이다.

2. 헤겔은 나폴레옹 이후 유럽 대륙의 열강들이 맺은 신성동맹에 대해 아무런 공감도 나타내지 않았다. 그렇지만 이것은 헤겔이 그의 외적 국법 이론에서처럼 평화 유지에 기여하는 국제 제도들의 가능성에 관해 그토록 무관심했던 것을 설명할 만한 충분한 근거가 되지는 못한다. 이것은 더욱이나 헤겔이 칸트의 「영구 평화론」을 비판할 때처럼 국제 제도들에 관한 칸트의 구상을 그렇게 경멸적으로 얕잡아본 것을 설명할 만한 충분한 근거도 아니다. 또한 『법철학 개요』에서 평화 상태를 위해 공식화되는 국제법의 원칙들이(§§333~337) 이러한 논점에서 경멸적이었던 헤겔의 태도를 정당화하는 것인지도 의문이다.

3. 단순히 경험적으로만 보편적인 역사의 관점을 넘어서는 **세계사적** 고찰의 기준은 어디에 존립하는가? 이 물음에 속하는 것으로 분류될 수 있는 그 밖의 물음들도 있다. **한편으로는** 『법철학 개요』의 끝 무렵에, 그리고 객관정신철학의 끝 무렵에 설정되었던 법 문제의 해결을 위해서 **형식적** 관점에서 보자면 보편적인 역사로 향하는 통로가 필요하다. 그리고 이 통로를 가려면 길을 **지도해주는 개념들**이 필요한데, 이러한 개념들을 갖추면 사람들은 민족들의 모든 역사를 넘어서 단순히 일반화하지 않게 된다. 오히려 사람들은 여러 민족들의 역사 서술을 잘 다듬어서 자연적으로 처음에 출현했던, 그리고 처음엔 최고의 구속력을 가졌던 인륜성의 가장 큰 몇몇 형태들로부터 출발해 인륜성의 그 다음 형태들로의 **이행들**을 우리의 서구 인륜

성의 형태와 이 형태의 발전에 이르기까지 사유하게 (그리고 실증하게) 된다. 이 서구 인륜성 형태의 발전은 왕정복고 시대에 잠정적으로 종결된 것으로 간주되긴 하지만 말이다. 이때 인륜성의 그 다음 형태들은 나중에 출현한 것들로서 최고의 구속력을 요구함에 있어 앞서의 형태들을 대체하며, 그리고 나서는 서로를 대체하기도 한다. 이러한 복합적인 과정을 고찰할 때 지도해주어야 하는 그 개념들은 교훈적(Progmatische) 역사 서술의 한계 및 역사적 연관들의 기능적 고찰의 한계를, 또는 게다가 이 역사적 연관들의 근저에 놓인 "계획"의 목적론적 가정의 한계를 넘어서야만 한다. 하지만 그 개념들은 각 민족의 관련된 역사 서술 자료들에서 **확증되는** 것들이어야 한다. 따라서 물음은 또한 다음과 같은 것이기도 하다. 즉, 지도적인 그 개념들은 획기적인 각각의 인륜적 거대 형태에 대해 어디에 존립하는 것인지, 그리고 그 개념들을 확증하려는 노력이 성공하지 못하는 것을 입증하는 것은 무엇인지 하는 것이다.

설정된 법 문제에 관해 다른 한편으로 중요한 점은 세계정신이 실행하는 "최고의" 법조차도 이 법의 내용에서는 단지 일시적으로만 타당하며, 그리고 인륜적 거대 형태들("세계 왕국들")에 상대적이라는 것이다. 세계정신은 "자신의 힘의 법정"을(§342) 변경 불가능한 것으로서 시행하는 것이 아니라 오히려 세계사로서(§340) 시행한다. 세계정신은 세계사 내에 처음부터 보편적으로 **있는** 것임에도 불구하고 스스로 자신을 무제한적인 정신**으로서** 비로소 "드러내" 보이며, 다시 말해 지에까지 가져간다. 민족정신들은 자신들 고유의 발전에 있어 그때마다 자신들의 특수 원리들과 특출한 국면들과 더불어 언급된 이행들을 거치면서 부분들로서 포괄적인 역사적 발전의 그러한 하나의 전체 속에 통합된다. 그렇기에 세계정신의 최고법으로부터 세계사의 각 주요 시기에 대해 재구성 가능한 하나의 법체계가 연속되는 일련의 법체계들 속에서 권한을 부여받는다. 법체계들은 민족정신들의 원리들 내에서 하나의 내적 연관을 지니는데, 왜냐하면 이 원리들을 정말 세계정신의 구조 안에서 단계적으로 서로를 토대로 지니기 때문이다. 그리고 법체계들은 이것들의 연속과 함께 (실행되는 자유의 현존의) 하나의 과정을 형성하는데 이 과정에서 자유는 자기 자신의 지에 이르게 된다. 만약 세계사 고찰의 지도적 개념들이 연구 자료에서 확증된다면 이러한 과정에 대해 다음처럼 말해질 수 있다. 세상에 가득 찬 모든 재앙들에도 불구하고 이 과정은 세계 속에 있는 정신으로서의 "그" 법("das" Recht)이라고 말이다. 말하자면 지속적인 진보의 틀에서의 법의 변천이 문제가 아니라 오히려 법의 연속성이 유한자와 이 유한자의 운명에 부딪혀 산산이 깨져버릴 때 유한자와 이 유한자의 운명에 대한 법의 단순한 상대성이 문제이다. 그러나 이것은 자신의 현재에 대해, 그리고 철학적 사유가 이 현재 속에서 지니는 위기의식에 대해 무슨 의미를 지니는가? 이에 대해 헤겔이 과감히 말했던 것보다 그 이상의 것이 말해지면 안 되는 것인가?

만약 세계사의 네 원리들 중 마지막 원리에서 출현한 형태와 역사적 발전이 나폴레옹 지배 이후 시기까지 추적되고 이 시기에서 앞서 언급한 바 있는 "곤란"이 풀린다면 또한 **헤겔의 현재**에 관해서도 그의 확신에 따라 다음처럼 말할 수 있을 것이다. 『법철학 개요』에서 발견된 인륜성의 체계 구조는 매우 안정적인 것으로 증명되리라 기대되며 이 체계 구조와 더불어 또한 입헌군주제의 구조도 그렇게 증명되리라 기대된다. 이 구조에 상응하는 종교적 의식의 체제이자 종교개혁을 통해 견고해진 체제에서 말이다. 여하튼 이 모든 것은 이전 시기의 인륜성과 정치체제들보다 더 지속적일 것이다. 이전 시기에 자유는 아직 구체적으로 생성되지 않았으며 자유의 보존은 여전히 정치권력들의 그러한 유기 조직체에 의해 보증되지 않았다. 이와 같은 상황에서 혁명 이전의 상황들이나 봉건적 상황들까지 회복하고자 하는 경향은 단호히 제압되어야 한다. 헤겔은 특히 프로이센과 관련해 이러한 경향의 전형적 표출로서 할러(C. L. v. Haller)의 『국가학의 복고』(1816~1834)를 고찰했다. 그러나 할러의 노력들이 진보에 방해가 되기 때문에 헤겔이 이것들을 배척한 것은 아니다. 여하튼 헤겔이 이것들을 명확히 비판하는 것은 단지 그 저자가 국가를 "인식에 있어 대자적으로 이성적인 것으로" 파악하길 거부하기 때문이며, 게다가 "국가라는 이성적 내용을, 그리고 사고의 형식을 …… 의식적으로 포기" 하기 때문이다(R §258A). 이 비판에서 새로운 시대의 시작에 대해 철학적 판단이 고려해야 하는 제한들에 관하여 원칙적 의식이 진술되고 있는가? 새로운 시대가 자신의 현재에 도달한 것이라면 말이다.

4. 세계사 고찰이 끝날 때 자신의 현재가 그 특정한 인륜성의 문제들에 이르기까지 평가되고자 한다면, 제한이 폭넓게 이루어져서는 안 된다(위의 항목 1을 보라!). 추후의 경험들과 이후에 나타난 변화들에 비추어 상황 판단을 반성해야 하는 후세 사람에게 그 제한은 더더욱 아무런 타당성도 지닐 수 없다. 우리와 관련된 변화들에는 예를 들어 다음과 같은 것들이 속한다. 즉, 그동안 단지 사회적 원자화 과정만 1820년보다 훨씬 더 광범위하게 진척된 것은 아니라는 것, 이뿐만 아니라 또한 **왕조적으로** 결합된 최상 권력에 대한 신뢰도 그 이후 대부분 유럽 국가의 민족들에게는 상실되었다는 것이다. 헤겔은 지배자 가문에 "군주" 권력이 왕조적으로 결속되어야 하는 것을 다음처럼 근거 지었다. 군주 권력의 "내가 의지한다" 는 것이 오직 여전히 주관성으로 환원될 수 있는 한, 이를 위한 정치적 의지 결정의 정점은 유사 자연적 원리(왕조적 계승) 내에 안착하는 것이 필요하다. 그동안 일어난 변화들에 따르자면 이에 대해 무엇을 말할 수 있을까? (평균적으로 최적의 실행 시간에 걸친) 보통, 평등, 비밀선거의 운명적 결과에 대해 모든 사람들이 수행하는 복종은, "즉자대자적인 국가 내 (다시 말해 이성 개념 내) 최종 결정 계기는 직접적인 자연성과 결합되어 있다는" (R §280과 비교) 왕조체제에 대한 신뢰보다 더 적은 것을 인정하게끔 하는 것인가? 여기서 "직접적인 자연성" 은 확실히 더 이상 유사 자연적 가족 인륜성과 정치적 지배 간의 통일의 자연성은 아니다. 그러나 직접적인 자연성은 이러한 왕조적 형식으로 원자화 과정에 대항해 어떻게 존립할 수 있는가? 게다가 일단 이러한 형식에 대한 민족의 신뢰가 상실되었다면 직접적인 자연성은 원자화 과정에 대항해 어떻게 복원될 수 있겠는가? 다른 모든 선거 양식에 관해서도

비슷하게 말해질 수 있을 것이다. 만약 오직 그 민족만이 이러한 선거 양식을 갖고서만 자신의 정치적 활동성에서 비롯되는 운명을 존중할 줄 안다면 말이다. 이로써 민족은 자신 고유의 본성을 존경하는 것이다.

5. 헤겔의 인륜성 철학은 전체적으로 하나의 획기적인 자기 변화를 수행한다. 이 점에서 근대는 거의 우리의 현재에까지 육박하게 되지만, 그렇다고 근대의 "적법성" 보장이 한갓 자의적인 자기주장의 문제만은 아니게 된다. 헤겔의 이 인륜성 철학에서 개별자는 동시에 다음과 같은 가르침을 받는다. 즉, 한 국가의 시민으로서, 그리고 사인(私人)들로 이루어진 한 사회의 시민으로서 개별자는 보통 자신이 무엇을 해야 하는지 하는 물음과 함께 스스로를 주어져 있는 연관들에 내맡길 수 있다는 것이다. 이때 이 연관들 속에는 개별자 자신의 법적 자의를 위한 활동 여지뿐만 아니라 또한 자신의 도덕적 창조성을 위한 활동 여지도 들어 있다. 그러나 만약 개별적인 경우를 다루는 것과 관련해 인륜적 연관들이 정확한 어떠한 것도 말해주지 않는다면 또는 단지 논쟁거리가 되는 어떤 것만 말해준다면 이 개별적인 경우에 그 활동 여지는 어떠한 특수 도덕 원리들에 따라 철저히 논구될 수 있겠는가? 이에 대해서도 헤겔 철학은 분명 인륜성에 맞서 자립화된 추상적 도덕성을 비판한 후에, 그리고 바로 인륜성 속으로 도덕성을 "지양"한 후에 안내해줄 것이다. 답변이 어느 방향으로 이루어져야 하는지에 대해서는 위의 도덕성 절 말미에서 암시되었다.

절대적인 정신과 관련해 중요한 물음은 의심할 여지 없이 이 절대정신의 개념에 포함되어 있는 자연과 정신의 "통일"이 어떻게 이해되어야 하는지 하는 것이다. 이 물음이 여기서 마지막으로 숙고되어야 한다. 위에서 여러 번 확인된 바는 헤겔의 일원론이 오직 (절대적) 이념의 일원론이라는 것이다. 그리고 헤겔의 이 일원론은 자연과 정신 일반의 이중성에 (다시 말해 단지 자연과 유한한 정신의 이중성뿐 아니라) 개의치 않고 존립한다는 것이다. 이에 대해서도 의구심이 제기될 수 있었는데, 왜냐하면 헤겔은 절대자가 — 게다가 절대자의 최고 정의에 따르면 — 정신이라고 주장하기 때문이다. 이러한 의구심은 바라건대 정신 일반에 대한 위의 상세한 설명들에서 (7.3.2. ; 7.3.3.) 무엇보다 진정되었을 것이다. 그 최고 "정의"는 정신이 곧바로 전일적(全一的)인 것이라고 말하려는 것이 아니다. 그리고 정신이 단지 절대이념을 (논리적 이념으로서) 함축할 뿐만 아니라 또한 전체 자연을 자기 내에 포괄하기 때문에 이렇게 전일적인 것이라고 말하려는 것도 아니다. 그렇지만 "절대정신"과 같은 표현으로 언급되는 이 모든 것에도 불구하고 의구심이 다시 들어서는 안 되는 것인가? 그리고 절대정신 내에 자연과 정신의 **통일**이 사유될수록 그만큼 한층 더 의구심을 가지면 안 되는 것인가? 게다가 정말 여전히 추가되는 점이 있다. 절대정신의 철학적 지는 소위 기독교 신앙의 내용과 동일한 내용을 지닌다는 것이다. 기독교에서는 신이 정신으로, 그리고 세계 창조자로 표상되기에 말이다. 그리고 철학은 이 내용을 단지 개념 파악하는 사유의 형식에까지 가져가야 할 뿐이라는 것이다. 절대정신은 자연과 정신의 그러한 통일이라고, 그렇기에 기독교 신이 이미 창조 이전에 세계를 자기 안에 포함하듯 정신은 전체 자연을 자기 안에 포함하며, 신이 창조를 통해, 그리고 창조로서 세계를 지배하는 것처럼 정신은 자연을 지배한다고, 그리고 창조의 표상을 포기한 후에는 정신은 스피노자의 신처럼 자연과 동일시된다고 생각하는 것 외에 여전히 생각할 만한 다른 어떤 것이 거기에 남아 있는가? 이러한 의문 제기에 상응해 헤겔은 언제나 되풀이해 스피노자주의의 유심론적 변형이라는 비난을 받았다. 자신의 자유를 의지하는 의지의 외적 목적론으로부터 (모든 의지 목적들의 피안에 있는 자연과 역사의 합목적성이라는, 그리고 그러한 한 "목적 없는" 합목적성이라는) 자연과 정신을 포괄하는 내적 목적론으로의 이행도, 그래서 헤겔에 따르면 절대정신 개념에 구성적인 앞서의 이행도 이렇게 비난받는 결과에 이르는 것 아닌가?

만약 헤겔을 정확히 읽고 그의 사고들의 일관성 속에서 그를 설명하고자 한다면 이러한 물음들에 긍정적으로 답하게 되는 암시에 대항해야 한다. 외적 목적론으로부터 내적 목적론으로의 앞서 언급된 이행이 불가피한 것으로 고찰될 수 있는 만큼 이 이행은 자연과 정신의 통일에 대해 거의 오늘날 "인간의 원리" 내에 가정되고 있는 것 이상의 더 많은 내용적 규정성을 인식하게끔 해주진 않는다. 오늘날 "인간의 원리" 내에는 자연의 전체가 이 전체의 모든 맹목적 필연성과 함께 우리의 정신적 실존의 목적을 거스르지는 않으며 오히려 이 모든 것에도 불구하고 이 목적에 들어맞는다고 가정되고 있다. 앞서의 이행은 우리의 정신적 실존에는 이제 또한 즉자적으로 존재하는 정신과 대자적으로 존재하는 정신의 자기 자신과의 통일이라는 (자의적 정립에 의거하지 않는) 목적이 속하고 있다는 것만을 인식하게 해줄 뿐이다. 이때 자연과 정신의 통일이 꽤나 피상적인 일이지 않다면 그리고 이러한 통일을 위해 자연에 대해 본래 지각의 객체들만 고려되지 않는다면 절대정신의 지는 확실히 아름다운 예술의 산물들을 직관함에서 "품격 있는" 최초 형태를 지니지 않을 것이다(§557과 비교). 비로소 참다운 종교적 정신에서야 완성되는 좀 더 심오한 "정신적" 통일은 "자연적인 것을 단지 관념적인 것으로, 지양된 것으로 정립되어" 있게 한다(같은 곳). 그렇지만 자연적인 것의 관념성과 피지양성(Aufgehobenheit)은 이 정신적 통일에서 항상 **인간적** 본성의 좀 더 심오한 인식을 통해 획득되는 것이지, 자연 전체의 좀 더 깊은 인식을 통해 획득되는 것은 아니다. 예술을 통해서는 아직 획득될 수 없는 그러한 정신적 통일에 있어 "정신적인 내용은 단지 자기 자신과의 관계 속에만" 있을 것이다(같은 곳). 그러나 자연적인 것이 이러한 관계에 이르는 것은 지가 감성적 직관에 대한 자신의 결속을 포기하고 여전히 자기 자신 내에서만 자신을 매개한다는 것을 전제로 한다(§563). 자연적인 것이 특별한 것을 말하는 게 아니라면 이로써 그 내용에 있어 단지 우리의 감성을 거쳐서만 접근할 수 있는 자연이란 이 자연의 규정성에 따르자면 정신의 전적으로 무규정적인 타자로서 전제되어 있는 것이며 이러한 타자로서 자기 자신에 내맡겨져 있는 것이다. 그렇기에 절대정신은 이 정신의 지의 내용에 있어서 여전히 단지 "자연과 정신의 즉자대자적으로 존재하는 정신"일 뿐이다(§565). 이러한 내용에 대한 종교적 표상을 따르면 자연은 한갓 창조된 **현상**일 뿐이며, 자신과의 **연관** 속에 있는 **유한한** 정신에 상관적이다(§568). **자기 자신에서** 사유되고 개념 파악될 수 있기 위해서는 자연은 자신을 아는 (논리적인 것으로서의) 절대적 이념에 의해 특별히 "자유롭게 방임" 되어야 한다(§244). 이것은 분명 철학에서야 일어나는 일이다. 이것은 『논리학』 말미에서 이미 뚜렷이 행해졌고 입증되었다. 이것은 이제 절대정신의 철학적 지에서도 고려되어야 한다. 그렇지 않으면 헤겔의 일원론은 유심론적으로 오해받는다. 그리고 종교적 유심론의 일면성에 대항해 마찬가지로 일면적인 종교적인 것의 자연주의가 제시된다. 이 양자의 대립은 19세기 전체를 꿰뚫고 있다. 이 대립 중 자연주의적 극단은 무엇보다 이 시기의 예술을 지배했다. 헤겔에게 이 대립은 지양되어 있었다. 그리고 헤겔에게 이 대립의 자연주의적 극단은 의심할 여지 없이 유심론적 극단 못지않게 문제 있는 것이었을 것이다. 하지만 이 대립이 그토록 완고하게 주장되어왔다는 (그리고 진정 오늘날에까지 주장되고 있다는) 사실로 인해 헤겔은 추정컨대 절대정신 개념 내 자연과 정신의 통일에 대해서 자신이 『철학적 학문들의 백과전서』에서 성공한 것보다 더 정확한 것을 말해야 한다는 요구를 갖게 되었을 것이다.

08

헤겔의 강의와 강의 자료에 대해

헤겔은 대학에서 교수 생활을 하면서 총 41학기 동안 대략 90개의 강의를 공고했으며 이 중 대부분을 강의했다. 강의들은 거의 모두가 (『철학적 학문들의 백과전서』 자체를 포함해) 『철학적 학문들의 백과전서』의 분과들에 해당하는 것이었다. 몇몇 강의들에 관해서는 자필 원고들이 보존되어왔고 변경 없이 출판되기도 했다. 현저하게 더 많은 강의에 관해서는 수강생들의 필기문들이 있는데, 이것들은 수강생들이 강의 중에 필기한 것들이거나 혹은 강의 중에 한 필기들을 추후에 다시 정리한 것들이다. 이 텍스트들은 진위 정도로 볼 때 현저한 차이가 있다. 이 텍스트들 외에도 몇몇 강의에 관해서는 여전히 구술 및 자필 메모가 있다. 헤겔은 자신의 『법철학 개요』와 『철학적 학문들의 백과전서』의 견본들 사이사이에 끼워 철해놓은 빈 지면들 위에 스스로 메모를 작성해놓곤 했다. 더 나아가 이 저작들의 이전 단계들에 해당하는 단편들도 남아 있고, 또 완성되지 않았지만 (주관정신의) 보충 교과서를 위해 작성된 단편들도 있다. 헤겔의 강의 자료에는 좀 더 폭넓은 의미에서 "예나 체계 기획들"도 속한다. 강요(綱要) 형식으로 제공되진 않았지만 이것들은 헤겔의 그 당시 수업에서 직접 이루어진 것이며, 무엇보다 수업을 목적으로 작성된 것이다. 이것들은 또한 논리학과 형이상학 외에도 이미 자연철학과 정신철학을 다루었다. 다만 이것들이 기획상 지향하고 있는 전체는 여전히 철학의 "체계"일 뿐 특별히 철학적 학문들의 백과전서와 같은 그러한 체계는 아직 아니었다. 그러나 그런 백과전서의 이전 형태에 해당하는 것을 헤겔은 이미 예나에서 강의하기도 했다.

헤겔의 제자들은 (세계사, 예술, 종교, 철학사 등) 정신철학의 마지막 대상들을 강의하기 위해 스승이 해놓은 작업들을, 서로 다른 학기에 수강생들이 작성한 여러 강의 필기와 헤겔의 원고 등 성질이 매우 다른 자료에서 재현하여 편집해냈다. 후대의 몇몇 편집자들은 자료들을 편집하는 원리를 수정하기도 하고 부분적으로는 다른 자료들을 가지고 하기도 했지만 그럼에도 앞서와 유사하게 작업을 진행했다. 이렇게 해서 같은 강의 제목으로 출판되었어도 본문은 내용이 서로 매우 다른 텍스트들이 제공되는 일이 생겼다. 최초의 유고 편집자들이 『법철학 개요』와 『철학적 학문들의 백과전서』 속에 접합해놓은 "보충문들"은 동일한 기원과 특징을 지님에도 개개의 절들로 나누어져 있다. 단 하나의 강의 경우에만 헤겔 전집 "우인회 발행본(Freundesvereinsausgabe)"은 그의 원고를 변경하지 않은 채 단절 없는 텍스트로, 특별히 부록으로 출판했다. (신의 현존 증명들을 다루는) 이 강의를 헤겔은 단 한 번만 했다. 이를 위한 원고는 헤겔이 사망했을 때 정서(淨書)된 상태였다.

20세기 70년대에 들어서야 비로소 개별 강의 필기들과 원고들은 그 자체가 전체로서 편집되기에 이른다. 이렇게 편집된 자료가 상당한 가치를 지니는 것은 단지 헤겔 사유의 발생에 관해 많은 것을 알게 해주기 때문만은 아니다. 제대로 활용된다면 이 자료는 또한 헤겔이 자신이 다룬 철학적 분과들의 모든 영역에서 어느 정도로 관련된 소재를 수용하고 가공하려 애썼는지 보여준다. 그리고 이러한 소재에 대해 작업할 때 헤겔은 마지막 순간까지도 자신의 체계적 숙고들을 수정하는 데에 개방적이었음을 보여주기도 한다.

그러나 다른 무엇보다 바로 이 때문에 또한 다음의 지적도 유효하다. 만약 헤겔이 출판한 체계적인 저작들의 사상을 실감 나게 따라가 보고자 한다면 이러한 자료는 신중하게 사용되어야 한다는 것이다. 철학적 인식을 위해서라면 이 자료보다는 저작들 자체가 훨씬 더 많은 성과를 안겨준다. 더구나 예술철학, 종교철학, 철학사에 대한 강의들은 고유한 것이긴 해도 부차적인 기획들로 평가되어야 한다. 이 강의들의 대상, 진행 방식, 의도된 인식 등은 『철학적 학문들의 백과전서』의 정신철학에서는 아직 명료화되지 않는다. 『법철학 개요』와 『철학적 학문들의 백과전서』의 해석을 위해서는 오히려 헤겔의 메모들이 가장 유용하다. 만약 헤겔의 메모들을 마치 전보문 읽듯이 읽고 이것들이 속하고 있는 문맥 속에 집어넣는 것을 배운다면 말이다.

헤겔 강의들의 일반적 특징은 이미 진술되었다(7.1.(1), (2); 7.3.7. 넷째, 다섯째 단락). 그러나 30년의 세월을 거치면서도 주요한 주제들이 지속되어왔던 고도의 한결같음은 여전히 주목해보아야 할 것이다. 이를 위해서는 헤겔이 철학의 개별 주제들에 대해 공고했던 강좌들의 첫 학기와 마지막 학기, 그리고 그 간의 강의 횟수를 기록해두어야 한다.

주제	처음	마지막	횟수
논리학과 형이상학	1801	1831	21
철학백과요강 (또는 "사변철학 체계", "철학 이념 입문")	1801	1826/27	10
자연법 (또는 "법철학");	1802	1831	13
특히 세계사 철학;	1822/23	1830/31	5
이로써 합하면			18
자연과 인간 정신의 철학;	1805/06	1806/07	4
특히: 자연철학	1819/20	1830	6
주관정신철학 (또는 "인간학과 심리학")	1817	1829/30	7

이로써 합하면			17
철학사	1805/06	1831	11
미학 (또는 "예술철학")	1817	1828/29	6
종교철학	1821	1831	4
신 현존 증명들	1829		1

III. 철학과 생애-후반기

헤겔은 서른한 살 나이가 꽉 차는 날(1801년 8월 27일) 교수 자격 심사를 통과했다. 헤겔은 그 후 여전히 30년 세월을 살았지만 정치사(政治史)에 있어 이 세월이 펼쳐놓은 것은 신성 로마 제국으로서의 독일 국가의 종결 국면, 나폴레옹 황제국, 나폴레옹의 독일 군주들 지배, 나폴레옹의 러시아 출정과 몰락, 대륙에서의 왕정복고, 독일 개별 국가들 내 헌법 제정 노력들과 "독일 연방" 영역 내에서의 "선동자 축출", 프랑스의 7월 혁명과 이 혁명이 다른 유럽 지역에 끼친 최초의 영향들이었다. 헤겔의 저술들은 이러한 사건들과 몇몇 다른 사건들을 함께 주시하고 있다. 하지만 헤겔 철학에게 무엇보다 중요한 것은 이러한 사건들이 아니었다. 헤겔은 1800년 이후 철학의 완성을 위해 자신의 저널리즘적 야심을 보류하고 대학에서 경력을 쌓는 길로 나아갔다. 이러한 결정에 더욱 중요한 역할을 한 것은 철학이 도모될 수 있었던 직업 특유의 조건들이었다. 유급(有給) 직위도 없이 대학에서 가르치기만이라도 할 수 있기 위해 헤겔이 감수해야 했던 것은 단지 교수 자격 심사라는 형식적 장애물만이 아니었다. 그는 경제적 자립이라는 전제도 충족시켜야 했다. 이를 위해서는 그의 아버지 유산이 결코 충분하진 못했다. 그래서 그는 자신의 인생을 구상할 때 생계를 보장받을 수 있는 직책을 얻어야만 했다. 그가 대학에서 제대로 자리를 잡고 난 후에 그의 사정은 근본적으로 바뀐다. 그렇다면 헤겔의 생애 후반기를 정규 교수직 획득 이전과 이후의 두 시기로 구분하는 것은 적절하다.

09

대학교수직을 향한 15년간의 노력

1. 예나

강사 시절 헤겔은 설득력 있게 자신을 알리고 이를 통해 자신의 활동에 대해 세간의 관심을 일깨우려 진력했다. 이것은 그가 괴테와 실러, 그리고 후에는 장 파울(Jean Paul) 같은 사람들과 대화하고 교제하면서 그리 나쁘지 않은 성공을 거둔 것처럼 보인다. 이에 반해 『철학 비판 저널』의 공동 저자로서 그는 동료들과의 모임에서 많은 호의를 기대하지는 말아야 했다. 이들에게서는 항상 성공이 드러나야만 존경을 받을 수 있었다. 그의 성공은 무엇보다 학생들이 그에게 몰려드는 것에서 측정되었다. 그러나 헤겔은 수사법을 구사하며 번쩍이던 "강단 영웅"과는 전적으로 달랐다. 그가 책임지고 있던 아주 소수의 수강생들에게서는 물론이고 그가 자신의 예나 시절 초기에 얻었던 평판은 그의 강연이 자유자재로 진행되지 못하고 혼란하며 이해하기 어렵다는 것이었다. 그의 강의는 1803/04년 겨울 학기부터서야 비로소 30명에 달하는 수강생을 끌어 모은 것 같아 보인다(I, 454). 비정규 교수로 임명된 지 열다섯 달이 지나서야(1805년 3월) 그는 처음으로 100탈러의 연봉을 받았다. 이것은 검소한 학생이 한 해 동안 필요한 액수의 절반에도 못 미치는 것이었다. 『철학 비판 저널』의 저자들이 등장했을 때 지니던 학문에 대한 요구는 이목을 끌 만한 학설을 담은 저술이나 좀 더 거대하고 체계적인 저작을 통해 충족되어야 했지만 그렇지 못했다. 그러나 이와 같은 충족은 『정신현상학』이 마침내 출판되기까지 기다려야 했다. 『정신현상학』의 저자는 먹고살기 위해 이 책의 저작료를 절박하게 필요로 했다. 출판사에 따르면 이 저서의 전반부가 인쇄되자마자 그는 곧 보수를 받게 될 것이었다. 그렇지만 1806년 책 전체의 예상 분량이 이미 작성된 전반부를 인쇄하는 도중에도 점점 더 많아지게 되었을 때 출판업자는 일단 전체 원고가 자신에게 제출되고 이를 갖고 원고의 나머지 절반을 계산할 수 없는 한 전반부에 대한 원고료 지불을 거절하려 들었다. 이것은 헤겔에게 치명적 것이었는데, 왜냐하면 전체 원고가 아직 완성되지 않았기 때문이다. 자신의 시민적 실존을 위협하는 이러한 상황에서 헤겔은 다시 한 번 친구의 도움에 의지하게 되는 자신을 보게 된다. 이와 같은 곤경 중에 조력자로서 네 살 더 많은 그의 동료가 중재에 나섰다. 그는 "무신론 논쟁"에서 피히테와 함께 끝까지 싸웠던 프리드리히 임마누엘 니이트함머(Friedrich Immanuel Niethammer)이다. 아마도 그는 이미 대학 시절부터 헤겔과 친분이 있었을 것이다. 여하튼 그는 헤겔과 예나 초기 시절부터 친구로서 또는 조언자로서 인연을 맺고 있었다. 그 당시 그는 다행히 얼마 전부터 책이 인쇄되던 밤베르그에 학제와 교회 사무 부문의 공무원으로 있었다. 그는 이미 1804년 헤겔을 재정적으로 도운 적이 한 번 있었다(I, 455). 그는 (1806년 10월 초) 헤겔을 위해 다음처럼 보증을 선다. 만약 헤겔이 그의 원고 마지막 부분을 거의 임박한 그 날짜까지(10월 18일) 보내오지 않을 경우 이미 인쇄된 분량의 그 책 전체 판본을 자신이 특정 액수에 사겠다고 말이다. 이렇게 함으로써 그는 친구 헤겔에게 보수를 얻게 해주었다. 이 보수로 살아갈 수 있게 되기까지 헤겔은 빚과 자선으로 살아왔었다. 사람들은 헤겔에 대해 이렇게 말하곤 했다. "그렇게 됐으니 그는 그럭저럭 생계를 꾸려가겠지, 어떻게 꾸려가는지 말할 순 없겠지만 말이야"(Ⅰ, 464와 비교). 그 후 그가 (이른바) 원고 마지막 부분이라 하던 것을 약속대로 10월 10일에 보냈을 때, 그 원고 우편은 예나 전투 바로 직전 적대하고 있는 전선들을 통과해 도착해야만 했다. 기적적으로 그 우편은 도착했다. 이에 반해 실제로 마지막 부분이 된 원고들은[31] 예나가 약탈 중이던 시기 내내 헤겔이 몸에 지니고 다녔다. 이 약탈로 인해 그의 집도 황폐화되었다. 약탈이라는 더 큰 폭력을 우선 감내해야 했기에 그는 원고를 아무리 빨라도 전투가 끝난 후 10월 20일에야 첫 우편으로 보낼 수 있었다. 그럼에도 출판업자는 협정 조항을 재론하진 않았다.

여하튼 헤겔은 결국 저자라는 자격 목표에 도달했다. 그럼에도 이 자격이 그의 불운을 종식시키진 못했다. 『정신현상학』과 같은 책이라면 보통은 그 저자에게 명성 또는 적어도 그의 대학에서 생계에 충분한 지위를 얻게 해주었을 것이다. 그러나 많은 독일 국가들은 전쟁으로 인해 재정이 파탄나 있었다. 특히 예나 대학 담당자들에겐 다른 근심거리가 있었다. 이 도시는 간신히 전소(全燒)되는 걸 모면했지만 약탈된 상태였고 여전히 얼마 동안은 학생 수가 감소된 채로 있었다. 다른 곳에서도 대규모로 이루어지던 교수 초빙 위원단 같은 것은 무엇보다 과거지사일 뿐이었다. 이 밖에도 그 책은 범위와 사상의 분량에 있어 너무나도 거대한 신간이었기에 이것을 읽

---

31) 재정적 문제 등으로 인해 헤겔은 『정신현상학』의 원고를 몇 번으로 나누어 작성하고 출판사에 인쇄하도록 넘기면서 그때마다 보수를 받고자 했다. 정확히 언제 어느 부분이 먼저 인쇄되었는지는 불분명하나 니이트함머에게 보낸 편지(1806년 8월 6일)에 따르면 적어도 1806년 2월에는 앞부분이 이미 인쇄되고 있었다. 1806년 10월 10일에는 출판업자를 안심시키기 위해 원고 마지막 부분이라 칭하던 분량을 보낸 것 같아 보인다. 그러나 "서론(Einleitung)"을 포함한 실제 마지막 분량은 10월 20일에야 보낼 수 있었다. 그럼에도 이 원고에는 "서문(Vorrede)"이 빠져 있었으며 이것은 1807년 초에야 인쇄될 수 있었다. 이 저서의 제목이 원래는 "의식의 경험의 학(Wissenschaft der Erfahrung des Bewußtseyns)"이었으며, "서문"을 포함한 전체 내용의 인쇄 후에 비로소 헤겔이 그 제목을 "정신의 현상학의 학(Wissenschaft der Phänomenologie des Geistes)"으로 바꾼 것은 잘 알려진 사실이다. Jaeschke, Walter: *Hegel Handbuch*, 176~177쪽 참조.

어야 했을 많은 사람들조차도 철저한 독서를 거부할 정도였다(예를 들어 HZ 87). 이들은 포만감을 주는 대중적인 곁가지 음식보다는 문헌적으로 가벼운 메인 요리 같은 철학에 너무나 익숙해 있었다. 『정신현상학』에서 자신이 비판받고 있다고 여긴 사람들은 여하튼 이 책에 매료될 만한 아무런 이유가 없었다. 예컨대 헤겔이 책을 보내준 후 셸링과 헤겔 사이에는 짐작건대 어떠한 철학적인 대화도 더 이상 이루어지지 않았다. 훗날 두 사람이 여전히 몇 번 더 마주치게 됨에도 불구하고 말이다. 그 사이 뮌헨 학예 학술원 사무총장이 된 셸링이 1807년 헤겔에게 그를 위해 아무것도 해줄 수 없다는 소식을 전할 때, 헤겔은 이것을 "사람은 무언가를 얼마간 얻기 전에는 요란법석을 떨지 말아야 한다"는 좋은 충고 정도로만 여긴다. 그리고 그는 자기 자신에 대해서나 셸링에 대해 차가운 거리를 두며 다음처럼 덧붙인다.

> 그렇게 그 일 자체도 이런 길을 거쳐 가겠지. 그리고 사람들이 …… 후원해… 준 것을 그 후원 의도를 넘어서는 어떤 것도 하지 못하게 하는 그런 종류의 감사함으로 받겠다는 생각은 아마 결국엔 착각이었음을 …… 깨닫게 되겠지(I, 160).

같은 편지에서 그는 마침내 완성된 『정신현상학』의 전송을 알리고 있다. 그렇기에 그는 자신들의 청년기 우정이 이제 둘의 직업 운명 사이에 끼여 어떻게 유린되어가는지를 예견하고 있는 셈이다. 한 친구는 최고의 명성에 올랐건만 다른 친구를 위해 더 이상 힘쓸 수 없거나 힘쓰려 하지 않는다. 이에 반해 다른 친구는 획기적인 저작을 한 권 썼지만 이것으로 성공을 거두지 못하자 그럼에도 겉으로는 스스로 만족하는 듯한 처신을 한다. 게다가 그는 거친 논쟁을 통해 친구에게서 "흉내 내는 떠버리들"을 떨쳐내긴 하지만 이들을 친구 본인과 구별까지 하지는 않는다(I, 194). 이것은 셸링에게 평생 그들 둘 "가운데" 화해할 수 없이 놓여 있는 추잡한 행동으로 여겨졌다(I, 194; HZ 403).

헤겔이 자신의 재정적 · 직업적 불행에 옴짝달싹 못하게 된 데에는 집안 사정도 있었다. 그는 『독일 문예 저널』을 창간하려는 계획을 갖고 있었다(TW II, 568 이하와 비교). 이로써 그는 "일개 사나이" 로서(I, 139) 아마도 예나 밖에서, 예를 들면 하이델베르그에서 자신의 행운을 개척할 수 있었을지 모른다. 얼마 후 하이델베르그에서는 『하이델베르그 연감(年鑑)』의 복간(復刊)을 위해 다들 애쓰게 되기에 말이다(I, 146, 233 이하와 비교). 그러나 그의 삶은 더 이상 혼자가 아니었다. 그가 1806년 11월 중순에 방화 위협과 약탈에서 벗어나 친분 있는 다른 가정으로 도피해야 했을 때 그의 가족 구성원은 "여섯 명"을 아우르고 있었다(HZ 75쪽). 즉, 헤겔 자신과 (추정컨대) 한 명의 시종 또는 하녀 외에 (어쨌든) "어느 백작 사환의 버림받은 처"인(IV, 121) "시녀" (HZ 68쪽) 크리스티아나 샬로테 부르크하르트(Christiana Charlotte Burkhardt) 및 그녀의 여섯 살과 세 살 반 된 두 사생아, 그리고 그녀가 아직 임신 중인 헤겔의 아이. 당시 법에 따르면 헤겔은 이 아이를 자신의 아이로 인정하거나 돌보지 말아야 했다. 그러나 루소와 다르게 그는 자신의 친부 관계를 받아들이기로 했다. 이 아이, 즉 아들이 1807년 2월 5일 태어났을 때 그는 자신의 동생 루드비히에게, 그리고 친교를 맺고 있는 예나의 출판업자 프리드리히 프롬만(Friedrich Frommann)에게 대부(代父)가 되어달라고 간청했으며 이 아이가 〔처녀 시절 그의 엄마 성(姓)을 따라〕 **게오르그 루드비히 프리드리히 피셔(Georg Ludwig Friedrich Fischer)**라는 이름으로 세례를 받게끔 했다. 1년 반 뒤에도 헤겔을 여전히 짓누르던 것은 자신이 그 아이의 엄마를 고달픈 "그녀의 상황에서 지금까지도 전적으로 벗어나게 할 수 없었다" 는 것이다. 그의 아이 엄마로서 그녀는 헤겔이 말하다시피 "모든 종류의 의무"를 그에게 요구해야만 했다(I, 236). 그녀가 이렇게 의사를 표명하던 시기에 헤겔은 생계를 위해 잠시 예나 밖에 체류하고 있었다. 예나에 머물러 있던 아이 엄마는 분만 후 자신이 맡게 된 새로운 의무를 과도하게 요구받았던 것 같다. 어쨌든 아들이 프롬만의 처제와 그녀의 미혼 여동생[32)]의 "분별 있고 사랑에 가득 찬 양육"에 맡겨 거기서 한참 자라고 난 후에 헤겔은 다음처럼 판단하게 된다. 루드비히의 "병적인 비만", "정신의 게으름과 둔감함"은 (그의 엄마의) "예전 교육"에 말미암은 것이다(I, 362).

2. 밤베르그

헤겔은 니이트함머가 다른 직업을 얻도록 그에게 마련해준 기회를 알게 되었을 때(여전히 1807년 2월) 의심할 여지 없이 자기 자신을 위해 올바른 결정을 내렸다. 즉, 그는 **밤베르그 신문**의 편집장이 되었다. 아무튼 저널리즘 활동은 다른 시절에도 그의 마음이 지향하던 것이었다. 그리고 그는 항상 "정치에 대한 경향"도 갖고 있었다. 물론 이러한 경향이 이제는 강화되지 않았으며 "신문에 글을 쓸 때엔 오히려 약화되었다"(I, 186). 그러나 저널리즘적 참여는 확정적인 어떤 것으로 생각되지는 않았으며 오히려 그것은 무엇보다 경제적 생존을 공고하게 하기 위한 것이었다. 그것은 다소 벌이가 되었고, 그에게 "계속 학문적인 노동으로 살아갈 수 있는" 시간을 주었기에 특히나 적합한 것처럼 보였다. 게다가 그것은 그가 예나 대학에서 퇴직하지 않은 채 단지 휴가만 얻으면 되는 일이었다(I, 145 이하, 156, 167). 이로써 니이트함머는 헤겔을 바이에른으로 데려오려는 부수적인 생각도 갖고 있었다. 니이트함머 자신은 바로 바이에른 내무부의 개신교 학제(學制) 담당 공무원이 되어 있었다. 그는 바이에른의 새 지역들을 위해 숙련된 교사 인력들을 충원할 전망을 갖추어야 했다. 잠정적으로는 단지 학교와 관련해 그렇긴 했지만 그러나 이것은 곧 교사와 목사를 양성하는 대학 교육마저

---

32) 뤼벡의 서적상 요한 프리드리히 보온(Johann Friedrich Bohn)과 결혼했지만 당시엔 미망인이었던 소피 보온〔Sophie Bohn, 원래 성(姓)은 베셀회프트(Wesselhöft)〕과 미혼 여동생 베티 베셀회프트(Betty Wesselhöft)를 말한다. 여러 문헌들과 독일 전문가의 판단으로도 - 주로 간단히 Schwester나 Schwägerin이라고 표현하는 독일어의 특성으로 인해 - 사실 이들 중 누가 언니인지, 프롬만의 처제를 말하는지 처형을 말하는지 확실치는 않다. 이들은 요한 프리드리히 보온이 세상을 떠난 후 그의 두 아들을 데리고 예나로 이주해 살았으며, 당시 그곳에서 사립 소년교육원(Knabenerziehungsinstitut)을 운영하고 있었다. *Briefe von und an Hegel* Bd I, 465, 484쪽. Nicolin, Friedrich : *Auf Hegels Spuren*, 23~24쪽.

개혁할 수 있는 부가적 가능성을 갖기도 했다. 헤겔은 곧 학교 직책 하나를 담당하도록 활용될 수 있었다. 새로운 교사진과 새로운 교육 계획을 구비한 뉘른베르그 인문계 김나지움의 교장으로서 말이다. 이 시기에(1808년 10월) 수입 원천이었던 신문 경영은 극도로 불안정한 것으로 판명되고 있었다. 헤겔이 일일이 자체 검열해 살펴볼 수 없었기에 쉽사리 관청의 개입을 초래했고 이른바 규정 위반은 면허 정지로 보복을 당했다. 자신의 간행물을 덮치는 "심문"에서 벗어나기 위해 헤겔은 그동안 "신문이라는 노예선"에서 빠져나오길 갈망하고 있었다(I, 240). 그러나 이 점을 제외한다 해도 헤겔에게는 또한 니이트함머의 제안에 응낙할 만한 좀 더 원칙적인 이유가, 말하자면

> 고립된 독립성이 그토록 매혹적이라 할지라도 각자는 국가와의 연관 속에, 그리고 국가를 위한 노동 속에 있어야 한다는 (I, 167)

근거가 있었다.

게다가 헤겔은 밤베르그 시기 말엽에 언젠가는 곧 니이트함머와 함께 바이에른의 한 개신교 대학에서 "함께 생활하고 가르치며 일하게 되기를" 희망했던 것 같다.

> 만약 이 계획이 잘 되어 무르익는다면 나는 얼마나 아름다운 미래를 나 스스로에게 약속하는 것이겠는지요! 내가 매일매일 좀 더 확신하는 바처럼 이론적인 노동은 실천적인 노동보다 더 많은 것을 성취합니다. 우선 표상의 왕국이 혁명적으로 된다면 현실은 지탱하지 못하게 되지요(I, 253).

다만 이 계획에서는 아무것도 이루어지지 못했다.

3. 뉘른베르그

10월 말부터 헤겔은 에기디엔 김나지움(Egidiengymnasium)의 교장이자 바로 여기의 철학적 예비 학문 담당 교수가 되었다. 그렇기에 그는 마침내 국가 "관직"을 얻은 셈이다. 대학교수직과 맞바꿔 이 관직을 받아들이게 한 것은 무엇보다 우선 하나의 아름다운 꿈 때문이었다. 이 꿈의 실현은 니이트함머의 개신교적이며 신인문주의적인 교육정치의 성공에 달려 있었다. 그러나 주목해야 할 점이 있다. 이러한 교육정치는 얼마 전까지만 해도 여전히 순수 가톨릭적이었던 바이에른에서 관철되어야 한다는 것이었다. 게다가 나폴레옹 전쟁 하나가 휘몰아치고 나면 또 다른 나폴레옹 전쟁이 이어지며 2~3년마다 나라의 국경선이 새로 그어졌던 그러한 세계 정황 속에서 말이다. 헤겔이 자신의 『논리학』 작업을 위해 할애할 수 있는 자유 시간 또한 뉘른베르그 교장직 때문에 예전에 신문 저술로 인해 그랬던 것보다 훨씬 더 협소하게 제한되었다. 학교 예산의 결핍 속에서, 그리고 자금의 불규칙적 할당으로 인해 들볶이며 헤겔은 이제 교장 이외에도 동시에 자기 자신의 정리(廷吏)이자 서기(書記)이기도 했으며, 한 인격 속의 모든 것을 돌보아야 하는, 자신의 교사, 행정관, 하녀들의 심적인 상담 의사이기까지 했다. 몇 년에 걸쳐 불완전하게 들어온 그의 급료는 그 지역 학교의 감사(監査) 활동을 보충 수행함으로써 보태야 할 정도였다. 이 감사 활동은 그 밖의 시간을 요구하는 것이었다. 그가 뉘른베르그의 가장 명망 있는 교육기관의 제일인자로서 받은 보수는 너무나 보잘것없었다. 이 때문에 그의 아내의 부모는 처음에(1811년 초) 딸인 마리 프라이인 폰 투허 폰 짐멜스도르프(Marie Freiin von Tucher von Simmelsdorf)의 결혼에 동의하지 않기까지 했다. 이것은 그들이 딸의 결혼을 신분에 맞지 않다고 생각해서 그런 것이 아니었다. 오히려 그들 자신이 예전 제국의 자유도시 명문가에 속했던 "유복한" 집안이었지만 이제 더 이상 딸의 혼수를 풍족하게 마련해줄 수 없기 때문이었다. 그들은 이 부부가 생계를 꾸리기에 적당한 수입도 없게 될까봐 걱정해야 했다. 이와 같은 결혼 장애물을 극복하기 위해서는 다시금 니이트함머의 도움이 필요했다. 이번에는 니이트함머가 대변하는 형식으로, 그

프리드리히 임마누엘 니이트함머(Friedrich Immanuel Niethammer 1766~1848)

리고 헤겔이 장래에 곧 에어랑엔 대학교수로 임명될 것이라는 (상당히 비현실적인) 확약의 형식으로 말이다(I, 359). 교수 취임이 기대치 않게 실제로 이루어지기까지는 5년 이상의 세월이 흐르게 된다(II, 130). 그러나 무엇보다 우선 혼인 날짜가 연기되어야 했는데, 이것은 사전에 헤겔이 결혼식 피로연을 위해 여기저기서 돈을 긁어모을 수 있도록 하기 위해서였다(I, 384).

헤겔의 이 모든 사정은 장 파울의 (동명 소설에 나오는) **지벤케스**와 1급교사 슈티펠의 생활 상태와 그다지 더 멀리 떨어져 있지 않았다. 이 점을 잊지 말고 『논리학』(1812) "서문"의 처음 세 쪽을 숙고해봐야 한다! 이 지면에서 자신이 처한 곤궁함을 애써 등한시하는 헤겔의 추상(Abstraktion)을 가늠해볼 수 있다. 헤겔은 이러한 추상을 스스로에게 강요하다시피 한다. "불쾌한 것들"이 그를 자극해선 안 되며 단지 이것들에 대해 불만이 있어도 "어떤 것을 얻어낼 수 있다고" 믿는 만큼만 그의 관심을 끌어야 한다(I, 295). 이로써 보면 그는 상당히 악조건이었던 것 같아 보인다. "또 다른 곳일지라도 더 나을 게 없다는 이런 세상살이의 위안"을 그는 기꺼이 당연시하고자 했다(I, 340). 될 수 있는 한 그는 "절망하는 것도 희망하는 것도 망각되어" 있는 상태 속에서 자신을 유지하려 했다(I, 413). 이를 위한 수단은 "공직 업무라는 기분 전환" 외에 "골목길의 지혜"를 나타내는 힘찬 격언들, 뒤틀려 표현해본 속담들, 어이없이 놀라게 하는 문구들(예를 들면 "우리는 적이 쳐들어올 때만 잘 지낸다." II, 6과 비교), 친분을 맺고 있은 업무상 선임자에게 보낸 재치 있는 "불평"의 편지들, 그리고 인간의 보잘것없음에 대해 한껏 퍼부어보는 경멸 등이었다.

> 개미 같고 벼룩 같으며 빈대 같은 이런 인격들을 우리는 장차 자비로운 창조주가 이들을 규정해놓은 바대로, 말하자면 이들을 익살, 조롱을 위해, 그리고 남의 불행을 기뻐하는 마음을 위해 사용하는 것 외에 달리 우리에게 다가오도록 해선 안 됩니다(II, 87).

철학을 통해 사는 것을 배우는 것은 사정이 더 이상 여의치 않을 경우엔 스스로 이렇게 후련하게 울분을 푸는 것을 뜻하기도 한다.

마리 폰 투허와의 결합(1811년 9월 16일)은 연애결혼이었다. 이것은 헤겔이 지금까지 했던 경험이나 곤궁했던 자신의 경험에 따른다면 감히 희망조차 할 수 없었던 행운에 기초를 놓아주는 것이었다(I, 368). 그러나 이것은 또한 그 다음 궁핍 시절의 시작이기도 했다. 고대하던 대학으로의 복귀는 좀 더 기다려야 했다. 뉘른베르크 김나지움이 폐교되거나 니이트함머가 그의 전체 개혁 작업과 함께 좌초할지 모른다는 위험은 1816년까지도 매우 큰 상태였다. 그렇기에 그는 (알트오르프, 에어랑엔, 튀빙엔, 예나, 하이델베르그, 베를린 등) 이곳저곳으로의 초빙 기회를 신경 쓸 겨를이 없었다(HZ 103과 비교; I, 333 이하, 501 이하, 505, 507; II, 59 이하, 383). 니이트함머는 여러 번 거의 포기할 뻔했다. 이에 반해 헤겔은 한 번 정도 네덜란드의 한 대학으로 이직할까 고민한 적이 있다. 거기서는 그가 라틴어로 강의해야 할 텐데도 말이다. 그러나 언제나 다시금 두 사람은 서로를 도왔다. 스무 살의 마리 헤겔은 결혼 후 곧 잔인한 혼인 적격 심사를 치르게 된다. 3년 동안 그녀는 세 아이를, 태어나자마자(1812년) 이미 곧바로 죽은 딸 하나와 두 아들 카알(1813년)과 임마누엘(1814년)을 낳은 것이다. 그 후에도 여러 해에 걸쳐 그녀는 두 번이나 유산을 했고(1815년, 1816년), 1822년까지 몇 번의 유산을 더 했다. 동시에 그녀는 남편의 정신적 본성이 지닌 어두운 측면들을 잘 다루는 것도 배워야 했다. 그의 우울한 (실러가 "까다로운" 것이라 이름 붙인) 기질은 그가 자신의 행운을 신뢰하는 것을 어렵게 만들었다. 이것은 그녀의 사랑에 쓰디쓴 최초의 고통을 가했던 것 같다. 그러나 이것은 또한 둘 사이의 결속을 단단히 했던 것으로도 보인다(I, 367 이하).

신혼부부에게 또 다른 부담이 된 것은 헤겔의 누이동생(1773년생) 크리스티안네였다. 그녀는 미혼이었고 교육자가 되어 1807년부터는 (1759년생) 베를리힝엔 백작 집안의 가정교사로 있었다. 베를리힝엔 백작은 스무 살이나 어린 두 번째 아내를 맞이한 후였지만 첫 결혼에서 이미 8명의 딸을 보았고 이들 중 몇몇은 여전히 슬하에 자식으로 두고 있었다. 따라서 여러 관점에서 헤겔의 누이동생은 가정주부와 대리 엄마 역할의 일을 계속한 셈이다. 어머니가 세상을 떠난 후 그녀가 가혹하게도 일찍부터 부모 집에서 떠맡았던(1781년), 그리고 아버지의 임종(1799년) 전까지 해오던 그 일을 말이다. 추측건대 어린 시절 그녀는 자신이 아니라 첫아들인 오빠가 엄마의 사랑스런 자식이었다는 것으로 인해 고통을 겪기도 했을 것이다. 집안 관리라는 역할을 강제받으면서, 그리고 점차적으로 노이로제가 되었던 가정 일에 눈코 뜰 새 없이 몰두하면서 그녀는 진정될 길 없는 자신의 명예심의 한 부분을 위대한 오빠에게 이른바 빌려주었던 것이리라. 그녀는 오빠를 8년 동안 엄마처럼 돌보아주었으며 1800년부터는 멀리서만 경모할 수 있었다. 후에 그녀는 자신에게도 상당한 액수의 돈을 실제로 오빠에게 빌려주기까지 했다. 이렇게 오빠의 운명에는 그녀가 체험한 차원에 보면 유년 시절과 소녀 시절을 편취당한 그녀 자신의 삶이 녹아 있었다. 그러나 오빠 헤겔의 운명은 그가 성공을 이루어가면서 그녀에겐 잔혹한 문제가 되었다. 그녀는 조울증적으로 또는 흔히 말하듯 "우울병적으로" 되어갔다. 나이 많은 그녀 오빠는 감정을 다루는 일에 있어서는 분별이 있었지만, 그러나 그녀에 관해 쓴 몇몇 보존된 편지들에서 추정컨대 충분한 혜안을 갖고 있진 못했다. 그는 누이동생의 질병이 그녀가 공생하듯 집착하고 있는 자기 자신과 무슨 관계가 있는지 짐작하지 못했다. 그러고는 그녀를 뉘른베르그로 초대하는 실수를 저질렀다. 단지 잠시 방문하는 것이 아니라 그녀의 심리적 균형을 회복시키기 위해서, 그리고 지속적인 "피난처"가 필요할 경우 이제 막 네 식구가 된, 여전히 신혼인 이 가정에 계속 머물러도 된다는 전망과 함께 그녀를 초대한 것이다. 이렇게 함으로써 그는 누이동생이 자신에게 "예전부터 베풀어준" 많은 은혜를 얼마만이라도 갚고 싶었다(II, 18 이하, 38). 방문 결과는 곧바로 새언니에 대한 올케의 병적 시기심의 폭발이었다. (누이동생 자신의 증언에 따르면) "가정의 평화"를 방해한 건 아니지만 "가정의 질서"를 어지럽혔다는 후회로 가득 차 그녀는 뷔르템베르그 각지를 전전하며 방랑하다 마침내 아알렌(Aalen) 교구 감독관이던 한 사촌에게 가게 된다. 이 사촌 집에서 그녀는 새언니에 대한 "깊은 증오로", 오빠에 대한 "치솟는 불만"으로, 그리고 지금까지 직업을 통해 알게 된 인물들에 대한 격렬한 짜증으로 "가득 차서" "하루 종일 애통해하고 울부짖으며 소파에 누워" 있었다고 한다(II, 486). 그녀의 "지배욕과 월권"은(같은 곳) 아마도 오히려 조력자 증후군의 히스테리적인 이면일 것이다. 하지만 오빠는 그녀에게 "고상한 목적을 위해 결실이 있는 활동"을 하라고 지적했고 그녀 자신의 건강과 심적인 충만감에 유익하도록 다른 사람에게 도움이 되라고 조언했다(II, 167, 198). 헤겔이 성공적으로 베를린에 정착하고 난 후에도 그녀는 1820년 다시금 병적 발작을 일으켰다. 그녀의 질병은 너무 격렬한 형태를 띠었으므로 그녀는 한동안 간병인이 보살펴주는 "정신병원"에서 지내야 했다. 여전히 이때에도 헤겔은 누이동생의 운명과 자신의 삶의 성공 사이에 놓인 연관을 예감하지 못했던 것 같다. 그 연관은 또한 그녀의 운명과 그의 직업윤리 사이에도 존립하고 있었다(II, 225, 227, 283 이하). 물론 누이동생의 정신이상이 두 번 다 그가 경력상 가장 큰 성공을 거둔 후 곧바로 나타난 것은 아니다. 이로써 그 질환은 추가 요인들에 의해 유발된 것이라고 추측할 수 있다. 그러나 여기에 작동하고 있는 잔혹한 메커니즘을 오인하진 말아야 한다. 그녀의 위대한 오빠가 갑작스럽게 죽은 후 그 다음 해에 크리스티안네 헤겔은 스스로 목숨을 끊게 된다.

예나의 마지막 나날도 그랬듯이 뉘른베르크에서 마지막으로 거주한 몇 개월 동안에도 헤겔의 삶은 거의 파란만장하게 흘러갔다. 다시금 정치사와 직업, 그리고 개인적 운명이 서로 얽혀 들었다. 예전처럼 "성실하고 목석같던 헤겔"에게(HZ 103) "슈바벤식 모난 성질들"이 눈에 띄었다(II, 397). 그가 예전처럼 그렇게 거칠게 자신을 표현하지 않고 스스로 이제 "…… 교제상 처신하는 데 있어" 자신의 "미숙함"을 고백하긴 해도 말이다(II, 80). 하지만 결국 그는 유능한 자의 역할을 맡게 되어 있었고, 처음엔 결코 그렇게 보이지 않았어도 그에게 성공이 계속 거부된 채로만 있지 않았다. 말하자면 니이트함머는 나폴레옹 이후에 바이에른 반동으로부터 최악의 정치적 패배를 겪어야 했기에 다음처럼 걱정하고 있었다.

> 우선은 내가 나라 안에 유혹해 끌어들인 사람들만이라도 모두가 …… 나라 밖에서 다시금 마찬가지의 행운이 깃들기를! 그리고 나도 덧붙여, 아니 가장 먼저! 내가 이들 모두를 운 좋게 다시 데리고 나갈 수 있기 위해서 말입니다(II, 68).

이제 니이트함머는 절망에 빠져 있는 반면에 헤겔이 그에게 용기를 불어넣는다. 이미 자신의 첫 강의에서 헤겔은 철학의 참된 욕구란 "철학에 의해, 그리고 철학을 통해 사는 것을 배우는 것 외의 다른 어떤 것도" 향하지 않는다고 가르친 바 있다(GW V, 261). 충분히 오랜 세월 그는 어려운 조건에서도 이러한 욕구에 따르는 것을 스스로 연습해왔다.

> 학문만이 오직 신정론입니다. 학문은 불의의 승리와 정의의 패배를 비탄하는 것으로부터 또한 일어난 일들 앞에서 동물적으로 놀라는 것으로부터 …… 보호받고 있는 것이기 때문입니다(I, 137).

그 사이 나폴레옹은 실각했다. "전투의 군주"가, 그러나 무엇보다 독일 군주들에게 "자유로운 군주제의 개념"을 가르쳐해야 했던 "위대한 국법 교사"가 말이다(I, 185). 헤겔은 그의 실각을 자신의 삶에 가장 비극적인 사건으로 여겼다.

> …… 한 엄청난 천재가 자기 자신을 파멸시키는 걸 보게 되는 끔찍한 광경이지요. 그것은 있는 것 중 가장 비극적인 것(τραγικωτατον)입니다. 속인들 전체 무리는 자신들의 납덩이같은 절대 무게를 갖고 쉴 새 없이 화해할 줄 모른 채 그토록 오랫동안 납덩이처럼 계속 짓누르기만 합니다. 급기야 더 고차적인 것을 저 아래에 또는 자신들과 동일한 수준에 또는 자신들 아래에 갖게 될 때까지 말입니다. 전체의 전환점은, 즉 이러한 무리가 지배력을 갖고 합창하며 맨 위

에 머무르게 되는 이유는, 위대한 개인성이란 것 자체가 그렇게 할 권리를 주어야만 하는 것이자 이로 인해 자기 자신을 몰락시키게 된다는 것 때문입니다(II, 28).

나폴레옹 실각에 뒤따를 반동을 그는 예견했다. 그가 지금 니이트함머의 패배로 인해 함께 고충을 겪는 동안에도 그 반동은 "좀 더 보편적인 세계사건들과 좀 더 인접한 영역들"을 철학적으로 고찰하는 데 있어 그를 헤매게 하진 못했다.

시대의 세계정신이 전진하라는 명령을 하달했다는 것을 나는 충실히 따르고 있습니다. 그 명령에 복종하는 것입니다. 〈세계정신이라는〉 이 존재(Wesen)는 마치 철갑으로 싸여 틈새 없이 확고한 밀접방진(密接方陣)처럼 대적할 수 없게, 그리고 태양이 나아가듯 그렇게 눈에 띄지 않게 움직이며 온갖 고난을 헤쳐 앞으로 나아갑니다. 여기저기를 에워싸며 이 존재에 대항에 측면 공격을 하거나 이 존재를 위해 엄호를 하는 경무장한 무수한 군대들이 있지만 그 대부분은 문제되는 것에 관해선 결코 아무것도 모르고 단지 보이지 않는 손에 의한 것처럼 머리를 뚫고 들어오는 충격을 받고 맙니다. …… 크게 소리를 지르고 …… 허공에 칼질을 해대는 모든 짓은 그에 대항하는 데 아무런 도움이 되지 않지요. 그런 짓은 어쩌다 〈세계정신이라는〉 이 거인의 구두끈에나 닿을 수 있을 뿐이며 구두약이든 진흙이든 그 위에 약간 문지를 수 있을 뿐입니다. (말하자면 내적으로나 외적으로) 가장 안전한 한판 승부는 아마도 이 진군하는 거인을 확고히 시야 속에 두고 주시하는 것이겠습니다. 게다가 그렇게 사람들이 저쪽에 선 채로 분주하게 열심히 일하는 전체 동료들을 선도하기 위해 〈할 수 있는 일이란〉 그 거인을 꽉 붙들고 있는 구두에 꿰매어진 실에 발린 수지(樹脂)나 함께 더럽히는 정도이며 진지하게 부산을 떠는 그 무리들을 원조할 수 있다지만 자기 마음만이라도 기쁨을 갖기 위해 하는 것일 뿐이지요(II, 85 이하).

반동은 "자신이 옳다고 하려 한다." 그러나 "사람들은 진리를 밀쳐내면서도 그것을 껴안는다(La vérité en la repoussant, on l'embrasse)는 것이 야코비의 심오한 좌우명이다"(같은 곳). 그럼에도 그는 "소중한 친구"의 사정을 이렇게 일반적인 말만 한 채 내버려두진 않았다. 그는 또한 자신의 공감을 표현하기도 한다.

> 당신이 겪은 상심이 나에게 얼마나 고통스러운 것이었는지 내가 굳이 당신에게 말할 필요까진 없겠지요. 그리고 거기에 가장 괴로운 점은 일에 관해서든 인격에 관해서든 그와 같은 것에 대항할 만한 적당한 도움을 찾을 수 없다는 것이겠지요(II, 87).

그러한 도움은 없었기에 바이에른 반동에 대항해 니이트함머가 관철시킬 수 없던 일에 대해 헤겔은 그 다음엔 물론 "반동 주동자들이 자기 자신들과 더불어, 그리고 그 일과 더불어 스스로 빠져들게 된" "혼란"만 지적할 수 있었다. "이러한 혼란이 크면 클수록 사람들은 이로 인해 더 좋은 만족과 소위 남의 불행을 기뻐하는 마음조차 가질 수 있다"고 말이다(II, 88). 이런 경우 철학이 더 나은 위안을 주는 것은 아니다.

한결같이 니이트함머를 자신의 "해방자이자 은인"으로 간주하던(II, 12) 헤겔에 대해 이제는 다른 사람들도 "감동받고, 진정 동요하는" 것으로 보였다. 이것은 헤겔같이 "공적이 많은 중요한 남자"를 에워싸고 있는 "사소한 상황들"과 관련해 그러했다(II, 396). 특이한 것은 그럼에도 그와 전공이 같은 대학 전문가들이 그렇지는 않았다는 점이다. 진정 이들이야말로 벌써 오래전에 헤겔을 자신들 가까이 데려와야 했을 텐데도 말이다. 헤겔이 보기에 대학에서 그의 친구이자 조력자 같았던 그런 사람들에게조차 헤겔 자신은 (하이델베르그에서) 단지 세 번째 선택지일 뿐이었다(II, 406 이하). 또는 이들은 헤겔을 차차선책으로 놓는 게 필요하다고까지 여겼으며 이 때문에 헤겔보다는 표면상 두 명의 다른 경쟁자들을 더 선호했다(이들 두 사람의 작품에 대해 철학사는 침묵하고 있다).

헤겔이 호의를 기대할 수 없었던 다른 사람들 중에는 슐라이어마허도 있었다. 그는 당시 베를린 대학 총장이었다. 그는 모든 걸 걸고서라도 1814년 초부터 공석이 된 피히테 후임 교수 자리를 다시 충원하려는 절차를 지연시켰다. 그가 이 절차의 재개를 더 이상 피할 수 없게 되었을 때엔 일을 유난히 복잡하게 만들기도 했다. 아마도 그가 헤겔이나 프리스의 초빙이 계속 저지될 수 없다는 것을 이미 예견했을 텐데도 말이다. 그는 이들을 둘 다 바라지 않았던 모양이다(I, 397 이하). 그 절차의 마지막 과정에 이르러 총장과 교수평의회는 소견서를 하나 제출했고 이를 통해 헤겔에 대해 찬사함으로써 이 철학자를 주저 없이 피히테의 후임자로 삼지 않았던 모든 사람들을 웃음거리로 만들었다(II, 402). 헤겔에게 보내어진 하이델베르그 대학의 초빙 서한도 그 교수평의회의 선택이 학교에 매우 유익한 것이라 비슷하게 특기하고 있다. 이것은 다른 대안을 제시하는 모든 의견들이 올바르지 않게 보일 정도였다(II, 95).

대학 밖에서 헤겔 편은 점차로 더 이상 니이트함머 그리고 야코비(HZ 118 이하)나 슐피츠 브와스레(Sulpiz Boisserée) 같은 문화 사절만(II, 396) 있는 것이 아니었다. 이들로 인해 헤겔을 주목하게 된 이들도 있었는데, 이제 헤겔은 최선의 변호인들을 얻게 된 셈이다. 이들은 학술정치 분야에서 활동 중이던 몇몇 프로이센 정치가들, 말하자면 폰 슈크만(v. Schuckmann, II, 403 이하, 111 이하) 장관과 (1816/17년부터는) 알텐슈타인(Altenstein, II, 170, 422) 장관 및 이 장관들을 위해 활동한 관리들이었다. 헤겔이 하이델베르그 대학에 임명되자마자 곧이어 베를린 대학으로 초빙된 것은 무엇보다 이들 덕택이다.

10

15년간의 대학교수

1. 하이델베르그

넥카 강변에서 (1816/17 겨울 학기부터 1818 여름 학기까지) 보낸 네 학기는 하나의 간주곡이었다. 이 시기는 시작되기도 전에 이미 그 종결과 대조를 이룬다. 그 사이 마흔여섯 살이 된 헤겔은 그 자신의 증언에 따르면 아직은 "겨우 신참내기 대학교수"일 뿐이었다. 그가 강연한 학문들은 자신이 "본래 대부분을 비로소 형성해가야" 하는 것들이었다(II, 169). 다른 이들의 증언에 따르면 그는 자신을 전달하는 데 있어 아직도 대가는 아니었다. 그러나 그는 이제 자신의 사상들은 확신하고 있었고 이것들이 취해야 할 형식을 의식하고 있었다. 그의 생애 절정기 동안 그에게 중요시된 철학은 적어도 이미 이 철학 분과들의 근본 개념에서는 체계적인 전체로 형성되어 있었다. 그리고 철학은 이러한 체계적 전체로서 학문적일 수 있었다. 어쨌든 간에 철학 분과들 중 두 개와 이 두 분과들에 속한 기초 분과들이 이미 표본적으로 상론되어 있었다. 신학과가 그 지도적 기능을 상실하고 강단 철학이 자기만족을 포기한 이후로, 그리고 칸트가 철학과에 대해, 무엇보다 철학의 "세계 개념"에 따라 철학에 대해 까다로운 교양 임무를 관철시키면서 "학과들 간의 분쟁"을 중재한 이후로, 헤겔은 당연히 철학이 맡게 된 지성적 방향 지시의 중요 역할을 자신의 이론으로 충족시킬 수 있으리라 의식하고 있었을 것이다. 하이델베르그 대학은 나폴레옹 시기에 라인 강 우측 지역의 팔츠가 1803년 바덴에 귀속하게 된 이후에 곧바로 철저히 개혁되고 있었다. 게다가 예나 대학의 몰락 후에 이 대학은 독일의 정신적 삶의 중심으로 부상했다. 물론 그 사이 1810년에 개교한 베를린 대학이 막 하이델베르그 대학을 앞서려 하고 있었다. 하이델베르그에 한순간 번성했던 낭만적 시기의 광채는 이미 사그라져 있었다. 그러나 어찌됐든 이 광채는 헤겔이 가르친 바 있는 "회색 속의 회색(Grau in Grau)"에(R, XXIV쪽) 들어맞지 않았을 것이다. 다른 한편 하이델베르그 대학은 여전히 언제나처럼 근대적인 교육기관들 중 하나로 여겨질 수 있었다. 당시에 근대적인 교육기관은 강화되고 있는 입헌군주제를 위해 유능한 기능 엘리트들을 양성함으로써 혁명 이후의 대학 교육에 대한 요구들을 이성적인 방식으로 고려하고 있었다.

가르치는 데 있어 헤겔은 둘째 학기부터 괄목할 만한 성공을 거두었다. 그는 재빨리 일군의 열정적인 학생들을 발견했다. 이들 중 일부와는 그가 베를린에서도 연락을 주고받게 된다. 새로운 공직에 임하는 데에 거의 적시에 그의 교과서 『철학적 학문들의 백과전서』도(1817) 출판되었다. 그는 처음 몇 학기 동안 이 『철학적 학문들의 백과전서』의 내용을 이루는 소재에 대해 강의하기도 한다. ("독일 연방"이 달성된 해인) 1816년 그의 취임 강의 설명에 따르면 그에게 가장 중요한 것은 이것이었다. 즉, **"국가와 나란히 …… 또한 순수 학문도, 정신의 자유로운 이성적 세계도 다시금 번창하리라"**는 것이다(GW XVIII, 3 이하). 그러나 "모든 관심을 자기 안에 뒤얽혀놓고 있는" 정치적 일상은 늘 여전히 대학 생활 세계를 가만두지 않고 있었다. 사정이 이와 같을진대 헤겔은 이러한 정치적 일상을 배제하지 않았다. 자신보다 나이가 더 많은, 이미 법학 교육을 받은 적 있는 한 학생〔카로베(F. W. Carové)〕을 통해 그는 국가 정치에 대해 점점 인내심을 잃어가는 학생조합(Burschenschaften)에게 영향력을 발휘했다. 자연법과 국가학에 대한 그의 강의는(1817/18) 이 학생 집단에 지배적이던 국수적 독일 숭배에 대해 절도 있게 영향을 끼쳤고 "바르트부르크 축제(Wartburgfest)"로 인해 퍼져가던 외국인 적대와 유대인 적대로부터 적어도 자신의 수강생들 중 몇 명만은 지켜냈다. 이미 1805년 하이델베르그를 염두에 두고 계획한 바 있듯이(I, 99)[33] 헤겔은 이제(1817년) (예술철학으로서의) 미학에 대해 강연하기 시작한다. 게다가 헤겔은 추정컨대 하이델베르그에 있던 브와스레의 옛 판화 수집물을 통해 조형예술에 대해 고무되기도 했을 것이다. 이 수집물은 몇 년 뒤 뮌헨 화랑 전시 작품의 근간이 된다. 그리고 음악 예술에 관해선 티보(A. F. J. Thibaut)의 집안이 후원하던 "고풍스러운" (다시 말해 바로크풍의) 성악이 유사한 역할을 했을 것이다.

헤겔은 곧 법학과의 이 음악 이론가 티보와 그의 탁월한 동료들과 "친구같이 거의 허물없는 사이"가 된다(II, 154). 이것은 아마 무엇보다도 헤겔이 사법 원리들에 관해 티보와(RWa §109 이하) 같은 생각이었기에 독일을 위해 일반 민법을 법전화해야 한다는 티보의 요구에 대립해 사비뉘(F. K. v. Savigny)가 근래부터 티보와 벌이던 "입법 논쟁"에서 헤겔이 단호히 이 티보 편을 들었다는(RWa §109와 비교; RHe 171, R §211A) 데에까지 소급될 수 있다. 헤겔은 이제 다른 전공 분야의 동료들로부터도 큰 존경을 받았다. 일선에서 헤겔의 초빙을 위해 힘썼던 신학자 다우프(K. Daub)는 헤겔주의자가 되었고 후에 『정신현상학』에 의거해 체계적인 신학 강의를 했으며, 자신의 『교리 신학』을 헤겔에게 헌사까지 하게 된다. 고문헌학자이자 신화와 상징

---

33) 예나 시절 1805년 5월에 쓰인, 이미 예나에서 하이델베르그로 초빙되어 간 요한 하인리히 포스(J. H. Voß)에 보내려는 편지 초안에서 헤겔은 하이델베르그에 자신을 위한 자리를 문의하며 이에 덧붙여 문예 강좌(cours de lit〔t〕érature)의 의미에서 미학도 강의할 수 있으리라고 언급한다. *Briefe von und an Hegel* Bd I , 99쪽.

연구가인 크로이처(G. Fr. Creuzer)는 프로클로스의 저술에 관해 헤겔과 상의했으며 자신이 작업한 이 저술 편집본을 헤겔에게 헌사했다. 역사가이자 대학 도서관장인 빌켄(Fr. Wilken)은 자신이 베를린으로 초빙되어 갈 때 "도서관을 인수하기에" 하이델베르그 교수들 중 헤겔보다 "더 능력이 있을 것 같은 사람은 아무도" 모른다고 의견을 피력했다(HZ 139). 『하이델베르그 연감』을 위해 헤겔은 지체 없이 빌켄의 후임자로서 (또한 티보도 속하고 있던) 편집위원회 구성원이 되었다. 물론 정치적 이견(異見)들이 작용하는 까다로운 비평 업무를 처리하는 데 있어 헤겔의 교제상의 서투름은(II, 148 이하; 153) 곧바로 다음과 같은 일을 초래했다. 수년간 헤겔의 조언자들 중 한 사람이자 이성신학자이며 교회 추밀 장로였던 파울루스(H. E. G. Paulus)가 자신에게 불리한 편집 결정으로 인해 헤겔과의 모든 교제를 단절한 것이다. 이에 반해서 헤겔은 1817년 초 『하이델베르그 연감』에 실린, 야코비(F. H. Jacobi) 저작들 중 제3권에 대한 자신의 방대한 비평을 통해서는 이구동성으로 찬성을 얻었다. 물론 그는 뷔르템베르그 신분의회 의원들에 대항한 자신의 논쟁을 통해서는 그다지 많은 행운을 얻지 못했다. 마찬가지로 1817/18년 『하이델베르그 연감』에 실린 이 논쟁 저술은 뷔르템베르그 왕에 의해 (비교적 자유주의적으로) 제안된 (그리고 그 다음 해 1819년에 효력을 발휘하게 된) 헌법을 열정적으로 옹호한다. 이 헌법을 신분의회 의원들은 저지하려 했던 것이다. 이 논쟁 저술은 단지 (예전에는 제국 직속이었던 귀족이 지닌) 옛 뷔르템베르그 신분의회의 특권들을 자신들의 "오래된 좋은 권리"라 옹호하는 보수주의자들에 대항하는 것만이 아니다. 또한 이 저술은 자유주의적 성향의 사람들 중 영주의 헌법 **승인**(octroi)에서 왕실 관리들의 주권과 자의가 남용되는 활동만 보려 하는 그러한 자들에게도 대항하고 있다(II, 171의 니이트함머와 비교 ; 그러나 HZ 163의 셸링과도 비교; 헤겔 자신은 II, 175 이하).

동료들의 모임에서 도모되던 "진심 어린"(II, 154) 교제로 인해 하이델베르그에서 보낸 두 해는 분명 헤겔 생애에서 가장 행복한 시기가 되었다. 홀가분한 여흥의 정점을 이룬 것은 장 파울이 방문차 하이델베르그에 머무르던 나날들이었다. 이 시기에 장 파울은 헤겔의 발의로 철학과 명예박사학위를 취득한다(1817년 여름). 게다가 이런 연유로 인해 헤겔은 단번에 자신의 수사학적 투박함의 그늘을 뛰어넘은 것처럼 보인다(HZ 150 이하).

2. 베를린

이렇게 좋은 여건에서 헤겔은 왜 하이델베르그에서 베를린으로 간 것일까? 그곳 베를린에서라면 그는 예를 들어 신학과나 법학과 같이 다른 과(科)에서 다우프나 티보처럼 마음 맞는 상대자를 갖지 못했는데도 말이다. 오히려 그는 (예전처럼 여전히 총장이던) 슐라이어마허, 프리스의 제자인 드베트(de Wette), 그리고 영향력 있는 법학자이자 로마법학사가인 사비뉘 같은 적대자가 있을 뿐이었다. 그는 저 베를린 철학과에서 크로이처 같은 친구를 얻지도 못했고 하이델베르그에서처럼 철학과의 다른 동료들로부터 존경을 향유하지도 못했다. 다만 그가 거의 알지 못했던 철학자 카알 졸거(Karl Solger)만이 진정 그를 원했던 것처럼 보인다. 아마도 장관이 피히테의 후임자인 헤겔과 원대한 계획을 꾸미고 있다는 사실 또한 헤겔이 과에서 대접받는 데에 결코 유리하지만은 않았을 것이다.

하지만 이 계획에는 무언가가 있었다. 이 계획에 따르면 여기 이 베를린에서야 마침내 철학에 대한 의미심장하고 공적인 관심이 성장했다. 학문으로서 꽤 유용하다는 것이 철학에 용인되고 있었다(II, 222). 알텐슈타인은 프로이센 국가들의 문화적 삶에 있어 그토록 유용한 철학에게 중심 역할을 부여하고자 했다. 그는 단지 본래의 직업 학문 학습을 위한 예비 단계의 역할이나 문헌학적 전공들처럼 다른 전공들과 단순히 병렬되어 있는 예비 단계의 역할만을 철학에 부여하고자 한 것이 아니다. 그는 또한 철학과의 지성적 국가시민적 교양 임무 속에서 국가 문화에 결정적 요인이 되는 역할을 보았다. 철학은 예나의 칸트주의와 칸트 이후의 관념론이 1800년 이전의 마지막 10년 동안 누리던 그러한 보편적 방향 지시의 기능을 다시 갖추어야 한다는 것이다. 그러나 이제는 모범적으로 프로이센의 수도에서, 즉

알텐슈타인 남작(Karl Sigmund Franz Frhr. v. Stein zum Altenstein, 1770~1840)

하나의 "중점"에서, 그리고 단지 모든 프로이센 국가들에 대해서뿐 아니라 전체 독일에 대해서도 모범이 될 만한 특징을 갖고서 말이다. 아무튼 철학은 독일 남부 지역에서보다는 북부 지역에서 "예로부터 더 많이 …… 욕망 '의 대상'이자 고향"이었다(II, 197). 이렇게 "더 확장되고 더 중요해진 영향 영역"에서의(II, 170) 활동은 하이델베르그 교수직보다 현저하게 더 많은 보수도 따라야 했을 것이다. 그러나 헤겔에게 가장 유혹적이었던 것은 아마도(II, 179와 비교. 182) 프로이센 왕립 학술원에서 (바이에른의 동급 기관에서 활동하는 야코비처럼 이 학술원의 의장으로서나 또는 적어도 철학 분과 담당자로서?) 할 수 있는 "매우 멋진 활동"에 대한 전망이었다. 더군다나 알텐슈타인은 사변철학이 그 자체로는 본래 대학에 적합하지 않다고 자신의 확신을 피력한 적이 있다. 사변철학의 대가라면 이론(異論)의 여지 없이 헤겔이었는데도 말이다. 왜냐하면 알텐슈타인의 확신에 따르면 오로지 사실만을 위해 철학에 몰두해야 하며 또한 "통속적 제한적 관점들로부터 오해받을지 모른다는 걱정"으로 인해 "어디에서든 표현되지" 말아야 할 물음들마저 철학에서라면 규명할 수 있어야 하기 때문이다(II, 449). 이에 상응해 헤겔은 자신의 교수 활동에서 신중하게 이러한 물음들을 다루어갔다. 그러나 그의 소망은 프로이센 국가철학을 가르치거나 헤겔이라는 통용어를 수도 베를린 지성인들의 유행어로 만드는 것이 아니었다. 그는 언젠가 "저 멀리서 닥쳐올 노년이 되면 대학에서 철학을 강의해야 하는 고된 직무에서" 면제받기를, 그리고 "다른 활동을 위해 …… 쓰임 받을 수 있기를" 원했다(II, 182).

이에 대한 전망은 잠시 동안이라 해도 현실적인 것이었는데, 왜냐하면 1818년 초 프로이센의 다른 정치 영역들에서는 왕정복고가 한창 이루어지고 있었는데도 불구하고 알텐슈타인은 여전히 자신의 교육 개혁을 추진하고 있었기 때문이다. 이에 반해 헤겔이 하이델베르그에 머문다면 그를 위협하게 될 것이 있었다. 그것은 예측 가능했다시피 대공국 영토 상속 문제로 인해 헤겔이 다시 "바이에른 야만 지역(Barbarien)"의 시민이 되어야 하는 것이었다. 그는 이것을 가능한 한 피하고 싶었다(HZ 174).[34] 그럼에도 거의 모든 것이 바라거나 우려했던 것과는 다르게 진행되었다. 하이델베르그는 바덴 편에 머물렀고, 헤겔이 베를린에서 아직 자신의 교수직에 취임하기도 전에 슐라이어마허는 헤겔의 학술원 가입을 저지했다. 그리고 슐라이어마허는 학술원에서 자신의 권력을 안전하게 지키기 위해 라이프니츠가 초대 의장을 지낸 학술원 철학 분과의 해체를 결정짓도록 했다(II, 449).

그러나 슐라이어마허의 음모보다도, 그리고 (이후에 공공연해지는 헤겔 철학과 체계 철학 전체에 대항하는 자연학자들과 역사학자들의 연합이 이미 예고되고 있던) 베를린 철학과의 헤겔에 대한 뒷받침의 결여보다도 훨씬 더 곤란했던 것은 1818년에는 예측할 수 없었던 사건과 이 사건의 정치적 결과들이었다. 즉, (1819년 3월 23일) 학생조합의 급진적 회원인 잔트가 코제부를 살해한 것이다. 이 살인은 (다행히 무위로 끝난) 다른 살해 시도를 야기했고 메테르니히의 반동 정치 편에서, 그러나 또한 프로이센 내에서도 곧 날카로운 조치들을 초래했다. 그의 살인은 정말 전체 정치 상황을 단번에 변화시켰다. 카알스바드(Karlsbad) 결의와 신성동맹에서 시작된 "선동자 축출(Demagogenverfolgungen)" 정치는 대학에 일련의 징계 절차를 행하기에 이른다. 이러한 정치에 대해 어떤 입장을 취해야 할지 하는 물음에 대해 프로이센 개혁 장관들 사이의 통일은 깨져버렸다. 이것은 실로 개혁 시대의 종결을 낙인찍었다. 다른 한편으로 황태자를 둘러싼 "궁정 간신배들"은 강력해졌으며 황태자 주변의 낭만적 왕정복고 경향들은 추진력을 얻

---

34) 바이에른(Bayern)의 어원이기도 한 바바리아(Bavaria 또는 Bavarica)를 빗댄 "야만 지역(Barbarien)"이라는 말은 풀다가 여기서 인용하고 있는 리하르트 로테(Richard Rothe)가 자기 부친에게 보내는 편지에는 나오지 않으며 풀다 자신의 (혹은 잘못 인용된) 표현이다. 그러나 분명한 것은 바덴 대공의 죽음으로 대공국의 상속 문제가 발생했으며 팔츠가 바이에른에, 브라이스가우가 오스트리아에 넘어갈 가능성이 커졌다는 사실이다. 하이델베르그가 속해 있는 팔츠가 바이에른으로 넘어간다면 헤겔은 뉘른베르그 교장 시절 이후 다시금 바이에른의 시민이 된다. 교장 시절 바이에른 왕권하의 관리들과의 경험은 헤겔에게 매우 "혐오스러운(verhaßt)" 것이었기 때문에 헤겔이 차라리 베를린 대학의 교수 초빙을 받아들였던 것이라는 게 이 편지에서의 로테의 추측이다.

었다. 독일 군주국들의 모든 내각에서, 무엇보다 특히 프로이센에서 학문 제도에 대한 좀 더 원대한 계획들은 이제 전망이 없었다. 억압에 대한 공포와 마찬가지로 개혁에 대한 공포도 확산되었다. 자유주의 세력들은 신중하게 전술적으로 처신해야 했다.

억압 조치를 당한 것은 주로 프리스 주변의 대학생들과 교수들이었다. 베를린에서는 헤겔의 신학부 동료인 드 베트를 예로 들 수 있는데, 물론 그는 코제부의 살해를 미화하는 입에 담기 어려운 편지로 자신을 노출시켰다. 그러나 헤겔과 가까웠던 몇몇 반급진적(反急進的) 학생조합 회원들과 예전의 해방 투사들도 그 축출의 희생자가 되었으며 그 중 일부는 평생 동안 피해를 입었다(아스베루스, 카로베, 폰 헨닝, 푀르스터). 알텐슈타인의 호의에 의존할 수 있었던 헤겔 자신은 이 격변기에 간접적으로 연루되기도 했다. 즉, 검열 지침들은 다음과 같은 위험도 초래했던 것이다. 일반적으로 서로 혐의를 품곤 하는 풍토 속에서 스피노자주의 곧 무신론이라고 새롭게 제기된 비난들은 사변철학에 위협적일 수 있었다(1827년 『철학적 학문들의 백과전서』 서문과 좀 더 비교해보라). 헤겔이 신청한 연구 협력자들의 임명은 허가되지 않았다. 그러나 무엇보다 헤겔은 이번에도 또한 너무 늦게 도착한 이였다. 왜냐하면 이렇게 바뀐 상황 속에서 알텐슈타인은 더 이상 성공적으로 자신이 기도한 개혁을 위해 기금을 설립하고 헤겔에게 약속한 학술원 자리를 마련해줄 수 없었기 때문이다. "침울한 시간들"을 보내며 헤겔은 스스로 이렇게 말한다. "영원히 불안으로 가득 찬 이 시대에" "두려워하고 희망하는 것은 …… 늘 계속되기만 하고, 정말 …… 점점 더 지독해지는군요" (II, 219). 철학의 시간은 거의 시작조차 하지 않았는데 다시 벌써 다 지나가버린 것 같았다.

그럼에도 그는 의기소침한 정적주의에 침잠해버리진 않았다. 자신의 학생들 중 축출의 희생자가 되었어도 "결단코 자신 속에 왜곡된 거만과 열광에 사로잡히지 않고 오히려 개방적이며 겸손했던" 그러한 학생들을 위해 그는 힘닿는 대로 애를 썼다(II, 217). 또한 몇 년 후 그는 드레스덴에서 체포

되어 베를린으로 후송된 쿠쟁(Victor Cousin)을 위해서도 그렇게 했다(III, 75 이하, 374 이하). 사상가로서 그는 이제 대부분의 사람들에게 운명이 되어버린 정치와 구체적 인격의 책임으로 돌려야 할 도덕적 단념 사이를 예리하게 구별했다. 이러한 관점에서 그는 잔트의 범행과 그 결과들을 단지 범행자와 학생조합의 정치적 충동에만 전가시킬 수 없었다. 또한 그는 이 젊은 이들에게 맞장구쳤던 자신의 동료들에게도 책임을 묻지 않을 수 없었다. 그는 이렇게 생각했다. 프리스 및 같은 신념을 지닌 그의 동지들이 "겉보기에 쓸데없어 보이는 학교 잡담"을 갖고 퍼뜨린 "그러한 관점들에는 무엇이 문제인지 하는 것이 현실에서, 그리고 현실에 대해" 이제 나타나고 있다고 말이다(R §140A, e). 그는 자신이 오래전부터 싸워왔던 (프리스 추종자들의, 또한 슐라이어마허의 종교적 몰내용의) 그 "황량한 월권적 종파들"의 정치적으로 위험한 상투어들을 모든 형식에 있어 철학으로부터 잘라내버리는 것을 자신의 공적인 의무로 여겼다. 이들이 바로 철학의 이름을 강탈했던 것이다(II, 242). 비난하려고 행해지는 악의 사상적 뿌리를 들춰내기 위해 그는 자신의 『법철학 개요』에 가장 긴 주석을 붙여놓는다(§140). 자신의 투쟁의 성공을 위해 필요한 주목을 끌고자 그는 곧바로 서문에서 자신의 철학적 입장을 그 "종파들"의 관점으로부터 냉혹하게 경계 짓고 있으며 또한 이후 여러 해 동안 다음처럼 고백하기도 한다. 그렇다고, 그는 "슈바벤 사람들이 말하곤 하듯이 그 송아지의 눈알을 때리려"[35] 했다고 말이다(II, 263). 한 해 뒤 그는 그 "송아지"를 "우리의 해방 천민"이라고까지 부른다. 이렇게 함으로써 그는 의심할 여지 없이 자신의 노여움만 풀어보려는 것이 아니었다. 또한 그는 자신들의 책임을 의식하고 있는 영리한 자유주의 개혁자들에게 이들이 가질 수 있는 동의를 보여주려 한 것이다. 헤겔은 자신이 자유주의 개혁자들에 속한다고 본다. 그는 당시에(1820/21년) **국가교육학**

35) 오늘날 독일인에게도 귀에 익지 않는 이 슈바벤 속담은 버릇없거나 나쁜 송아지는 눈을 때려서라도 얌전하게 만들든지 치명상을 입히든지 해야 한다는 의미로 새길 수 있다.

을 저술하려 했었는데, 단지 이를 위한 시간만 있었다면 그는 아마도 자유주의 개혁 부류에 속하는 무언가를 달성했을 것이고 그 많은 오해도 피했을 것이다(II, 271).

초래된 결과는 물론 좋지 않았다. 그 자신이 사악한 비방들에 시달린 것이다. 그가 자기만의 이익을 위해 또는 노예근성 때문에 땅바닥에 조아리고 있는 사람들을 짓밟고 간다느니, 그가 결코 자유주의자들에 속하지 않으며 오히려 억압자들 편에 서서 관료 국가를 우선시해 프로이센 왕정 독재의 옹호자 역할까지 한다느니, 또는 그 자신의 철학 학파를 위해 노예적으로 프로이센 왕정복고 정치를 변호한다느니 하고 말이다. 어떠한 여건들 속에서도 그는 스스로 정부의 총애를 받는 역할을 얻어내려 하며 그 때문에 수치심도 없이 현재 존립하는 상황에 순응하려 든다고도 했다. 헤겔을 생각 없이 읽었던 자들에 의해 "순응"의 노골적 고백으로 해석되던 것이 있다. 그것은 헤겔이 『법철학 개요』 서문에서 (물론 플라톤의 『정치학』과 긍정적 연관 속에서!) 쓴 다음과 같은 말이다. **이성적으로 있는 것은 현실적이며, 그리고 현실적으로 있는 것은 이성적이다**(XIX). 마치 이 말을 이해하려면 아무런 사상적 노력도 필요치 않으며 바로 헤겔의 이번 경우에 해당되는 모든 비방 사실들의 자의적 시인으로만 간주하면 된다는 듯이, 이 말을 기회주의의 표시로 간주하는 자는 이미 분명 다음과 같은 점을 못보고 있는 것이다. 즉, 이 말은 "이성을 현재의 십자가 속의 장미로 인식하고 이로써 이 장미를 기뻐해야" 한다는(XXII) 요구와 결합되어 있는 것이다. 헤겔주의자가 아니더라도 헤겔을 좀 더 정확히 알았던 사람은 물론 이 점도 알고 있었다. 즉, 헤겔은 "철저히 입헌주의적인, 프로테스탄트적인, 자유주의적인 사람이며 프랑스 혁명에 대한 공감으로, 영국의 자유 생활에 대한 동감으로 가득 차"(HZ 355) 있었다.

대학에서도 헤겔은 자신의 논쟁에 대한 아무런 찬성도 얻지 못했으며 오히려 그의 진술에 따르면 "물론 시무룩한, 적어도 무뚝뚝한 얼굴들을 …… 보아야" 했다(II, 263). 교양인들은 정치적으로 진지하게 다루어야 할 자유주의 개혁의 입장을 대변하고 자유의 진보를 향해 본래 공통적으로 힘을 모아야 했지만 더 이상 대학과 국가 행정 간의 차이를 넘어서 봉건 신분 사회와 관료 국가 및 가톨릭 교회 성직자의 정통 이론에 대항해 결집하지는 않았던 것 같다. 이들은 존립하는 체제를 거부하는 대신 국가를 원칙적으로 근대화의 대표자로서 지지하며 국가적인 문제를 장기적 안목에서 국가의 도움을 통해 풀고자 하는 데까지 일치를 본 것은 결코 아니었다. 더구나 이들은 이제 철학에 걸 수 있는 기대들에 관해서도 분열되어 있었다. 그리고 이로 인해 역사학파와 체계적인 철학 간의 대립은 더 첨예해져 갔다. 본래 이 대립은 베를린 대학에 처음부터 있던 것이다. 무엇보다 베를린의 이러한 형세가 헤겔과 그의 저작의 수용에는 불운이었다.

담당 장관은 결코 배타적으로 사변철학에만 호의를 베푼 것은 아니었지만 헤겔에게 약속한 학술원 자리를 참을성 있게 기다리는 대가로, 필요한 경우 위로의 상(賞)을 주기도 한다. 즉, 김나지움 학교의 국가 감사를 위한 "심사위원회"에 헤겔을 포함시키기도 하고(이것은 다시금 현저한 시간 낭비와 결부되었다), 방학 중 헤겔이 휴양하거나 교양을 쌓도록 몇 번에 걸쳐 여행 보조금을 지급하기도 한다(1820/21년 드레스덴, 1822년 네덜란드, 1824년 빈과 프라하, 1827년 파리, 1829년 카알스바드 여행). 그러나 알텐슈타인은 이미 자신이 (프랑스 『학술 저널(Journal des Savans)』과 같은 종류의) 국가가 후원하는 문예 비판지 계획을 추진하는 것은 불가능하다고 본다. 헤겔은 자기편에서 그와 같은 간행물을 위해 그의 대학 동료들의 "애국심"에 기대는 것을 꺼렸다(BSchr 629). 그 후 1826년에 베를린 『학술 비판 연감』이 헤겔의 지도 아래 창간된다. 당시 이 간행물의 창간은 한 젊은 헤겔주의자가 사적으로 건의함으로써, 그리고 동시에 코타(Johann Friedrich Cotta)가 출판에 관심을 보임으로써 이루어진 것이었다. 창간을 건의한 젊은 헤겔주의자는 법학과에서 전적으로 외톨이였고 반유대주의로 인해 미움 받고 있던 에두아르트 간스(Eduard Gans)이다(II, 386, 390 이하). 여러 사정이 이러할진대 헤겔이 세칭(世稱) 왕정복고 시기 프로이센의 국가철학자라 할 수 있겠는가.

이로써 우선은 부분적으로나마 정황 묘사가 이루어진 셈이다. 헤겔은 자신의 공직 활동에 있어 알텐슈타인을 후원자로 필요로 했으며, 알텐슈타인도 마찬가지로 그의 학술정치적 목표의 현실화를 위해 헤겔을 필요로 했다. 둘은 서로를 매우 아꼈다. 신분 구별 없이 예전에 니이트함머의 가족과 그랬듯이 헤겔의 가족과 알텐슈타인 집안 간에는 아마도 우정 어린 관계까지 형성되었던 모양이다(III, 303 이하와 비교). 그럼에도 현실적으로는 둘 중 어느 한쪽도 다른 한쪽에 의지할 수 없었다. 헤겔이 다음처럼 말해야 했으니 말이다.

> 저와 제가 추진하는 일에 관한 한 저는 운명이 저를 앉혀놓은 그 한결같은 소임을, 이곳 대학에서 철학을 강연하는 소임을 계속할 뿐입니다(III, 105).

왜냐하면 맡은 소임의 성공은 수강생 수의 증가 말고도 형성 중인 "학파"의 증대되는 영향력에서도 측정되기 때문이다. 반면 정부가 헤겔 철학에 부여한 교양 정치적 역할에도 불구하고 헤겔 철학은 철학과에서 교내에 경쟁하는 학파들이나 다른 전공들보다 우대받기를 기대해서는 안 되었으며 분명 그런 우대를 받지도 못했다(BSchr 629와 비교). 다른 한편 헤겔 철학이 특권을 누렸으며 헤겔 또한 이를 위해 애썼다는 혐의는 부분적으로 확증된 만큼 피할 수 없는 것이기도 하다. 이 혐의는 (예를 들어 헤겔 철학의 계승 자격 문제에 있어) 철학과 정신과학 전공들 간의 불꽃 튀던 갈등을 계속 부채질했다. 이렇게 해서 헤겔 철학에 대해 논쟁하는 입장들 내에 (또한 논적에 대해 헤겔 철학 편에서 하는 판단 내에) 몇몇 편향된 해석 조류들이 갈등을 강화하며 서로 층층이 쌓이는 결과가 생겼다. 이것은 무엇보다 특히 사회적 해방 과정과의 관계에서 그러했다. 예를 들어 유대인 해방과 이 해방의 (부분적으로 불법적인) 거부와 같은 것에 대한 관계에서 말이다. 에두아르트 간스에 대한 처우에서 보이듯이 헤겔은 말하자면 인격적 태도에서도 자신의 철학을 통해서도 유대인들에 대해 자신의 논적들이나 그의 많은 친구들보다 훨씬 더 자유주의적인 입장을 대변했다(예를 들어 HZ 317, 335, 373 이하, 453 이하와 비교).

간단히 묘사한 갈등 영역들 중 어디를 살펴본다 해도 헤겔은 프로이센으로 이주하면서 실질적으로 자신의 이론을 변경한 적이 없다. 그의 강의는 자료가 더 풍부해졌지만 그러나 이전과 마찬가지로 신중하게 설계된 것이었다. 강의 주제 목록에는 이제 세계사, 종교사, 그리고 (새로운 의미의) 신 증명들이 들어간다. (철학사 주제와 나란히) 이러한 주제들에 의거해 헤겔은 역사주의와 감정의 경건함으로 환원되는 종교성을 해석해낸다. 이 둘은 밀접한 친족 관계에 있었을 뿐만 아니라 베를린 동료들 중 몇 명에게서 표본적으로 인격화되어 있기도 했다. 이미 뉘른베르그에서 그랬듯이 헤겔은 제도적으로 정해진 일들로 녹초가 되곤 했다. 하지만 여의치 않은 상황 속에서도 그는 자신의 철학 저서를 위해서만은 극한의 일도 하려 했다. 다만 이를 위해 다시금 유용했던 것은 주로 이미 예나에서부터 해온 첨삭된 강의 원고였다. 그리고 그를 녹초로 만든 "제도들"은 강의 연단뿐 아니라 이제는 국가교육심사위원회, 『학술 비판 연감』, 그리고 무엇보다 특히 박사 과정, 교수 자격 과정, 징계 등의 업무와 그 밖의 업무들로 이루어진 과(科)의 자치 행정에도 있었다.

『하이델베르그 연감』에서 야코비 비평으로 시작된 헤겔의 동시대 중요 출판물들에 대한 일련의 비판적 서평들은 베를린 『학술 비판 연감』에서는 훔볼트(W. v. Humboldt)의 바가바드-기타(Bhagavad-Gita, 1827)와 괴레스(J. Görres)의 세계사(1831)에 대한 두 편의 소논문들로 계속되고 있다. 다른 세 편의 논문들은 헤겔 자신의 철학 작업이 그 사이에 얻게 된 반향을 논구한다. 졸거(Solger)와 하만(Hamann)의 저술에 대한 두 편의 긴 에세이에서 (1828년) 헤겔은 자신의 사유를 삶과 융해시키려 한 이 저자들에게 헌사를 보내고 있다. 여기에서 그는 새로운 유형의 구체적인 지성적 개성의 초상을 가능한 한 정확히 음미해본다. 하만에 대한 소논문은 괴테의 확고한 찬사를 받았다(HZ 392). 이러한 글들 외에 시간을 가장 많이 집어삼킨 것은 물론 강의를 위해 가장 넓은 범위에 걸쳐 행해진 새로운 자료의 손질이었을 것이다(III, 8과 비교).

이 20년 세월의 후반기에 비로소 헤겔의 강의는 독일 대학의 청년들에게 뿐 아니라 "소령, 중령, 추밀고문들"에게(II, 218) 그리고 수많은 동유럽인들, 특히 폴란드 출신의 동유럽인들에게(HZ 375 이하, 398과 비교) 베를린을 찾는 매력이 되었다. 그 후 헤겔은 무엇보다 애써 이런 매력이 되려고 작정했던 것 같진 않다. 그에겐 자신이 일한 대가로 예전의 프리스 추종자들과 슐라이어마허 숭배자들 중 몇 명을 자기편으로 얻은 반면 자신의 수강생들 중 아무도 이렇다 할 만한 반대 경우가 없었다는 것으로 충분했던 모양이다(HZ 197, 386, 389, 421 이하와 비교). "교양을 쌓고 매우 희망에 가득 차 있는 많은 학생들"에게 자신의 노고의 "열매"가 적어도 이미 "무르익고" 있음을 본다는 것만으로도 그에겐 만족스러운 것이었다(III, 105). 이들의 명성과 중량감이 과에서는 상당히 미미한 수준에 머물렀다 해도 말이다. 하지만 헤겔은 그렇게 함으로써 자신의 철학을 지배적인 것으로, 단지 대학에서만 그렇다 해도 지배적인 철학으로 만들고자 망상하진 않았다. 더구나 그에겐 "텅 비고 깊이도 의미조차도 없는 것의 월권이 그 속에 넓게 퍼져 있는 권력과 이 권력의 만연이 …… 너무나 거대해져 버린" 것 같았다(III, 26 ; 89와 비교). 아무튼 교육상의 큰 성공을 위해 진력하는 것이 의무는 아니었던 만큼 이것은 헤겔에게 자신이 정해놓은 "주요 관심사"라기보다 오히려 하나의 대리 만족일 뿐이었다. 그에게는 자신이 원래 품었던 소망의 성취가 거부된 채로 있었기 때문이다. 그 성공은 자신의 일에 대한 열정의 부산물이었다. 그렇지 않다면 내면을 향해 있기에 수강생에게는 별로 친절한 것이 못 되었던 그의 연단 강연이, "경청자를 향한 연설이라기보다는 큰 소리로 하는 되새김에 훨씬 더" 가까웠던(HZ 466) 그의 강연이 단지 자기 배후에 "권력형 인간"의 성공 갈망을, 아니면 교수의 진부한 허영을 숨기고 있는 가면에 불과했단 말인가? 만약 그렇다면 그는 평생 그 자신에게 장애물이었다고 해야 한다.

헤겔 1828년. – 셉버스(J. L. Sebbers)의 수채화.
책등에서 알아 볼 수 있는 제목 : 플라톤과 아리스토텔레스[36)]

셉버스에 보낸 괴테의 편지에서 : "마땅히 명예로워야 할 자를 명예롭게 하라, 당신은 드디어 베를린의 헤겔을 그리는군요!" (HZ 389)

헤겔의 모든 생활 방식은, 특히나 그의 교제 형식은 그러한 성공 갈망을 보여주지 않는다. 그는 직업 밖의 자신의 일상생활을 위해서는 가능한 한 고관대작이나 대학 고위직과의 교제를 추구하기는커녕 오히려 이중 생활이라 할 만한 것을 영위했다(HZ 452 이하와 비교). 즉, 자기 본질의 진지한 직업적 측면에서 그는 복잡한 투쟁가 기질이 있었다. 이러한 기질은 이것의 수많은 내적 대립들을 외부에 드러내기도 했지만 단지 가장 근본적인 추상적 숙고를 통해서만 그 대립들을 자기 내에 합일시킬 수 있었다. 이러한 기질적 특징과 함께 헤겔은 자신에게 영혼을 불어넣은 위대한 것을 향해 나아갔으며 논적들, 동료들, 협력자들 앞에 나타났고 진지한 것을 진지하게 가르쳤으며 "자신의 전체 사안을, 자신의 충만한 노력을, 자신의 단절되지 않은 인격을 모두 함께 연단 위에서" 보여줌으로써 진지한 것에 대한 공감을 일깨우기도 했다(HZ 421 ; 442 이하와 비교). 이에 반해 자유로운 시간에는 자기 본성의 그리 복잡하지 않은 선량한 사교적 측면에 자신을 내맡겼다. 이것은 가족이나 작은 친구 모임에서만 그랬던 것이 아니라 그의 학생들 사이에서도, 그리고 학술적이지 않은 사교 모임에서도 그러했다. 이러한 모임에서 그는 "마치 또 다른 한 사람의 도락가처럼"(HZ 396) 휴식을 취했다. "그 자신이 표현했듯 '일단 지금 하도록 저주받고 있는' 자신의 심원한 사변의 어려운 일로부터"(HZ 434) 홀가분하게 벗어나보는 것이다. 그는 카드 게임을 즐겼으며 게임 상대를 찾는 데에도 까다롭지 않았다. 되도록 더 많은 사교 모임에 가보기 위해 그는 유대인 가정의 살롱을 애착을 갖고 방문하기도 했다. 그는 베를린의 보헤미안에게서, 즉 화가, 음악가, 여가수, 연극인, 문학가, 그리고 아름다운 여인들에게서 가장 평안함을 느꼈다.

그가 더욱더 진지하게 전념하며 하루를 보낸다면 그에게 저녁 산책이나 휘스

---

36) 셉버스의 동일한 석판 그림에서 좀 더 선명히 알아볼 수 있는데, 헤겔 왼손 옆 책상 위의 책이 플라톤이며, 책상 아래 앞쪽 다리에 세워져 있는 책이 아리스토텔레스이다.

트 카드 한 판, 아니면 즐거운 사교 모임이나 음악은 더더욱 흥겨운 것입니다. 그는 아름다운 무언가를 보고 들을 수 있는 곳에 있어야 해요. 그는 그 당시 뉘른베르그에 있었을 때보다 10년이나 젊고 20년이나 명랑하게 생을 향유하고 있지요 (1829년 6월 24일 마리 헤겔이 자신의 시누이 크리스티안네에게 보내는 편지, HZ 396).

눈에 띌 정도로 두드러진 헤겔의 회춘(回春)은 그 자신 안에 있던 대립들이 예리함을 잃었음을 잘 보여준다. 여기에는 의심할 여지 없이 그가 이제 점점 더 많이 인정을 받게 된 것도 한몫을 했다. 말하자면 그의 강의를 필기한 것들이 회람되고 있었다. 지성의 맑은 밤하늘에 일등급 별자리를 차지하는 괴테 같은 인물들이 그에게 깊은 경의를 표했다. 예컨대 빅토르 쿠쟁 같은 외국의 젊은 저명인사들은 헤겔과 친목을 다지려 했고 공개적으로 그를 찬양하기도 했다. 네덜란드에서는 그의 철학을 확산시키기 위해 간행물 하나가 창간되기까지 했다(III, 314, 433). 루드비히 포이에르바하와 크리스티안 헤르만 바이세(Christian Hermann Weiße)처럼 헤겔을 넘어서려 준비 중이던 젊은 혈기의 완고한 학생들도 그에게 접근해 왔다(III, 244, 250 이하, 259). 헤겔의 생일을 축하하려는 모임은 며칠간 계속되는 연회로까지 발전했다. 이 연회는 연이어 있는 8월 27일 헤겔 생일과 8월 28일 괴테 생일을 함께 치르기 위한 것이었다. 1826년 『포스 신문(Vossische Zeitung)』에 보도된 이 연회에 대한 언론의 반향은 대단한 장관이었다. 왕은 8월 같은 달에 자기 생일 연회가 더 소박하게 치러지자 내각 훈령을 통해 "사적인 잔치"에 대해 그렇게 보도하는 것을 금지할 정도였다(HZ 303 이하, 318). 명성 있는 한 조각가에 의해 헤겔의 흉상이 제작되고 전시되었다. 1830년에는 다른 조각가에 의해 그의 형상이 새겨진 메달이 제조되었다(HZ 308, 418 이하; III, 462). 1829년 그의 명성은 이미 대학에서 매우 커져 있었기에 친구들이 그의 총장 선출을 관철시킬 수 있었다. 동시에 그는 카알스바드 결의에 따라 정부가 대학에 두도록 위임한 대학의 대변자로 임명되었다. 이렇게 그가 총장직을 맡음으로써 사실상 처음으로 다시 외부 정부 인사의 대학 감시가 없어졌다. 그가 아우스부르그(Augsburg) 교단 300주년을 기념해 라틴어로 한 총장 기념 연설은 큰 갈채를 받았다. 끝으로 1831년 초에는 헤겔에게 (슐라이어마허와 함께) 붉은 독수리 훈장이 수여되었다. 단지 3등급 훈장이긴 했지만 말이다. 그 전해에는 알렉산더 폰 훔볼트(Alexander v. Humboldt)가 헤겔에게 훈장을 수여하자는 각료의 제안에 대해 다른 식으로 수여하자고 청원하는 바람에 차질을 빚기도 했다(III, 331, 464; HZ 410과 비교).

1829년 여름 마리 헤겔이 편지에 기록한 그녀 남편의 회춘은 단순한 희망 사항에 그치는 것이 아니라면 신체적인 것이라기보다는 오히려 내적인 것이었다. 유쾌해 보이는 기색들은 헤겔의 건강이 얼마나 걱정스러울 정도였는지를 감추었다. 또한 이런 기색들은 그가 내보이는 서로 대립된 두 측면들 중 한 측면을 이루고 있는 것에 불과하다. 다른 증언들에 따르면 헤겔이 여러 해 전부터 지속적으로 과로한 상태였음이 드러난다. 1820년대 말까지 헤겔은 점점 더 신경질적이고 호전적으로 되어 언쟁에서 화해를 모를 정도가 되었다고 한다. 이미 1823년에 그는 "밤낮으로 숙고에 쫓겨" 자신의 "하복부가 매우 짓눌려진 것처럼", 그리고 자신의 "머리가 얻어맞은 것처럼 여겨지기도" 했다(III, 8). 그는 1827년에는 심각한 위장 질환 때문에 이러다 죽겠다는 생각에서 파리 체류를 조기에 중단해야 했다(III, 197 이하; 229, 238과 비교).

> 그러니 나는 암 쿠퍼그라벤(am Kupfergraben) 거리에서[37] 살다가 죽으려 하오. 당신이 얼마나 오랫동안 '나와 그렇게 하기로' 합의를 볼 것인지는 지켜보구려(III, 201).

이렇게 그는 (1827년 10월 12일) 여행 귀로에서 그의 아내에게 편지를 썼

37) 헤겔이 살던 베를린의 거리 이름이다.

다. 이때는 이미 그가 1819년에 졸거의 장례를 지켜보며, 그리고 피히테를 회상하며 다음처럼 확신한 지 한참 후였다. "철학자들은 보아하니 …… 여기서는 나이 들지 않겠구나"(II, 220). 결국엔 그는 자기 스스로를 아껴야만 했다. 그러나 수년간의 투쟁과 자기 지위의 위태로움에 의해 닳고 닳았던(III, 321 이하와도 비교) 그는 더 이상 스스로 자신의 과도한 활동성으로부터 벗어날 수 없었다. 1830년 가을 소화기관들이 문제를 일으키자 집요하고도 "차가운 열병"이 더해졌다. 그해 겨울 내내 그는 또한 그의 아내와 마찬가지로 허약한 상태이기도 했다. 암 쿠퍼그라벤 거리의 가장 가까운 친구들과 이웃들이 심각하게 걱정할 정도로 그랬다(HZ 418 이하).

이제 위기가 그의 전체 생체 조직을 덮친다. 여기에 다시금 열병이 합쳐졌다. 열병은 사회적이고 정치적인 유럽의 육체를 갑작스레 뒤흔든 것이었다. 프랑스에서 7월 혁명의 발발은 유럽의 먼 지역들에서도 국내 정치적 긴장들을 폭발시켰다. 무엇보다 독일 서부 지역에서 그러했다. 벨기에가 네덜란드 연합 왕국으로부터 결별을 선언했으며 이로 인해 예나 시기 헤겔의 친구이자 제자인 반 게르트(van Ghert)가 교황전권(教皇全權)에 반대하여 해왔던 교단 정치적 노력들은 수포로 돌아가게 되었다. 마찬가지로 폴란드에서도 그러했다. 이 민족은 차르 지배에 대항해 들고일어났다. 헤겔은 이러한 소요들로 인해 유럽의 영토 질서가 위협받고 있다고 본 것 같다. 그리고 그는 그 결과로 반동이 새롭게 추진되는 것을 우려했던 것처럼 보인다(III, 333과 비교). 여하튼 그는 이번엔 그의 제자인 간스와 미슐레를 지금 사로잡고 있는 프랑스 혁명에 대한 감격을 함께 나누지 않는다(HZ 415). 1789년과 달리 그는 7월 혁명에서 찬란한 "일출"도(TW XII, 529) 새로운 시기의 시작도 인식할 수 없었다. 나폴레옹 이후의 문제들은 새로이 혁명을 기대함으로써 해결할 수 있는 것도, 그렇다고 조성된 영국 의회의 여건들에 맹목적으로 찬성함으로써 풀릴 수 있는 것도 아니었다. 그는 자신의 젊은 친구들과 수강생들에게 줄곧 이 점을 납득시키려 했다. 이를 위해서 그는 1831년 초에 자신의 역사철학 강의를 15년에 걸친 왕정복고 시기의 "익살극"과 이로부터 비롯된 7월 혁명의 원인들에 대한 암시로 마무리 지었다(TW XII, 534). 또한 그의 마지막 정치 비판 저술이 된 당시 영국의 의회 선거권 입법안에 대한 소논문 『영국 개혁안에 대하여』(1831)도 이러한 목적에 소용된 것이었다. 이 소논문은 영국 의회 제도가 (선거권의 개정 이후에도) 미래를 위한 모델이 아니라는 것을 보여주어야 했다. 여기서 동시에 헤겔은 프랑스나 벨기에 같은 가톨릭 국가의 상황들과는 별도로 왜 유럽에서 연이은 혁명들의 시기가 늘 끝나지 않은 상태로 있는 것인지, 그리고 이에 대해 독일에서는 어떤 태도를 갖는 것이 좋은지, 이러한 물음에 대해 비로소 처음으로 원칙적인 해명을 제시하려 한다. 이 물음에 답변했다면 그의 정치철학적인 유산이 되었을 테지만, 그러나 이 개혁안 논문에 답변이 제시되어 있지는 않다.

다시금 정치가 불러일으킨 "엄청난 관심"은 비록 많은 인명 피해를 냈다 해도 다른 모든 것마저 집어삼키진 말아야 했다. 더구나 아무리 이 위기로 인해 "그렇지 않았으면 타당하게" 여겨졌던 그 "모든 것"이 이제 문제 있는 것처럼 보이기 시작했다 해도 말이다. 철학은 터놓고 자신을 "오직 사유하는 인식이라는 정념 없는 평온에 참여"하는 것으로 여겨야 했다. 철학이 "무지와 폭력과 사악한 정념들에" 효과적으로 대처할 수 있다는 생각은 환상이었다. 철학을 영위하는 자는 "하루의 시끄러운 소음"에서 자신을 끌어내야 했다. 그리고 철학은 "단지 몇몇 사람들만 위한 것이라는" 의식 속에서 자신을 위한 안정을 찾고자 했다. 오직 이런 식으로만 헤겔은 여전히 자신의 정신을 만족시킬 수 있었으며 자신과 "같은 오솔길을" 걷고 있는 다른 사람들을 만나리라 희망할 수 있었다. 이와 같은 태도로 헤겔은 마지막에 자신의 『논리학』과 『정신현상학』의 두 번째 판본을 준비했다(『논리학』 서문 끝부분 및 III, 323 이하와 비교해보라). 그는 예전보다는 유리하게 이를 위해 곧 좀 더 많은 여가를 가질 수 있으리라 전망할 수 있었다. 1831년 여름 슐라이어마허는 헤겔의 학술원 가입 저지를 포기했던 듯하다. 게다가 그는 헤겔과 친분을 쌓기에 이르렀던 것 같다(HZ 330; 501과 비교).

그러나 이 또한 너무 늦었다. 폴란드에서의 민족 투쟁 여파로 동유럽으로부터 콜레라가 기어들어 왔으며 곧이어 베를린에도 출현했다. 이를 피하기 위해 헤겔은 자신의 가족과 함께 도시 외곽의 "그루노프 정원(Grunowschen Garten) 안" 크로이츠베르크그의 할레 문에서 남쪽에 위치한 〔"작은 성(Schlößchen)"이라 불린〕 한 여름 별장으로 이사해 여기서 몇 주간의 휴가를 보냈다. 이 휴가 기간에 헤겔은 늘 홀가분한 명랑함을 보이다가 9월 초 단지 잠시 동안 음울했던 것 같다. 이 시기에 뉘른베르크까지 도피하라고 공표되었을지 모른다는 의구심에 의견들이 분분했기 때문이다. 헤겔은 이 의문에 대해 아무것도 알려 하지 않았다(HZ 434, 436). 휴가가 끝났을 무렵 베를린의 전염병도 힘이 한풀 꺾인 듯 보였다(HZ 466). 그러나 헤겔은 이미 자기 자신 속에 위험을 지니고 있었다. 그는 (11월 10/11일에) 자신의 강의를 거의 재개하지 못했으며 11월 12일에는 심사 활동마저 재개하기 어려울 지경이었다. 그런 후 (11월 13일) 일요일 소화기관에서 시작된 격렬한 불쾌감이 그를 덮쳤다. 서른 시간이 지난 월요일 오후 5시에 그는 사망한다. 이날은 라이프니츠의 사망일이기도 했다. 데려온 의사들은 "가장 강도가 높은 콜레라"라고 진단했다. 고인의 침대 옆에는 열여덟 살 된 아들 카알과 열일곱 살의 아들 임마누엘이 엄마와 함께 임종을 지키고 있었다.

사생아였던 아들 루드비히는 몇 년 전부터 더 이상 가족의 테두리 속에 살지 않았다. 얼마 전부터는 그는 더 이상 생존해 있지도 않았다. 가족은 당시 이 사실을 모르고 있었다. 그는 의학을 공부하려 했었다. 그의 학교 성적 또한 이 바람을 뒷받침했던 것처럼 보인다. 하지만 그의 아버지는 그를 1822년 아니면 1823년에(II, 306 이하와 비교 ; IV, 125) 그의 대부인 예나 출판업자 프롬만의 주선으로 슈투트가르트의 한 교역상에게 "수업료 없이" 상인 도제 수업을 받도록 보냈다. 게다가 거기서 그는 예나 시절 그의 예전 대모(代母)이자 출판업자 프롬만의 처제인 소피 보온의 집에서는 아니라 해도 다시금 그녀 가까이에서 살게 되었고 그녀의 두 아들의 "우정 어린 감시"

속에 지내야 했다. 그 사이 소피 보온은 슈투트가르트로 이주해 있었기 때문이다. 따라서 루드비히는 열 살 때 자신의 아버지를 찾아(IV, 122 이하) 이 가족을 떠난 후 열여섯 살이 되어 다시 이 가족에게 돌아온 셈이다. 그래서 그는 헤겔이 안심하도록 그때까지 언제나처럼 (또는 다시금?) 자기 주위의 친밀하고도 사랑 가득한 교제를 유지해갔다. 1822년 프롬만에게 보낸 한 편지에서 드러나듯(II, 307) 헤겔은 “그를 위해 그 이상의 것을 해”줄 수 없었다. 헤겔의 이 편지는 친부의 자격에 따라 그를 교육할 수 없는 재정적 불가능성에 대한 암시로 읽혀져야 할 것이다. 그러나 이 편지는 아마도 젊은 아들이 의사가 되기에는 부적합하다는 평가를 표현하는 것일 수도 있다. 또한 (의붓어머니의 보살핌과 배다른 형제들과의 나쁜 관계로 인해?) 그 사이 그가 부친 집 분위기 속에 살기에는 부담이 되었다는 평가일 수도 있다. 분명 루드비히는 아버지의 적자(嫡子) 아들들에 비하면 냉대를 받은 편이기에 깊은 상처를 입었다. 그의 예전 대모가 보기에도 그는 어려운 삶을 받아들였던 것이다(IV, 128 이하, 127과 비교). 그는 이러한 삶에 그다지 잘 맞지 않았을 뿐이다. 그러나 그의 아버지가 같은 나이에 그랬듯이 그는 조숙하고 부지런했으며 냉대에도 민감했다. 좋아하지도 않는 도제 활동 중 그가 자신의 “상점 고용주”에게 반항적으로 대드는 일이 벌어졌다. 주인과 “불편한 말을 주고받은” 후 그가 그만두겠다고 했을 때 이것은 (1825년 여름) 즉각 받아들여졌다. 그리고 나서 그는 아버지와 합의하여, 그러나 아버지로부터 아무런 이별의 편지도 받지 못한 채(!) 군복무를 위해 네덜란드 식민지 군대로 보내졌다. 암스테르담으로 가는 도중 그는 마인츠에서 서신으로 아버지와 절교한다.

> 난 용서를 빌고 개선을 약속하는 등등을 할 수 없기 때문이에요. 결코 소질을 느껴본 적도 없는 직업에 나 자신을 내맡길 수 없었다는 것 말고 난 아무 잘못도 의식하지 못하겠어요(IV, 129).

헤겔 1831년–슐레징어(J. Schlesinger)의 그림

…… 강인하고 지배적인 이 콧날, 저 …… 눈빛, 원만한 턱선, 대화하는 매우 세련된 입술 …… 그리고 동시에 숙고하는 …… 인간성의 전적인 충만, 거기에 자리한 감각들과 열정들로 단련된 이 이마와 표정의 근육들, 그리고 온갖 생동성 속에 있는 평온함, 고요함, 원숙기의 위엄, 그리고 이제 이와 나란히 …… 있는 뺨의 …… 느슨함 … 이를 통해 코끝은 …… 훨씬 더 높이 두드러지며 …… –이것은 도처에 널려 있는 필사적(必死的)인 것의 가면 속에서 이 가면의 덮개를 막 떨어뜨리려 하는 확고하고 강력한 무시간적 정신이다

–크리스티안 라우흐(Christian Rauch)의 괴테 흉상에 대한 헤겔의 묘사, TW XIV, 84 이하.

동인도에서 6년간 복무 기한을 마친 후 그는 장교로 진급했다. 그러나 그 후 얼마 안 있어 그는 자카르타에서 "군량 회계 담당 보좌관〔푸리에(Fourier)〕"으로 복무하다 "봉소염(蜂巢炎, febris inflammatoria)"에 걸려 사망한다. 공교롭게도 그의 아버지가 헤겔–괴테 생일잔치를 마지막으로 치르던 그 시간에(1831년 8월 28일) 말이다(IV, 135 이하). 그는 분노 속에서 아버지를 포기했다. 그리고 그의 비망록에 적힌 괴테의 축복은(IV, 123)[38] 아무런 열매도 맺지 못했다.

비밀스럽기 짝이 없는 사건들이 동시다발적으로 헤겔 자신의 죽음을 에워쌌다. 11월 말 헤겔의 죽음을 알기 전에 누이동생 크리스티안네는 이미 "이달 중순부터" 매우 위태로운 "정신 부재의 상태" 속에 있었다. 이 때문에 그녀의 이웃들은 오빠의 부고를 그녀에게 전하길 며칠간이나 꺼렸다(HZ 489). 니이트함머의 아내, "저 최선의 부인"이 저 너머 죽음 속으로 영면하고 있을 때 그녀 남편은 마침 마리 헤겔의 부고 편지에 답장을 쓰고 있었다. "가장 부드럽고 가장 축복받은 잠"이 최후에 어떻게 그의 친구 헤겔에게 다가왔었는지 마리 헤겔이 묘사해주었던 그 편지에 말이다(HZ 500, 512).

의사들이 '콜레라'라는 진단을 내리고 이 병을 또한 헤겔의 사망 원인으로 선언했다는 것은 사실로 믿기보다 오히려 전염병 보건상의 주의 조치로 평가하는 것이 좋을 것이다. 콜레라 증상들 중 어떠한 것도 투병 중이나 마지막에 나타나지 않았다. 가능한 예방법에 대해 (그렇기에 아마도 증상에 대해서도) 식견을 쌓았던 마리 헤겔은 주지하다시피 의사들의 소견을 믿지 않았다(HZ 505). 간스도 마찬가지로 그 소견에 대해 의심스러워했다(501). 물론 부검이 행해진 것은 아니지만 질병 과정, 말하자면 헤겔의 증상이 더 오래전부터 지속됐고, 고통은 점점 가중되어왔으며 마침내 헤겔이 극도로

38) 1817년 3월 30일 예나에서 괴테가 루드비히에게 남긴 구절, "옳게 행하며 아무도 두려워 말라(Tue recht, scheue niemand)"는 격언을 말한다.

창백해지고 마지막엔 노화 과정이 급속도로 가속화되었다는 등의 보고에 따르자면 사망 원인은 소화기관 계통에 생긴 악성종양(Malignom)이었음이 가장 그럴듯해 보인다. 헤겔의 시신은 콜레라 희생자의 시신처럼 곧 격리되긴 했지만 그러나 정부 지침에 어긋나게 우선은 상갓집에 보존되었다. 그 후 경찰서는 도로테 시립 공동묘지에, 말하자면 헤겔이 피히테와 졸거와 나란히 묻혀 있길 원했던 그곳에 그의 공개 장례를 치르는(11월 16일 오후) 것을 허가했다. 이 모든 것들의 이유가 될 법한 것은 한 저명인사의 간청이라기보다는(HZ 463) 사망 진단의 정확성에 대한 증폭되는 의심이었을 것이다. 헤겔이 만약 콜레라로 죽었다면 그는 즉시 석회에 담겨 24시간 이내로 한밤중에 콜레라 공동묘지에 매장되어야 했을 것이다. 물론 많은 사람들이 공식적으로 콜레라로 기록된 사인(死因)을 완고하게 고집한다. 그러나 『프로이센 국가 일보(Allgemeine Preußische Staatszeitung)』조차 이 사인을 즉시 받아들이지 않았다. 피히테는 1814년 전염병인 티푸스로 죽었다. 그렇다면 왜 그의 후임자인 헤겔이 지금 창궐하는 전염병의 희생자로 여겨질 수 없었겠는가?(HZ 469 이하, 488, 510과 비교)

그에 대한 조사(弔辭)와 대부분의 공식적인 애도사는 그 시대에 통용되던 것들이었으며 사망의 극적 상황들로 인해 상당히 비통해하는 것들이었다. 이에 대한 헤겔 논적들의 악의적인 논평은 오늘날의 시간 거리에서 보면 거의 측은해 보일 정도이다. 이것들까지 이 책에서 소개하는 것은 적절하지 않다. 제대로 된 공식적인 어조는 『프로이센 국가 일보』에서 볼 수 있다. “독일 철학이 언급되는 한 그에 대한 회상은 계속 살아 있을 것이다”(1831년 11월 16일; HZ 469와 비교). 이 회상으로부터 헤겔의 삶을 들여다보고 싶은 이는 사적인 증언들에 의거해야 할 것이며 또한 헤겔의 전기를 짧게 소개한 이 책의 처음 부분에도 눈길을 되돌려야 할 것이다. 그 나머지 일은 자제하길 바란다.

Ⅳ. 시선을 스치듯 잠시 살펴보는 후생(後生)

여기서는 더 이상 헤겔이 남겨놓은 흔적을 현재에 이르기까지 추적할 수 없다. 철학의 성인(聖人)들을 전해주는 데 있어 믿을 만한 증인이라 할 수 있는 프랑스 현상학자 모리스 메를로-퐁티(Maurice Merleau-Ponty)는 1948년 이렇게 생각했다. 100년 전부터 철학에 일어난 위대한 모든 것의 시작에는 헤겔이 서 있다. 이때 그가 생각한 것은 마르크스와 마르크스주의, 키에르케고어와 니체, 헤겔의 현상학으로부터 20세기 현상학 운동으로의 놀라운 변환, 헤겔 이후 무의식의 철학 정신으로부터 정신분석의 탄생, 그리고 독일과 프랑스의 실존철학 등이었다. 하지만 이것은 단지 헤겔이 끼친 영향의 작은 한 단면일 뿐이다. 헤겔이 오늘날까지 영어권 철학계(哲學界)에서 (무엇보다 특히 대서양 저 너머에서) 얻은 반향이, 이 밖에 동유럽, 남유럽, 스칸디나비아, 남아메리카, 일본, 그리고 한국에서의 헤겔의 다양한 영향들이 계산되어야 할 것이다. 만약 헤겔이 역사적인 정신과학과 사회과학에 좀 더 분산적으로 미친 영향들까지 고려한다면 저 단면은 더욱 작아 보이게 된다. 그러나 이와 같은 "영향들"은 무한정 계속된다. 그래서 만약 이 장(章) 아래에서 관련 사실들은 거의 설명되지 않은 채로 그 대신 이름들만 (가장 중요한 이름들은 고딕체로) 많이 열거된다고 해서 놀라지는 말아야 한다. 또한 특정 **종류**의 영향들에 대해서는 주의 집중이 요구된다. 이것들을 가장 흥미롭게 받아들일 만한 이가 고려될 수 없다 해도 말이다. 적어도 일곱 개의 저자 그룹 내지 영향의 종류들이 구별되어야 한다. 그러나 4번에서 6번까지에서 열거된 이름들만큼은 차후 좀 더 묘사되어야 할 것이다.

1. 헤겔에 의해 비로소 획득된 입장이 아니라 다른 입장에서 헤겔을 비판하는 본래의 **논적들**: 헤겔은 이들의 논박을 가장 적은 부분만 인지하고 있었다(헤겔의 베를린 저술들 중 이와 관련된 소논문들과 비교해보라). 헤겔에게 퍼붓는 욕설들의 희서(稀書)이자 견본서로서 여기서는 우선 쇼펜하우어의 비방 저술인 『대학 철학에 대하여』가 언급될 수 있다(『여록보유집(餘錄補遺集)』 1850). 몰이해성에 있어 이 저술과 그다지 멀지 않은 것들로는 카알 포퍼의 헤겔 논쟁들(1945, II권), 그리고 버트런드 러셀의 헤겔 논쟁들이(1940, XXII장) 있으며 이것들보다 100년 더 오래된 프리스의 대항 저술들도(1828, 1840) 있다. 헤겔의 베를린 시기와 그 최초 영향에 있어 그의 가장 중요한 반대자들은 셸링(1827, 1841/42), 트렌델렌부르그(A. Trendelenburg, 1840), 그리고 하르트만(E. v. Hartmann, 1868)이었다. 여기에 헤르바르트(Herbart)를 잊어선 안 된다. 그는 헤겔과의 공개 논쟁을 두려워했기에 단지 (1822년) 『법철학 개요』와 (1831년) 『철학적 학문들의 백과전서』에 대해 짧은 논평만 쓰는 데 그쳤다. 헤르바르트는 자신의 원칙적 비판을(1828/29) 셸링의 동일성 철학에 대한 자신의 해석 속에 숨겨놓았는데, 그는 셸링의 이 철학을 헤겔의 사변적 관념론과 동일시했다.

2. 헤겔에게는 멀리 떨어져 있는 맥락에서이긴 하지만 헤겔에 의해 **부분적으로 자극받은 이들**: 이들은 "헤겔주의자"가 되지 않은 채 또는 헤겔의 논적이 되지 않은 채 헤겔의 이러저러한 사상에 의해 영감을 받거나 그의 사상을 생산적으로 해석하기에 이르렀다. 이러한 큰 그룹에는 고무적인 반성

소재를 제공한 19세기와 20세기의 많은 철학자들이 있다. 그러나 이들의 헤겔과의 연관은 넓게 산재해 있는 만큼 매우 맥락 의존적이며 부분적으로는 더군다나 관점이 매우 왜곡되어 있거나 불명확해서 어떤 개론서에서는 특별히 나쁘게 평가되어 있을 수도 있다.

3. **사이비 헤겔주의자들** : 이들은 헤겔과 직접적인 사제 관계 속에 있거나 적어도 헤겔에 사상적으로 의존해 있었지만, 그러나 헤겔학파의 일치된 근본 관점을 떠나 계속 이 관점 외부에만 머물렀다. 이들은 자신들의 입장을 헤겔주의가 앞으로 취해야 할 입장으로 주장하기도 했으나 성공하진 못했다. 이들 중 가장 유명한 사람으로는 임마누엘 헤르만 피히테〔Immanuel Hermann Fichte : 요한 고트리프 피히테(Johann Gottlieb Fichte)의 아들〕와 크리스티안 헤르만 바이세〔Christian Hermann Weiße : 루돌프 헤르만 롯체(Rudolf Hermann Lotze)의 선생〕가 있다. 이들의 헤겔 해석은 무엇보다 어떻게 사람들이 헤겔 철학에 들어서게 되며, 어떻게 이 철학 속에서 인식할 수 있고 어떻게 이 철학으로부터 신을 사유해야 하는지 하는 물음에 관한 것이다(피히테 1832 ; 바이세 1832). 이와 같은 영향의 좀 더 넓은 범위에는 19세기에 가톨릭 신학을 형성한 "튀빙엔 학파"의 대변자들이, 그중에도 특히 슈타우덴마이어(Franz Anton Staudenmaier)가 속한다〔1844 ; 그라프/바그너 (F. W. Graf/F. Wagner) 1982 저서와 비교〕. 국가철학 영역에서 이 그룹에는 프리드리히 율리우스 슈탈(Friedrich Julius Stahl)이 속한다(1830/33/37 ; 발터 에쉬케 1979a와 비교).

4. 대부분의 경우 헤겔의 수강생들이기도 했던 **직계 제자들** : 여기서 특히 중요한 건 이들인데, 왜냐하면 스승의 저작을 수용하고 그의 사상에 영향력을 부여하는 이들의 경향이 장차 후세의 헤겔 상(像)을 각인했기 때문이다. "헤겔학파"로서 갑작스레 자신들의 스승을 잃은 이 제자들은 독일인들이 생각하기에, 특히 프로이센이 생각하기에도, 잠시 동안이나마 하나의 공적인 권력이었다. 이들 권력은 헤겔 생존 시 헤겔의 영향력과 저술들에 대해 일어났던 것보다 더 격렬한 반작용을 겪었다. 이에 대해 헤겔학파가 우

왕좌왕하는 가운데, 헤겔학파와 이 학파의 논적들 사이에, 그러나 무엇보다도 추종자들과 경멸자들, 거짓 친구들, 잘못 배운 적대자들 사이에서 헤겔 철학의 내용에 대한 틀에 박힌 이해들이 형성되었다. 이런 이해들은 생산적인 헤겔 연구를 방해하는 것들이며, 또한 다음 세 그룹들 속에서도 행패를 부리면서 점점 더 지속적으로 영향을 끼쳤다.

5. **제자들의 제자들**: 이들은 헤겔 생존 시의 독일과 바로 그 인근에서뿐 아니라 이로부터 먼 곳에서도, 그리고 좀 더 긴 시간적 거리를 두고서도 있다. 이들을 헤겔의 직계 제자들로부터 떼어낼 필요가 있는데, 왜냐하면 19세기의 30~40년대 기간 동안 헤겔 후생의 첫 국면을 특징지은 해체 과정이 헤겔학파 내에서 진행되었기에 특히 그렇다. 이 해체 과정은 점점 더 간접적인 것으로 되어가는 헤겔의 영향 없이는 이해될 수 없다. 그러나 더 강력히 작용한 외부 요인들로 인해 이 해체 과정은 철학 자체를 넘어서게 된다. 이 과정의 주역들은 아래의 다른 그룹의 주역들과 구별되게 다음 절(節)에서 별도로 등장한다.

6. 헤겔학파가 끼친 **영향의 연속선 외부에 있는 헤겔주의자들**: 헤겔 사상의 "르네상스" 또는 "발견"으로 인해 이들에게 헤겔은 새로운 의미를 지니고 있었다. 헤겔이 철저히 잊히고 나서 상당한 시간이 흐른 후에 그러했으며 또는 그의 첫 후생 국면 동안 그가 전혀 알려지지 않았던 나라들에서 그러했다. 헤겔을 수용하게 된 조건들은 독일의 3월 혁명 이전 시기(1815~1848) 조건들과는 매우 판이하다. 따라서 이 후자 영역을 고려해본다면 중심 물음은 어디에 그 수용 조건들이 존립했던 것인지, 그리고 두 조건들 간의 광대한 지역적 시간적 차이에도 불구하고 특징적인 공통점들이 있었던 것인지 하는 것이다.

7. **철학사**에서 그리고 철학사의 학술적 탐구에 있어 헤겔의 후생: 이러한 종류의 영향들은 헤겔학파의 해체 과정 말엽에 시작된다. 이를테면 오늘날에도 여전히 읽을 만한 가치가 있는 에르트만(Johann Eduard Erdmann)의 변형에서(1853, §§46~53), 그리고 하임(Rudolf Haym)의 저널리즘적 양식과

자유주의 국가적 편향성에서(1857) 말이다. 하임은 국가적인 사안에 있어 헤겔에게 반역죄를 씌우면서도 모든 철학의 공동묘지 위에 그를 모시는 영묘(靈廟)를 세워주려고 했다. 총괄적으로 서술한 이들의 두 저술들 이후로 헤겔 철학에 대해 거론할 만한 가치가 있는 19세기 독일의 전공 논문들로는 단지 1870년 헤겔 탄생을 기념하기[39] 위해 저술된 것들뿐이다. 이 논문들의 저자들은 지칠 줄 모르고 헤겔에 충실했던 두 명의 제자, 말하자면 1844년에 최초의 헤겔 전기를 출판한 로젠크란츠(Karl Rosenkranz)와 칸트 이후의 독일 체계 철학을 다룬 첫 연대기 저자들 중 한 명으로서 1838년에 등장한 미슐레(Carl Ludwig Michelet)이다.[40] 이후 헤겔을 철학사적으로 다루는, 독일어로 쓰인 좀 더 큰 저작들은 비로소 세기 전환기가 지나서야, 다시 말해 신헤겔주의 시기에 이르러서야 다시 출판된다. 신헤겔주의는 아래에서 계속 언급될 것이다. 제2차 세계대전 이후에는 헤겔에 대한, 그리고 칸트 이후 독일 관념론 전체에 대한 강노 높은 철학사적 · 해석학적 · 편집적 연구의 파도가 밀려왔다. 이 파도는 그 후에 거의 지구 전체에까지 확장되었다.

---

39) 헤겔은 1770년 8월 27일생이므로 1870년은 헤겔 탄생 100주년이다.

40) 이 두 저자의 1870년 논문들은 뒤의 선별 참고 문헌에 나와 있다.

11

헤겔학파와 이 학파의 해체

헤겔의 후임자는 먼 예나 시절 헤겔의 첫 수강생들 중 하나였던 사람이 되었다. 그가 바로 가블러(Georg Andreas Gabler)이다. 그러나 그의 주위로 학파가 모여든 것은 아니다. 헤겔학파는 이제 공개적으로 등장했다. 이 학파의 결정적 핵심을 이룬 것은 베를린 『학술 비판 연감』에 있던 헤겔주의자들의 모임이었다. 친구들이 모인 이 "우인회(友人會)"의 형성이 헤겔학파의 창립 활동이 되었다. 우인회의 구성원들은 헤겔이 죽은 후에 즉각 책임지고 그의 저작들의 발행을 기획했으며 그때마다 이러저러한 저술 묶음을 편집하는 일을 도맡았다. 이 일은 철학 유고 편집의 역사에 있어 유일무이했던 대담한 도전이었다. 이것은 우인회 발행본이 짧은 시간에(1832~1845) 완결되었기 때문에만 그런 것도 아니며, 발행에 매우 많은 협력자들이 참여했기 때문만도 아니다. 또한 실재로 스무 권 중 아홉 권은 헤겔의 강의들로서(그리고 또 다른 네 권은 강의에서 비롯된 자료들로서) 그 당시까지 어디서도 출판된 적이 없는 텍스트를 제공했다. 이것은 근대에 찾아볼 수 없는 일이었다. 그 텍스트는 우인회가 발행한 범위의 절반 이상을 차지한다.

자연과학적 실증주의 역사가들과 선도자들로 에워싸인 채, 그러나 장관들과 프로이센 학제 책임자들에 의해서는 특별한 가치 평가와 함께 배려를 받으면서 헤겔은 자신의 과(科)에서 쉽지 않은 자리를 차지하고 있었다. 무엇보다 이러한 관점에서 헤겔 **저작들**의 기획은 의미심장한 역할을 했다. 이 기획은 이제 헤겔 철학을 위협하는 경시에 대적해야 했으며 혼자가 된 제자들을 불이익으로부터 보호해야 했고, 지도층에게는 학파의 뛰어난 실행 능력을 증명해야 했다. 그러나 이 기획은 또한 헤겔을 좀 더 넓은 대중의 눈앞에 시대를 대표하는 정관사로 지칭되는 **그** 철학자(der Philosoph)로 내세우기도 해야 했다. 이 일은 깊은 인상을 남겼다. 하지만 이 일에는 숙명적인 이면(裏面)도 있었다. 헤겔 저술의 과도한 증가로 인해 내용이 최고로 충만한, 그러나 숙고도 필요한 헤겔의 진짜 텍스트들보다 헤겔이 강의에서 말했다고 추정되는 가짜 강의 문구가 더 중요시되기에 이른다. 그리고 헤겔이 역사가들에 의해 지배되어온 대학 교육의 수업 및 학습 기대치를 충족시키려고 자신의 체계적인 출판물에서보다 훨씬 더 많이 했던 표현 형식들이 중요하게 여겨지기도 한다. 무엇보다 먼저 요구되는 것은 "개념의 노고"가 아닌 듯했다. 이러한 노고는 앞으로 철학에서 그다지 필요하지 않을 것 같아 보였다. 오히려 필요한 것은 헤겔에게 여전히 어둡고 추상적으로 남아 있는 사고들의 구체화와 실례화인 것처럼 보였다. 덧붙이자면 헤겔 자신의 책들과 논문들 대부분은 그의 친구들 중에서 이것들의 내용을 원래의 방식으로 다듬을 수 없던 사람들에 의해 편집되었다. 이에 반해 각자의 전공 분야에서 가장 명성을 떨친 제자들은 헤겔의 대단위 강의를 편집하기로 약속했다. 예를 들어 간스는 세계사 철학 강의를, 호토(Heinrich Gustav Hotho)는 예술철학 강의를, 신학자 마르하이네케(Philip Konrad Marheineke)는 종교철학 강의를 맡았고, 반면 미슐레는 철학사를 떠맡았다.

1840년대 초에 알려지듯이 포이에르바하(L. Feuerbach)는 헤겔의 직계 제자들 중 가장 독창적이었다. 1832년에 그는 더 이상 베를린에 머물지 않았기에 헤겔 **저작들** 발행에 참여하지도 않았다. 포이에르바하의 저술들과 비교해보면 편집 작업의 또 다른 불운한 영향이 두드러지게 된다. 편집자들은 "고인"과 폐쇄적으로 동일시되도록 강요받았다. 생존하고 있는 스승의 제자들로서 작업했다면 그들은 유일무이한 것은 아니라 해도 자신들 고유의 새로운 무언가를 창조하기 위해 스승에게 자신들 나름의 힘을 시험해보고 서로 두각을 나타내며 자신들을 스승과 견주어보기도 했을 것이다. 헤겔의 이른 죽음으로 인해 이것은 그들에게 애초부터 불가능했으며 편집자로서 이렇게 하려고 해서도 안 되었다. 그들 자신은 알렉산더의 유산을 자기들끼리 분배해야 했던 디아도코스들처럼[41] 느껴졌다. 헤겔의 사상이라는 엄청난 중량은 많은 균열과 심연을 지니고 있었으며 많은 논증이 빠져 있고 많은 검증이 결핍되어 있었다. 그러나 그들은 이러한 것에 몰두하지 않았다. 그들은 디아도코스들처럼 전통 계승 전쟁 속에 휘말려 들어갔다. 헤겔은 1831년 여름 충심 어린 한 제자로부터 "다만 그의 가장 탁월한 저작들의 편집만이라도, 이를테면 철학사와 역사철학의 편집만이라도 당장 실행하셔야 한다"고 권유받은 적이 있다. 그는 이렇게 대답했다고 한다. "그래, 그렇지, 사람들이 그 늙은 주인들을 앞서 가야 하겠지." 이 대답에서 헤겔이 염두에 두고 있는 늙은 주인들이란 "그의 추종자들 중의 몇몇 젊은 이들이었다. 헤겔은 이들의 조숙한 오성과 고루한 지식에 대해 이따금 유쾌하게 농담을 하기도 했다"(HZ 434 이하). 권유받은 그 계획은 아무리 좋았어도 작고한 헤겔에게는 이미 근본적으로 망쳐진 상태였다. 서른 살을 갓 넘은 그 "늙은 주인들"은 이제 헤겔 정당을 하나 형성한다.

헤겔의 현명한 명언에 따르면 하나의 정당은 자기 내에 나누어져 있을 때에 **존재한다**. "왜냐하면 나누어져 있음(Zerfallen)에서 내적 차이가 실재성으로 구성되기 때문이다"(Dok 353). 헤겔학파의 "내적 차이"는 보수적으

41) Diadochen, διαδοχοι (단수형: διαδοχος)는 전통 계승자들을 의미하며, 원래는 알렉산더의 야전(野戰) 사령관들과 이들의 아들들을 지칭했다. 이들은 알렉산더의 갑작스런 죽음 후 그의 왕국을 자기들끼리 분할했고 또한 그때마다 연맹을 통해서 분할을 위한 전쟁을 치르기도 했다.

로 해석될 수도 혁명적으로 해석될 수도 있는 헤겔의 "지양"의 원리적 애매성에 놓여 있다고 종종 주장되어왔다〔예를 들어 카알 뢰비트(K. Löwith) 1941, [3] 1953, 39와 종종 다른 쪽들〕. 이것은 옳지 않다. 차이가 두드러지게 되는 요인은 헤겔의 지양이 분명해질 수 있는 그러한 전공 영역들이 등한시된 데에 있다.

헤겔학파의 내적 차이는 처음에는 신학적 - 정치적 성질의 것이었다(발터 예쉬케 1979 b, 73 이하와 비교). 슈트라우스(David Friedrich Strauss)의 『예수의 생애』(1835/36) 출판과 함께 그 다음 몇 년 동안엔 헤겔의 기독교론 해석과 사변적 종교철학 전체에 차이가 집중되었다〔사스(M. Saß), 1963 저서와 비교; 발터 예쉬케, 1986, IV장〕. 이를 둘러싼 토론에는 사이비 헤겔주의자들과 반(反)헤겔주의자들이 참여해 논쟁이 철학 개념까지 문제 삼게 되는 결과를 가져왔다. 헤겔주의자들은 철학 개념을 해명하는 데 있어 사변적 사유의 토대를 너무 적게 다루었기 때문에 이로부터 많은 사람들이 보기에 (다시 한 번) 철학이 의문시되는 일이 벌어졌다. 종교철학적 논쟁에서는 정치적 적대시와 정치 강령의 맥락이 무의식적으로 지속되었다(발터 예쉬케 1979 b, 82 이하와 비교). 이것은 그 밖에도 다음에서 표출된다. 헤겔학파의 내부를 분류하기 위해 이제 "좌파", "우파", "중도"와 같이 의회에서나 하는 입장 규정들이 평범해진 것이다(슈트라우스 1837). 그리고 예를 들어 "실천" 대 "순수 이론"과 같이 이렇게 표현되는 추상들이나 "청년" 대 "노년"(헤겔주의자)처럼 단지 일시적으로만 의미 있는 분류들이 예사가 되었다. 이러한 구분들은 상당히 유동적인 것이었다는 데에 놀라선 안 된다. 그러나 곧 전선(戰線)은 분명해졌으며 1848년 혁명의 해가 다가올수록 더욱더 정치적으로 되어갔다.

또한 시류도 학파의 양극화에 한몫했다. 헤겔이 1830년에 두려워하던 전투적 대결은 일어나지 않았다. 프랑스는 영국과 연맹하여 다시금 자유주의와 입헌주의의 고전적인 나라로 등장했다. 단지 차르 체제하의 러시아만이 여전히 반동의 보루로 나타나는 데에 그쳤다. 경제 및 산업의 발전은 국가적 · 문화적 근대화를 촉구하는 세력들과 함께 진행되는 것처럼 보였다. 헤겔학파는 자신들을 이 세력들의 전위 투사로 이해했다. 그러나 1840년대로 가는 전환기에 러시아의 분위기는 급변했고 민족주의를 조장하는 독일과 프랑스 간의 긴장도 곧 다시 부활했다. 헤겔주의였던 『할레 연감』은 1840년에 국왕 프리드리히 2세의 즉위 100주년 기념일을 "가장 먼저 사상과 이성의 지배에 기초를 놓았던" 철학자 왕(roi philosophe)이라 축하했다〔로수르도(Losurdo) 1989, 394 이하〕. 반면에 "무정한 낭만주의자" 프리드리히 빌헬름 4세가 그의 선행자 프리드리히 빌헬름 3세의 자리를 계승한 것은 『할레 연감』에 의해 언급조차 되지 않았다. 반동주의자들과 독일 국수주의자들은 고무되어 이 왕권 교체를 반겼다. (1840년에 사망한) 알텐슈타인의 후임으로는 헤겔 철학 대신에 슐라이어마허에 더 호의적이었던 아이히호른(Eichhorn)이 임명되었다. 법무장관은 처음부터 헤겔과 그의 추종자들의 적이었던 폰 사비뉘(F. K. v. Savigny)가 되었다. 『할레 연감』은 프로이센을 떠나야만 했다. 바로 얼마 전에는 비방문 한 편이 **프로이센 국가의 삶과 발전의 최상 원리와 헤겔 국가론의 합일 불가능성**을〔슈바르트(K. E. Schubarth) 1839〕 입증하려 했고, 이러한 헤겔 이론에 경도된 프로이센 관료들을 질책하며 전복을 꾀하는 철학을 총애한다고 비난했다. 이 모든 일들이 일어난 후 헤겔 철학의 자유주의적 추종자들과 프로이센 정부 내 개혁 의지 세력들 간의 연합 가망성은 더 이상 존립할 수 없었다. 헤겔학파 내 전형적인 "노년 헤겔주의자들"과 "우파들"은 반동으로 전향하기 위해 미리 대비하거나 이제는 전향을 함께 실행하기도 했다. "좌파" 헤겔주의자들에게는 체제에 대해 공개적으로 반대하는 선택만 남았다.

그 밖에도 한 가지 상황이 더 추가된다. 헤겔은 프로이센 헌법 투쟁에서 자신의 국가론을 통해 자유주의 개혁을 지지하는 입장을 취했었다〔뤼베-볼프(Lübbe-Wolf) 1981, 476 이하와 비교〕. 젊은 시절의 헤겔처럼 그의 가장 똑똑한 제자 간스는 아주 기꺼이 (프랑스 친구들과의 서신 교환을 통해) 정치와 정치 소식통에 관여하고 있었다. 반면 추상적-논리적, 원리적-정신철학적 사변은 그의 관심사가 되지 못했다. 헤겔 강의를 더 이상 수강할 수 없던 많은 젊은이들이 간스의 제자로 여겨졌다. 만약 "헤겔 좌파"의 대변자들이 헤겔의 체계를, 특히 헤겔 체계 속의 정치철학을 역사적으로 영향력 있는 것으로 만들고자 했다는 점에 의해 이 좌파가 특징지어진다면(뢰비트 [3] 1953, 78), 간스는 바로 이 좌파의 시작을 실행한 셈이다. 그러나 그는 애석하게도 1839년 겨우 41세의 나이로 사망한다. 새로운 국왕은 간스의 후임으로 즉각 슈탈을 초빙했다. 슈탈은 국왕 자신과 친분이 있었고 (국왕과 민족의 직접적 통일이라는) 이 새 국왕이 지닌 낭만적 이념들에도 가까이 있었던 사람이다. 이렇게 되어 진보적 자유주의적 공화주의적 신념을 지니고 있던 헤겔 제자들은 두 번째로 전형적인 인물을 한 명 잃은 것이다. 서로 간 급진성에 진력하면서 이들은 간스와 달리 학자로서의 실존 목표를, 부분적으로는 교양 시민으로서의 실존 목표까지 포기했다. 이들이 전념한 요인들은 철학이 시대 비판적, 종교 비판적으로 되는 것 못지않게 헤겔 비판적으로 되어버림으로써 관심조차 받지 못하게 되는 데에 일조했다.

그렇게 되는 데에는 오랜 기간에 걸쳐 작용한 문화적 요인도 한몫했다. "교양 시민"이 지닌 "세속화된" 근대적 경건성을 통해〔코젤렉(Koselleck) 1990, 25 이하와 비교〕 "철학적 세계관"의 거대 기획을 향한 욕망이 생겨났다. 19세기에 이 욕망은 많은 펜들을 움직이게 했으며 시대의 경향들이 넓게 분산되는 데에 기여했다. 수많은 청년헤겔주의자들도 이 욕망을 충족시키고자 동참했지만 (포이에르바하, 슈트라우스, 브루노 바우어, 막스 슈티르너) 이들이 지닌 불손한 세계관 때문에 이들 자신의 사회적 실존은 주변부로 밀려나게 되었다. 이렇게 되어 이들은 대학에서 활동하던 헤겔학파와의 연관마저 잃어버리게 된다. 반면 늦어도 1850년대부터는 이 헤겔학파에 관해 거의 아무런 공개적인 모습도 보이지 않게 된다.

헤겔주의로 살아가는 운명들이 넓게 분산되었던 것처럼 헤겔주의적으로 쓰인 저술들도 주제상 넓게 퍼진 스펙트럼을 이루고 있다. 하지만 특징적이게도 헤겔의 직계 제자가 아니었던 마르크스와 키에르케고어만이 시대적 의미를 지닌 저작을 산출했다. 이들이 "세계관적인" 헤겔주의 입장들을 원칙적으로 비판함으로써 비로소 자신들 고유의 사상에 도달했던 유일한 사람들이었다는 것 또한 우연은 아니다. 키에르케고어는 코펜하겐 헤겔주의자들이 지닌 근대주의적 심미적 태도와 세속적 기독교적 경건성과 대결하는 중에 타협할 수 없는 기독교적 실존을 해명하기에 이르렀다. 마르크스는 예전에 청년헤겔주의 신념을 지녔던 동지들의 "독일 이데올로기"를 (엥겔스와 함께) 파괴함으로써(1845/46) 자본주의 정치경제와 이것의 "상부구조"에 대한 혁명적 비판에 도달했다. 이들 모두 헤겔학파 없이 생각될 수는 없겠지만, 그렇다고 더 이상 헤겔학파로 여겨지지는 않는다.

12

헤겔을 모르던 지역에서, 그리고 헤겔을 잊은 시대의 헤겔주의들

사후(死後) 첫 10년 동안 헤겔은 서유럽에서 쿠쟁과 그의 지적인 친구들, 그리고 반 게르트 주위의 **네덜란드** 제자들에게서만 높은 명성을 누렸다. 하지만 이 네덜란드 그룹의 파급력은 약했다. 게다가 쿠쟁과 그의 **프랑스** 친구들의 헤겔 이해마저 이들이 고백했다시피 만나서 이루어진 대화들과 강의 필기들에만 의존하는 것이었다. 이러한 이해로 인해 헤겔은 또한 1870년까지만 프랑스에서 영향력을 발휘했다. 그 후 프랑스에서 헤겔 철학과 그 학파는 독일에서 넘어온 모든 것과 함께 오랫동안 냉혹하게 거부당했다.

이에 반해 **스칸디나비아**에서는, 무엇보다 코펜하겐에서는 키에르케고어의 근대성 비판 배경을 형성할 정도로 생동한 헤겔주의가 있었다〔툴스트룹(Thulstrup) 1972〕. 이 밖에도 스칸디나비아 헤겔주의자들은 오슬로에서〔몬라트(M. Monrad)〕, 그리고 핀란드에서〔스넬만(J. Snellmann)〕 영향력을 발휘했다. 이 나라들이 헤겔을 수용하게 된 조건들은 헤겔 우파와 중도파와 같은 입장에게 가장 유리한 것이었다. **슬라브인**들에게서는 상황이 달랐다. 19세기 20년대 말부터 **러시아**의 수많은 지성인들과 장래의 문필가들 또는 대학교수들이 고국의 장학금을 받고 베를린에서 수학(受學)했다〔치체브스키(D. Tschizewskij), ²1961, 145 이하와 비교〕. 헤겔주의자가 된 이후에 그들은 베를린을 "새로운 그리스"로, 이곳 대학을 "엘레우시스적인 비밀스런 지혜와 최신 지식이라는 신성한 불의 보존자"로 찬양했다(같은 책 175). 근원적으로는 문학적이던 러시아 그룹들과 살롱들은 점점 더 철학적으로 되어갔다. 헤겔 철학은 노년 및 청년헤겔주의적인 주제들의 선택 폭 전체에 걸쳐 토론되었고, 또한 피히테와 셸링과 다른 독일 관념론자들의 사상도 수용되었다. 이후 헤겔주의는 많은 사람들에 의해 슬라브 민족주의적인 또는 서구 급진적인 (허무주의적, 무신론적, 무정부주의적, 사회주의 혁명적) 신조들로부터 분리된다. 그러나 다른 어디에서도 헤겔 연구가 러시아에서처럼 현재에 이르기까지 지속적으로 추진되지는 않았던 것 같다.

1830년대에는 **폴란드**의 젊은 지성인들도 자기들만의 헤겔을 "열광적으로 찬양했다"(HZ 230). 그들의 나라 폴란드는 러시아의 억압에 시달리고 있었다. 폴란드의 엘리트층은 이 억압에 대한 설명을 헤겔의 세계사 철학 강의에서 발견했으며(로수르도 368 이하와 비교), 이에 반해 헤겔의 『법철학 개요』에서는 하나의 "행동 철학(Philosophie der Tat)"과 국가의 재탄생을 희망할 수 있는 근거를 찾았다〔키에츠코브스키(A. v. Cieszkowski); 스투케(H. Stuke) 1963, 치체브스키, 7 이하와 비교〕. **체코인**들과 **슬로바키아인**들에게 헤겔은 국민적 동일성 의식의 발전에 있어 유사하게 중요한 의미를 지니기도 했다(치체브스키, 397 이하, 431 이하와 비교).

이제 헤겔이 끼친 영향의 전형적인 표본이 드러난다. 매번 한 나라의 국민적 문화가 당면하고 있는 특정한 문제들과 이것들을 헤겔 사상의 도움으로 풀어볼 수 있으리라는 희망이 헤겔의 생산적 수용을 야기했던 것이며 헤겔 수용에 그들 나름의 반향을 일으켰던 것이다. 이러한 반향은 문제의식이나 문제 자체가 사라지자마자 다시 사그라져버린다. 이에 대한 고전적 사례는 바로 **이탈리아** 헤겔주의이다. 이 헤겔주의의 시작은 이탈리아 민족국가를 건립하고 영토를 정비하려는 노력과 상당히 정확하게 일치한다. 이러한 노력이 성공한 후에 헤겔주의는 국가를 내부적으로 근대화하여 하나의 제국적인 권력으로 확충하려는 야심들이 활개 치는 동안에는 계속 존립했다. 그러나 이러한 야심들과 함께 헤겔주의는 막을 내렸으며(1945년), 헤겔 철학을 좀 더 깊이 이해하고자 했던 학술 연구로부터도 떨어져 나갔다. 당시 학술 연구는 좀 더 잘 개념 파악된 헤겔을 매개로 하여 역사적 경험을 소화하려 했었다〔체사(C. Cesa) 1978〕.

이탈리아에서 (1815년경에 출생한 제1세대) 가장 중요한 저자들로는 베르트란도 스파벤타와 실비오 스파벤타 형제들(Bertrando & Silvio Spaventa), 베라(A. Vera), 데 메이스(A. C. De Meis), 그리고 데 상크티스(F. De Sanctis)가 있다. 이들은 학식이 높았지만 평생 서재와 강의실에서만 시간을 보내지는 않았다. 이들 중 대부분은 이전에 독립전쟁에 능동적으로 참여한 바 있으며 그 대가로 옥살이나 망명살이를 한 후 공적 삶의 탁월한 인물들이 되었다. 망명살이에 관한 한 이들은 독일 청년헤겔주의자들과 닮았다. 그렇지만 이들은 (대부분은 이들에게 알려지지 않은 채였을 것이기에) 독일 청년헤겔주의자들과 가깝기보다는 오히려 독일 헤겔학파의 중심 세력과 친밀했고, 인격적인 교제까지 맺고 있었다. 이들 1세대 학자들과 (50~60세 더 어린) 헤겔주의 2세대를 지도한 크로체(B. Croce)와 젠틸레(G. Gentille) 같은 학자들 간에는 가족적 유대와 사제 관계로 맺어진 연속적 계승이 이루어졌다.

리소르지멘토(Risorgimento), 즉 이탈리아 통일운동의 헤겔주의에 있어서는 전형적인 독일식 대립 테제들이 양자택일을 형성하지는 않았다. 이를테면 세계를 철학적으로 해석하거나 아니면 변화시키는 것, 구체제 신분 사회를 정치적으로 혁명화하거나 아니면 1848년 인본주의적 이상에 따라 계급사회를 사회적으로 혁명화하는 것, (소수 권력자들의 지배 아래 있는) 관료 국가적 감독으로부터 인간을 해방시키거나 아니면 나라 전체를 지배하는 민족국가를 창출하는 것과 같이 이러한 독일식 대립 테제들이 선택지를 이루지는 않았다. 그러나 민족국가 창출이 정치적으로 성공한 후에는 날개

돋친 듯 민족적으로 고무된 상태에서 주목할 만한 하나의 긴장이 형성된다. 이것은 〔카보우르(Cavour)[42]의 정치 스타일로〕 이룩한 통일을 자유주의 경제적으로 증축해야 한다는 의견과 이 정치적 통일에 인륜적 문화적 기초를 세워야 한다는 철학자들이 의식한 과제 간의 긴장이었다. 이 문제들은 언제나처럼 여전히 헤겔이 "시민사회"로부터 (개별화된 정치적) "국가"로의 이행을 통해 이미 해결하려 했던 그와 같은 문제들이었다. 이탈리아 헤겔주의자들은 무엇보다 이 문제들과 연결되어 있는 난점을 바로잡기 위해 작업했다. 이로써 2세대에 속했던 그들은, 관철되어가던 열강 제국주의에 대항하는 데에 독일 신헤겔주의자들 못지않게 무력해졌다. 결국엔 (젠틸레처럼) 파시스트 편을 들다 죽든지, 아니면 (크로체처럼) 반파시스트 편에서 살아남든지 간에 아무튼 그들은 그렇게 무력했다. 게다가 독일인들에게서도 그랬듯이 "헤겔 변증법 개혁"의 신칸트주의적 생철학적인 도구화(젠틸레 1913) 및 헤겔 철학에서 "살아 있는 것과 죽어 있는 것"의 분리는(크로체 1906) 국가철학적인 문제들에 있어 그들의 방향 상실에 일조했던 것처럼 보인다.

북아메리카에서 헤겔은 19세기 중반 바로 직전부터 영향력을 발휘하기 시작했다. 이렇게 되기까지 외적 기회들은 유럽에서와는 전적으로 달랐다. "미래의 나라"에서는(TW XII, 114) 기회가 처음부터 뉴잉글랜드 주의 종합대학이나 **단과대학**에 존립했던 것이 아니다. 대학에서의 철학 수업은 교파적으로 협소하게 속박되어 있었고, 영국 경험주의나 모호한 "초월주의"에 고정되어 있었다. 극적인 발전을 거듭하며 급속히 서부로 확장되던 지역들에서는 사정이 달랐다. 여기에서는 여전히 종합대학과 단과대학이 창설되어야 했다. 반면 새로운 사회에 대한 세계주의적인 꿈은 이미 눈에 보이는

42) 소수 정치가들의 활동을 통해서가 아니라 일반 민중의 활동을 통해 이탈리아의 공화주의적 통일을 도모했던 주세페 마치니와는 달리 카보우르는 사르데냐 왕국 같은 중심 세력을 거점으로 하여 점진적으로 국가를 통일하는 방식을 택했으며, 이탈리아는 실제로 이러한 방식으로 통일되었다.

실재성을 획득하고 있었다. 왜냐하면 그 세기 중엽까지 가장 상이한 출신국과 전통으로부터 유입되어 온 인구가 비약적으로 증가하게 되었고, 바로 서부 개척의 최전방에서는 대도시들이 우후죽순처럼 생겨났기 때문이다. 이곳에 1830년대부터 독일 이주민들과 이들의 친구들 중에는 헤겔에 대해 상당히 열광한 작은 철학 모임이 생기게 된다. 이러한 모임은 처음에는 오하이오에〔이스턴(Easton) 1966 저서와 비교〕 그 다음 1850년대와 1860년대에는 무엇보다도 세인트루이스에 형성되었다〔괴츠만(Goetzmann) 1973 저서와 비교〕.

그들의 열광은 성공한 직업인들과 자수성가한 이들의 영혼을 감격시켰다. 이들에 대해 헤겔이 영향력을 얻게 된 것은 여기서도 다시금 생의 드넓은 유의미성에 대한 약속이었다. 유일하게 헤겔 철학만이, 대립들이 화해할 수 없이 서로 충돌하며 모순들이 극복될 수 없어 보이는 절망적 상황들의 그 끝을 헤아릴 수 없는 사슬로부터, 이 모든 것에도 불구하고 정당하며 속박되어 있지 않은 실천적 낙천주의를 위해 자양분을 끌어내도록 했다. 그리고 오직 이러한 실천적 낙천주의만이 여러 "국민들로 우글거리는 국가"에서〔월트 휘트먼(Walt Whitman)〕 사회적 · 지성적 양립 불가능성을 초월할 수 있는 전망을 제공했다. (임종 시 한 번쯤 손에 쥐곤 하는) 지침서나 성서같이 간주되던 것은 흥미롭게도 헤겔의 대(大)『논리학』이었다(레닌의 1914/15 저서와 비교). 무엇보다 브로크마이어(Brokmeyer)가 견고한 범주적 고형물들이 용해되고 언제나 다시금 새롭게 결정화되는 『논리학』에서 인간 공존을 위해 적절한 개념들을 형식화하는 비결을 추측해냈다. 자유와 공동체 능력이 있는 개인주의와 자체 조직된 협동체에서 기원하는 법률적 질서를 실상에 꼭 맞게 더 잘 이해할 수 있기 위해서 말이다. 브로크마이어는 (제혁업과 제화업 이후) 세 번째로 주철 작업에 종사하던 수공업자였다.

"헤겔이 영어로 말하게 하려는" 계획으로 브로크마이어는 대(大)『논리학』 세 권을 전부 번역하는 일에 착수한다. 그의 번역은 사본으로 회람되었지만, 출판을 결심해도 좋을 정도로 그 자신의 요구를 만족시킬 만한 것은 결코 아니었다. 한때 출판 경기가 좋은 적도 있었지만 그는 자신의 번역을 출판하지 않는다. 예컨대 그의 친구 해리스(W. T. Harris)는 1867년 미국 최초의 순수 철학 정기간행물인 『사변철학 저널(Journal of Speculative Philosophy)』을 창간했고 이 저널은 1893년까지 존속했다. 무엇보다 이 간행물을 통해, 그리고 교육기관에서의 일련의 활동들을 통해 헤겔주의는 그 후 미국의 종합대학에서도 발판을 잡게 된다. 대학에서 헤겔주의는 1880년대와 1890년대엔 영국 관념론의 영향과 함께 용해되었다. 물론 남북전쟁 이후 시기에 도래한 새로운 산업 및 상업 시대에는 곧 실용주의자들이 헤겔주의자들을 앞서 가게 된다. 하지만 이들이 헤겔주의자들에게 많은 것을 빚지고 있다는 사실은 실용주의의 창립자인 퍼어스(Ch. S. Peirce)에 의해서나 후에 듀이(J. Dewey)에 의해서도 결코 부인되지 않는다. 비로소 논리실증주의 시대에 이르러 북아메리카 철학은 수십 년에 걸쳐 헤겔을 죽은 개 취급을 했다. 그러나 이미 20세기 70년대가 되면 이 철학의 대표자들 중 저명인사들은 이제 다시 사람들이 헤겔에 몰두해야 **하는지**(ob) 더 이상 자문하지 않게 된다. 그들은 오히려 다만 헤겔에 몰두해야 하는 그 **이유**(**warum**)만을 묻는다〔베른슈타인(Bernstein) 1977 저서와 비교〕. 바로 전에는 캐나다인 찰스 테일러(Ch. Taylor)가 자신의 방대한 저서 『헤겔』(1975)을 통해 **어떻게**(**wie**) 사람들이 헤겔에게서 결실을 거둘 수 있는지를 보여주기도 했다.

단지 북아메리카만 주목한 이는 분명 비로소 지난 30년 동안 헤겔이 영어를 말하기에 이르렀다고 생각할 것이다. 하지만 **영국**에서 시간은 다르게 흘렀다. (1906년에 사망한) 브로크마이어가 자신의 번역 출판을 체념하기 오래전에 이미 그가 마음속에 품었던 소망은 여기 영국에서 채워지고 있었다. 말하자면 여기서 19세기 60년대 동안 대학 철학의 전통은 사회적으로 개방된 엘리트들이 보여준 까다롭게 근대화된 교육에 대한 관심과 점점 더 충돌하고 있었다. 엘리트들은 공공 생활을 개혁해야 했고, 세계 개방적으로 양성된 복지 부문 공직자에 대해 급속히 증가하는 수요를 충족시켜야 했다〔리히터(Richter) 1964 저서와 비교〕. 이 길은 스털링(J. H. Stirling)이 자신의 저서 『헤겔의 비밀』(1865)을 통해 개척했다. 이에 따르면 헤겔의 비밀은 그의 "구체적 개념"에 놓여 있다. 다만 스털링은 이 구체적 개념에 대해 이제 다음처럼 험담한다. 이 개념은 헤겔에게는 신과 의지의 자유 및 영혼 불멸성, 그리고 계시 종교로서의 기독교에 대한 믿음을 회복시키는 데에만 소용되었다는 (그리고 적합했다는) 것이다. 헤겔의 입장을 사이비 헤겔주의자들의 입장과 혼동하는 이러한 "폭로"는 몇 년 뒤에 월러스(W. Wallace)의 『헤겔 논리학』(번역 및 논평 1874)에 의해서야 검토되고 교정될 수 있었다.

좀 더 적합한 『헤겔』을 소개한 것은 1883년의 케어드(E. Caird)였다. 그는 무엇보다도 헤겔이 인습적인 종교를 회복하려 하지 않고 오히려 종교와 유물론적 학문을 역사적으로 발전하는 무한한 정신의 철학적 신학 속에 화해시키려 했다는 것을 보여주고자 했다. 10년 후 맥타가트(J. E. McTaggart)가 제시한 헤겔 해석도 이와 같은 노선에 있다(1896, 1901, 1910). 그러나 맥타가트의 해석에 도달하기까지 길을 잃지 않으려면 주의해야 할 점이 있다. 그 시작부터 곧바로 다른 관념론적 유심론적 경향들이 영국의 헤겔주의와 경쟁했다는 것이다. 이 경향들은 처음에는 합리주의적이었지만〔그린(T. H. Green)과 브래들리(F. H. Bradley)〕, 후에는 점차적으로 비합리주의적으로 되어 갔다〔패스모어(J. Passmore)의 1957 저서 3장, 그리고 4장과 비교〕. 그 후 맥타가트는 헤겔의 변증법과 동시에 거리를 취하면서 무엇보다 이 후자의 비합리주의적 경향들에 대해 자신의 주요 저작 『실존의 본성』(1921/27)을 맞세웠다. 영국의 마지막 헤겔주의자가 된 요아힘(H. H. Joachim)은 1948년 유고로 출판되어 부당하게도 주목받지 못하고 있는 그의 『논리 연구들(Logical Studies)』(1927~1935)에서 맥타가트에 대해서는 함축적으로, 그러나 러셀과 브래들리에 대해선 좀 더 명시적으로 다시금 헤겔의 형이상학적 통찰과 그의 변증법을 변호했다.

이렇게 반향 없이 종결되기 몇십 년 전 영국의 헤겔주의는 보상케(B. Bosanquet)에 의해 우선 미학(1892)에까지 확장된 바 있으며 그 다음엔 헤겔 법철학의 대상이던 주제들에까지(『철학적 국가 이론(Philosophical Theory of the

State)』 1899), 그리고 정신과 자연의 연관(1912)에 대한 물음에까지 확장되기도 했다. 이러한 확장은 그의 『논리학 또는 인식 형태론(Logic or the Morphology of Knowledge)』(1888)에 의거해야 했다. 또한 이 확장은 이미 두드러져 있었듯이 철학이 한편으로 "생철학적으로나" 정치적으로 관여하는 세계관적 고백으로, 그리고 다른 한편으로 가능한 한 텍스트와 약하게 결부되어 있는 개별 문제들의 "논리적 분석"으로 분열되어버리는 것을 막는 데에 도움을 주어야 했다. 하지만 이해하기 쉬운 연구를 하려는 보상케의 구상은 많은 사람들에겐 너무 복잡한 것이었다. 한 사람의 기획으로 추진된 이 구상은 끔찍스러운 단순화를 극단적으로 추구하다 자신마저 상실하게 되는 탐구에 대항할 수 있는 아무런 기회도 얻지 못했다. 철학에서 이러한 탐구 경향은 20세기의 처음 3분의 1을 지배했다. 세기 전환기에 출현했던 독일의 신헤겔주의도 이에 대해서는 아무 도움이 되지 못했을 것이다. 그러나 아무튼 보상케의 구상이 지닌 좋은 측면과 나쁜 측면에 대해 영국인들은 어떠한 주목도 하지 않았다.

그러므로 이제 마지막으로 언급할 수 있는 것은 **독일**의 신헤겔주의이다〔헬퍼리히(Helferich) 1979 저서와 비교; 오트만(Ottmann) 1977〕. 독일에서 수십 년간 등한시되던 헤겔을 새로이 연구하도록 촉구한 가장 강력한 자극은 딜타이(W. Dilthey)의 다음과 같은 말이었다. "헤겔과의 투쟁의 시대는 지나갔고, 그의 역사적 인식의 시대가 도래했다"(1888). 물론 생철학자이자 역사학파의 후예인 사람의 펜으로 쓰인 이 말은 근본적으로 보면 헤겔이 추구했던 식의 철학과는 다른 수단들을 갖고 투쟁을 계속해야 한다는 요구에 지나지 않는다. 그러나 이 말은 신헤겔주의를 넘어 널리 영향을 끼치게 된다(예를 들어 카알 뢰비트의 『헤겔에서 니체까지』와 비교해보라. 1941, [3]1953). 이 자극 덕택에 무엇보다 헤겔의 사상적 발전에 관한 연구가〔딜타이 1905, 헤링(Haering) 1929〕 적어도 『정신현상학』에 이르기까지 이루어졌고, 더 나아가 〔1907년 헤르만 놀(H. Nohl)에 의해 편집된〕 헤겔의 소위 『청년기 신학 저술들(Theologische Jugendschriften)』이 최초로 출판되었으며 또한 그의 저작들이 그때까지 출판되지 않은 채로 있던 그의 많은 저술들과 함께 역사적 비판적 전집 발행을 위한 작업을 거쳤다. 〔라송(G. Lasson)에 의해 시작되고 호프마이스터(J. Hoffmeister)에 의해 계속된〕 이 발행본은 그럼에도 하나의 토르소로 머무는 데 그쳤다. 혁신된 헤겔주의에 대해 두 번째 충격을 준 것은 쿠노 피셔(Kuno Fischer)의 수천 쪽이 넘는 헤겔 전공 논문(1901)이었다. 논문의 저자는 신헤겔주의자가 아니었고 오히려 자신의 철학사적 명성의 정상에 서 있던 노년 헤겔주의자 에르트만의 제자일 뿐이었다. 그러나 피셔는 하이델베르그에서 자신의 활동을 통해 “헤겔 르네상스” 분위기가 여기서 계획으로까지 응결되도록 기여했다〔빈델반트(Windelband) 1910〕. 이러한 계획의 근원은 독일 남서 지역의 신칸트주의에게 있었다. 더 오래전부터 신칸트주의에는 전체 독일 문화가 위험에 빠졌으며 철학은 그러나 이 위험에 대처하도록 소명을 받았다는 (피히테로부터 이어져온) 확신이 퍼져 있었다. 몇몇 신칸트주의자들에게는 칸트로부터 유래하는 철학이 이에 대한 능력을 지닌 것으로 보였다. 다만 보호되어야 할 문화적 유산의 범위에 칸트 이후의 전체 독일 관념론이 포함될 경우에만, 그리고 다시금 헤겔이 이 관념론의 완성자로 여겨질 경우에만, 그래서 두 번째로 (이제는 신칸트주의적으로) 『칸트에서 헤겔까지』〔크로너(Kroner) 1921/24〕 나 있는 그 길이 주파될 경우에만 그렇게 보였다.

이 세 번째 자극으로 인해 비로소 “헤겔 르네상스” 로부터 비스마르크 독일의 문화적 자기주장의 기획도 이루어졌던 것이다. 이러한 입장에서 신헤겔주의는 위에서 거론되지는 않았지만 예전의 우파 헤겔주의적 국가철학의 마지막 분파와 결합되었다. 말하자면 이 분파의 대변자들 중 두 사람은 〔뢰슬러(Rössler) 1857, 아돌프 라송(Adolf Lasson) 1882〕 제국 건립 이전과 이후의 시기에 자신들의 법철학을 헤겔 법철학과 구별하지 않은 채 그것들로 비스마르크의 열강 정치 구상에 찬성을 보냈으며 그런 후에 황제국과 함께 제국주의로 전환하기까지 했다. (노년헤겔주의로부터 아돌프 라송의 아들인 게오르그 라송을 거쳐 계보가 간신히 직접적으로 자신들에까지 이어지던)

헤겔주의자들 중에 법철학적 흥미를 가졌던 자들은 이러한 네 번째 자극을 권위주의적 (그리고 결국엔 국수주의적) 국가 이데올로기로 확장시켰다〔빈더/부세/라렌츠(Binder/Busse/Larenz) 1931〕. 여기에서 치명적인 탈선이 시작된다. 제2차 세계대전 후 이에 관해 자유주의적인 몇몇 비판가들은 이 탈선이 『헤겔로부터 히틀러에까지』 직접 이어졌었다고 생각했다〔키제베터(Kiesewetter) 1974, 토피취(Topitsch) 1967〕. 이러한 오류는 전후 시기에는 이미 교정되어 있기도 했다〔바일(Weil) 1950〕. 그러나 신헤겔주의자들이 열강의 국가 이데올로그가 되어버린 그들의 사이비 헤겔로부터 진짜 헤겔을 떼어낼 수 없었을 때 이 오류는 그만큼 더욱더 가까이 놓여 있기도 했다. 프란츠 로젠츠바이그(F. Rosenzweig) 같이(1920) 국가철학적인 관심을 가졌던 자유주의적 역사가조차도 자신이 싸우려 했던 빌헬름 2세의 독일 황제주의적 선입견들을 반대로 헤겔에게 투사하기도 했다. 더구나 후기 신헤겔주의를 지배했던 것은 자신의 입장이 아니라 오히려 문화 보수적 국가 권위적인 세력들의 입장이었다. 1930년대 초 네덜란드의 제안으로 국제 "헤겔 연합"이 창립되었을 때 여기서 파시스트적인 이탈리아 헤겔 집단은 독일 신헤겔주의자들과 결탁했고, 이 독일 신헤겔주의자들은 그 후 곧 나치즘이 되었다.

이데올로기 스펙트럼의 다른 쪽 끝에서, 즉 마르크스주의적 지성인들에서 헤겔 연구는 같은 시기 (세부적인 헤겔 해석을 포함하고 있는) 청년 마르크스의 『파리 수고』 출판을 통해 놀랄 만한 추진력을 얻었다. 이때부터 마르크스주의 속에 보존되어 있는 헤겔 "유산"을 "정통적으로" 진작시키기 위해 헤겔 토론이 추가적으로 청년헤겔주의자 마르크스에 집중해 벌어졌고 곧이어 신헤겔주의적인 헤겔 해석에 대항하는 마르크스주의적 청년헤겔 해석이 이루어졌다〔루카치(Lukács) 1948〕.

이제 헤겔이 유럽에 끼친 획기적인 영향의 순환은 프랑스에서 끝난다. 러시아 이민자(1947) 코제브(A. Kojéve)는 대학원(École des Hautes Études)에서 1933년부터 1939년까지 헤겔의 『정신현상학』에 대해 일련의 강의를 했다. 이 강의는 프랑스에서 처음으로 헤겔의 주요 저작이 (세계대전 중임에도) 지속적으로 현존하는 계기가 되었다. 헤겔에 대해 코제브가 보여준 인류학적 시사성은 실존주의가 영감을 받는 원천이 되었고 『정신현상학』의 다른 해석들과〔바알(Wahl) 1929, 이폴리트(Hyppolite) 1946〕 함께 헤겔을 강독하는 프랑스 특유의 전통에 기초가 되었다.

13

오늘날의 헤겔

오늘날은 헤겔학파와 그 외 모든 헤겔주의들로부터 단절되어 있다. 이것은 단지 그들의 확정된 종말과 시간상의 거리로 인해서만 그런 것이 아니다. 또한 동서 갈등의 긴장된 영역에서 이루어진 50년간의 헤겔 토론도 과거가 되었다. 이와 함께 동시에 헤겔의 이데올로기 비판적 도구화나 파괴, 그리고 오로지 헤겔의 진리만 탐구하려는 해석학적 경향 간의 경쟁도 부차적인 것이 되었다. 이 해석학적 경향은 헤겔 철학에 몰두해 이데올로기 문제들에 대해서는 무관심하거나 이것들을 넘어서 있다. 그러나 사유하도록 자극하는 헤겔 철학의 힘만은 모든 헤겔주의들과 이들로부터 시작된 철학의 문제 설정들을 거치고도 살아남았다. 이 힘은 헤겔 철학에 대해 총괄적으로 내려졌던 모든 유죄 판결과 역사적 무관심을 견디어내기도 했지만 또한 헤겔 철학을 환원하거나 세계관으로 만들려는 시도들도 견디어냈다. 헤겔 저작을 영향사의 그 많은 궤도들 중 한쪽 끝에서 접하게 된 이는 자신이 내맡겨져 있는 자극들을 이것들의 출발점에까지 추적해볼 만한 좋은 근거를 갖고 있다. 왜냐하면 진짜 헤겔이 숙고해보도록 제공하는 이념들의 잠재력은 철학사에서 좀 더 최근 형태의 철학들이 보여준 잠재력보다 훨씬 더 광범위하고 더 결실이 풍부하기 때문이다. 헤겔은 이 최근 형태의 철학들 속에도 살고 있다.

헤겔의 저작은 우리에게 무궁무진한 의미를 지니고 있다. 단지 이념을 캐는 채석장으로서만이 아니다. 사람들은 그의 저작 속에서 사상들을 서툴게 다루는 이런저런 "무지렁이"를 발견할지도 모른다. 이 사상들은 오늘날의 철학이 다듬어야 할 것이다. 그러나 그의 개별적인 사상들 대부분은 나머지 것과의 연속성 속에 있기에 그렇게 취급받을 수 없다. 또한 그의 저작에서는 수 세기 동안 지속되어 물릴 정도로 잘 알려진 이러저러한 문제에 대한 모범적인 천착이 의미 있는 것도 아니다. 의미는 무엇보다 철학사에서 손꼽을 정도로 아주 위대한 "영웅적" 업적들이 분명 우리에 대해 지니고 있는 기능에 있다. 즉, 헤겔 저작의 기능은 우리가 더 이상 소유하지 못한 포괄적이고 실체적인 하나의 철학을 대표하고 있다는 것이다(풀다 1999, 22 이하와 비교). 이와 같은 "자리를 차지하고 있는 것"으로서 헤겔 저작은 여기 놓인 책 속에서 서술되었다. 말하자면 나는 6장과 7장에서 나에게 특히 시사적으로 보이는 것을 말하고자 시도했다(풀다 1998 저서와도 비교). 여기서 이것이 반복될 수는 없다.

부록

1. 헤겔의 약력

슈투트가르트

1770 8월 27일 게오르그 빌헬름 프리드리히 헤겔 출생〔오늘날의 에버하르트슈트라세(Eberhardstraße) 53번지〕.

1773 4월 헤겔의 누이동생 크리스티안네 출생(1832년 사망).

1776 5월 남동생 게오르그 루드비히 출생(1812년 사망).
헤겔은 "김나지움 일루스트레"[43]에 들어감; 후기 계몽의 정신으로 양성됨.

1780 튀빙엔 "신학교"에 뒤늦게 입학시험을 치러 합격.

1783 생명이 위험할 정도로 중병에 걸린다.
9월 20일 어머니 크리스티네 루이제 헤겔(Christine Luise Hegel) 사망, 원래 성(姓)은 프롬(Fromm)(1741년 출생).

1788 9월 김나지움 졸업 연설.

튀빙엔

1788 10월 철학과 등록, 그리고 공작령(公爵令) 장학금을 받고 신학교 입학. 12월 학사학위.[44]

1790 9월 마기스터(Magister) 학위증(다른 곳에서 수여되는 박사학위와 동급이었다).
11월 신학과 등록. 헤겔과 횔더린과 셸링은 (적어도 7명의 다른 신학생들과 함께) 같은 방에서 지냈다.

1793 헤겔은 몇 번에 걸쳐 병가(病暇)를 얻어 슈투트가르트에서 보냈다. "민족종교"에 대한 그의 최초 저술가적 시도들. 6월 신학 학위를 위

43) 또한 Gymnasium academicum이나 Hohe Schule로도 지칭되던 Gymnasium illustre는 일반 김나지움보다는 더 높은 지위의 학교로서 근대 초기 신성로마제국의 프로테스탄트 지역들에서 대학 교육과 김나지움 교육의 결합체로서 출현했던 학제이다.

44) 헤겔이 다닌 김나지움이 대학 교육을 병행했던 만큼 대학 입학 후 바로 학사학위(Baccalaureus)가 주어졌다.

한 토론 시험(Disputation).
9월 종교국(宗教局) 시험 합격, 대학 공부 마침.

베른

1793 헤겔은 베른 명문가 폰 슈타이거(C. F. v. Steiger) 집에서 자신의 첫 가정교사직을 시작한다.

1793/1794 그는 베른 헌법의 현실을 알게 되고 프랑스에서 일어난 사건들에 대해 확실한 소식통으로부터 정보를 얻는다.

1795 종교철학적 칸트주의에서 멀어짐. 5월 (루소의 출생 도시인) 제네바 여행. 7월까지 『예수의 생애』 작성. 가을엔 기독교의 실정화에 대해 작업 시작.

1796 7월 베른 알프스 횡단.
연말에 헤겔은 우울증에서 "제정신을 차린 채(in sich gekehrt)" 슈투트가르트로 돌아온다.

프랑크푸르트

1797 1월 헤겔은 거상(巨商) 고겔(J. N. Gogel) 집의 가정교사가 된다. 그는 이제 횔더린과 가까이 살게 되며 그의 "정신들의 동맹(Bund der Geister)"에 가입하게 된다. 마침내 그는 폭넓게 퍼져 있는 자신의 관심들에 전념할 시간을 갖는다. 2월 헤겔은 소위 『독일 관념론의 가장 오래된 체계 계획』을 작성한다(자신의 초안을 작성한 것인지 다른 저자의 텍스트를 베껴 쓴 것인지 하는 것은 불분명하다).

1798 익명으로 낸 첫 출판물 『(보 지방) 바아틀란트와 베른 시의 이전 국법 관계에 대한 신뢰할 만한 서신들』(바아틀란트 변호사 카르(Jean-Jacques Cart)의 저서에 관한 주석들을 갖춘 번역물).

1799 1월 15일 아버지 게오르그 루드비히 헤겔 사망(1733년 출생), 그는 말년에 뷔르템베르그 최고 재무부청 조사 고문이었다. 3월 헤겔은 슈투트가르트에 체류.

1800 9월 그 사이 프랑스령이 된 마인츠 여행.

예나

1801 1월 헤겔은 이제 셸링과 함께 작업하기 위해 프랑크푸르트를 떠난

다. 8월 27일 논문 『행성들의 궤도에 관하여』와 12개 테제에 대한 토론, 그리고 뒤이은 시범 강의로 교수 자격 심사를 받는다.

1802/3 『철학 비판 저널』 두 권, 셸링과 헤겔이 편집.

1804 헤겔은 예나 공작령 광물학회원 후보자가 되며, 베스트팔렌 자연탐구학회 회원이 된다.

1805 2월 비정규 철학 교수로 임명.

1806 여름에 헤겔은 처음으로 대학 봉급을 받는다(연봉 100탈러).

1807 1월 헤겔은 하이델베르그 물리학회 명예회원이 된다.

2월 헤겔의 사생아(아들) 게오르그 루드비히 프리드리히 피셔 출생(1831년 사망). 그의 어머니는 크리스티아나 샬로테 부르크하르트였다. 원래 성은 피셔(1778년 출생, 1817년이나 그 이전에 사망).

밤베르그

1807 3월부터 『밤베르그 신문』 편집인. 4월 마침내 『학문의 체계 제1부, 정신현상학』 출판. 7월 헤겔은 장 파울(Jean Paul)을 알게 된다. 헤겔은 셸링으로부터 거리를 두고 야코비로 선회.

뉘른베르그

1808 11월부터 뉘른베르그 김나지움 교장.

1811 9월 헤겔은 마리 폰 투허(Marie von Tucher, 1791~1855)와 결혼.

1812 『논리학 제1권』 출간.

겨울에 헤겔의 남동생은 나폴레옹의 러시아 출정으로부터 돌아오지 못한다.

1813 『논리학 제1권 제2책』 출간. 7월 아들 카알 출생(1901년 사망). 12월 헤겔은 추가로 지역 학교 고문직을 맡는다.

1814 헤겔의 누이동생 크리스티안네의 정신질환 발병.

9월 아들 임마누엘 출생(1891년 사망).

1815 9월 헤겔은 뮌헨에서 니이트함머와 야코비를 방문한다.

1816 7월 헤겔은 하이델베르그 대학의 초빙을 받는다.

8월 이 초빙의 수락과 베를린 대학의 초빙 추진.

가을 『논리학 제2권』 출판.

10월 하이델베르그로 이주.

하이델베르그

1816 10월 취임 연설

1817 연초 겨울(또는 1816년 연말) 헤겔은 『하이델베르그 연감』 편집일 시작. 이 연감에 그는 연초 『프리드리히 하인리히 야코비의 저작들에 대하여. 제3권』을 출판하며, 가을엔 『뷔르템베르그 왕국 신분의회의 인쇄 출간된 심의들에 관한 평가』를 출판한다.
4월/5월 루드비히 피셔가 그의 아버지 헤겔의 가정에 들어온다.
6월 『요강(要綱)으로 된 철학적 학문들의 백과전서』.
12월 헤겔은 베를린으로부터 새로이 초빙을 받으며 (다음 1월에) 수락한다.

베를린

1818 9월 하이델베르그로부터 이주.
10월 취임 강연.

1820 (22년 말까지) 김나지움 국가장학위원회 회원.
여름 드레스덴 여행.
10월 『법철학 개요』 출판.
겨울 학기부터 헤겔은 1년간 철학과 학장이 된다.

1821 가을 드레스덴 다시 여행.
10월 헤겔에게 위장 병리학적 질환의 최초 증상들 출현.

1822 대학교수평의회 회원이 된다. 가을 네덜란드 여행.

1824 9~10월 프라하를 거쳐 빈으로 여행.

1825 여름 (1823년부터 상인 도제를 위해 슈투트가르트에 있던) 루드비히 피셔가 그의 아버지와 절교하고 네덜란드 식민지 군대에 입대한다.

1826 7월 헤겔을 의장으로 하여 (1827년부터) 『학술 비판 연감』을 편집하는 "학회"가 구성된다(아래에서 "J"로 표시된 헤겔의 작업들은 이 『학술 비판 연감』에 수록된 것들이다).

1827 1월/10월 『훔볼트 평론』(J).
7월 강도 높게 개정되고 확장된 『철학적 학문들의 백과전서』 제2판.
8~10월 파리 여행. 귀로 중에 괴테 방문.

1828 3월/6월 『졸거 평론』(J). 10월/12월 『하만 비평』(J).

1829 5월/6월 『괴셸(Göschel) 평론』(J). 7월/8월/12월 헤겔 철학을 다룬

저술들에 대해 메타 비판적 『재항변들』(J). 8~9월 프라하와 카알스바드 여행. 마지막으로 괴테 방문.
10월 베를린 대학 총장으로 선출된다.

1830 6월 『아욱스부르그 교단 300주년 기념 연설』.
9~12월 그는 주위에 걱정을 끼칠 정도로 심한 열병을 앓는다.
10월 『철학적 학문들의 백과전서』 제3판. 고전 문헌학자 뵈크(A. Boeckh)에게 총장직 이전.

1831 『논리학』 신판 작업.
1월 헤겔은 3등급 붉은 독수리 훈장을 받는다. 4월 『영국 개혁안에 대하여』. 6월 『오올레르트(Ohlert) 평론』(J). 9월 『괴레스(Görres) 평론』.
11월 14일 헤겔 사망.

2. 선별 문헌

〔입문서 제목은 왼쪽에 • 표시를 했다〕

가. 헤겔 저서들

Ⅰ. 전집 발행본

Werke. *Vollständige Ausgabe durch einen Verein von Freunden des Verewigten*. 18 Bde. Berlin [1]1832–45, u. ö.

Sämtliche Werke. Hg. v. G. Lasson, nach 1932 v. J. Hoffmeister(*Sämtliche Werke. Kritische Ausgabe*, 후엔 *Neue Kritische Ausgabe*). Leipzig 1911부터, 1951년 이후엔 Hamburg. 이 발행본은 "우인회(Freundesverein)" 발행본에서 아직 출판되지 않은 풍부한 헤겔 저술들을 포함하고 있다.

Sämtliche Werke. Jubiläumsaugabe in 20 Bänden. Hg. v. H. Glockner. Stuttgart 1927 이후. 사진 기술로 제작된 우인회 발행본 복사본으로서 헤겔 소논문들을 개선된 구성으로 갖추고 있으며, *Encyclopädie* (Bd. 6) 첫 판이 보충되어 있고, 마지막엔 편집자의 헤겔 전공 논문 저서와 네 권으로 된 Hegel-Lexikon (Bd. 21~26)이 갖추어져 있다.

Gesammelte Werke. In Verbindung mit der Deutschen Forschungsgemeinschaft Hg. v. d. Nordrhein-Westfälischen Akademie der Wissenschaften. Hamburg 1968 이후. (공고된 스물두 권 중) 그 당시엔 열여덟 권만 포함하고 있는 Historisch-Kritische Ausgabe (=GW). GW를 토대로 또한 주요 저작들 여섯 권으로 된 Studienausgabe 도 있다. Hamburg 1999.

Werke in zwanzig Bänden. Frankfurt 1971. 우인회 발행본의 새로운 편집본. (특히 *Frühe Schriften* 한 권이 보충됨) v. E. Moldenhauer u. K. M. Michel (=TW).

II. 서신, 문서, 아직 전집 발행본으로 편집되지 않은 것

Briefe von und an Hegel. 4 Bde. Bd. 1~3 Hg. v. J. Hoffmeister. Bd. 4 zunächst v. R. Flechsig, dann (in zwei Teilen) v. F. Nicolin. Hamburg [1]1952ff.; [3]1969ff.

Dokumenten zu Hegels Entwicklung. Hg. v. J. Hoffmaister. Stuttgart 1936.

Nicolin, G.: *Hegel in Berichten seiner Zeitgenossen*. Hamburg (1970).

Hegels Vorlesungen über Rechtsphilosophie 1818–1931. 4 Bde. Hg. v. K.-H. Ilting. Stuttgart-Bad Cannstatt 1973ff. (Darin RHo u. RGr).

Religionsphilosophie. Band I. Die Vorlesung von 1821. Hg. v. K.-H. Ilting. Neapel 1978.

Naturphilosophie. Band I. Die Vorlesung von 1819/20. Hg. v. M Gies. Neapel 1982 (=NGi).

Philosophie des Rechts. Die Vorlesung von 1819/20 in einer Nachschrift. Hg. v. D. Henrich. Frankfurt/M. 1983 (=RHe).

Vorlesungen. Ausgewählte Nachschriften und Manuskripte. 15 Bde (여기에는 대부분 다른 편집본들에서는 없는 원고들과 필기들이 인쇄되어 있다). Hg. v. Mitgliedern des Hegel-Archivs in Bochum. Hamburg 1983ff. (이 발행본은 *Gesammelte Werke*를 측면에서 보충하고 있으며 철학전서, 논리학, 주관정신철학, 법철학, 역사철학, 예술철학, 종교철학, 철학사의 철학에 대한 강의들을 포함한다. 또한 RWa).

Vorlesung über Ästhetik. Berlin 1820/21. Eine Nachschrift. Hg. v. H. Schneider. Frankfurt/M. 1995.

Vorlesungen über Naturphilosophie. Berlin 1823/24. Nachschrift K. G. J. von Griesheim. Hg. v. G. Marmasse. Frankfurt/M. 2000.

Vertrauliche Briefe über das vormalige staatsrechtliche Verhältniß des Waadtlandes (Pays de Vaud) zur Stadt Bern. Eine völlige Aufdeckung der ehemaligen Oligarchie des Standes Bern. Aus dem Französischen eines verstorbenen Schweizers übersetzt und mit Anmerkungen versehen. Frankfurt/M. 1798. Faksimiledruck der Ausgabe v. 1798, Hg. v. W. Wieland. Göttingen 1970.

나. 연구 보조 저서

Ⅰ. 참고 문헌

Hegel-Bibliographie. Materialien zur Geschichte der internationalen Hegel-Rezeption und zur Philosophie-Geschichte. Zusammengestellt v. K. Steinhauer. München/New York/London/Paris 1980.

Dasselbe, Teil II (mit Supplementen). 2 Bde, München 1998.

Hegel-Bibliographie der Dissertationen aus sieben westeuropäischen Ländern 1885-1975. Hg. v. G. U. Gabel. Hamburg 1980.

(간단한 내용 설명을 갖춘) 그 밖의 헤겔 문헌 「보고(Dokumentation)」는 (그동안 35권이 된[45]) HST에 있다. 2차 문헌 개별 분과들에 대한 전문 문헌들은 아래에서 매번 각 항목 시작이나 끝에서 제시된다.

Ⅱ. 문헌 개관

- Helferich, Ch.: *Georg Wilhelm Friedrich Hegel.* Stuttgart 1979. 우선적으로 옛 헤겔 연구 저작과 경향에 대해 보고하는 문헌 개관.

Ⅲ. 사전

Hegel-Lexikon. Hg. v. H. Glockner. Stuttgart (Bad Cannstatt) [1]1927, [2]1957.

Register der TW. Hg. v. H. Reinicke. Frankfurt/M. 1979.

A Hegel Dictionary. Hg. v. M. Inwood. Oxford/Cambridge(Mass.) 1992.

G. W. F. Hegel: *Werke in 20 Bänden* (=TW) auf CD-Rom (통일된 쪽수 색인과 광범위한 탐색 기능을 갖춤). Talpa-Verlag Berlin o. J.

Ⅳ. 정기 간행물

Hegel-Studien. Hg. v. F. Nicolin u. O. Pöggeler. Bonn 1961ff., ab 1998(Bd. 33) Hamburg(=HST).

Hegel-Jahrbuch. Hg. v. W. R. Beyer. München 1961ff., 이후 Meisenheim am Glan, Köln, Rom, Bochum, Fernwald/Annerod; ab 1995 Berlin (Organ der «Hegel- Gesellschaft» zur Publikation ihrer

---

45) 2008년 현재 43권까지 출판되었다.

Kongreßakten).
Annalen der internationalen Gesellschaft für dialektische Philosophie. Societas Hegeliana. Köln 1983ff., 이후 Bremen, Bonn, Frankfurt/M.

다. 1950년 이후 헤겔 2차 문헌

Ⅰ. 입문서, 전공 논문, 헤겔 전반 연구

• Taylor, Ch (1975): *Hegel.* Cambridge. 독어판 Frankfurt/M. 1978.
• Pöggeler, O. Hg. (1977): *Hegel. Eine Einführung in seine Philosophie.* Freiburg/Br.
• Inwood, M (1983): *Hegel.* London.
• Verra, V. (1988): *Introduzione a Hegel.* Rom/Bari.
• Houlgate, St. (1999): *Freedom, Truth and History. An Introduction to Hegel's Philosophy.* New York.
• Schnädelbach, H. (1999): *Hegel zur Einführung.* Hamburg.
• Emundts. D. u. Horstmann, R.-P. (2002): *G. W. F. Hegel. Eine Einführung.* Stuttgart.
Jaeschke, W. (2003): *Hegel- Handbuch. Leben- Werk- Schule.* Stuttgart/Weimar. 이 저서는 광범위한 문헌 자료집을 포함하고 있다.

Ⅱ. 헤겔 철학 전반에 관한 저작집

Gadamer, H.-G, Hg. (1973): *Stuttgarter Hegel-Kongreß 1970.* Bonn.
Heede, R. u. Ritter, J., Hg. (1973): *Hegel-Bilanz. Zur Aktualität und Inaktualität der Philosophie Hegels.* Frankfurt/M.
Inwood, M. Hg. (1985): *Hegel.* Oxford.
Beiser, F.C. (1993): *The Cambridge Companion to Hegel.* Cambridge, U. K.

Ⅲ. 전기

Rosenkranz, K. (1844): *Georg Wilhelm Friedrich Hegels Leben.* Berlin (재인쇄 Darmstadt 1969).
Gulyga, A. (1974): *Georg Wilhelm Friedrich Hegel.* (Aus d. Russ. von W. Seidel) Frankfurt/M.

D'Hondt, J. (1998) : *Hegel. Biographie*. Paris.

Pinkard, T. (2002) : *Hegel. A Biography*. Cambridge, U.K.

Ⅳ. 헤겔 저작의 특정 측면이나 부분

1) 이념사적 맥락

Henrich, D. (1971) : *Hegel im Kontext*. Frankfurt / M.

Henrich, D., Hg. (1977) : *Ist systematische Philosophie möglich?* Bonn.

Henrich, D. (1982) : *Selbstverhältnisse. Gedanken und Auslegungen zu den Grundlagen der klassischen deutschen Philosophie*. Stuttgart.

Henrich, D. (1983) : *Kant oder Hegel? Über Formen der Begründung in der Philosophie*. Stuttgart.

Henrich, D. u. Horstmann, R.-P., Hg. (1988) : *Metaphysik nack Kant?* Stuttgart.

Horstmann, R.-P. (1991) : *Die Grenzen der Vernunft. Eine Untersuchung zu Zielen und Motiven des deutschen Idealismus*. Frankfurt / M.

Henrich, D. (1991) : *Konstellationen. Probleme und Debatten am Ursprung der idealistischen Philosophie (1789-1795)*. Stuttgart.

Fulda, H. F. (1996) : *Freiheit als Vermögen der Kausalität und als Weise, bei sich selbst zu sein*. In: Inmitten der Zeit. Beiträge zur europäischen Gegenwartsphilosophie. Hg. v. Th. Grethlein u. H. Leitner. Würzburg. 47~63쪽.

Pippin, R. B. (1997) : *Idealism as Modernism. Hegelian Variations*, Cambridge.

Bourgeois, B. (2000) : *L'idéalisme allemand. Alternatives et progrès*. Paris.

Sedgwick, S. (2000) : *The Reception of Kant's Critical Philosophy. Fichte, Schelling, and Hegel*. Cambridge, U. K.

Düsing, K. (2001) : *Subjektivität und Freiheit. Untersuchungen zum Idealismus von Kant bis Hegel*. Stuttgart-Bad Cannstadt.

2) 청년기 저술

Busche, H. (1987) : *Das Leben des Lebedigen. Hegels politisch-religiöse Begründung der Philosophie freier Verbundenheit in seinen frühen*

Manuskripten. Bonn (HST Bd. 31).

Fulda, H. u. Horstmann, R.-P., Hg. (1999): *Rousseau, die Revolution und der junge Hegel*. Stuttgart.

Bondeli, M. u. Linneweber-Lammerskitten, H., Hg. (1999): *Hegels Denkentwi-cklung in the Berner und Frankfurter Zeit*. München.

3) 『정신현상학』 이전의 예나 저술

Kimmerle, H. (1970): *Das Problem der Abgeschlossenheit des Denkens. Hegels «System der Philosophie» in den Jahren 1800-1804*. Bonn (HST Beiheft 8).

Siep, L. (1979): *Anerkennung als Prinzip der praktischen Philosophie. Untersuchung zu Hegels Jenaer Philosophie des Geistes*. Freiburg/Br.

Henrich, D. u. Düsing, K. Hg. (1980): *Hegel in Jena. Die Entwicklung des Systems und die Zusammenarbeit mit Schelling*. Bonn (HST Beiheft 20).

Bourgeois, B. (1986): *Le droit naturel de Hegel (1802-1803). Contribution à l'étude de la spéculation hégéllienne à Iéna*. Paris.

Baum, M. (1986): *Die Entstehung der Hegelschen Dialektik*. Bonn.

Forster, M. N. (1989): *Hegel and Scepticism*. Cambridge/Mass.

Bienenstock, M. (1992): *Politique du jeune Hegel, Iéna 1801-1806*. Paris.

Vieweg, K., Hg. (1998): *Hegels Jenaer Naturphilosophie*. München.

4) 『정신현상학』

(1973년까지의) 좀 더 상세한 전기(傳記)와 해석 경향의 개관은 다음 두 간행물 속에 있다.

Fulda, H. F. (1965): *Das Problem einer Einleitung in Hegels Wissenschaft der Logik*. Frankfurt/M.

Fulda, H. F. u. Henrich, D., Hg. (1973): *Materialien zu Hegels «Phänomenologie des Geistes»*. Frankfurt/M.

Pöggeler, O. (1973): *Hegels Idee einer Phänomenologie des Geistes*. Freiburg/ München.

Claesges, U. (1981): *Darstellung des erscheinenden Wissens*. Bonn (HST

Beiheft 21).

Marx, W. (1986): *Das Selbstbewußtsein in Hegels Phänomenologie des Geistes*. Frankfurt/M.

Kaehler, K. E. u. Marx. W. (1992): *Die Vernunft in Hegels Phänomenologie des Geistes*. Frankfurt/M.

• Hansen, F.-P. (1994): *G. W. F. Hegel: «Phänomenologie des Geistes». Ein einführender Kommentar*. Paderborn.

Pinkard, T. (1994): *Hegel's Phenomenology. The Sociality of Reason*. Cambridge, U. K.

• Rockmore, T. (1994): *Cognition, An Introduction to Hegel's Phenomenology of Spirit*. Berkeley/Los Angeles.

• Köhler, D. u. Pöggeler, O., Hg. (1998): *G. W. F. Hegel. Phänomenologie des Geistes*. Berlin.

Forster, M. N. (1998): *Hegel's Idea of a Phenomenology of Spirit*. Chicago/ London.

Stewart, J., Hg. (1998): *The «Phenomenology of Spirit» Reader*. Albany, N. Y.

• Siep, L. (2000): *Der Weg der «Phänomenologie des Geistes». Ein einführender Kommentar zu Hegels «Differenzschrift» und zur «Phänomenologie des Geistes»*. Frankfurt/M. (범위가 풍부한 참고 문헌을 갖춤, 335~360쪽).

5) 논리학, 변증법, 사변적 사유

(1986년까지의) 유용한 참고 문헌을 위에서 언급한 V. Verra의 *Introduzione a Hegel*이 포함하고 있다(260쪽 이하). 이것을 보충하는 그 이후 시기에 대해서는 다음을 참고할 것.

Gadamer, H.-G. (1971): *Hegels Dialektik. Fünf hermeneutische Studien*. Tübingen.

Henrich, D., Hg. (1978): *Die Wissenschaft der Logik und die Logik der Reflexion*. Bonn.

Wolff, M. (1981): *Der Begriff des Widerspruchs. Eine Studie zur Dialektik Kants und Hegels*. Meisenheim am Glan.

Düsing, K. (1976): *Das Problem der Subjektivität in Hegels Logik. Systematische und entwicklungsgeschichtliche Untersuchungen zum Prinzip des Idealismus und zur Dialektik*. Bonn. [2]1984.

Horstmann, R.-P., Hg. (1978): *Seminar: Dialektik in der Philosophie Hegels*. Frankfurt/M. [2]1989.

Henrich, D., Hg. (1986): *Hegels Wissenschaft der Logik. Formation und Rekonstruktion*. Stuttgart.

Pinkard, T. (1988): *Hegel's Dialectic. The Explanation of Possibility*. Philadelphia.

• Horstmann, R.-P (1990): *Wahrheit aus dem Begriff. Eine Einführung in Hegel*. Frankfurt/M.

Pätzold, D. u. Vanderjagt, A., Hg. (1991): *Hegels Transformation der Metaphysik*. Köln.

Schmitz, H. (1992): *Hegels Logik*. Bonn/Berlin.

Stekeler-Weithofer, P. (1992): *Hegels analytische Philosophie. Die Wissenschaft der Logik als kritische Theorie der Bedeutung*. Paderborn.

• Hartnack, J. (1995): *Hegels Logik. Eine Einführung*. Frankfurt/M. (덴마크어판의 번역본).

• Hansen, F.-P. (1996): *G. W. F. Hegel: «Wissenschaft der Logik». Ein Kommentar*. Würzburg.

Wandschneider, D., Hg. (1997): *Das Problem der Dialektik*. Bonn.

• Schmidt, K. J. (1997): *G. W. F. Hegel: «Wissenschaft der Logik – Die Lehre vom Wesen». Ein Einführender Kommentar*. Paderborn.

Hartmann, K. (1999): *Hegels Logik*. (Hg. v. O. Müller) Berlin/New York.

Arndt, A. u. Iber, Ch., Hg. (2000): *Hegels Seinslogik*. Berlin.

Harnischmacher, I. (2001): *Der metaphysische Gehalt der Hegelschen Logik*. Stuttgart-Bad Cannstatt.

Schäfer, R. (2001): *Die Dialektik und ihre besonderen Formen in Hegels Logik. Entwicklungsgeschichtliche und systematische Untersuchungen*. Hamburg (HST Beiheft 45).

6) 철학적 예비학과 철학 전서

Fulda, H. F. (1985) : *Hegels Heidelberger Encyklopädie*. In: W. Doerr u.a., Hg.: *Semper Apertus. Sechshundert Jahre Ruprecht-Karls-Universität Heidelberg 1386-1986*. 6 Bde. Berlin/Heidelberg. Bd II, 298~320쪽.

Nuzzo, A. (1992) : *Logica e Sistema sull'Idea Hegeliana di Filosofia*. Genua.

Chiereghin., F. Hg. (1995) : *Filosofia e scienze filosofische nell' «Enciclopedia» Hegeliana del 1817*. Trient.

Gloy, K. u. Lambrecht, R., Hg. (1995) : *Bibliographie zu Hegels «Enzyklopädie der philosophischen Wissenschaften im Grundrisse». Primär-und Sekundärliteratur 1817-1994*. Stuttgart-Bad Cannstatt.

• Schnädelbach, H., Hg. (2000) : *Hegels «Enzyklopädie der philosophischen Wissenschaften» (1830). Ein Kommentar zum Systemgrundriß*. Frankfurt/M.

7) 자연철학

Horstmann, R. P. u Petry, M., Hg. (1986) : *Hegels Philosophie der Natur. Beziehungen zwischen empirischer und spekulativer Naturerkenntnis*. Stuttgart.

Petry, M., Hg. (1987) : *Hegel und die Naturwissenschaften*. Stuttgart.

Falkenburg, B. (1987) : *Die Form der Materie. Zur Metaphysik der Natur bei Kant und Hegel*. Frankfurt/M.

Gloy. K. u. Burger, P., Hg. (1993) : *Die Naturphilosophie im Deutschen Idealismus*. Stuttgart-Bad Cannstatt.

Burbidge, J. W. (1996) : *Real Process: How Logic and Chemistry Combine in Hegel's Philosophy of Natur*. Toronto.

Wahsner, R. (1996) : *Zur Kritik der Hegelschen Naturphilosophie. Über ihren Sinn im Lichte der heutigen Naturerkenntnis*. Frankfurt/M.

Kalenberg, Th. (1997) : *Die Befreiung der Natur. Natur und Selbstbewußtsein in der Philosophie Hegels*. Hamburg.

8) 인간학, 심리학, 언어철학, 주관정신철학

Bodammer, Th. (1969) : *Hegels Deutung der Sprache*. Hamburg.

Pippin, R. B.: (1989): *Hegel's Idealimus. The Satisfaction of Self-Consciousness*. Cambridge.

Wolff, M. (1992): *Das Körper-Seele-Problem. Kommentar zur Hegel, Enzyklo-pädie (1830). §389*. Frankfurt/M.

Stederoth, D (2001): *Hegels Philosophie des subjektiven Geistes. Ein Komparatorischer Kommentar*. Berlin.

Fulda, H. F. (2001): *Anthropologie und Psychologie in Hegels Philosophie des subjektiven Geistes*. In: *Idealismus als Theorie der Repräsentation?* Hg. v. R. Schmacher. Paderborn. 101~129쪽.

9) 법철학, (역사철학을 포함한) 객관정신철학

Riedel, M., Hg (1975): *Materialien zu Hegels Rechtsphilosophie*. 2Bde. Frankfurt/M. 교훈적인 서론과 선별 목록을 갖춘, (초기) 영향사와 (최근) 해석사에 관련된 텍스트들을 모은 매우 가치 있는 수집본.

Ottmann, H. (1977): *Individuum und Gemeinschaft bei Hegel. Band I: Hegel im Spiegel der Interpretationen*, Berlin/New York. 체계적 관점에서 상세한 문헌 개관.

• Siep, L., Hg. (1997): *G. W. F. Hegel: Grundlinien der Philosophie des Rechts*. (Reihe *Klassiker Auslegen* Bd.9). Berlin.

• Schnädelbach, H. (2000): *Hegels praktische Philosophie*. Frankfurt/M.

McCarney, J. (2000): *Hegel on History*. London.

Lübbe-Wolff, G. (1981): *Hegels Staatsrecht als Stellungnahme im ersten preußischen Verfassungskampf*. In: Zeitschrift für philosophische Forschung 35.

10) 절대정신철학 전부

Theunissen, M. (1970): *Hegels Lehre vom absoluten Geist als theologisch-politischer Traktat*. Berlin/New York.

Bourgeois, B. (1991): *Eternité et historicité de l'esprit selon Hegel*. Paris.

11) 예술철학

Bartsch, H. (1966): *Register zu Hegels Vorlesungen über die Ästhetik*.

Stuttgart–Bad Cannstatt(재인쇄).

Henckmann, W. (1969): *Bibliographie zur Ästhetik Hegels*. In: HST 5. Bonn. 379~427쪽.

Gombrich, E. H. (1977): *Hegel und die Kunstgeschichte*. In: Kulturamt der Stadt Stuttgart, Hg.: *Hegel–Preis–Reden 1977*. Stuttgart.

Gethmann–Siefert, A. u. Pöggeler, O., Hg. (1986): *Welt und Wirkung von Hegels Ästhetik*. Bonn (HST Beiheft 27).

Bradl, B. (1998): *Die Rationalität des Schönen bei Kant und Hegel*. München.

Arndt, A., Bal, K. u. Ottmann, H., Hg. (1999): *Hegels Ästhetik. Die Kunst der Politik – Die Politik der Kunst*. Berlin (Hegel–Jahrbuch 1999).

12) 종교철학과 철학의 철학

Graf, F. W. u. Wagner, F. (1982): *Die Flucht in den Begriff. Materialien zu Hegels Religionsphilosophie*. Stuttgart. (1981년까지의) 상세한 문헌 목록 포함.

• Jaeschke, W. (1983): *Die Religionsphilosophie Hegels*. Darmstadt.

Henrich, D. u. Horstmann, R.–P., Hg. (1984): *Hegels Logik der Philosophie. Religion und Philosophie in der Theorie des absoluten Geistes*. Stuttgart.

Jaeschke, W. (1986): *Die Vernunft in der Religion. Studien zur Grundlegung der Religionsphilosophie Hegels*. Stuttgart–Bad Cannstatt.

13) 철학사

• Düsing, K. (1983): *Hegel und die Geschichte der Philosophie. Ontologie und Dialektik in Antike und Neuzeit*. Darmstadt. 상세한 문헌 목록 포함.

O'Malley, J. J. et al., Hg. (1974): *Hegel and the History of Philosophy*. Den Haag (매우 광범위한 헤겔 문헌을 갖춤. 194~236쪽).

D'Hondt, J., Hg. (1974): *Hegel et la pensée grecque*. Paris.

D'Hondt, J., (1974): *Hegel et le siècle des Lumiers*. Paris (이탈리아판 Neapel 2001).

Walker, J. (1995): *History, Spirit and Experience. Hegels Conception of the*

Historical Task of Philosophy in his Age. Frankfurt/M.

Fulda, H. F. u. Horstmann, R.-P., Hg. (1996): *Skeptizismus und spekulatives Denken in der Philosophie Hegels*. Stuttgart.

D'Hondt, J. (1998): *Hegel et les Français*. Hildesheim.

Halfwassen, J. (1999): *Hegel und der Neuplatonismus. Untersuchungen zur Metaphysik des Einen und des Nous in Hegels spekulativer und geschichtlicher Deutung*. Bonn (HST Beiheft 40).

Fulda, H. F. (1999): *Philosophie als Selbsterkenntnis der Vernunft. Warum und wie wir Philosophiegeschichte studieren sollten*. In: *Wahrheit und Geschichte*. Hg. v. W. Carl u. L. Daston. Göttingen. 17~38쪽.

라. 헤겔의 영향사

Ⅰ. 1950년 이전의 문서적 또는 서술적 저서들의 영향

Schelling, F. W. J. (1827): *Zur Geschichte der neueren Philosophie. Münchener Vorlesungen*. In: SSW, I. Abt., Bd. 10, 3쪽 이하, 특히 126쪽 이하.

Fries, J. F. (1828): *Nichtigkeit der Hegelschen Dialektik*. In: Ders., Sämtliche Schriften. Hg. v. G. König u. L. Geldsetzer. Bd. 24. Aalen 1978. 755쪽 이하.

Cousin, V. (1828): *Introduction à l'histoire de la philosophie*. Paris(즉시 인쇄된 강의).

Herbert, J. E. (1828/29): *Allegmeine Metaphysik nebst den Anfängen der philosophischen Naturlehre*. In: Ders., Sämtliche Werke. Langensalza 1892/93. Bd. Ⅶ (§§100~110) und Bd. Ⅷ (§§224~229).

Feuerbach, L.(익명 간행물). (1830): *Gedanken über Tod und Unsterblichkeit, aus den Papieren eines Denkers... herausgegeben von einem seiner Freunde*. Nürnberg.

Stahl, F. J. (1830/33/37): *Die Philosophie des Rechts nach geschichtlicher Ansicht*. 2 Bde. Heidelberg.

Weiße, Ch. H. (1832): *Ueber das Verhältniß des Publicums zur Philosophie in dem Zeitpuncte von Hegels Abscheiden. Nebst einer kurzen*

Darlegung meiner Ansicht des Systems der Philosophie. Leipzig.

Fichte, I. H. (1832): *Über Gegensatz, Wendepunkt und Ziel heutiger Philosophie*. Heidelberg.

Gans, E. (1832/33): *Naturrecht und Universalrechtsgeschichte*(베를린 강의. I. Hegel의 필기본). Hg. v. M. Riedel. Stuttgart 1981.

Strauß, D. F. (1835/36): *Das Leben Jesu kritisch bearbeitet*. 2 Bde. Tübingen.

Strauß, D. F. (1837): *Streitschriften zur Verteidigung meiner Schrift über das Leben Jesu und zur Charakteristik der gegenwärtigen Theologie*. Heft 3. Tübingen 1837. 특히 95쪽 이하.

Michelet, C. L. (1938): *Geschichte der letzten Systeme der Philosophie in Deutschland von Kant bis Hegel. Theil 2*. Berlin.

Schubarth, K. E. (1839): *Über die Unvereinbarkeit der Hegelschen Staatslehre mit dem obersten Lebens-und Entwicklungs- Prinzip des preußischen Staates*. Breslau. 다음 저서에 재수록: M. Riedel, *Materialien zu Hegels Rechtsphilosophie* Bd. 1. Frankfurt/M 1975.

Fries, J. E. (1840): *Die Geschichte der Philosophie*. Band 2. Halle. Anfang §7. In: Ders. Sämtliche Schriften. Bd. 19 A. a. O. 1969.

Trendelenburg, A. (1840): *Logische Untersuchungen*. Leipzig [3]1870.

Schelling, F. W. J. (1841/42): *Philosophie der Offenbarung*. Erstes Buch, 5.-8. Vorlesung. In: SSW, II. Abt., Bd. 3, 86쪽 이하.

Marx, K. (1843): *〔Kritik des Hegelschen Staatsrechts〕*(Kreuznach에서 쓰인 원고). In: Ders., Frühe Schriften, Erster Band. Hg. v. H.-J. Lieber u. P. Furth. Darmstadt 1962, 258~426쪽.

Staudenmaier, F. A. (1844): *Darstellung und Kritik des Hegelschen Systems. Aus dem Standpunkte der christlichen Philosophie*. Mainz.

Kierkegaard, S. (1844): *Philosophiske Smuler eller en Smule Philosophie...* Kopenhagen. Deutsch: *Philosophische Bissen oder ein bißchen philosophie von Johannes Climacus. Hg. v. S. Kierkegaard*. Übersetzt u. mit Einleitung u. Kommentar Hg. v. H. Rochol. Hamburg 1989.

Marx, K. u. Engels, F. (1845/46) *Die Deutsche Ideologie. Kritik der neuesten deutschen Philosophie in ihren Repräsentanten Feuerbach, B. Bauer und Stirner, und des deutschen Sozialismus in seinen verschiedenen*

Propheten (Manuskript). In: K. Marx, Frühe Schriften. Hg. v. H.-J. Lieber u. P. Furth, a. a. O. Bd. 2, 5~655쪽.

Schopenhauer, A. (1850): *Über die Universitätsphilosophie*. In: Ders., *Parerga und Paralipomena*. (Werke in fünf Bänden. Nach den Ausgaben letzter Hand Hg. v. L. Lütkehaus. Zürich 1988. Bd. 4. 139쪽 이하).

Erdmann, J. E. (1853): *Versuch einer wissenschaftlichen Darstellung der Geschichte der neueren Philosophie*. 3. Abt.: Die Entwicklung der deutschen Spekulation seit Kant. Bd. 2. Leipzig. (§§46 이하).

Vera, A. (1855): *Introduction à la philosophie de Hegel*. Paris/London.

Haym, R. (1855): *Hegel und seine Zeit*. Berlin.

Rößler, C. (1857): *System der Staatslehre*. Halle.

Stirling, J. H. (1865): *The Secret of Hegel*. 2 Bde. London.

Spaventa, B. (1867): *Principi di filosofia. La conoscenza e la logica*. Neapel.

Spaventa, B. (1868): *Studi sull'etica di Hegel*.

Hartmann, E. v. (1868): *Über die dialektische Methode*. Berlin(재인쇄 Darmstadt 1963).

Rosenkranz, K. (1870): *Hegel als deutscher Nationalphilosoph*. Leipzig.

Michelet, C. L. (1870): *Hegel, der unwiderlegte Weltphilosoph*. Leipzig.

Lasson, A. (1882): *System der Rechtsphilosophie*. Berlin/Leipzig.

Caird, E. (1883): *Hegel*. Edinburgh/London.

Dilthey, W. (1888): *Briefe von und an Hegel*(평론). In: *Archiv für Geschichte der Philosophie*. Bd. 1, 289쪽 이하.

Bosanquet, B. (1888): *Logic, or the Morphology of Knowledge*.

Bosanquet, B. (1892): *History of Aesthetic*. London.

McTaggart, J. E. (1896): *Studies in the Hegelian Dialectic*. Cambridge.

Bosanquet, B. (1899): *Philosophical Theory of the State*. London.

Fischer, K. (1901): *Hegels Leben, Werke und Lehre*. 2 Bde. Heidelberg.

McTaggart, J. E. (1901): *Studies in Hegelian Cosmology*. Cambridge.

Dilthey, W. (1905): *Die Jugendgeschichte Hegels*. Berlin.

Croce, B. (1906): *Ciò che è vivo e ciò che è morto nella filosofia di Hegel*. Bari. 독어판: *Lebendiges und Totes in Hegels Philosophie*. Heidelberg 1909.

Nohl, H., Hg. (1907): *Hegels theologische Jugendschriften nach den Handschriften der Kgl. Bibliothek in Berlin*. Tübingen.

Windelband, W. (1910): *Die Erneuerung des Hegelianismus*. Heidelberg.

McTaggart, J. E. (1910): *A Commentary on Hegel's Logic*. Cambridge.

Bosanquet, B. (1912): *The Principle of Individuality and Value*. London.

Gentile, G. (1913): *La riforma della dialettica hegeliana*. Messina.

Lenin, W. I. (1914/15): *Philosophische Hefte*. In: Ders., Werke. 독어판. Bd. XX. Berlin 1964.

Heidegger, M. (1919 이후): *Der Deutsche Idealismus (Fichte, Hegel, Schelling) und die philosophische Problemlage der Gegenwart*. In: Ders., – Gesamtausgabe. Bd. 28. Frankfurt/M. 1997.

Rosenzweig, F. (1920): *Hegel und der Staat*. 2 Bd. München/Berlin(재인쇄 Aalen 1962).

Kroner, R. (1921/24): *Von Kant bis Hegel*. 2 Bde. Tübingen.

McTaggart, J. E. (1921/27): *The Nature of Existence*. 2 Bde. Cambridge.

Wahl, J. (1929): *Le malheur de la conscience dans la philosophie de Hegel*. Paris (^{2}1951).

Haering, Th. (1929/38): *Hegel. Sein Wollen und sein Werk*. 2 Bde. Leipzig.

Heidegger, M. (1930/31): *Hegels Phänomenologie des Geistes*. In: Ders., Gesamtausgabe. Bd. 32 Frankfurt/M. 1997.

Binder, J., Busse, M. u. Larenz, K. (1931): *Einführung in Hegels Rechtsphilosophie. Vorträge*. Berlin.

Heidegger, M. (1933): *Die Grundfrage der Philosophie*. (Vorlesung). In: Ders., Gesamtausgabe, Bd. 36. Frankfurt/M. 2001.

Heidegger, M. (1938 이후): *Hegel. 1. Die Negativität. 2. Erläuterung der ‹Einleitung› zu Hegels ‹Phänomenologie des Geistes›*. In: Ders., Gesamtausgabe. Bd. 68. Frankfurt/M. 1993.

Russell, B. (1940): *History of Western Philosophy and its Connection with Political and Social Circumstances from the Earlist Times to the Present Day*. London (Ch. XXII: Hegel).

Popper, K. R. (1945): *The Open Society and its Enemies. Vol. II: The High Tide of Prophecy: Hegel, Marx, and the Aftermath*. London, 독어판:

Die offene Gesellschaft und ihre Feinde. Bd. II: Falsche Propheten. Hegel, Marx und die Folgen. Bern 1958 u. ö.

Hyppolite, J. (1946): *Genèse et structure de la Phénoménologie de l'Esprit de Hegel.* Paris.

Kojève, A. (1947): *Introduction à la lecture de Hegel. Leçons sur la Phénoménologie de l'Esprit.* Paris. (발췌) 독어판: *Hegel. Versuch einer Vergegenwärtigung seines Denkens.* Hg. v. I. Fetscher. Stuttgart 1958.

Merleau-Ponty, M. (1948): *Sens et non-sens.* Paris.

Lukács, G. (1948): *Der junge Hegel und die Probleme der kapitalistischen Gesellschaft.* Zürich/Wien.

Joachim, H. H. (1948): *Logical Studies.* Postum Hg. v. L. J. Beck. Oxford. (Vorlesungen 1927-35).

Heidegger, M. (1950): *Hegels Begriff der Erfahrung.* In: Ders., Holzwege. Frankfurt/M.

II. 1950년 이후 2차 문헌의 주제가 된 헤겔의 영향

• Löwith, K. (1941): *Von Hegel zu Nietzsche. Der revolutionäre Bruch in Denken des neunzehnten Jahrhunderts.* Zürich. (Stuttgart [2]1950, [3]1953).

• Passmore, J. (1957): *A Hundred Years of Philosophy.* London. (Kap. 3 u. 4)
Tschizewskij, D., Hg. ([2]1961): *Hegel bei den Slawen.* Darmstadt (Reichenberg [1]1934, unter Cyzevs'kyj).

Löwith, K., Hg. (1962) *Die Hegelsche Linke.* Stuttgart-Bad Cannstatt (H. Heine, A. Ruge, M. Hess, M. Stirner, B. Bauer, L. Feuerbach, K. Marx, S. Kierkegaard의 기고문들을 갖춤).

Lübbe, H., Hg. (1962): *Die Hegelsche Rechte. Texte aus den Werken von F. W. Carové, J. E. Erdmann, K. Fischer, E. Gans, H. F. Hinrichs, C. L. Michelet, H. B. Oppenheim, K. Rosenkranz und C. Rößler ausgewählt und eingeleitet...* Stuttgart-Bad Cannstatt.

Stuke, H. (1963): *Philosophie der Tat. Studien zur «Verwirklichung der Philosophie» bei den Junghegelianern und den wahren Sozialisten.* Stuttgart.

Gebhardt, J. (1963): *Politik und Eschatologie. Studien zur Geschichte der Hegelschen Schule in den Jahren 1830–1840*. München.

Saß, H. M. (1963): *Untersuchungen zur Religionsphilosophie in der Hegelschule 1830–1850*. Münster (Diss.).

Lübbe, H. (1963): *Politische Philosophie in Deutschland. Studien zu ihrer Geschichte*. Basel / Stuttgart.

Richter, M. (1964): *The Politics of Conscience*. London.

Easton, L. D. (1967): *Hegel's First American Followers*. Athens / Ohio.

Topitsch, E. (1967): *Die Sozialphilosophie Hegels als Heilslehre und Herrschaftsideologie*. Neuwied / Berlin.

Thulstrup, N. (1969): *Kierkegaards Verhältnis zu Hegel*. Forschungsgeschichte. Stuttgart([2]1971).

Kaltenbrunner, G. K. Hg. (1970): *Hegel und die Folgen*. Freiburg.

Negt, O., Hg. (1970): *Aktualität und Folgen der Philosophie Hegels*. Frankfurt / M.

Theunissen, M. (1970): *Die Verwirklichung der Vernunft. Zur Theorie – Praxis – Diskussion im Anschluß an Hegel*. Tübingen (Philosophische Rundschau Beiheft 6).

Thulstrup, N. (1972): *Kierkegaards Verhältnis zu Hegel und zum spekulativen Idealismus. Historisch-analytische Untersuchung*. Stuttgart.

Verra, V., Hg. (1972): *L'opera e l'eredità di Hegel*: Bari.

Goetzmann, W. H. Hg. (1973): *The American Hegelians. An Intellectual Episode in the History of Western American*. New York.

Planty-Bonjour, G. (1974): *Hegel et la pensée philosophique en Russie 1830–1917*. Den Haag.

Kiesewetter, H. (1974): *Von Hegel bis Hitler. Eine Analyse der Hegelschen Machtstaatsideologie und der politischen Wirkungsgeschichte des Rechtshegelianismus*. Hamburg ([2]1995).

Bernstein, R. J. (1977): *Why Hegel now?* In: Review of Metaphysics 31, 29~60쪽.

Cesa, C. (1978): *Hegel in Italien. Positionen im Streit um die Interpretation der Hegelschen Rechtsphilosophie*. In: Allgemeine Zeitschrift für

Philosophie. Bd. 3, Heft 2. Stuttgart–Bad, Cannstatt.

Jaeschke, W. (1979a): *Staat aus christlichem Prinzip und christlicher Staat. Zur Ambivalenz der Berufung auf das Christentum in der Rechtsphilosophie Hegels und der Restauration*. In: Der Staat. 18. Bd. Berlin.

Jaeschke, W. (1979b): *Urmensch und Monarchie. Eine politische Christologie der Hegelschen Rechten*. In: HST Bd. 14. Bonn.

D'Hondt, J. (1982): *Hegel et l'hégéllianisme*. Paris.

Horstmann, R. –P. (1984): *Ontologie und Relationen. Hegel, Bradley, Russell und die Kontroverse über interne und externe Relationen*. Königstein.

Dietl, P. G. (1988): *Die Rezeption der Hegelschen Rechtsphilosophie in der Sowjetunion. Eine kritische Rekonstruktion ihrer Wirkungsgeschichte*. Frankfurt/M.

Losurdo, D. (1989): *Hegel und das deutsche Erbe. Philosophie und nationale Frage zwischen Revolution und Reaktion*. Köln.

Losurdo, D. (1993): *Zwischen Hegel und Bismarck. Die achtundvierziger Revolution und die Krise der deutschen Kultur*. Berlin.

Fulda, H. F. (1998): *Die Hegelforschung am Ende unseres Jahrhunderts*. In: Information Philosophie. 26. Jg., Heft 2. Lörrach. 7~18쪽.

마. 다양한 저술들

Achenwall, G. u. Pütter, J. St. (1750): *Elementa iuris naturae*. Göttingen. (Zweisprachig, übers. u. Hg. v. J. Schröder: *Anfangsgründe des Naturrechts/Elementa iuris naturae*. Frankfurt/M. 1995).

Meier, G. F. (1783): *Alexander Gottlieb Baumgartens... Metaphysik*. Halle. (1757년 Halle에서 출판된 A. Baumgartens metaphysica의 독어 번역판은 단락 숫자 표시가 다르다).

Haller, C. L. (1816 이후): *Restauration der Staatswissenschaft oder Theorie des natürlichgeselligen Zustands, der Chimäre des Künstlich-Bürgerlichen entgegengesetzt*. 6 Bde. Winterthur.

Schelling, F. W. J. (1856 이후): *Sämtliche Werke*. Hg. v. K. F. A. Schelling.

Stuttgart / Augsburg (=SSW).

Kant, I. (1900 이후): *Gesammelte Schriften*. Akademie-Ausgabe. Berlin (=KAA).

Rousseau, J.-J. (1959 이후): *Œuvres complètes*. Bibliothèque de la Pléiade. Hg. v. B. Gagnebin u. M: Raymond. Paris (=ROC).

Fichte, J. G. (1964 이후): *Gesamtausgabe der Bayerischen Akademie der Wissenschaften*. Hamburg (=FGA).

Miller, A. (1983): *Das Drama des begabten Kindes*. Frankfurt / M.

Kosellek, R., Hg. (1990): *Bildungsbürgertum im 19. Jahrhundert. Teil II: Bildungsgüter und Bildungswissen*. Stuttgart.

3. 인명 찾아보기

ㅌ

ㅍ

4. 내용 찾아보기

ㅇ

ㅊ

게오르그 빌헬름 프리드리히 **헤겔**

1판 1쇄 인쇄 2010년 6월 20일
1판 1쇄 발행 2010년 6월 30일
1판 2쇄 발행 2018년 2월 20일

지은이 한스 프리드리히 풀다
옮긴이 남기호
펴낸이 강영선
펴낸곳 도서출판 용의 숲
주소 서울시 마포구 서교동 361-9 3F
전화번호 02-338-5113
팩시밀리 031-914-5113
휴대폰 010-9177-8210
E-mail dragonpc@hanmail.net
출판등록 2004년 3월 29일 제 313-2004-00078호

주문처 한국출판협동조합
전화 070-7119-1741 | 팩스 031-944-8234~6

ISBN 978-89-93703-05-4 93160